中国社会科学院创新工程学术出版资助项目

弱者的守望

社会保险法的理论发展与制度创新

GUARDIAN OF SOCIAL VULNERABLE GROUPS
Theoretical Development and Systematic Innovation of Social Insurance Law

荣誉主编　王家福
主编　余少祥

社会科学文献出版社
SOCIAL SCIENCES ACADEMIC PRESS (CHINA)

图书在版编目（CIP）数据

弱者的守望：社会保险法的理论发展与制度创新／余少祥主编． -- 北京：社会科学文献出版社，2016.7
  ISBN 978 - 7 - 5097 - 9141 - 7

Ⅰ.①弱… Ⅱ.①余… Ⅲ.社会保险 - 保险法 - 研究 - 世界②社会保险 - 保险法 - 研究 - 中国 Ⅳ.①D912.104②D922.182.34

中国版本图书馆 CIP 数据核字（2016）第 102338 号

弱者的守望
——社会保险法的理论发展与制度创新

| 荣誉主编 / 王家福
| 主　　编 / 余少祥

| 出 版 人 / 谢寿光
| 项目统筹 / 芮素平
| 责任编辑 / 芮素平　李娟娟　张燕玲

| 出　　版 / 社会科学文献出版社·社会政法分社（010）59367156
　　　　　　　地址：北京市北三环中路甲 29 号院华龙大厦　邮编：100029
　　　　　　　网址：www.ssap.com.cn
| 发　　行 / 市场营销中心（010）59367081　59367018
| 印　　装 / 三河市尚艺印装有限公司

| 规　　格 / 开　本：787mm × 1092mm　1/16
　　　　　　　印　张：29.75　字　数：455 千字
| 版　　次 / 2016 年 7 月第 1 版　2016 年 7 月第 1 次印刷
| 书　　号 / ISBN 978 - 7 - 5097 - 9141 - 7
| 定　　价 / 119.00 元

本书如有印装质量问题，请与读者服务中心（010 -59367028）联系

▲ 版权所有 翻印必究

目 录

序 言 ··· 001

第一编 社会保险法的理论发展

第一章 社会保险法的起源与历史发展 ·································· 003
    第一节 社会保险法的起源 ·· 003
    第二节 社会保险法的历史发展 ··· 017
    第三节 中国社会保险法的产生 ··· 030

第二章 外国社会保险法的理论发展 ···································· 041
    第一节 经济自由主义下的社会保险理论 ······························· 042
    第二节 国家干预主义下的社会保险理论 ······························· 046
    第三节 第三条道路学派 ·· 051
    第四节 新理论学说对社会保险法的影响 ······························· 053

第三章 中国社会保险法的理论发展 ···································· 056
    第一节 中国古代社会保障思想 ··· 056
    第二节 养老保险法的理论发展 ··· 059
    第三节 医疗保险法的理论发展 ··· 070

第四节　失业保险法的理论发展 ……………………………… 074
第五节　工伤保险法的理论发展 ……………………………… 077
第六节　生育保险法的理论发展 ……………………………… 081

第二编　社会保险法的制度创新

第四章　养老保险法的制度创新 ……………………………… 087
第一节　我国养老保险制度的建立和改革创新 ……………… 087
第二节　我国养老保险制度存在的问题和创新对策 ………… 098

第五章　医疗保险法的制度创新 ……………………………… 153
第一节　我国计划经济时期的医疗保险制度 ………………… 153
第二节　我国社会医疗保险制度体系 ………………………… 160
第三节　社会医疗保险适用范围的实然与应然 ……………… 166
第四节　社会医疗保险担负制度的改革和创新 ……………… 175
第五节　社会医疗保险待遇制度及其完善 …………………… 181
第六节　改革背景下的医疗保险制度发展 …………………… 189

第六章　失业保险法的制度创新 ……………………………… 195
第一节　失业保险制度概述 …………………………………… 195
第二节　发达国家失业保险制度改革 ………………………… 198
第三节　我国失业保险制度的改革与发展 …………………… 205
第四节　完善我国失业保险制度的基本思路 ………………… 215

第七章　工伤保险法的制度创新 ……………………………… 221
第一节　工伤保险制度的起源和基本特征 …………………… 221
第二节　工伤的认定及其范围 ………………………………… 224
第三节　工伤保险赔偿程序 …………………………………… 229
第四节　工伤保险待遇 ………………………………………… 230

第八章　生育保险法的制度创新
——基于德国、瑞典和中国生育产假立法实践 ………… 238
　　第一节　产假制度 …………………………………………… 239
　　第二节　基于产假制度创建父亲陪护假制度 ……………… 243
　　第三节　基于产假制度创建父母育儿假制度 ……………… 246
　　第四节　生育产假制度创新发展的背景原因 ……………… 249
　　第五节　生育产假制度创新发展对中国的启示 …………… 251

第九章　社会保险福利化的制度创新 ………………………… 255
　　第一节　社会福利概述 ……………………………………… 255
　　第二节　福利体制之比较（一）…………………………… 258
　　第三节　福利体制之比较（二）…………………………… 276

第十章　社会保险基金征管的制度创新 ……………………… 298
　　第一节　社会保险费征缴的制度创新 ……………………… 298
　　第二节　社会保险基金管理的制度创新 …………………… 309

第三编　社会保险法的未来展望

第十一章　护理保险法的未来发展 …………………………… 325
　　第一节　护理保险法在国外的发展 ………………………… 325
　　第二节　护理保险法在中国的展望 ………………………… 340

第十二章　补充性社会保险的未来发展 ……………………… 354
　　第一节　外国补充性社会保险的发展状况 ………………… 355
　　第二节　中国企业年金制度的实施 ………………………… 362
　　第三节　企业年金基金管理制度 …………………………… 376
　　第四节　补充性社会保险在社会保险制度中的地位 ……… 396

第十三章　个人储蓄性保险的未来发展 …………………………… 408
第一节　个人储蓄性保险在社会保险中的地位 ……………… 408
第二节　外国个人储蓄性保险的发展 ………………………… 411
第三节　中国个人储蓄性保险的建立和发展 ………………… 426

第十四章　社会保险的统一立法与完善 …………………………… 436
第一节　我国社会保险制度的主要问题 ……………………… 436
第二节　《社会保险法》的制定及其主要内容 ……………… 442
第三节　我国社会保险法的发展完善 ………………………… 450

序　言

　　生民之初，两伊故地，有巴比伦焉，繁华竞逐，国泰民安。王令僧侣、胥吏及里正课民赋金，以备大灾，曰"保险"。有埃及焉，圬者拢其剩枚，共立义金，遇有丧葬殡殓，即以此金周全之。至罗马，军人效之，凡战殁者，众聚财币以抚恤其家。其后，兹法渐行于世。我周恭王六年，以色列王令课征税金，以补海损者之用。南宋政和八年，冰岛设荷瑞甫社，劝百姓课出馀币，于当社共聚之。每遇火灾及畜亡之变，即以蓄币赔付之。明洪武十七年，佛罗伦萨首现"保单"，执账检校，以为制式。大清圣祖康熙二十八年，义得利人佟蒂倡合从养老，曰"佟蒂法"。光绪年间，布国人俾斯麦行"疾病"、"工伤"之法，令百工各纳所得，立为课金，俟其疾病、伤残、年老，辄以此金佐之，曰"社会保险"。金自众人，量度而出，丰凶有给，缓急有权，俾使守望相助，疾病相扶持。因是民生不见作乱，而安于工场衣食，涵煦于百年之深也。乙亥年中秋，花旗国有罗斯福者，厉行新政，诰曰："凡在孤老、黄发、疾病、穷困之士，国家发仓廪以赈之，以佐其急。"是"社保"之继兴也，使人人得自存，德泽有加于氓隶矣。自是国无贫富，垂法而行，一从于法。若遭水旱，民不困乏，天下安宁。岁孰且美，则民大富乐而无违心也。壬午年冬月既望，英吉利人贝弗里奇始倡"福利国家"。未几，法令诏曰："百姓之身家，皆国之仓廪所从出，以乐生送死，颐养万民。"是故行业时节，民为国实仓储，疾病年老，国为民谋保聚。由是勋泽洋乎岛内，福祉归乎庶众。故其治天下，不以事诏而万物顺，是社保之大成也。无何，各国步其后尘，劝课当社保，以为尤效。至癸酉年末，制章立典者凡百六十三国。故曰：天下之治，唯各特意耳，而有所共予者，社保也。

　　社保者，使国设一司，令民出其所得，官捐其府库，存之以备不时也。所谓取于有余之时，用于不足之需。上及仕宦，下达黎庶，行终身之契，以为定例。其事理焉，一人为众，众人为一，供奉有时，损益有度。源大则饶，源小则鲜；岁岁有入，莫之予夺。智者弗能巧，力者弗敢争。所以循法令，惠民生者，施及萌隶，不特致政者有之。是法也，不论贵贱贫富，悉有所加，使各有宁宇。何则？造化弄人，时有灾变也。譬若富厚之家，遇天灾人祸，或破落败失，或入不敷出，身至子孙，卒困穷而无以自全也。或为奴婢仆从，或为窭人丐夫，皆编户之贱民也，性命不可期。社保之法，使安身有恃，奉养有待，以免于困穷之患也。故虽盛世之期，升平之际，不可或缺耳。是法也，经世济民之谓也，上则定国，下则安家，富者得执益彰，失执则身无所之，以而不赡。故曰：社保者，安民心也，民心安，则天下定矣。夫国库之岁入，赖乎税赋，出乎编民。遇变则民贫，民贫则赋无所出。生民救死不暇，若犹责以产息，徒重其困。苟为之计以社保，则民悦无疆。是法也，顺乎民心，所补者三：一曰国用足，二曰民赋少，三曰惠百业。故兴之有彰于德政，失之有损于协和。社保既行，则万物得宜，事变得应，上得天时，下得地利，中得人和；社保大成，则财货浑浑如泉源，汸汸如河海，暴暴如丘山。是使民养生丧死无憾也，欲民之祸乱，不可得也。夫广积钱粮，府储累厚，粟米汩汩乎不渴尽，雉与鱼鳖不可胜食，木材不可胜用，天下何患不足，国家何患不安也！

稽诸史籍，中土代有荒政之举而无社保之实也。荒政者，徒积蓄以备灾荒耳。武王克商，问政周公："天有四殃，水旱饥荒，其至无时，非务积聚，何以备之？"曰："送行逆来，赈乏救食，老弱疾病，孤子寡独，惟政为先，民有欲蓄。"《周礼》载：遗人掌邦之委积，以待施惠；乡里之委积，以恤民之艰厄；门关之委积以养老孤，县都之委积，以待凶荒。《逸周书》云："国无三年之食者，国非其国也；家无三年之食者，家非家也。此谓之国备。"故周有数年之水，期年之旱，而亡捐瘠者，以蓄积多而备先具也。孔子云："耕三馀一。"昔齐桓主葵丘之盟，曰"无遏籴"，以备不虞之患，兆民之用。援例，列国有灾，同位相吊。宣王亦尝发棠邑之仓，以赈贫民。《荀子》曰："足国之道，节用裕民，而善藏其余"，"岁虽凶败水旱，使百姓无冻馁之患"。贾子称："夫积贮者，天下之大命也。苟粟多而财有余，何为而不成？"故景帝不受献，减太官，省徭赋，每年收积，以备灾害。东莱吕氏曰："荒政条目，始于黎民阻饥。"淳熙元年，江南大饥，孝宗命出"常平米"赈之。史谓天子爱民，当患而为之备，即灾而为之捍，为符信发粟，免民流离之苦。是王霸之术而已，君主信意为之，非法定职司也。故曰：有十年之积者王，有五年之积者霸，无一年之积者亡。明设社仓，以本乡所出，积于本乡；以百姓所余，散于百姓，村村有储，缓急有赖。是众出众利，自相保障，非社保之义也。社保者，众出官助而利民者也，政之本务，垂为国家定制，公民之权利，生民之守护也。

语云："国以民为本，民以食为天。"社保者，国之重器，世之大用也。夫千乘之王，万家之侯，百室之君，尚犹患贫，而况匹夫编户之民乎！故圣人全民生也，五谷为养，五果为助，五畜为益，五菜为充，必将刍豢稻粱、五味芬芳以塞其口，然后众人徒、备官职、渐庆赏、严刑罚以戒其心。《诗》曰："钟鼓喤喤，管磬玱玱，降福穰穰。"其是之谓也！夫货财粟米之于家也，多有者富，少有者贫，至无有者穷，而礼生于有而废于无。管子曰："仓廪实则知礼节，衣食足则知荣辱。"君子富，好行其德；庶人富，以适其力。社保者，安民之道，存亡之由也。社保既就，则天下顺治，清和咸理；社保无有，则天下不待亡，国不待死。故上国立法御天下，必以社保为先。社保遂则民用足，民用足则国本固。民不足而国可治者，自古及今，未之尝闻。谚云："寒者利裋褐，而饥者甘糟糠。"夫食不足，饥之本也；衣不全，寒之源也。饥寒并至，能无为非者寡矣。故曰："安民可与为义，危民易与为非。"此道之所符，自然之验也。凡物有乘而来。天道何亲？惟德之亲。鬼神何灵？因人而灵。苟自朝士至于众庶，人怀自危之心，亲处穷苦之实，咸不安位，而欲祸不由生，不可得也。是故安者非一日而安也，危者非一日而危也，皆以积渐然。天下治平，无故而发大难之端，非祸从天降，其实有不测之忧。社保者，积有余以补不足，理所当然，势所必然也。若百姓不足，夷狄内侵，纵有芝草遍街衢，凤凰巢苑囿，何异于桀、纣哉？《逸周书》云："小人无兼年之食，遇天饥，妻子非其有也。"即元元之民得安其性命，莫不虚心仰上。当此之时，专威定功，安危之本，在于此矣。或曰："虚则欹，中则正。"若乘天地之正，而御社保之利，则上下相和，亲近而远附。夫如是，虽有狡害之民，必无暴乱之奸；虽有逆行之徒，必无影从之助矣。

吾闻夫大治之世，货恶其弃于地也，不必藏诸己；力恶其不出于身也，不必为己。积储而防患，行善而备败，所以阜财用衣食者也。清暖寒热，无不筹救；贵贱相和，愚智提衡而立。因时变化，四季不害而民和年丰；去就有序，求万物而无不遂。所谓瓯窭满篝，污邪满车，五谷蕃熟，穰穰满家。入则有法家拂士，出则无敌国外患。民之所欲，因而与之；民之所否，因而去之。嘉言罔伏，野无遗贤；朝政肃清，万邦贤宁。蓝苴路作，智者不为；悍戆好斗，勇者不屑。饥者歌其食，劳者歌其事。强毋攘弱，众毋暴寡，老耆以寿终，幼孤得遂长。为上者，不凝滞于物，而能与世推移，其慈仁殷勤，诚加于心，非虚辞以借也；为下者，各劝其业，乐其事，若百川归海，日夜无休时，不召而自来。史载，先汉欲天下务农蚕，帝亲耕，后亲桑，以奉宗庙粢盛祭服。是天下之士，仁义皆来役处。辩士并进，莫不来语；东西南北，莫敢不服。故曰：世之大治也，域民不以封疆之界，固国不以山溪之险，威厉而不试，刑措而不用，辄旷日长久而社稷安矣。小子不慧，遥想至治之美，至今以为恨矣。或曰："天下歌舞升平，且安且治矣！"窃以为未然也，曰安且治者，非愚则谀。夫天下之患，最不可为者，名为治平无事，实则有不测之忧。盖明者远见于未萌，而智者避危于无形，祸固多藏于隐微而发于人之所忽也。文帝之治，九州晏然，贾子独以为抱火厝积薪之下而寝其上。火未及燃，因谓之安矣。方今之势，何以异此！某窃惟事势，背理亡道者多矣，可为痛心者四。

首曰名不正。官吏者，民之役也，非以役民者也。春秋吕氏曰：凡人之性，爪牙不足以自守，肌肉不足以捍寒暑，筋骨不足以从利辟害，勇敢不足以却猛禁悍。为御敌寇，兴公利，治乱决缪，绌羡齐非，生民群聚群议，协契立约，绥合政府，是有"宪法"，亦谓之"社会契约"。曰：权力者，权利之让渡也，而权利之实，源于天赋。《诗》云："布政优优，百禄是遒。"此宪法之要旨，为政之基原也。立约以宪，使天下之人皆知己之所愿欲在宪也，故其令行；皆知己之所畏恐在宪也，故其禁止。故曰：宪法失能者，其国必乱，政不在民故也。今之奸佞，犹谓政出暴恐，必也正名乎！语云：求木之长者，必固其根本；欲流之远者，必浚其泉源；思国之安者，必正其名实。苟不正名，而欲以力御之，必后世无危亡，此理之所必无，岂天道哉！窃人之财，犹谓之盗，况贪天之功，以为己力乎？子厚先生曰："民为主，官为役。"《送薛存义序》载：民之食于土者，出其什一佣乎吏，使司平于官也。官受其值，怠其事者，天下皆然。岂惟怠之，又从而盗之。先生忿然曰："向使佣一夫于家，受若值，怠若事，又盗若货器，则必甚怒而黜罚之矣。"今天下多类此耳。或诩为民之父母，生聚不察，狱犴不治，簠簋不饰，帷薄不修。衣食所安，一己专之；声色犬马，夜夜笙歌。或诈伪为吏，疏知而不法，察辨而操僻，以货赂为市，渔夺百姓，侵牟万民。或重权独揽，骄恣逞欲，废王道而立私爱，焚文书而酷刑法，以虐害为天下始。故曰：人为刀俎，我为鱼肉。子云："聪明圣知，守之以愚；功被天下，守之以让；勇力抚世，守之以怯；富有四海，守之以谦。此所谓挹而损之之道也。"苟不治吏而挹民，乱其教，繁其刑，百姓困穷而不收恤，吾不知其可也。

次曰实不称。官吏者何也？曰：公仆也。今之佩虎符、坐皋比者，洸洸乎干城之具，昂昂乎庙堂之器，果能建伊、皋之业耶？吾甚惑矣。盗起而不知御，民困而不知救，吏奸而不知禁，法敦而不知理，坐糜廪粟而不知耻。生生所资，未见其术。狗彘食人食而不知检，途有饿莩而不知发。厚作敛于百姓，暴夺民于衣食。因便即乘，见利则逝；幼稚不哺，瓶无余储。卑下之名以显其身，毁国之厚以利其家。德不处其厚，情不胜其欲。耳目欲极声色之好，口腹欲穷刍豢之味，身安逸乐而心矜势能之荣。不念居安思危，毋忧海内之患。尘游躅于蕙路，污渌池以洗耳。郡将下车辄切齿，州府以为公害。故上下之情，壅而不通；天下之弊，由是而积。或居上位，不卫疆域而卫权势，不谋社稷而谋利禄，玩细娱而不图大患，非所以为职司也。至若朋党宗强比周，设财役民，侵凌百姓，恣欲自快，习以为常矣。顺我者畅，逆我者亡，使天下之士倾耳而听，重足而立，噤口而不言。是故巧者有余，劳者不足，介士危死于非罪，奸邪安利于无功，此志士所以愤怨不平者也。天下嗷嗷，新政之资也。此言饥民易与为仁耳。为政者，未得其实，而喜其为名，以骄奢为行。据慢骄奢，则休祲降之；行乱所为，则凶殃中之。故曰："无实而喜其名者削，无德而望其福者约，无功而受其禄者辱，祸必握。"陈涉皂隶之人，不用弓戟之兵，鉏櫌白梃，望屋而食，横行天下，而终毁秦庙。前事之不忘，后事之师也。今之浊官，皆务所以乱而不务所以治也。及其伏案，又皆释法而私其外，是祸国殃民者也。名不正，实不称，损民以益雠，内自虚而外树怨，求国无危，不可得也。

再曰法不行。法者公民协约，非治者之志也。古云法令如流水之源，斯民议定之故也。夫礼禁于将然之前，法禁于已然之后，故法之所用易见，礼之所为难知也。所谓法治，不别亲疏，不殊贵贱，朝野纷争，一断于法。故上国使法择人，不私举也；使法量功，不自度也。峻法，所以凌过游外私也；严刑，所以遂令惩奸恶也。雷霆之威，上先服之。若不可，黜不能以戒之。是故为政不以禄私其亲，功多者授之；不以官随其爱，察其能而公举之。至若以佞取宰相、卿、大夫，殊不可得也。故官民之间明辩易治，雠法即可也。所谓官吏，奉法者而非立法者也；庶民，约法者而非祭法者也。诰誓效于五帝，盟诅比乎三王，斯无邪慝矣。吾师讳夏勇，汪洋浩博，俊杰廉悍，倡始人权法治，曰：民惟邦本，权惟民本，德惟权本；法者公意，明法而行，法律主治。廓开大计，鸿业远图。推此志也，虽与日月争光可也。故曰：国将兴，必贵法而重公论；国将衰，必贱法而轻众议。今法不选任，以党朋举官，行赏以政，民务交而不求用于法，法治不行之故也。法治不行，则天下贫赢穷居之士，虽怀尚、寨之术，挟伊、管之才，而素无根柢之容，必袭按剑相眄之迹矣。是使布衣之士不得为枯木朽株之资也，朝达权士，不过阿谀逢迎之雄耳。夫溜须拍马之辈出其门，此志士之所以沉沙也。长此以往，必有所害。或曰："法令者治之具，而非至治清浊之源也。"诚哉斯言！人有贤愚，法有良恶。良法者强国之本，恶法者乱国之源。行之以良法，政道洽而民气乐；纵之以恶法，法令极而民风衰。故曰：置天下于恶法者，德泽亡一有，而怨毒盈于世，民憎之如仇寇，祸及己身，子孙诛绝，此天下之所共见也。今法令滋章，不分良恶，犹未能学庖而使割也，其伤实多。且刑不上公卿，法不责诸侯，而直数百里外威令不行，可为痛心者其三也。

四曰教不兴。教化者，使天下之人悉尊礼法，更节修行，各慎其身。古之圣王以教化育万民，以盛德与天下，行义不辍，恩泽有加，天下顺治。《诗》曰："嘉乐君子，宪宪令德。宜民宜人，受禄于天。"闵子骞不间于父母，柳下惠与后门者同衣而不见疑，非一日之闻也。今之世则不然，侈靡相竞，而民亡制度，弃礼仪，捐廉耻日甚，可谓时异而岁不同矣。盗者劙寝户之帘，搴庙宇之器，白昼大都之中剽府库而夺之金。放辟邪侈，恃强妄为，使俗之渐民久矣。或见利争先，利尽而交疏，反相贼害，虽父子兄弟，不能免也。兼并者高诈力，安危者贵顺权。国乱其教，生民迷惑而堕焉，又从而制之。是故刑戮相望于道，法虽繁而邪不胜。古云恶有五，而盗窃不与焉：一曰心达而险，二曰行辟而坚，三曰言伪而辩，四曰记丑而博，五曰顺非而泽。此亡教化之至也。至于剐劫剽掠，累积巨金，恬不知怪，以为固如是也。夫百人作之不能衣一人，欲天下亡寒，不可得也；一人耕之，十人聚而食之，欲天下亡饥，不可得也。饥寒切于民之肌肤，欲其亡为奸邪，胡可得耶？语云："物类之起，必有所始；荣辱之来，必象其德。"人情一日不再食则饥，终岁不制衣则寒。寒之于衣也，不待轻暖；饥之于食也，不待甘旨。是以圣王之治，必本于人性，勿使冻馁。谚曰："民贫则奸邪生。"贫生于不足，不足生于厚敛。故欲定国安邦，唯积至诚，用大德结乎天心，薄赋敛，广畜积，备水旱，以为保障，则民可得而有也。语云："国遇其民如犬马，彼将犬马自为也；遇如贼寇，彼将贼寇自为也。"是以善者因之，其次利导之，其次教化之，再次整齐之，最下者与之争。今上失其行而杀其下，盍重刑戮如此，轻教化若彼耶？吾观夫今日事势，举国嗜利，官民相疑。下数被其殃，上数爽其忧。比相倾轧，弱肉强食，不同禽兽者几希！故曰：上下相蒙，好恶乖迕，而欲国富法立，不可得也；四维不张，六亲不固，而欲民不逾矩，虽尧舜不治。

政道，知人；学道，知事。夫学者，博学、深谋、修身、端行以俟其时者也。出则论行结交，入则正心诚意，不戚戚于贫乏，不汲汲于富贵。进思竭力，退思尽心。劳苦彫萃而无失其敬，灾祸患难而无失其义。于其身也，隘穷而不失，劳倦而不苟，临患难而不忘细席之言。诗曰："匪交匪舒，天子所予。"此之谓也。或以耿介拔俗之标，潇洒出尘之想，度白雪以方洁，干青云而直上。达则益上之誉而损下之忧，不能而去之，无益而远疏之。举世誉之而不加劝，举世非之而不加沮。故学者之大行也，从道不从势，从义不从利，从理不从贵。所谓权利不能倾，群众不能移，天下不能荡也。或立身事国，竭智尽谋，忠告善道，销患于未形，保治于未然。鞠躬尽力，死而后已。或以身许国，为天下犯大险，不为自全计，激昂大义，慷慨赴难。生于忧患，死于安乐。骋西山之逸议，驰东皋之素谒。荣勋盖于当世，功业覆于天下。垂光百世，照耀简策。语云："将顺其美，匡救其恶。"其学者之谓乎！吾闻圣明学士，功立而不废，故著于《春秋》；仁人君子，名成而不毁，故称于后世。昔舜发于畎亩之中，傅说举于版筑之间，胶鬲举于鱼盐之中，管夷吾举于士，孙叔敖举于海，百里奚举于市。此亦言贵贱无恒，学者之有重于社稷也。今有学者则不然，从势不从理，从利不从义，任其能以得所欲，俾身全以求富贵。意者学道有亏，天道有变，政道有失欤？抑或学者之奉养与费不足欤？何趋利寡义若此也！夫学者，国之脊梁也。第以今日之事势观之，可为流涕者二。

首曰唯官是瞻。古之学人，贱为布衣，贫为匹夫，食则饘粥不足，衣则竖褐不完，然而非礼不进，非义不受。若颜回、原宪，皆坐守陋室，蓬蒿没户，而意志充然，有若囊括于天地者。其学也，磨砻淬砺，刮垢磨光，以美其身。若夫鹓鶵，非梧桐不止，非练实不食，非醴泉不饮。今之学者，不诚于内而求之于外，学曾未如胼赘，而具然欲为执司，惟恐或后于人。当其未遇之时，羡于位势之贵，慕于威重之权，回面污行，求官若渴。日夕策马，候于权贵之门；苞苴竿牍，以求亲近左右。虽假容于江皋，乃缨情于好爵。既得志，则纵情以傲物，专利己身而不为国家。经日所思，凤笙龙笛，蜀锦齐纨；夜夜所耽，琼蕤玉树，歌楼舞馆。临不测之威，以幸为利。顽顿亡耻，傝伒亡节；廉耻不立，苟若而可。不务曾参孔子之行，而欲胜于曾参孔子。逞诡谀之辞，挟帷廧之制，使寥廓之士远遭不伸，折戟沉沙，此鲍焦之所以愤世耳。故曰：不学无术，挨风缉缝，君子之所憎恶也。吾闻有舜而后知放四凶，有仲尼而后知去少正卯。然君子能为可贵，不能使人必贵己，能为可用，不能使人必用己。语云：非其人而用之，赍盗粮、借贼兵也。曩有吴人者，不能奉先贤之教，以利国利民，而欲砥行立名，亦见其失矣。夫辩足以移万物，而穷于用说之时；谋足以夺上卿，而辱于右武之国。此又何说耶！曾子曰："多知而无亲、博学而无方、好多而无定者，君子弗与也。"夫俗儒之所务，在于刀笔筐箧，而不知大体，若夫智谋功名之士，窥时俯仰以赴势物之会。故曰：以贤易不肖，不待卜而后知吉；以治伐乱，不待战而后知克。余谨稽之天地，验之往古，按之当今之务，日夜念此至孰也。夫举世逐官，毋务学道，是舍本逐末，贵仆而贱主也。为国家计，亡以易此。

次曰无有担当。或不得志于有司，放浪曲蘖，恣情风物。曰："言有招祸，行有招辱也。昔玉人献宝，楚王诛之；商鞅竭忠，惠王车裂。是以箕子阳狂，接舆避世，恐遭此患也。夫芷兰生于深林，非以无人而不芳。君子之学，非为通也，为穷而不困、忧而意不衰也，知祸福终始而心不惑矣。"或曰："吾彼濠梁之鲦鱼也，其怡然自乐。世道清明，可以出而仕之；世道混浊，吾且恶乎待哉！夫兰槐之根是为芷，其渐之滫，君子不近，庶人不服。是故孙叔敖三去相而不悔，于陵子仲辞三公为人灌园。且居不隐者思不远，身不佚者志不广。夫庸知吾不得于桑落之下？"或曰："世无道而松柏先凋。子夏不仕，以诸侯之骄也。子谓知者、忠者以谏之道必行邪？伍员、岳武穆、袁督师不见刑乎！以史鉴之，国非无深谋远虑知化之士，所以不敢尽忠指过者，多忌讳之禁也，忠言未卒于口而身糜没矣。"或曰："众口铄金，积毁销骨也。仕途险恶，鹤怨猿惊。夫以孔、墨之辩，尚不能自免于谗谀，而况吾辈碌碌者乎！古云：'争利如蚤甲而丧其掌。'吾观夫清士议政，刑连祸结，菹醢烹戮，载在史册者，不可枚数矣。是故申徒狄蹈雍之河，徐衍负石入海，以其不容于世也。吾义固不苟取比周，不如高蹈远引，戢鳞潜翼，保全首领，以老于户牖之下。"或劫迫于暴陵而无所辟之，则矫其善，饰其美，言其所长，而不称其所短也。奴颜婢色，卑躬屈膝，为五斗米而折七尺之躯。曰："神莫大于化道，福莫长于无祸。吾自负以不肖之名，故不敢为辞说。彼熊掌、貂裘、璧英、丽谯，世之奢华也，吾恶乎不取之耶？"穷奢极欲，随俗浮沉。此其故何也？曰：所谓失其本心！若夫避居者，疾今之世，自引而居下，大者不能，小者不为，怀独行君子之德，义不苟合当世，蠖屈不伸，忧郁而终。是弃国捐身之道也，当世亦笑之，岂仁人志士之所为耳！

少祥布衣之士，横山赤子。承先祖之故业，荷国家之厚恩。既愤腐败之尤甚，又痛民生之日艰。亦尝慨然自许，欲有所为。呜呼！社保之学，其不明于世，非一朝一夕之故也。今所谓学官，尚功利，崇妄说，是谓乱学；习陈词，传滥调，以涂天下之耳目，是谓辱学；侈邪辞，竞诡辩，饰奸心盗行，犹自以为荣，是谓贼学。若是者，宁复以为尊学术也耶？师台讳王家福，鹤鸣九皋，德至而色泽怡，行尽而声问远。《诗》云："言念君子，温其如玉。"先生之谓也！一日，先生语于余曰："士有诤友，则不为不义；国有诤士，则封疆不削。社保者，国之中柱也。今天下贫者不足，群情汹汹，为国家计者，莫如先审取舍。取舍之极定于内，则安危之萌应于外矣。"戊子年冬月，太学爰降明诏，问余课业，题以社保，责余试艺。余过蒙拔擢，宠命优渥，得陟于无措之中，而立乎群贤之上，故忐忑然求教于先生。先生曰："事有不可知者，有不可不知者；有不可言者，有不可不言者。社保之学，使天下回心而向道，类非俗子所能为也。今国家以天下之政，四海之大，得失利弊，萃于吾侪使言之，其为任亦重矣。汝之所学，春华秋实，含辞满胸，终须奋见于事业。是义不容辞也，汝其勉之乎！"窃以为奉令承教，可以幸无罪矣，故受命不辞。间者数年专攻社保，少有所得。语云："文死谏，武死战。"为政之道，莫若至公，以顺民心为本，必因其失而谏焉。故曰：规谏无官，自公卿大夫，至于工商，无不得谏者。昔晋平有失，师旷援琴撞之，君以为戒。邹忌讽齐王纳谏，而战胜于朝廷。某食禄国家，当竭诚尽智，吊死问疾，此荐轩辕而忠万民之职分也。

吾始用事，静约合诸贤十三人同为参决，众咸附焉。荀子曰："君子之学如蜕，幡然迁之。故其行效，其立效，其坐效，其置颜色、出辞气效。无留善，无宿问。"窃以为，学之精深，在乎区盖之间矣。故受命以来，宿夕研磨，寒暑不辍，恐托付不效，以伤有司之明。余于课业也，疑则不言，未问则不言，裾拘必循其理，淖约而微达。虽公卿问正，以是非对。每有困惑，则焚香默坐，消遣世虑，所以动心忍性，增益其所不能。此固非勉强期月之间，而苟以求名之所能也。《诗》曰："嗟尔君子，无恒安息。"某立志如穷，不懈于内而忘身于外者，盖思民生疾苦，将欲有为于论策也。语云："如切如磋，如琢如磨。"学问之道，固学一之也，全之尽之，然后学者也。忽出焉，忽入焉，涂巷之人也。是故人之于学，犹玉之于琢磨也。和氏璧，井里之厥也，玉人琢之，为天下宝。子赣、季路，故鄙人也，被文学，服礼义，为天下列士。荀子曰："无冥冥之志者，无昭昭之明；无惛惛之事者，无赫赫之功。"所谓激湍之下必有深潭，高丘之下必有浚谷也。然善学者尽其理，善行者究其难。凡人之智，能见已然，不见于将然，盈虚倚伏，去来之不可常。吾辈峻节书生，少达而多穷，故殚诚毕虑，筹谋划策，必因其材而笃焉。或曰："女无美恶，入宫见妒；士无贤不肖，因言见嫉。信必然之画，捐朋党之私，挟孤独之交，不能自免于嫉妒之人矣。况三谏不从，移其伏剑之死耶？盍勤宣令德，策名清时乎！"曰："曾子沾鱼，伤其闻之晚也。夫宣上恩德，以襟黔首，吏员之事也。哗众取宠，言行不一而流喆然，虽辩，小人也。假言令色，投机取巧，纵得小利，终丧身名。子曰：'言要则知，行至则仁。'吾侪心怀民众，明辨慎思，夫恶有不足矣哉？君子苟无以利害义，则耻辱亦无由至矣。且夫天下兴亡，匹夫有责，而况于谏职之士乎！"

呜呼！岁月不居，时节如流。天命之年，忽焉将至。余自负蝉蜕于浊秽，不获世之滋垢，然觏闵既多，受侮不少，所居学职积年不徙。子曰："道不同，不相为谋。"斯亦某之褊衷，以此长不见悦于长吏，某则愈益不顾也。窃以为，君子与君子以同道为友，小人与小人以同利为朋，此自然之理也。正君渐于香酒，可逸而得之，此世所谓上下相孚也。故曰：君子之所渐，不可不慎也。《诗》云："无将大车，维尘冥冥。"士有离世异俗者，独行其意，骂讥、笑侮、困辱而不悔，无常人之求而有所待也，其龃龉固宜，恶乎以皓皓之身，而蒙世之温蠖乎！夫遇不遇者，时也；贤不肖者，才也。君子博学深谋不遇于时者众矣，皆得厌其为迁乎？比干、子胥忠而君不用；仲尼、颜渊知而穷于世。人生有命，亦各从其志矣。靖节先生曰："质性自然，非矫厉所得；饥冻虽切，违己交病。"此士之风节耳，何予独不能之乎！荀子曰："学者非必为仕，而仕者必为学。"君子博学而日参省乎己，则知明而行无过矣，何必仕为！天下君王至于卿相众矣，当时则荣，没则已焉。孔子布衣，颠沛流离，饥渴劳顿，而垂芳百世，学者宗之。嗟夫！举世嗜利，士子能不易其志者，四海之大，有几人欤？或将有为也，于是有水火之孽，群小之愠，劳苦变动而后能光明也。少祥不敏，全身学业，欲来者不拒，欲去者不止。仰观宇宙之大，俯察品类之盛；芥千金而不昒，屣万乘其如脱。今忘怀得失，衔觞赋序，著文自娱，以乐其志也。古云："少不习读，壮不论议，虽可未成也。"某强学慎行，恫瘝在抱，而终身空室蓬户，褐衣疏食不厌，惟守分而已矣。緱城先生曰："虑天下者，常图其所难而忽其所易，备其所可畏而遗其所不疑也。"君子笃志问道，得无慎其所言乎！

越三年，各有所成，会于京畿。某以为不顿命，列表而陈之。语云：尽小者大，积微者著。诸君论策，笔冢研穿，气韵遒逸，物无遁情，非好学深思，心知其意，固难为之。某虽不佞，数奉教于君子矣。或曰："白头如新，倾盖如故。"何则？知与不知也。所谓"岁不寒，无以知松柏；事不难，无以知君子"，以予所学观之，存亡之变，治乱之机，尽在其中矣。然理无专在，学无止境。诸君意气，有醒世之心，惟前知其当然，事至不惧，而徐为之图，方得至于成功。故曰：善为《诗》者不说，善为《易》者不占，善为《礼》者不相。吾闻之，以德予人者谓之仁，以财予人者谓之良。故竭诚尽忠，裒辑诸君所著若干篇，掇为一卷，刻而传之，即所载诸什是也。社保者，弱者之依托，生民之护持也，因名"弱者的守望"。文不能悉意，略陈固陋，计议愿知而已矣。嗟乎！世之学者，得此说而求诸其心焉，亦庶乎知所以为社保也。将有作于上者，得此说而存之，其国家可几而理欤！故是说诚行，则天下大而富，使有功，撞钟击鼓而和。他日国家采风者之使出而览观焉，其能遗之乎？余谨识之。谚曰："言之者无罪，闻之者足戒。"吾侪博观约取，陈情明切，非以干忤上也。以思往昔者，其言也衷，其情也挚矣。子云："朝闻道，夕死可矣。"吾何求哉？吾得正而死焉斯已矣。语云："观今宜鉴古，鉴古宜知今。"后之视今，犹今之视昔也。苟名实不称，吾当妄言之罪。至若成败利钝，非吾所能逆睹也。窃惟学道多端，谅非一揆，依理验之，或有不足。太岳先生曰："天下之事，不难于听言，而难于言之必效，不难于立法，而难于法之必行。"吾侪文墨书生，含辞采言，若夫厘奸剔弊，旋乾转坤，非所能也。今临毁辱之非，堕籍籍之名者，亦某所大恐也。至于文辞工不工，及当作者之旨与否，非所论大者也，故不予著，唯读者诸君留意焉。《诗》曰："瞻彼日月，悠悠我思。"社保大业，任重道远，吾侪其锲而舍之乎？

甲午年秋月少祥手序
于京畿书香阁

第一编
社会保险法的理论发展

第一章
社会保险法的起源与历史发展

社会保险法是社会保障法的重要组成部分,它在社会保障体系中居于核心地位,是实现社会保障的基本纲领。古今中外,无论什么性质的国家,在由农业社会向工业社会、由自然经济向市场经济转变的过程中,都会遇到诸如劳工疾病、伤残、失业、养老等问题,都会遇到国民的基本生活保障问题,这是一个普遍现象。因此,需要通过立法,建立社会保险制度。从发展历程看,社会保险法起源于西方,它的形成与国家产业结构、社会政治结构变化等密切相关,是西方社会工业化和市场经济发展的产物。

第一节 社会保险法的起源

一 什么是社会保险法

1. 社会保险法的概念特征

社会保险法(Social Insurance Law)是国家通过多渠道筹集资金,在劳动者丧失劳动能力或因其他原因失去收入来源或收入减少时,给予其经济帮助,使他们能够享有基本生活条件的法律法规的总称。从内容上看,社会保险是以经济保障为前提的,其目的是使劳动者在因生、老、病、死、伤、残等原因丧失劳动能力和因失业中断劳动,本人和家庭失去生活收入时,从国家和社会获得必要的物质帮助。社会保险具有强制性、社会性和福利性特点,它由政府举办,强制某一群体将其收入的一部分作为社会保险费形成社会保险基金,在满足一定条件的情况下,被保险人可从基金获得固定的收入或损失的补偿。因此,社会保险在本质上是一种再分配制度,其目标是保证物质及劳动力的再生产和社会稳定。社会保险法的基本特征如下:(1)社会保险法的主体是特定的,包括劳动者(含其亲属)与用人单位;(2)社会保险法的客体是社会生活中的各种风险,包括人身和生活风险;(3)社会保险基金来源于用人单位和劳动者的缴费及财政支持,其缴费具有强制性;(4)社会保险的目的是维持劳动力的再生产。过去,社会保险的对象仅限于劳动者,不包括其他社会成员,社会保险的范围仅限于劳动中的各种风险,不包括财产、经济等风险。随着社会的发展,社会保险的对象已扩大到全体社会成员,其保障范围也不仅仅限于劳动风险,还包括可能影响社会成员生存的特定生活风险等。

2. 社会保险法的调整对象

社会保险属于生活风险的事先预防,参加者得到的保险金给付水平与其过去缴纳的保险金多少、时间长短相关,既体现社会互助,又体现贡献原则。作为社会保险组织、运行和管理的主干法,社会保险法调整的社会关系主要为以下三个。(1)社会保险管理机关与管理相对人之间的关系。社会保险管理是社会保险管理机关制定社会保险政策,监督社会保险法律、法规的执行,处理社会保险争议的活动。社会保险管理机关在进行管理过程中,形成了三个方面的管理关系:一是与社会保险经办机构的行政管理关系;二是与用人单位的行政管理关系;三是与被保险人的行政管理关系。(2)社会保险经办机构与用人单位和劳动者之间的关系。社会保险的基础工作是由社会保险经办机构来完成的,如社会保险费的收缴,基金的管理,待遇的发放以及退休、失业人员的服务管理等工作,都是由社会保险经办机构承担或由其组织承担。社会保险经办机构与用人单位和劳动者之间的关系是社会保险关系中最普遍和经常的关系。(3)社会保险监督机构与社会保险管理和经办机构、用人单位和劳动者之间的关系。社会保险监督的主要内容是法律的执行情况,重点是社会保险的收支、经办和运营等。

3. 社会保险法与商业保险法的不同

社会保险是一种社会政策性保险,与商业保险有很大的不同。商业保险起源于文艺复兴时期意大利和欧洲大陆的城市国家,由海上保险发展而来。就制度设计而言,前者是社会财富的集中与再分配,后者是商业风险的转移和管理。从法理上看,社会保险是一种国家行为,具有国家强制性,而商业保险是一种契约关系,以平等协商为原则。作为不同的法律体系,社会保险法与商业保险法的区别主要有以下五点。(1)保险的性质不同。社会保险是国家为保证劳动者基本生活需要而建立的一项社会保障制度,以实现国家社会政策为宗旨,通过国家立法强制实施;商业保险是以营利为目的,通过保险人与被保险人双方自愿签订契约来实现。(2)保险的对象不同。社会保险以劳动者为保险对象,在经济社会条件具备时,可以扩大到全体社会成员,其保险对象由国家法律明文规定;商业保险的对象可以是自然人,也可以是特定物,由保险双方自行约定。(3)权利义务关系不同。社会保险是国民收入再分配的一种形式,保险基金通常由国家、用人单位和个人共同负担,但保险基金一旦形成,将由国家和有关部门统一调剂使用,以使需要保险的劳动者均能得到保障,并有利于低收入者,即保险权利与保险义务关系并不完全对等;商业保险的权利义务则完全建立在契约自由的基础上,保险金完全由投保人承担,保险人对被保险人实行"多投多保、少投少保"的原则,权利义务完全对等。(4)给付标准不同。社会保险从保障劳动者基本生活出发,要综合考虑劳动者原有生活水平、社会平均消费水平、物价水平、财政能力等多种因素,以确定保险待遇,给付标准不完全取决于缴费多少,而主要取决于社会经济发展水平;商业保险则完全按投保人所缴保险费的多少来确定赔偿数额。(5)管理体制不同。社会保险一般由国家设立专门的社会保险机构统一管理,国家统一立法规定保险项目、费率和给付标准等,且国家对社会保险基金不征税;商业保险由保险公司自行经营,独立核算,自负盈亏,保险公司属于金融企业,国家对其经营收入征税。

二 社会保险法产生的背景

1. 社会保险法产生的前提条件

19世纪后,英、法、德、美等国相继完成工业革命,由手工工场过渡到机器工厂,生产力空前提高,市场经济迅速发展。与此同时,农村人口大规模向城市迁移,沦为雇佣工人。① 很多农民由于失去土地,不得不离开家乡到遥远的都市谋生,从而断绝了依托土地自给自足的可能,他们只有靠工资生活。由此产生了大量单纯依靠出卖劳动力维持生活的无产者,这些无产者抵御生活风险的能力很弱,年老、失业、疾病、丧失劳动能力后生活没有保障。恩格斯在《英国工人阶级状况》一书中指出,"这个产业革命的最重要的产物是英国无产阶级"。② 正是生产社会化的发展逐步改变了自然经济和家庭生产方式,从根本上动摇了传统的家庭保障体系的社会经济基础。在此之前,世界上绝大多数国家对待贫穷、灾荒等社会问题,常常是通过政府救助、社会救济和私人慈善行为以及亲友邻里间互济互助等方法解决。欧洲一些国家的教会把济贫助残看作自身的赎罪方式。但无论哪个国家,实行的政策、措施或行为的范围都比较小,或属临时性应急措施,或属任意性行为,而都被认为是对受救济者的恩赐。随着工业化的发展,工人的劳动强度大大增加,工伤事故不断,失业威胁增多,疾病治疗和老年生计等问题使劳动者忧心忡忡。这时,传统的依托土地的家庭保障功能不复存在,政府临时性救济又难以从根本上解决问题,迫切需要强化工人阶级的生存保障,解决其生存风险问题。因为工人的工资收入一旦因种种社会风险而减少或中断,整个家庭将陷入困境;家庭成员遭遇意外事故,也会使支出额外增加而入不敷出,使整个家庭陷入困境。严重的社会问题迫使政府采取对策,解决劳动者面临的生存风险,而社会财富的大量增加,也使统治者有可能改善劳工的生活和生存条件,使劳动力再生产得以维持和发展。③ 这是社会保险法产生的深刻的经济原因。

2. 社会保险法产生的动力

社会保险法作为资产阶级政府平抑劳工运动的形式之一,是工人长期斗争的结果。早期的资本家,只顾自己赚钱,不顾工人死活,使劳工生活日渐陷入悲惨境地。这时,社会财富空前增长,无产阶级却越来越贫困,

---

① 〔美〕马文·佩里主编《西方文明史》(下),胡万里等译,商务印书馆,1993,第74页。
② 《马克思恩格斯全集》第2卷,人民出版社,1957,第296页。
③ 史探径:《世界社会保障立法的起源和发展》,《外国法译评》1999年第2期。

"一方面，劳资矛盾紧张，社会风险因素增多，社会安全和个人生存受到相当大威胁，过分榨取工人血汗导致劳动资源萎缩与枯竭；另一方面，在权利的分配上，也是产生严重的两极分化，国家和强势群体特权增多，随意干预弱势群体的基本生存，市民社会所确立的'平等'与'自由'理念被强权、特权任意践踏，有时也成为其掠夺的工具"，① 引发了弱势劳工群体大规模的反抗和斗争运动。早期的无产阶级曾采取直接破坏机器的行动，在不断总结斗争经验并受到马克思学说的启示之后，他们遂能"不以物质生产资料自身而以物质生产资料之剥削形态为攻击目标"，② 由自在阶级转变为自为阶级。1848年，马克思和恩格斯发表《共产党宣言》，整个欧洲为之震动。1864年，马克思在伦敦组织领导"国际工人联合会"，明确提出以"暴力革命"手段，建立一个新世界的目标。与此同时，各种社会主义思潮，如德国的社会民主党运动、法国的工团社会主义、巴枯宁与蒲鲁东等的无政府主义，纷纷提出改革社会制度。

面对日益严重的社会危机，资产阶级政府于19世纪初开始制定工厂法，以后逐渐扩大工厂法的内容和实施范围，创立了社会保险法。因此，社会保险法的出现，与无产阶级的斗争息息相关。正如马克思所说："一般说来，社会改革永远也不会以强者的软弱为前提；它们应当是而且也将是弱者的强大所引起的。"③ 事实上，社会保险法的出台，体现了当时社会物质生产方式的需要，体现了市民社会的要求，国家通过社会保险立法弥补市场的缺陷，调和分配不均的矛盾，改善劳动者的生存状况，因为"法律应该是社会共同的、由一定物质生产方式所产生的利益和需要的表现"，④ 而"市民社会的一切要求（不管当时是哪一个阶级统治着），也一定要通过国家的意志，才能以法律形式取得普遍效力"。⑤

3. 社会保险法产生的理论先导

一些进步思想家的启蒙学说以及改良主义者的幻想描绘，汇集在一

---

① 白小平：《社会权初探》，《社科纵横》2004年第4期。
② 《资本论》第1卷，人民出版社，1975，第521页。
③ 《马克思恩格斯全集》第4卷，人民出版社，1972，第284页。
④ 《马克思恩格斯全集》第6卷，人民出版社，1961，第291页。
⑤ 《马克思恩格斯选集》第4卷，人民出版社，1995，第251页。

起，产生了对社会改革的愿望，成为社会保险法产生的理论先导。

（1）自然权利和人权学说。自然权利又称"天赋人权"，是指自然状态下人们享有的与生俱来的、不可剥夺的各类权利。1625 年，格劳秀斯在《战争与和平法》中，将 jus 的含义界定为"一个人所具备的能够使他正当地拥有某种东西或者去做某事的一种资格"，第一次明确表述了权利概念的含义。① 此后，关于权利的论述在政治学和法学理论中一直占有十分重要的地位。霍布斯认为，自由是指"人在其力量和智慧所能办到的事物中，可以不受阻碍地做他所愿意做的事情"，② 生命和安全是一个人在任何情况下都应保留的自由，是国家不能侵犯、不能剥夺的权利。洛克将人类最重要的自然权利分为三种，即生命权、财产权和自由权，也包括他认为合适的、做任何事情的权利以及惩罚违反自然法行为的权利等。卢梭认为，人类根本的政治目标是追求平等与自由，③ "每个人都生而自由、平等，他只为了自己的利益，才会转让自己的自由"。④ 还有很多思想家如斯宾诺莎、伏尔泰都主张人有出于自然本性的平等和自由，拥有完全的自然权利。所谓人权，是人的政治、经济、社会、文化和人身等权利的有机统一，其中生存权是人的首要权利，包括生命权、健康权、物质帮助权等。在传统观念中，人权不过是君主对臣民的恩赐，是可以由君主的意志予以剥夺的。天赋人权学说解决了理想社会中政治法律制度的目的——确保人权免受专横的干涉和侵害的危险，其重大贡献之一是，从理性出发，推出一种全新的观念，为公民政治、经济和社会权利保护提供了哲学基础，也为社会保险法的产生提供了理论支撑。

（2）空想社会主义和科学社会主义学说。空想社会主义是一种改造社会的理想，不具有现实性，但其代表人物莫尔、康帕内拉、圣西门、傅立

---

① 夏勇：《人权概念起源》，中国政法大学出版社，1992，第 138 页。权利观念，古已有之，但古希腊和古罗马却没有独立的专指权利的词汇。正如 A. J. 米尔恩所说："直至中世纪临近结束时，在任何古代或中世纪的语言里，都没有可以用我们的词语'权利'来准确翻译的词语。"参见〔英〕米尔恩《人权哲学》，王先恒等译，东方出版社，1991，第 7 页。
② 〔英〕霍布斯：《利维坦》，黎思复等译，商务印书馆，1986，第 162 页。
③ 〔法〕卢梭：《社会契约论》，何兆武译，商务印书馆，1982，第 42 页。
④ 〔法〕卢梭：《社会契约论》，何兆武译，商务印书馆，1982，第 9 页。

叶、欧文等人对于未来理想社会的美好描述，如消灭私有财产、消灭剥削、实施共同福利等，激发了人们的期待和向往。"百尺竿头，更进一步。"马克思和恩格斯在空想社会主义学说基础上创立的科学社会主义学说，科学地阐明了社会贫困的原因和社会发展的方向。这个理论成为无产阶级开展斗争的强大思想理论武器。资产阶级统治者虽然本能地仇视这一理论，但迫于其理论威力和无产阶级的坚决斗争，又不得不作出一定的让步。① 这些，都极大地促进了社会保险法的产生。

（3）讲坛社会主义和费边社会主义学说。讲坛社会主义学说是19世纪70年代在德国开始流行的一种改良主义思潮。德国新历史学派的一批经济学教授瓦格勒、施穆勒、布伦坦诺、桑特巴等，在大学讲坛上鼓吹资产阶级改良主义，认为国家是超阶级的组织，可在不触动资本家利益的前提下逐步实行社会主义，被人们讽刺为"讲坛社会主义"。这些教授们于1872年创立"德国社会政策学会"，鼓吹劳资协调，主张国家干预经济生活，提出对于劳工问题，不能只要求工人克制和节约，应从意识形态进行改良，以缓和阶级矛盾。因此，必须实施社会政策，保护劳动者正当权益，如举办社会保险、缩短劳动日、改良劳动条件等。他们支持德国首相俾斯麦推行社会政策，直接促成了1883年起几个劳动保险法律的制定和实施。② 费边社会主义是英国的一种资产阶级改良主义思潮，主要代表人物有萧伯纳、维伯夫妇等。他们于1884年成立费边社，提出实行费边社会主义，主张温和缓进，反对无产阶级革命运动。费边社主张改善社会福利，提出缩短工时，限制雇用童工、女工，改善车间工作条件等，通过"集体主义对个人贪欲的限制"向社会主义过渡。同时，费边社主张对非劳动所得征收累进所得税，倡导制定"全国最低生活标准"。1938年，比阿特里斯·韦伯和柯尔等成立新费边社，研究各种社会和经济问题，继续散布改良主义的思想。费边社会主义学说对于英国开始社会保险立法以至"二战"后实行社会福利政策产生了重大影响。③

---

① 王青山主编《社会学概论》，黄河出版社，1990，第350页。
② 黄素庵：《西欧"福利国家"面面观》，世界知识出版社，1985，第28页。
③ 史探径：《世界社会保障立法的起源和发展》，《外国法译评》1999年第2期。

(4) 社会有机体和社会连带思想。社会连带思想认为：社会是一个有机体，其基础不是单个的人而是家庭，家庭和谐与依从关系是社会最好的范例和模型；社会是家庭的总和，其组织方式是家庭组织方式的扩大；家庭聚合在一起的黏合剂是爱，社会聚合成一个有机整体的黏合剂是合作，因此人们在追求各自目的时，不知不觉地相互合作着，这是社会的根源或基础，其目的是要在这种合作中使每一个成员各得其所。社会连带思想的创始人是孔德，他最早使用"社会连带"的概念，提出了社会连带理论，并创立了社会学。他最先将社会作为一个有机整体来考察，认为社会和其他生命机体一样，各个部分之间必然是协调一致的，从而构成和谐、连带的整体。在他看来，社会中的人除了有利己主义的冲动，还有一种高尚的本能和冲动，这就是人的社会感情，或者叫利他倾向。这种感情为理智所鼓舞，并随智慧的增加而不断发展和加强，社会越向前发展，知识越增加，人的社会感情也越发展，其表现形式就是相互合作和团结。① 涂尔干进一步发展了社会连带思想，提出"法—社会连带关系"说，确立了法律和社会学的关系。在此基础上，狄骥创立了完整的社会连带法学。社会连带思想是人类在长期的社会实践中形成的一种理性认识，它产生于人类在同自然界作斗争以求生存的过程中，先后经历了家庭连带思想、团体连带思想到社会连带思想的发展过程。由于强调互助的重要性，社会连带思想在社会保险立法中占有十分重要的地位。

4. 社会保险法产生的直接原因

随着资本主义的发展，不平等现象和问题越来越突出，传统私法"意思自治"、"平等协商"的原则已越来越不适应解决这些问题的需要。就劳动力市场而言，劳资双方在表面上地位平等，而事实上资方的优势越来越明显，使劳动者在就业和劳资纠纷中处于一种非常不利的地位。以工伤事故赔偿为例：劳动者在劳动过程中发生工伤事故，雇主是否应承担赔偿责任？应该依据什么原则来确定其赔偿责任？起初，很多国家根据传统私法的"过错责任"原则追索雇主责任，但在现代工业的复杂生产条件下，受

---

① 张文显：《二十世纪西方法哲学思潮研究》，法律出版社，1996，第118页。

雇者往往很难举证确定雇主的过错责任，这就使得很多工伤事故受害人实际上得不到赔偿。由于这样的案例越来越多，无过错责任原则开始被引入工伤事故赔偿，使侵权行为法理论发生了重大变化。首先，举证责任发生转移，按照无过错责任原则，如果雇主不能举证证明受害劳工本人具有故意或重大过错，就必须承担赔偿责任。其次，赔偿责任构成要件出现变化，即只要有损害事实存在且损害确系劳动过程中所致，就可确定雇主赔偿责任，不必具备"行为的违法性"、"加害人有主观过错"等条件。很显然，工伤事故赔偿中无过错责任原则的确立是对传统私法的矫正。

私法形式上的平等导致的实质上的不平等问题日渐突出，迫切需要实质正义的补救，最终导致了社会保险法和社会法域的诞生。在自由资本主义时期，公共权力对市民社会的经济活动通常奉行不干预政策，政府扮演的是亚当·斯密所谓的"守夜人"角色。但自由竞争的结果使有限的社会财富越来越集中，而包括劳工在内的很多社会弱者连生存都难以保障，人们强烈要求公共权力介入社会保障和公共福利，完善国家的经济职能，"市民社会与政治国家相互渗透，密切配合，在法律社会化的基础上社会法得以产生，从而公法、私法和社会法三元法律结构最终形成"。[①] 作为全新的法律体系，社会法突破了传统私法对人抽象化、平等化的形象设计，也突破了过去公权力不介入私人领域的理念，它立足于现实中强弱分化的人的真实状况，用具体的"不平等的人"和"团体化的人"重塑现代社会中的法律人格，用倾斜保护和特别保护的方式明确处于相对弱势一方主体的权利，严格相对强势一方主体的义务和责任，实现对社会弱者和民生的关怀。根据社会法理论，经济问题与伦理问题密切相关，人类经济生活应满足高尚的、完善的伦理道德方面的欲望，国家应通过立法，实行经济和社会改革，推行社会保险和社会福利，保障国家经济安全和劳工的生活安全。因此，社会法强调对财产权自由的限制，强调国家对经济生活的直接干预和调节，倡导社会保险、社会救济、劳工保护和劳资合作等社会权利，以解决资本主义发展过程中出现的日益严峻的社会问题。这些，不仅

---

① 刘鑫：《经济法的社会法性质研究》，《西安政治学院学报》2004年第5期。

催生了社会保险法、劳动法和反垄断法等全新的法律部门，而且为经济民主化预设了广阔的理论空间。

三　社会保险法的产生

1. 俾斯麦立法及其主要内容

19世纪中后期，德国经济迅速发展，产业工人人数激增。由于大量伤残、失业工人没有生活保障，工人运动不断爆发，强烈要求政府给予物质生活保障。1881年，德皇威廉一世发布"诏书"，对民众要求提供物质生活保障的愿望表示认可，同时俾斯麦政府开始酝酿建立广泛、统一和强制性的社会保险制度。同年，政府首次提出工伤事故保险法案，规定保险费用由雇主负担2/3，工人承担1/3，年收入在750马克以下的工人由国家负担其应承担的比例等。由于存在意见分歧，该法案未能获得议会通过。1882年，经过修订的工伤保险法案再次提交国会，修订后的法案将领取工伤保险津贴的等待期延长至13周，并将工伤保险的管理由帝国银行转为雇主联合会，规定工伤保险津贴的25%由国家补贴。由于资产阶级的强力反对，法案再次遭到议会否决。1884年3月6日，经再次修改后的工伤保险法案第三次提交议会讨论。6月27日，国会正式批准工伤保险法案，该法案于1885年10月起正式生效。1882年，俾斯麦政府提出一份疾病保险法案，规定疾病保险的对象是从事工业生产的工人，不包括农业从业人员，疾病保险费由工人承担2/3，雇主承担1/3，工人患病时，医疗和药品实行免费等。1883年5月31日，疾病保险法案以216票对66票获得通过，并于1884年12月1日生效。1888年，老年和残疾保险法案被提交议会，其主要内容是工人和低级职员一律实行老年和残疾保险，费用由雇主和工人各负担一半，国家对领取老年和残疾保险金者每人补贴50马克，退休工人的收入依原工资等级和地区等级而定等。1889年5月24日，国会以微弱多数票通过老年和残疾保险法，该法于1891年1月1日开始生效。至此，德国的社会保险制度初步建立起来。

三大社会保险法案颁布以后，俾斯麦政府进一步颁布了一些其他社会保险法令，推动了社会保险制度的发展。1885年，政府将工伤保险法的适用范围扩大到由帝国与各州共同举办的工业企业的工人；1886 年，将其扩大到农业和林业从业者；1887 年，又将其扩大到建筑业和造船业的工人。1899 年，德国颁布残疾保险法案，开始对残疾人提供必要的医疗服务。根据该法规定，德国还建立了一项共同缴费基金，以便在各种社会保险机构之间实现财政的平衡，该措施被认为是德国社会保险财政中央集权化的开端。[1] 总之，俾斯麦社会保险立法奠定了德国社会保险制度的基础，并且使德国成为世界上第一个建立社会保险制度的国家。俾斯麦社会保险立法的一个突出特点是强制性，又称"保守式"。此后，大多数欧洲大陆国家和日本实行的社会保险制度可归入此类型，其最典型代表是德国。这一类型社会保险有以下三个主要特点。(1) 法律的强制性，即公民必须参加法定社会保险，定期缴纳社会保险费，从而享有申请保险待遇的权利。(2) 除失业保险外，其他保险均由独立的保险机构经营，实行自治管理，政府只起指导作用，保险基金由雇主和雇员共同负担。(3) 国家起主导作用。其理论基础在"二战"前是"国家干预主义"，认为政府应该制定社会保险政策缓和劳资矛盾，促进经济发展；"二战"后则是新自由主义理论，主张在新自由主义的社会市场经济条件下，实行经济人道主义，让劳资双方结成伙伴关系。

2. 社会保险法为什么最先在德国产生

从工业革命爆发的时间先后、工业化规模大小、人口中的城市人口比重高低等方面看，英国都走在德国的前面，为什么不是英国而是德国首先开始社会保险立法呢？这主要是由德国更为复杂的政治、经济和社会形势等所决定的。

(1) 政治方面。19 世纪下半叶，德国阶级关系复杂，政治流派众多，封建主义、资本主义、社会主义和宗教势力并存，而且无产阶级作为独立的政治力量，已经登上了历史舞台。这时，代表普鲁士容克和封建军阀的俾斯麦政府继承了普鲁士官房主义和家长式统治制度的传统，强调国家至上和强权政治。为了巩固新生的国家政权，俾斯麦政府对内对外采取了强

---

[1] Peter A. Kohler, *The Evolution of the Social Insurance, 1881 – 1981, Studies of Germany, France, Great Britain, Austria and Swithland*, New York, St. Martin's Press, 1982, p. 33.

硬的铁血政策，一方面无情地镇压工人运动，一方面为平息劳工斗争而推进社会改革。社会保险法的颁布既是增进人民福利的措施，也是统治阶级内部各个集团利益争斗的产物，为德国资本主义的发展和谋求世界霸权地位稳定了国内局势。

（2）经济方面。1871年德国统一之后，经济得到飞速发展。到1880年，德国的经济实力已经超过英国，成为欧洲头号经济强国和名副其实的"世界工厂"。普法战争的胜利不仅增强了德意志民族团结和发展的动力，而且割据了物产丰饶、占据战略要冲的阿尔萨斯和洛林，尤其是50亿法郎的战争赔款给德国带来了实实在在的经济利益。这时，德国已经取代英国成为欧洲的工业中心和第二次工业革命的领跑者。这些既为德国全面争夺世界霸权积蓄了力量，也为社会保险法的颁布和实施奠定了经济基础。

（3）社会方面。如前所述，社会保险立法有一个强大的动力来源于工人阶级的斗争运动，无论是统治者还是资产阶级，对工人运动的恐惧都是非常真实而深刻的。随着经济的高速发展和产业工人人数的增加，19世纪四五十年代之后的德国已逐渐成为欧洲工人运动的中心。1869年，北德意志联邦的法律规定，工人具有组织起来的权利，这也是德国工人运动爆发早、发展快、影响大的一个重要因素。而在同期的英国，工会还没有形成，工人阶级还在为工会的法律地位而斗争。这时，领导英国工人运动的工党还没有成立，"无论是在意识形态方面还是在现实方面，工人组织的领导人依然依附于自由党"，[①] 工人阶级的独立性不强，因此大大制约了英国工人运动的发展。

（4）思想理论方面。德国社会保险立法的理论渊源，除了前述新历史学派的影响，还有天主教传统、普鲁士君主社会主义传统和普鲁士民间互助传统的影响。相比之下，英国主要是一种社会救济和救助传统，直接影响英国社会保险立法的费边社于1884年才告成立，而且到1887年才制定出纲领，比德国1873年成立的社会政策协会（新历史学派的组织机构）

---

① 许晓辉：《德国社会保障制度先于英国产生的原因探析》，《现代商贸工业》2009年第10期。

晚了 11 年。此外，德国 15 世纪初出现于普鲁士手工作坊和矿厂中的共济会和矿工联合会组织的疾病保险协会，以及其他行业中的丧葬互助组等，也为德国社会保险法首先颁布和实施奠定了重要的思想理论基础。

3. 俾斯麦立法的作用及其影响

社会保险法是人类社会发展进步中的一项文明立法，是发展市场经济的必然要求。俾斯麦立法在保护劳动者和公民权利、安定社会生活秩序、促进经济发展和社会进步等方面所起的重要作用，非立法者始料所及，而是人们后来在实践中逐渐认识到的。

（1）缓和了德国社会的阶级矛盾，有效地维护了社会稳定。俾斯麦立法的主要目标之一是控制工人运动的发展，被称为"三部大法安天下"。因为社会保险具有收入再分配功能，它能调节中高收入群体的部分收入，提高最低收入群体的生活水准，缩小不同社会成员之间的收入差距。不仅如此，它通过对贫困者、遭遇不幸者、伤残和失业者等给予一定的经济帮助，满足其基本生活需要，消除社会成员的不安全感，因此被称誉为"社会安全网"和"社会减震器"。俾斯麦立法保障了德国社会稳定，巩固了德国的统一。

（2）促进了德国经济持续、稳定、协调发展。完善的社会保险制度，有利于实现劳动力的再生产和有序流动，在一定程度上激发经济本身的活力，推动经济更快更好地发展。这是因为，社会保险在调节市场经济的供求关系中具有蓄水池作用，它可以避免社会消费的过度膨胀，引导消费结构更为合理，平衡社会供需的总量。比如，当失业率下降时，社会保险的支出会相应地缩减，使社会需求不致急剧膨胀；当失业率增加时，社会保障支出会相应增加，使社会需求扩大，促进经济复苏。从历史上看，俾斯麦立法不仅维护了德国社会的稳定，而且极大地促进了德国经济的持续、稳定发展。

（3）标志着社会保障立法进入一个新的历史时期——社会保险时期。在历史上，以社会救济为主体、以军人抚恤和有限的福利为补充的社会保障，被称为社会救助型；俾斯麦实行社会保险立法以后，国家在继续实施社会救助、军人抚恤及有关福利时，逐渐将社会保险放在社会保障体系中的核心地位,这种社会保障被称为社会保险型;随着社会经济的发展和社会保险的日益普及,社会成员对社会保障的需求不再是基本生活保障,而是要求国家和社会不断改善其生活质量和提供社会服务,这种以社会福利为核心的社会保障被称为社会福利型。俾斯麦立法甫始,便显示了社会保险制度的优越性。1885~1914年,德国疾病保险的参加者从430万人增加到1560万人,1882~1907年,德国依靠养老金为生的人数从81万人增长到230万人,同期,70岁以上男性老人继续接受雇佣的比例从47.13%下降到39%,60~70岁的人继续接受雇佣的比例也从78.19%下降到71.12%。① 更为重要的是,它标志着现代社会保障制度已经由一种被动的、消极的、事后的补救性机制,转变为一种主动的、积极的、事前与事后相结合的保障机制,从而为社会经济发展提供了制度基础。

(4)成为世界社会保险立法运动的楷模,为各国纷纷仿效。继德国首倡社会保险立法之后,一批欧洲国家以及少数美洲和大洋洲国家拉开了社会保险立法的序幕。资料统计表明,19世纪末叶实行社会保险立法的有16个国家,20世纪初有8个国家。除新西兰于1898年、澳大利亚于1902年、美国和加拿大于1908年分别制定了工伤保险法以外,其余20个均为欧洲国家。它们是:德国(1883年),比利时、波兰(1884年),奥地利、捷克、斯洛伐克(1887年),丹麦、瑞典、匈牙利(1891年),挪威、芬兰(1895年),英国、爱尔兰(1897年),法国、意大利(1898年),西班牙(1900年),荷兰、卢森堡(1901年),俄国(1903年),冰岛(1909年)。此后,社会保险制度在各大洲普遍建立并获得了很大的发展。从1910年到"二战"爆发前后,共有75个国家加入社会保险立法国家的行列。其中,欧洲国家14个,美洲国家23个,非洲国家22个,亚洲国家16个。需要说明的是,1917年俄国十月革命胜利以后,对社会保险给予了高度重视。1918年,俄国颁布了《劳动法典》(1922年修订)和《劳动者社会保障条例》,对工人的社会保障和福利作了具体规定。当时的俄国和随后成立的苏联,虽因经济落后和帝国主义入侵以及长期实行计划经济

---

① Gerhard A. Ritter, *Social Welfare in Germany and Britain, Origins and Development*, New York, Kim Traynor, 1986, p.119.

体制等原因,劳动者的工资福利水平不高,社会保障水平也很有限,但它们对公有制度下可行的社会保障制度进行了探索并取得了成绩,十分可贵。①

第二节　社会保险法的历史发展

一　美国1935年的社会保险立法及其影响

1. 美国1935年社会保险立法的背景

美国在19世纪末期,工业产值即跃居世界首位。但对于社会保险立法,美国传统的认识与德、英、法等欧洲国家不同。美国政府原先认为,社会救济、社会保险与福利等事业不宜由政府干预,只能由教会、慈善机构、社会团体去办理。1929~1933年的经济危机改变了美国的传统认识。危机中,美国国民经济陷入困境,全国有1500万~1700万失业工人,约3400万户农民陷入贫困境地,对国家与社会稳定造成了严重的冲击。1933年3月,富兰克林·罗斯福就任总统,实行"新政"。从其一系列演讲和谈话中,我们可以看出美国政府对社会保险和社会保障态度的转变。他说:"早先,安全保障依赖家庭和邻里互助,现在大规模的生产使这种简单的安全保障方法不再适用,我们被迫通过政府运用整个民族的积极关心来增进每个人的安全保障";② "实行普遍福利政策,可以清除人们对旦夕祸福和兴衰变迁的恐惧感"。③ 1932年7月2日,他在芝加哥接受总统候选人提名时即表明:"地方政府虽应一如既往地对救济负起主要责任,但是对于广大人民的福利,联邦政府过去一直负有现在仍然负有责任,联邦政府不久就要承担起那种责任。"④ 1934年4月28日,他发表著名的"炉边谈话",阐述了社会保障问题。他说:"提议中的养老金问题就是为了促使已届退休年龄的人放弃自己的工作,从而给年轻一代的人更多的工作机

---

① 史探径:《世界社会保障法的起源和发展》,《外国法译评》1999年第2期。
② 《罗斯福选集》,关在汉编译,商务印书馆,1982,第58页。
③ 《罗斯福选集》,关在汉编译,商务印书馆,1982,第60页。
④ 王建华主编《美国政坛竞选演说精粹》,百花洲文艺出版社,1995,第42页。

会，同时也使大家在瞻望老年的前景时都能有一种安全的感觉"；① "我们要保证我们男女老少的安全感"，政府要"运用政府的机构来帮助提供一种手段，以作为防止现代生活兴衰多变的可靠的和充分的保障——换句话说，就是社会保险"。② 1935年1月17日，他在关于社会保障立法的第一篇致国会的国情咨文中说："对于我国国民生活中不测风云的深谋远虑，要求我们建立起健全的手段，为美国人民提供未来的更长远的经济保障，谁也不能担保我们不再出现萧条的危险。"③ 1935年8月14日，他在签署社会保障法的声明中又说："过去百年来的文明社会，由于它的惊人的工业变化曾经趋向于使得生活越来越不安全，年轻人开始担心他们将来的老境如何。有工作的人则担心他们的工作能保持多久。"④ 这些演讲或谈话内容，表明了美国政府对建立社会保险制度态度的转变，也是美国1935年社会保险立法的背景和作用的清晰概括和表述。

2. 美国1935年社会保险立法的内容与特点

1935年8月14日，《社会保障法》草案获得参、众两院通过，其主要目标是为年老，长期残废、失业等贫困群体提供收入保障，为老年和残废者的医疗费用提供保障，为保障计划受益者提供现金保障待遇等。《社会保障法》开宗明义："本法案旨在增进公共福利，通过建立一个联邦老年救济金制度，使一些州能够为老人、盲人、受抚养者和残疾儿童提供更为可靠的生活保障，为妇幼保健、公共卫生和失业补偿法的实行作出妥善安排。"该法的直接理论来源是凯恩斯主义。凯恩斯倡导"积极国家"，反对自由主义的消极国家，主张政府要扩大福利措施，对经济活动进行积极干预，实行社会保障。从这部法律的主要内容来看，凯恩斯主义的社会保障属于有限再分配，它强调个人责任，政府负担较轻，其对社会保险的干预也是有限的，以实现充分就业为目的。在凯恩斯理论的基础上建立的社会保险制度被称为自由保险型，又称"自由式"。根据该制度模式，企业和

---

① 《罗斯福选集》，关在汉编译，商务印书馆，1982，第81页。
② 《罗斯福选集》，关在汉编译，商务印书馆，1982，第65~66页。
③ 《罗斯福选集》，关在汉编译，商务印书馆，1982，第78页。
④ 《罗斯福选集》，关在汉编译，商务印书馆，1982，第86页。

个人是社会保险的主要缴税人，政府仅充当最后的责任人。其主要特点如下。(1) 保险项目多，但覆盖面不及"公民供给型"广，保障水平不及"公民供给型"高。在美国，投保者每日领取的养老金只相当于原工资的50%。(2) 私人保险业起主导作用，国家处于次要地位，保险基金由雇主和雇员共同缴纳，国家主要负责社会救济和公共补贴。其理论基础是凯恩斯主义的"有效需求不足理论"，即政府调节的重点应放在干预经济生活、摆脱失业和刺激有效需求方面。

美国 1935 年的社会保障法以老年社会保险和失业社会保险为最重要。在此之前，各州都没有失业保险法，在其影响下，各州在几年内都制定了失业保险法律。① 这部法律和 1939 年通过的《立法补充》，奠定了美国社会保险制度的基础，也凸显了美国社会保险模式与德国社会保险模式的不同。与俾斯麦立法相比，美国模式的不同在于以下四点。(1) 老年法定退休保险具有强制性、贡献性和福利性，退休金的收支按照现收现付、收支平衡的原则，根据人口老龄化的预测、退休费支出的需要，不断调整保险税税率，通过自我调整以实现自我循环和正常运转。(2) 以市场手段，发展保险公司经营的自愿投保退休金保险，吸收闲散资金，增强经济实力，为人口老龄化作准备。美国一些保险公司除经营人寿保险、财产保险和死亡保险外，还大量经营集体和个人自愿投保性质的私人退休金保险，作为法定退休保险的补充。集体退休保险，由雇主为雇员投保，根据企业经营好坏和雇员自身情况投保可多可少，雇员退休后逐月领取，政府对退休保险金全额免税。(3) 严格控制失业救济金发放的时间和标准，以利于失业者积极再就业。联邦立法规定由雇主缴纳失业保险税，雇员不缴。救济发放时间，大多数规定需经 1 周等待期后方可使用，最多支付 26 周，在失业高峰期可延长合乎法定救济周数的 50%。严格限制发放周数的目的在于促使失业者积极再就业。(4) 采取措施，增收节支，迎接老龄化的挑战，比如逐步提高保险税税率，将负担加在高收入者身上，利用退休基金搞投资经营，减少年轻人的社会负担等。②

---

① 任扶善：《世界劳动立法》，中国劳动出版社，1991，第 71 页。
② 参阅高析《美国社会保障制度的发展与完善》，《中国信息报》2009 年 4 月 22 日。

3. 美国1935年社会保险立法的意义及影响

罗斯福把《社会保障法》看作"新政"的奠基石，以此减少社会冲突、稳定社会政治经济秩序。实际上，这部法律并非完美无缺，尽管历经多次修改，人们仍然因对其某些内容抱有不同见解而争论不休。不可否认的是，这部法律的施行，确实给美国社会带来了繁荣、昌盛和稳定，它在世界社会保障立法历史上具有里程碑意义，它所产生的影响是深远和重大的。詹姆斯·J.彼得森在《美国的反贫困斗争，1900～1980》一书中很有见地地认为，1935年《社会保障法》实施以后，美国的社会保险和福利制度发生了4个结构性变化：第一，对失业的一般性救济由州和地方负责；第二，联邦政府确信失业是一个全局性问题，作为新福利制度的一部分，联邦政府对穷人的救济负有责任；第三，1935年社会保障法和瓦格纳法作为新政的最重要立法，提供了老年退休金和失业救济金；第四，规定为盲人、需要照顾的老年人和无依靠的儿童等提供公共援助。① 1935年以后，美国逐步建立起了一套完善的社会保障体系，其制度范围涵盖社会保险、社会福利、社会救济。其中最重要的社会保险包括养老保险、医疗保险、失业保险和工伤保险。经过几十年的发展与变迁，美国的社会保险及执行体系已经发展、扩大到这样的模式：目前每6个美国人中就有1个人在享受社会保险金，98%的人群被社会保险体系覆盖；每年社会保险支付的金额为全美经济总值的5%，约4500万人领取社会保险金，其中近1/3的受益者不是退休人员。② 社会保险成为美国社会稳定和发展的减震器，在保护和发展社会生产力的基础上，最大限度地调节了美国社会各阶层及利益集团的关系。对于1935年社会保障法的作用和意义，苏联史学界的代表性观点着重从工人阶级的角度来评价，认为"该法远远未能适应大部分劳动人民的迫切要求"，但其成果"仍体现了工人阶级在争取改善自己经济状况的斗争中的又一次胜利"，③ "正是共产党人领导的这一斗争，迫使国会

---

① 黄安年：《富兰克林·罗斯福和1935年社会保障法》，《世界历史》1993年第5期。
② 缪莉玲：《美国社会保障制度及其对我国的启示》，《长江论坛》2004年第6期。
③ 〔苏〕谢沃斯·季扬诺夫主编《美国现代史纲》（上），桂史林等译，三联书店，1978，第301页。

通过了社会保障法"。①

二　贝弗里奇计划与社会保险福利化发展

1. 贝弗里奇计划产生的历史背景

"二战"爆发前后，社会保险制度继续在非、亚、美、大洋各洲普及和发展。此时，欧洲主要国家的社会保险制度已日趋成熟，并逐渐向福利化方向发展。在英国，1897年出台的《劳工赔偿法令》，确立了工伤赔偿的无过错责任原则。之后，又陆续推出了《工伤保险法》（1906年）、《老年保险法》（1908年）、《儿童法》（1908年）、《职业介绍所法》（1909年）、《失业保险法》（1911年）、《国民健康法》（1911年）。此外，还有一些社会救助和社会福利制度。总之，英国的社会保险制度，无论从实施范围还是所含内容来说，都已具有相当规模。这时，"福利国家"思想开始在欧洲传播，并为一些政党和社会团体所接受。据考证，"福利国家"一词最早见于德语，即Wohlfahrstaat，时在1920年的魏玛共和国，当时它是右派用以攻击社会民主党政府的贬义词。② 英语"福利国家"（welfare state）一词，是牛津大学教授齐默恩（Alfred Zimmern）在1930年第一次使用，他把英美等民主国家称为福利国家，而区别于"强权国家"（power state），后者指纳粹德国和法西斯意大利等类型。1937年，经济学家舒斯特（George Schuster）提到：削弱独裁者在权力国家中影响的最好办法，是我们的福利国家表明它更能为人民提供幸福。③ 1941年，英国坎得伯力大主教威廉·邓普（William Temple）在所著的《公民与教徒》一书中，详尽阐述了福利国家的理念，提出应由welfare state（福利国家）来代替纳粹德国式的warfare state（战争国家）。④ 时值第二次世界大战正激烈进行的阶段，这一观念为很多人所接受和支持。同年，英国成立了社会保险和相关服务部际协调委员会，着手制订战后社会保障计划。经济学家贝弗里

---

① 〔苏〕西瓦切夫·亚济科夫：《美国现代史》，黄肇炯等译，武汉大学出版社，1988，第110页。
② 秦晖：《福利国家的兴衰及其对我们的启示》，http://www.docin.com/p-524676531.html。
③ Henry Pelling, *The Labour Governments*, 1945–1951, London: Macmillan, 1984.
④ 黄素庵：《西欧"福利国家"面面观》，世界知识出版社，1985，第1页。

奇教授受英国战时内阁财政部长、英国战后重建委员会主席阿瑟·格林伍德先生委托，出任社会保险和相关服务部际协调委员会主席，负责对现行的国家社会保险方案及相关服务（包括工伤赔偿）进行调查，并就战后重建社会保障计划进行构思设计，提出具体方案和建议。1942年，贝弗里奇教授根据部际协调委员会的工作成果，提交了题为《社会保险和相关服务》的报告，这就是著名的"贝弗里奇报告"。

2. 贝弗里奇计划与福利国家的特征

贝弗里奇计划继承了新历史学派的理论和福利国家的有关思想，认为贫困、疾病、愚昧、肮脏和懒惰是影响英国社会进步、经济发展和人民生活的五大障碍，由此提出了政府统一管理社会保障工作、通过社会保障实现国民收入再分配的建议。报告设计了"从摇篮到坟墓"的社会福利制度，提出国家将为每个公民提供9种社会保险待遇，包括全方位的医疗和康复服务，并根据本人经济状况提供国家救助。计划有许多是新的福利项目，如为儿童提供的子女补贴、建立全方位的医疗和康复服务等都是一些根本性的突破。报告要求建立完整的社会保险制度，每人每周缴费，无论人们原来的收入如何，无论个人的情况及风险程度怎样，都必须强制参加保险，缴费费率相同，失业保险金、残疾保险待遇以及退休养老金等各种待遇都实行统一的标准，强制性的基本保险项目由国家实施。这些都突破了英国原来失业保险和医疗保险只限于某些群体的限制。此外，这个报告提出了一些具有革命性的观点，例如，社会福利是一种社会责任，实现充分就业，每个国民都有权从社会获得救济，使自己的生活水平达到国民最低生活标准，等等。英国政府基本上接受了该报告的建议，并先后颁布了一系列法令，以实现报告提出的有关目标，包括《家庭津贴法》、《儿童津贴法》、《国民保险法》、《工业伤害法》、《国民救济法》、《国民保健服务法》等，还专门为社会保障管理部门制定了《国民保险部法》，使英国的社会保险法律体系逐步完善，并逐步向现代福利国家转型。1944年综合性的《国家保险法案》（National Insurance Law）的出台和1948年《国家救助法案》（National Assistance Act）的诞生，标志着英国现代社会保障法律制度的完备和成熟。① 1948 年，英国首相艾德礼宣布英国第一个建成了福利国家，贝弗里奇也因此获得了"福利国家之父"的称号。

　　起源于英国的这种社会保险模式被称为"国家福利型"或"社会民主式"。后来，这一模式传到西欧、北欧和加拿大、澳大利亚等国，最突出的代表是瑞典。其主要特点：一是社会保险内容多，覆盖面广，保障水平高；二是基金的主要来源是各行业的雇主，雇员则基本不缴纳。"国家福利型"社会保险模式的理论基础是福利学派思想，他们主张对资本主义进行改良，建立合理分配、收入均等的福利国家，政府通过课征高累进税，向居民提供"从摇篮到坟墓"的社会保障。从计量的角度看，学界一般认为福利国家有四个标准。（1）福利支出占政府公共开支的比重大（1980 年瑞典为 51.6%，德国为 51.8%，英国为 38.5%，美国为 37.5%），如果政府开支大量用于军队、警察或者建设投资，那就不是福利国家。（2）公共支出占福利支出总额的绝大部分（以医疗卫生开支为例，1975 年公共开支在英国医疗卫生总开支中占到 92.6%，瑞典为 91.6%，最低的美国也有 42.7%，而德国、法国、加拿大、澳大利亚、荷兰、瑞士等国都在 64.4% ~ 77.1%），如果福利主要是靠民间慈善而非公共财政，也不是福利国家。（3）福利支出占 GDP 相当比重（1980 年瑞典达 32%，德国为 23.8%，英国为 17.1%，美国为 12.7%）。（4）福利制度中存在着力度较大的再分配。西方学者以福利支出多少和再分配力度高低两个维度划分了四类国家：美国福利支出与再分配力度都"双低"；而瑞典则"双高"；德国福利

---

① 在 1930 年《社会保障法议案》实施后，法国社会保障体系即初步形成，并沿着福利方向发展。1945 年，在借鉴俾斯麦模式和贝弗里奇计划的基础上，法国议会通过了《社会保障法》，规定保险费由雇主和雇员共同承担责任，并根据受益者在职时缴纳保险费的多少、个人的参与程度、所承担的责任大小来决定其领取保险金的标准，国家只是监督者，并不承担直接经济责任。该法的颁布，奠定了法国现代保障制度和福利制度的基础。1978 年，法国政府颁布法令，确立了社会保障普遍化原则，规定无论任何人员均应根据其职业活动参加一项强制性社会保障，这就是著名的"三 U 原则"，其基本含义是"统一、全民、均衡（三 U 取 Unite、Universalite 和 Uniformite 三个单词的首字母）"。法国社会保障分属不同部门管理，即每个人参加什么保险机构，主要取决于他从事的行业。目前，其社会保险和社会福利项目涵盖了几乎每一个公民，内容包括居民生活的方方面面，如养老保险、失业保险、疾病保险、孤寡保险、多育保险、丧偶保险和天灾人祸保险等，通过社会保障这张"安全网"，对公民所遭遇的不幸和风险给予化解。

支出高而再分配力度低；英国福利支出低而再分配力度高。根据这种标准，最严格意义上的福利国家是福利开支比重与再分配力度"双高"的瑞典式国家，两者有一高的英国式与德国式也可以算是较为广义的福利国家，两者"双低"的美国则被视为"自由放任"的代表，只是法治国家而不算福利国家。①

3. 社会保险福利化及其影响

贝弗里奇计划的实施标志着社会保障发展到社会福利型阶段。如前所述，继英国之后，北欧国家瑞典、芬兰、丹麦、挪威以及其他西欧国家法国、联邦德国、奥地利、比利时、荷兰、瑞士、意大利等国，特别是英联邦成员国如加拿大、澳大利亚，纷纷按英国的模式实施社会福利政策，建设自己的"福利国家"。例如，20世纪50~60年代中期，德国的社会保险制度存在一种强烈的国家干预并逐步走向福利国家的趋势。50年代末，德国人平均收入的12%~13%用于缴纳社会保障。至1963年，其公共社会支出占国民生产总值的比例为17.11%，高于英国与瑞典等福利国家。正如里姆林格所指出，阿登纳时代结束后的联邦德国"实际上是一个福利国家"。② 同时，美国、新西兰、日本等国也开始按"福利国家"的路子建设自己的社会保障制度。目前，世界社会保险制度形成了四种主要模式。（1）传统型。政府通过立法，实行强制性保险，在社会保险项目中，强调个人责任，保险待遇标准与个人收入、缴费相联系，保险费根据不同项目由两方或三方负担，美国、日本等国家采用该种模式。（2）福利型。西欧、北欧一些国家实行这种高消费、高福利的政策，强调全民性原则，统一缴费统一给付，基金主要由国家负担，最典型代表是瑞典和英国。（3）国家型。宪法将社会保障确定为国家制度，政府和企业缴纳保险费，公民无偿享受社会保险和其他社会福利。苏联及一些东欧社会主义国家采用该种模式，由于公有制的国家体系不复存在，这些国家都在实行改革。（4）储蓄型。强制性地由职工和雇主缴费作为公积金，以职工个人名义进行储蓄，

---

① 参阅秦晖《福利国家的兴衰及其对我们的启示》，http://www.docin.com/p-524676531.html。
② Gaston V. Rimlinger, "Welfare Policy, Industrialization in Europe, America and Russia", New York, *Journal of Economic Issues* 1971, p. 184.

新加坡等少数国家采用该种模式。

"二战"之后，以瑞典、英国为代表的"福利型"社会保险模式与俾斯麦立法和 1935 年的美国社会保险立法有很大的不同，这是一种全民性、高保障的社会保险模式。19 世纪末，俾斯麦立法保障的范围仅限于劳工群体，其他社会群体并不在保障之内。而且，俾斯麦立法强调个人责任，比如：疾病保险费，雇主承担 1/3，劳工自己承担 2/3；灾害保险费，全部由雇主承担；老年残疾保险费，由雇主、劳工各负担一半，政府对每一个人的年金收入只补助一小部分。① 这样一来，政府所支付的社会保险费用微乎其微。美国 1935 年《社会保障法》在强调社会保险的同时，也没有忽略个人责任。该法并不赞同消极的"救济"，而是积极实行各种以工代赈等措施，认为社会保险作为确保社会成员基本生活需求和维持劳动力再生产的一种社会政策，必须能促进自我保障意识的确立。② 因此，美国社会保险的很多项目是由雇主和劳动者本人缴费，而且由商业保险公司经营，这与福利型社会保险的保险基金主要由国家负担有很大的不同。

三 后福利国家社会保险法的发展趋势

1. 后福利国家社会保险改革的背景

社会保险制度经历了 20 世纪初和中叶的蓬勃发展，到了 70 年代，在一些发达国家，由于国家包揽的项目过多，财政负担加重，出现了所谓的"社会福利危机"。主要表现在以下方面。

（1）社会保障（主要是社会保险）支出日益膨胀，政府不堪重负。数据显示，世界经合组织成员国 1960 年用于社会保障的支出占国内生产总值的比重为 7%，1990 年上升到 15.4%，提高了一倍多。1950～1977 年，英国、德国、法国、瑞典、美国和日本等国的社会保障支出占 GDP 的比例呈逐年上升的趋势，瑞典最高达到 30.52%，非福利国家的日本和美国最高时达到 9.68% 和 13.73%（参见表 1-1）。

---

① 郭义贵：《略论德国的社会保障法律制度》，《福建政法管理干部学院学报》2001 年第 2 期。
② 邓大松：《美国社会保障制度研究》，武汉大学出版社，1999，第 26 页。

表 1-1 1950~1977 年日本等国的社会保障支出占 GDP 的比例

单位:%

国别 年份	日本	美国	英国	西德	法国	瑞典
1950~1951	3.46	3.82	9.59	14.81	12.22	9.67
1955~1956	5.11	4.51	9.64	14.27	13.49	11.09
1964~1965	5.11	7.10	11.72	16.61	15.59	13.61
1974~1975	7.56	13.24	16.21	23.54	24.13	26.16
1976~1977	9.68	13.73	17.33	23.37	25.62	30.52

资料来源:〔日〕山口定:《政治体制》,韩铁英译,经济日报出版社,1991,第 130 页。

(2) 社会保险受益不公,效率受损。高福利和福利平均化造成不劳而获或少劳多得的现象,甚至失业者的收入由于花样繁多的救济和补贴而比在职者还多,致使公众的工作热情减弱,人们对社会和政府过分依赖,职工怠工现象严重,企业经济效益下降,国际竞争力削弱。如美国虽然对低收入和贫困家庭实行福利补助,但同时又在税收政策、退休政策等方面实行对高收入者有利的倾斜,使其社会福利受益面很不平衡。①

(3) 保险机构林立,无谓费用增加。随着社会保险项目的增加,各国政府建立起了庞大的经办管理机构,雇用了大批专业技术人员和行政管理人员。这些不仅导致了管理费用的增加,而且产生了官僚主义、人浮于事、效率低下等弊端。70 年代以后,以弗里德曼为代表的新自由主义经济学家对"福利国家"提出了严厉的批评。他们认为,政府只应为无自助能力的弱势群体提供社会保障,其他群体应通过市场渠道或依靠家庭来满足自身保障的需要,当前的福利制度使人们养成了依赖政府的习惯,增加了政府不必要的负担,只有通过商业保险等私营计划来分担政府的社会保障责任,才有可能最终解决发达国家所面临的社会保障财务危机。② 在新自由主

---

① 高析:《美国社会保障制度的发展与完善》,《中国信息报》2009 年 4 月 22 日。
② 新自由主义者认为,经济增长对提高国民福利和促进社会平等比任何平等的政策都更重要,福利国家错误地理解了自由的特征、社会正义、权利和需求的概念,把追求平等和再分配看得比经济增长和福利的创造更重要,这实际上削弱了个人的选择和个人对自己的责任。因此,他们普遍对福利国家持否定态度,认为福利国家只不过是理想主义者的政治神话,是对人的本性和社会特征的认识发生了错误。

义者看来，国家在社会保障方面的作用应当受到制约而不是总是无限制，是推进而不是提供，是鼓励竞争而不是垄断，因此主张国家建立内部竞争市场，在购买和出售服务上让不同的经济成分参与竞争。① 新自由主义的一个创造性贡献在于，它颠覆了过去认为私营机构只是"利己"不能"利他"的结论，将市场经济引入传统的公共服务领域，从而在社会保障和社会救助方面产生了革命性的变革，② 为后福利国家的社会保险改革奠定了理论基础。

2. 后福利国家社会保险改革的内容

面对社会福利危机，西方主要国家对社会保险制度进行了调整和改革。改革主要有两个方面。一方面，增加社会保险收入，提高社会保险费率。如比利时、荷兰、英国等提高了雇主和职工缴纳的社会保险费率，法国和意大利扩大了保险金的征收范围，提高了公务员和国有部门职工的退休年龄。一些国家还对某些保险项目征收所得税，如荷兰自1983年起对疾病保险金征收所得税，法国自1980年起征收退休金所得税，加拿大则提高了养老金投保率，规定1992～2016年投保费每年增加0.2个百分点。另一方面，减少社会保险支出。如美国，根据1996年的《社会福利改革法案》，6年累计削减550亿美元的开支；加拿大1995年提出改革失业保险制度的计划，使联邦政府每年减少失业保险金支出10%，即节省46亿加元；瑞典将失业救济金、疾病津贴和产妇津贴从占最低工资的90%减至75%。不仅如此，各国政府对其职能和社会保险管理体制也都进行了或多或少的改革。主要包括以下五个措施。

（1）减少国家干预，强调市场机制对社会保险的调节作用，使社会保险从"国有化"向"私有化"转变，使私有企业在社会保险体系中发挥更重要的作用。如英国和荷兰促使社会保险的部分管理职能民营化，将社会

---

① 郑功成：《社会保障学》，商务印书馆，2000，第89页。
② 智利于1981年率先推行养老保险基金私人化管理，取得了很大成效。随后，秘鲁、阿根廷、哥伦比亚、墨西哥、乌拉圭等拉美七国开始效仿这种"以自由市场政策为主导"的激进改革。同时，英、美等发达国家的私人养老金计划也得到迅速发展：在英国，有约75%的劳动力于国家收入关联养老金计划（State Earnings Related Pension Scheme）之外与私人职业养老金计划签约；在美国，带有私人退休储蓄性质的401（K）计划已为1910万投保者积累了4400亿美元的资产，年缴费流量达1000亿美元。

保险津贴发放等具体业务委托给私营部门办理。美国也不断使公共计划的制定权分散化，将私人机构融入社会保险体系。

（2）鼓励发展商业性保险。政府在税收等方面支持商业性保险的发展，并给居民创造种种条件，促使居民积极参加商业保险。如英国鼓励私人经营保险业，鼓励同私人医院订立合同以及由私人承包服务设施。

（3）提倡企业自办保险。如英国规定，凡有条件的私人企业，经政府部门批准后可以自己搞养老保险项目，鼓励效益好的企业为员工设立更优越的养老保险，并把原来由国家设立的"附加养老金"推给了企业和个人。

（4）改革养老金制度。如瑞典规定，从 2001 年起养老金由保证收益型（凡在瑞典住满 40 年的人均可领取数额相等的一份养老金）转向保证缴纳型（领取养老金的多少取决于从工资中扣缴的养老金的累积数额及其投资收益）。

（5）改革社会保险基金管理方式。为了稳定社会保险财政，保证给付不受经济波动和其他条件变化的影响，各国普遍将原有的现收现付制改为"现收现付和个人资本积累相结合"的混合制。此外，各国政府纷纷采取措施，促进就业，使民众摆脱对社会保险和社会福利的依赖。如 1998 年，英国政府提出了一系列帮助没有丧失或完全丧失工作能力的人（包括 25 岁以下的青年人、长期失业者、单身父母以及有工作能力的残疾人等）脱离救济、参加就业的具体措施，比如加强就业培训、为失业者提供个人咨询服务、为低工资者制定优惠税收政策、为单身父母提供儿童看护服务等。在德国，政府颁布了促使年轻人就业的"紧急计划"，同时为年龄大的失业者提供更多的就业机会，为长期失业者和其他受歧视者制订专门的计划，使他们能够融入劳动市场，等等。之后，德国的失业率逐年下降，1998 年为 11.1%，1999 年下降至 10.5%，2000 年下降至 9.6%。[①] 实践表明，开源节流、改革管理体制和积极促进就业等措施对于减轻福利国家的压力起到了明显的效果。

3. 后福利国家社会保险法的发展趋势

在传统福利国家，社会保险制度基本上是围绕实现福利、克服贫困的

---

① 殷桐生：《施罗德的"新中派"经济政策》，《国际论坛》2001 年第 4 期。

目标而设置的。随着社会保险改革的深入和人类认识水平的提高,人们发现单纯以经济指标来衡量社会福利的局限性日益明显。正如阿玛蒂亚·森所说:"我们用收入和商品作为我们的福利的物质基础。但是我们各自能够如何使用给定的商品束,或更一般地,我们各自能够如何花费给定的收入水平,关键取决于一系列偶然的个人和社会的状况。"① 也就是说,具有相同收入的人并不一定拥有相同的福利水平。在后福利国家,随着公民身份的拓展以及义务和责任内容的增加,公民与国家之间的关系发生了一系列变化,② 其社会政策目标和社会保险法制改革逐渐呈现以下特征和发展趋势。③

(1) 积极倡导"没有责任就没有权利"的社会福利观。一些人提出,要改革社会保险制度,首先要改变原有的社会福利观念,革除那种片面强调个人的社会权利而忽视其社会责任的思想,建立个人权利与责任之间的平衡机制。在以"第三条道路"为名的新理论中,社会党人提出了他们的新责任观,认为责任是健全社会的基石,社会行动的目的不是用社会或国家的行为代替个人的责任,而是要通过改善社会来促进公民个人的自我完善。与之相应,作为个人要积极回报社会的关爱,为社会和他人承担义务,实现基于现代意义的"机会和权利共享、风险与义务共担"的社会公正。④ 正如德国前总理施罗德所说:"当代社会民主主义者要把社会保障网从一种权利变为通向自我负责的跳板。"⑤

(2) 将"消极福利"转变为"积极福利",提供就业和创业机会,实现福利国家功能上的革新。主要体现在两个方面:一是改变福利对象被动等待的状况,让他们积极寻求自立和自新的机会;二是改事后救济为主动扶持。英国前首相布莱尔明确提出:"第二代福利是给人以扶持,而不仅仅是施

---

① 〔印〕阿玛蒂亚·森:《以自由看待发展》,任赜等译,中国人民大学出版社,2002,第59页。
② 李艳霞:《后福利国家社会政策发展的理论路经与现实选择》,《文史哲》2007年第3期。
③ 曾瑞明:《从西欧社会党的社保改革看福利国家的发展趋势》,《北京行政学院学报》2009年第5期。
④ 罗云力:《建立社会投资型国家——欧洲社会民主党第三条道路对福利国家制度的变革》,《国际论坛》2002年第3期。
⑤ 殷桐生:《施罗德的"新中派"经济政策》,《国际论坛》2001年第4期。

舍","福利应成为成功的跳板,而不是缓解措施失败后的安全网"。① 施罗德认为,好的选择应该是一种"鼓励个人的创造性和潜力,而不只是在收入分配问题上做文章"的社会政策。② 因此,国家的功能不是消极地发放救济金,而是加大对人力资源的投资,将部分原来用于救济弱者的福利资金转移到创造就业机会和继续教育上,使公民从坐享救济走向积极就业。

(3)优化社会保险制度结构,包括优化福利对象和投资主体两部分。鉴于传统福利制度助长了人们的惰性,不利于提高其工作积极性,后福利国家社会保险发展的一个重要趋势是,有区别地对待不同的保险对象,按照工作潜能存在的不同程度来确定福利照顾的程度。在提供保险资金的渠道和来源上,尽可能扩大保险投资主体。因为在全球化时代,国家不可能再包办一切,只能寻求新的积极力量同舟共济,发动个人、企业、社会组织共同为社会保险事业作贡献,实现保险投资主体多元化。

(4)扩大福利关照的范围,提升福利关照的层次。传统福利国家主要通过经济上的帮助实现社会成员之间的结果公平,如各种保险、带薪假期、义务教育费用等。随着社会的主导价值观向后物质主义转化,人们的需要从物质利益为主过渡到包括精神、文化等多元领域,其社会保险普遍重视在精神文化层面对弱势群体的关怀。同时,新的社会保险制度重视关注新矛盾和新问题,比如,对经济条件优越的人,尽管他们用不着传统的福利关照,但在承担精神风险方面,他们同样有保障的需要,新的制度安排也开始涉及这些问题。可见,后福利国家的社会保险改革增加了更多的人文关怀因素。

第三节 中国社会保险法的产生

一 中国社会保险立法的历程

1. 1949 年以前的社会保险立法

从历史上看,我国历朝历代都有一些关于社会赈济的规定,但并没有

---

① 〔英〕布莱尔:《新英国——我对一个年轻国家的展望》,曹振寰等译,世界知识出版社,1998,第 168 页。
② 殷桐生:《施罗德的"新中派"经济政策》,《国际论坛》2001 年第 4 期。

出现现代意义的社会保险理论和制度。清末搞得沸沸扬扬的修宪和制订法律的活动，催生了刑法、民法等一批法律法规，却没有一部关于劳工权利和社会保险的法律。从 1918 年和 1919 年君实在《东方杂志》上发表《劳动者失业保险制度》和《劳动者疾病保险制度》算起，到南京国民政府建立时，社会保险理论传入中国已近 10 年，① 其间虽然研究社会保险问题的文章或著述时有出现，但政府在立法方面却无所作为。1923 年，北洋政府颁布《暂行工厂通则》和《矿工待遇规定》，可以算作我国近代社会保险立法的破壳之作。② 可惜，这些法令因战乱和政局动荡名存实亡或刚开始实施便很快夭折。

南京国民政府时期，在孙中山民生主义思想引导下，社会保险立法比较活跃，成果也比较丰富。1927 年，国民政府甫一建立，蒋介石即以国民军总司令的名义公布《上海劳资调节条例》，规定"实行劳动保险及工人保障法，其条例由政府制定之"。③ 不久，国民政府成立劳动法起草委员会，开始编制《劳动法典》。1929 年春，《劳动法典草案》编纂完成，其中最后一编为"劳动保险"，"此为我国社会保险立法的先驱"，标志着国民政府社会保险立法之草创。同年 12 月，国民政府公布《工厂法》，该法第 45 条规定："在劳动保险法施行前，工人因执行职务而致伤病或死亡者，工厂应给其医药补助费及抚恤费。"1932 年，实业部公布《强制劳工保险法草案》，规定"被保险人因伤致疾或疾病或分娩及因而死亡时依本法之规定给以医疗费、残废津贴、残废年金、养病津贴、分娩费、生产津贴、丧葬费、遗属恤金"，④ 保险费主要由被保险人和业主负担。此后，社会保险立法活动一直在持续，但没有成熟的社会保险法规被颁布施行。这时，上海、汉口、北平等地工厂已有为工人办理保险的，但都是投保于商业保险公司，政府并未介入，且保险范围狭小，保险给付低微，以至称不

---

① 岳宗福等：《国民政府社会保险立法论述》，《山东农业大学学报》2004 年第 4 期。
② 1914 年 3 月，北洋政府颁布的《矿业条例》有"矿工"专章，规定"矿工如因工作负伤，致罹疾病，或死亡时，矿业权者应给予医药、抚恤等费用"，但总体上说这部法令不能称为社会保障法。
③ 岳宗福等：《国民政府社会保险立法论述》，《山东农业大学学报》2004 年第 4 期。
④ 岳宗福等：《国民政府社会保险立法论述》，《山东农业大学学报》2004 年第 4 期。

上"社会保险"。

国民政府真正开始试办社会保险是在抗日战争时期。1938年，国民政府成立社会部，开始拟订社会保险规划。1941年，社会部议决《社会保险法原则草案》，包括保险宗旨、保险种类、被保险人之范围、保险给付、保险机构、保险法规等内容，以作起草社会保险法之根据。同年7月，社会部公布《社会法临时起草委员会简章》，将"起草社会保险法草案"列为该委员会的首项任务。之后，《健康保险法草案》（1942年）、《伤害保险法草案》（1944年）和《社会保险方案草案》（1944年）陆续被提交立法院审议。1943年，社会部选定四川省北部产盐区作为试点，制定并颁布了《川北区各盐工保险暂行办法》，试办盐工保险。1945年5月，国民党第六次全国代表大会通过《战后社会安全初步设施纲领》，将举办社会保险列为基本内容。同年，行政院核定的《战后社会安全初步设施纲领实施办法》明确规定，社会保险是保障社会安全及全体国民福利的措施之一，应采取强制政策，由中央政府主办。1946年11月，行政院颁布《中央社会保险局筹备处组织章程》，并于1947年初成立中央社会保险局筹备处，负责施行社会保险的筹备工作。1947年10月，《社会保险法原则草案》由国务会议通过（定名为《社会保险法原则》），这是国民政府在大陆期间制定和通过的唯一一部社会保险法规，是指导国民政府进行社会保险立法的基本准则。1947年12月，国民政府颁布《中华民国宪法》，规定"国家为谋社会福利，应实施社会保险制度"。这是国民政府在大陆期间社会保险立法的最高成果。但由于内战不断、政局不稳、政令不畅，加上官僚买办资本抵制，上述法规并没有得到真正实施。

2. 1949～1978年的社会保险立法

中华人民共和国成立后到"文化大革命"前，中国政府先后制定和颁布了一系列社会保险政策法规，逐步建立了与计划经济相适应、以"国家全保、企业负担"为特色的社会保险制度。"文化大革命"开始后，社会保险立法一度陷入停滞状态，甚至遭到了严重破坏。1951年2月，政务院颁布《中华人民共和国劳动保险条例》，这是新中国第一部社会保险立法，对劳动者的生、老、病、死、残等情况作了具体规定，使暂时或长期丧失劳动能力的职工在生活上有了基本保障。1952年6月，政务院颁布《各级人民政府工作人员在患病期间待遇暂行办法》，主要解决干部的福利待遇问题。1954年颁布《关于女工作人员生育假期的规定》。① 1955年12月，颁布《国家机关工作人员退休处理暂行规定》和《国家机关工作人员退职暂行规定》，两个都是关于干部福利的规定。1956年，政务院颁布《中华人民共和国女职工保护条例》。1957年，卫生部制定《职业病范围和职业病患者处理办法的规定》，这一制度增加了我国社会保险的保障项目。1958年以后，国务院又颁布《关于工人、职员退休处理的暂行规定》、《关于企业、事业单位和国家机关中普通工和勤杂工的工资待遇的暂行规定》等一系列规定，这些文件构成了新中国成立初期社会保障的基本制度。

1966年5月，"文化大革命"开始，我国社会保险立法受到严重干扰和冲击，基本上处于停滞状态，连已经建立的社会保险制度也遭到一定破坏。这一时期，《中华人民共和国劳动保险条例》受到根本否定和批判。1969年，财政部颁发的《关于国营企业财务工作中几项制度的改革意见（草案）》规定："国营企业一律停止提取工会经费和劳动保险金"，"企业的退休职工、长期病号和其他劳保开支，改在营业外列支"。这一规定的直接后果是，有社会统筹功能的劳动保险制度被取消，职工的劳动保险费用完全由企业直接支付，企业职工的劳动保险从此演变成了自我封闭的企业保险。由于当时政企不分，企业只负责生产经营，不负责赢利，支付劳保费用自然不成问题，职工的劳保待遇能够得到保障，但企业保险使社会保险制度失去统筹和互济特点，造成制度不合理和无效率等问题，在以后的实践中积重难返，成为社会保险改革异常艰难的重要原因。

3. 改革开放以来的社会保险立法

改革开放以来，中国开始进行以市场经济为目标的经济体制改革，陆续颁布了一些关于社会保险的法律法规，从其运行机制、模式类型、项目构成、待遇水平、管理社会化等方面进行了深层次的改革与创新。1978年

---

① 我国1954年宪法规定：劳动者在年老、疾病或者丧失劳动能力的时候，有获得物质帮助的权利；国家举办社会保险、社会救济和群众卫生事业，并且逐步扩大这些设施，以保证劳动者享受这种权利。

6月，国务院颁发《关于安置老弱病残干部的暂行办法》和《关于退休、退职的暂行办法》，标志着被"文化大革命"破坏的社会保险制度在新的历史时期重新启动。1982年开始，职工养老金社会统筹的试点工作在江苏省泰州市，广东省江门市、东莞市开展，1984年以后，在全国范围普遍推行。不久，各地相继出台了退休费用社会统筹的规范性文件，社会保险制度逐步恢复，社会保险立法工作也开始逐渐展开。1985年9月，中共中央在《关于制定国民经济和社会发展第七个五年计划的建议》中，明确提出将我国的社会保险、社会福利、社会救助、社会优抚纳入统一的社会保障制度中，社会保险开始进入较深层次的调整和改革期。1986年，国务院发布《国营企业实行劳动合同暂行规定》，确立了劳动合同制工人的养老保险制度。同年7月，为了进行国营企业劳动合同制的配套改革，国务院颁布了《国营企业职工待业保险暂行规定》，失业保险制度由此起步。1987年，国务院发布《职业病范围和职业病患者处理办法》。1988年，国务院又颁布《女职工劳动保护条例》和《军人抚恤优待条例》，提高了生育保险待遇和军人优抚优待条件。1989年，国务院发布《关于公费医疗保险的通知》，开始对公费医疗进行改革。

进入90年代以后，我国社会保险立法进入快车道，除了在宪法上进行原则规定外，① 另有《劳动法》、《城市居民最低生活保障条例》等一批重要法律法规出台。1990年，全国人大通过了《中华人民共和国残疾人保障法》，同年，国务院发布《关于加强养老保险基金的征缴和管理工作的通知》等规范性文件，开始探索建立养老保险基金管理的新模式。1991年，国务院发布《关于企业养老保险制度改革的决定》（国发〔1991〕33号），肯定了各地养老保险制度改革的成绩，决定在全国恢复养老保险制度，以缓解社会矛盾，保障我国经济体制改革的顺利进行。该决定的历史性作用是，明确了养老保险制度改革的基本方向。1992年，广东、海南、深圳又

---

① 我国现行宪法第45条规定：中华人民共和国公民在年老疾病或者丧失劳动能力的情况下，有从国家和社会获得物质帮助的权利；国家发展为公民享受这些权利所需要的社会保险、社会救济和医疗卫生事业；国家和社会保障残疾军人的生活，抚恤烈士家属，优待军人家属；国家和社会帮助安排盲、聋、哑和其他有残疾的公民的劳动、生活和教育。可见，在宪法层面，国家对不同群体的保障力度是不同的。

开始了以待业、养老保险为重点的社会保险制度改革的试点。1993 年，十四届三中全会《关于建立社会主义市场经济体制改革若干问题的决定》把社会保险制度列为构筑我国社会主义市场经济体制的重要组成部分。同年，国务院发布了《国有企业职工待业保险规定》，扩大了失业保险的范围。1994 年，国务院组织了"社会统筹与个人账户相结合"的医疗保险试点。1997 年，国务院先后发布《关于在全国建立城市最低生活保障制度的通知》、《关于建立统一的企业职工基本养老保险制度的决定》等规范性文件。同年 10 月，中国政府签署《经济、社会及文化权利国际公约》，此前还加入了国际劳工组织的《社会保障最低标准公约》等。1998 年底，国务院又出台《关于建立城镇职工基本医疗保险制度的决定（征求意见稿）》。与此同时，工伤保险和医疗保险也都在相关行政法规指导下启动改革试点工作。1999 年，国务院颁布《失业保险条例》和《社会保险费征缴暂行条例》。2003 年，国务院又颁布《工伤保险条例》，这是我国继 1951 年《劳动保险条例》后关于工伤保险的一次革命性突破。此外，生育保险、社会福利及社会优抚等方面也制定了一些法规和政策，初步奠定了具有中国特色的、与社会主义市场经济相适应的社会保险法律法规体系的基本框架。

2010 年 10 月 28 日，第十一届全国人大常委会第十七次会议通过《中华人民共和国社会保险法》（2011 年 7 月 1 日起施行），这是新中国制定的第一部综合性的社会保险法，也是社会保险立法的最高成果。该法明确，其目的是规范社会保险关系，维护公民参加社会保险和享受社会保险待遇的合法权益，使公民共享发展成果，促进社会和谐稳定。该法确立的社会保险的基本方针是，广覆盖、保基本、多层次、可持续，且社会保险水平与经济社会发展水平相适应。根据该法规定，国家建立基本养老保险、基本医疗保险、工伤保险、失业保险、生育保险等社会保险制度，保障公民在年老、疾病、工伤、失业、生育等情况下依法从国家和社会获得物质帮助的权利。其最大的进步在于，明确了国家在社会保险中的责任，规定"县级以上人民政府将社会保险事业纳入国民经济和社会发展规划"，"国家多渠道筹集社会保险资金"，"县级以上人民政府对社会保险事业给予必要的经费支持","国家通过税收优惠政策支持社会保险事业"等，为社会保险事业的发展奠定了坚实的经济基础。

二 中国社会保险法的现状与问题

1. 中国社会保险法的现状

从以上可以看出，我国社会保险立法工作虽经曲折，但也取得了一定的成绩。特别是 20 世纪 90 年代以后，我国对社会保险制度进行了一系列改革，在社会保险立法方面相应地出台了一些法律法规，初步形成了国家、企业和个人共同负担的多层次的社会保险新格局。2010 年《社会保险法》的出台，填补了我国社会保险立法的空白，具有重要的里程碑意义。

（1）养老保险。在城镇，20 世纪 90 年代以后，国务院先后颁布《关于城镇企业职工养老保险制度改革的决定》、《关于深化企业职工养老保险制度改革的通知》、《关于建立统一的企业职工养老保险制度的决定》等规范性文件，指导中国城镇养老保险改革的实践；原劳动部发布了《关于建立企业补充养老保险制度的意见》，鼓励企业建立补充养老保险制度。在农村，民政部制定了《县级农村社会养老保险基本方案（试行）》，开始探索建立农村养老保险制度。2009 年 9 月，国务院下发《关于开展新型农村社会养老保险试点的指导意见》，决定在全国 10% 的县（市、区、旗）试行新型农村社会养老保险制度（下称"新农保"）。新农保是我国养老保险制度向"全民老有所养"目标迈出的关键一步，初步规范了农村社会养老保险的业务、财务、基金和档案管理等工作。

（2）医疗保险。1998 年 12 月，国务院发布《关于建立城镇职工医疗保险制度的决定》，在全国范围内推行城镇职工医疗保险制度改革。此外，劳动和社会保障部与有关部委还就医疗保险改革的具体问题制定了一系列的操作规则。2003 年 1 月，国务院办公厅下发《关于建立新型农村合作医疗制度意见的通知》，将建立"新型农村合作医疗"制度作为解决农民"看病贵、看病难"问题的重要措施，列入全面建设小康社会和建设社会主义新农村的重要内容之一。同年起，卫生部、财政部、农业部开始安排一部分地区进行试点，探索建立"以大病统筹为主"的新型农民医疗互助供给制度。2004年6月，卫生部等十一个部委发布《关于进一步做好新型农村合作医疗试点工作的指导意见》，基本上确立了"以大额医疗费用统筹补助为主、兼顾小额费用补助"的农村医疗保险模式。

（3）失业保险。1999年1月，国务院颁布《失业保险条例》，该条例是社会保险方面重要的单行法规之一。之后，劳动和社会保障部颁布实施了《失业保险金申领发放办法》，使失业保险金的发放工作规范化。至此，中国初步建立起了与市场经济相适应的失业保险制度。

（4）工伤保险。在对《企业职工工伤保险试行办法》调整和完善的基础上，国务院于2003年4月颁布了《工伤保险条例》（2011年修订），并于2004年1月1日起施行。该条例的颁布和施行，标志着中国工伤保险立法长期滞后的状况得到改善，劳动法律体系进一步完善和规范，劳动者的职业安全得到有力保护。

（5）生育保险。1988年7月，国务院颁发了《女职工劳动保护规定》，统一了机关、企业、事业单位的生育保险制度。1992年的《妇女权益保障法》也对妇女孕、产期保护作了相应规定。1994年《劳动法》的出台，使中国生育保险法制建设上了一个新台阶。同年，原劳动部颁布了《企业职工生育保险试行办法》，规定生育保险的对象和范围包括城镇各类企业及其职工。

（6）社会保险基金立法。目前，我国关于社会保险基金的专门立法主要有国务院颁布的《社会保险费征缴暂行条例》、《减持国有股筹集社会保障资金管理暂行办法》，财政部单独或会同劳动和社会保障部制定的《社会保险基金财务制度》、《社会保障基金财政专户管理暂行办法》、《社会保障基金财政专户管理会计核算暂行办法》，劳动和社会保障部发布的《社会保险基金监督举报工作管理办法》、《社会保险基金行政监督办法》、《全国社会保障基金投资管理暂行办法》，以及劳动和社会保障部、财政部、信息产业部、中国人民银行、审计署、国家税务总局、国家邮政局共同发布的《关于加强社会保障基金监督管理工作的通知》等。

2. 中国社会保险法制的主要问题

总体上看，尽管我国社会保险立法已有一定数量和规模，但规格和层级不高，法制化程度太低，不能解决社会保险面临的复杂问题和满足市场经济和社会保险事业发展的需求。主要表现在以下几个方面。

（1）缺乏合理的立法理念，工作严重滞后。我国现行的社会保险法规，很多是经济体制改革中出现问题时的应急产物，"头痛医头，脚痛医脚"，缺乏系统长远的整体规划，不能从根本上解决问题。因此，立法行动总是落在经济发展的后面，处于一种被动状态。实际上，社会保险在现代社会是一种权利，而不是单纯的"为社会主义市场经济保驾护航"，也就是说，为国民提供社会保险是政府的责任，是政府应尽的义务。新中国成立初期制定的《劳动保险条例》是一种"主动式"的立法，但它更多地强调了公平，而忽视了效率，即职工享有的更多的是权利，而履行的义务较少。现行的社会保险立法主要是为了与国有企业改革配套，而后是为市场经济改革配套，过多地强调了经济效率，忽视了社会公平。近些年来，社会保险立法逐步转到按社会主义市场经济要求进行体制创新的阶段，但究竟是以维护社会稳定还是以保障人权为立法理念，未能真正清晰地体现出来。

（2）立法分散，体系不健全。《社会保险法》作为唯一的主干法，仍存在很多问题，比如授权和指导性条款太多，可操作性不强，而且造成制度割裂，对不同的人群，实行不同的制度。这些必然使这部法律不能在国家和社会生活中发挥其应有的作用，起作用的仍然是国务院及各部委或地方发布的各种"条例"、"决定"、"通知"和"规定"等。由于《社会保险法》的规定从中央到省、市、县，越往上越简单，越往下越详细，权力下沉在基层政府，导致各个地方在缴费水平、管理方式等许多方面的差异很大，相互之间缺少必要衔接，不能形成配套的法律体系。以城镇职工养老保险为例，各省都有不同实施方案之规定，甚至县一级政府也可以制定规章，而且"法出多门，各行其是"，甚至相互冲突矛盾，使一些本来已有的地方社会保险立法也陷入"有法难依"的困境。这种现状充分反映建立统一、健全的社会保险法律体系的迫切需要。

（3）规范性文件太多，立法层次不高。社会保险法是我国市场经济法律体系中的一个独立的法律部门，与其他各部门法一样，其效力应该仅仅低于宪法，在立法层次上应该由全国人民代表大会或其常委会制定，但现实情况是，人大立法太少，行政法规和规范性文件太多，立法层次较低。据统计，与社会保险相关的法律仅有 7 部是全国人大通过的，除了《社会保险法》外，其他都不是关于社会保险的专门立法，只是与之有关。相反，由国务院及相关部委颁发的仍在起作用的法规或规范性文件至少有100 件以上，比如各类"暂行规定"、"试行意见"、"通知"、"决定"等，构成了目前社会保险领域最主要的法律、法规依据。这种状况显然与社会保险法的地位是不相符合的，它造成的直接后果是，社会保险立法层次太低，缺乏权威性和稳定性。

（4）立法覆盖范围狭窄，权利不对等。从现有规定看，社会保险法的覆盖面主要为城镇的各类企业，占中国总人口 75% 的农民却不在社会保险法的调整范围内。虽然新出台的《失业保险条例》和《社会保险费征缴暂行条例》扩大了享受社会保险的成员范围，但与世界各国社会保险实施的对象是全体公民的标准相比，仍显得很窄和不合理。社会保险实施范围的有限性不仅影响整体制度的公平性，而且带来劳动力盲目流动的后果，不利于市场经济多层次竞争主体的培育。而且，按照《社会保险法》等法规规定，社会保险费用由国家、企业、个人三方共同负担，由于法定比例欠合理，且没有明确国家的投入（只有少量补助），职工个人缴费比例不高，社会保险费用主要由企业负担，造成企业不堪重负，影响现代企业制度的建立，成为国有企业改革的主要困难之一。

（5）法律效力低，实施机制弱化。如前所述，我国现行社会保险制度中起作用的主要是一些行政法规和规范性文件，很多本身只是"暂行"或"试行"，这就直接影响了其实施效果。从法理上看，社会保险法律关系中的责任具有自身特点，比如工伤保险责任的归责原则是"无过错原则"，发生了工伤事故，无论雇主是否有过错，都要承担赔偿责任，实际上是推定雇主责任原则。[①] 在我国，由于社会保险合法的筹资机制、稳定的保障

---

① 贾俊玲：《社会保障与法制建设》，《中外法学》1999 年第 1 期。

机制、严格的管理机制、有效的运行机制和有力的监督机制等都不够健全，且社会保险基金并未作为特定款物列入法律保护范围，导致社会保险基金运营处于极不安全的状态。①

---

① 于东阳等：《我国社会保障法的历史沿革、现存问题及未来展望》，《经济研究导刊》2008年第 7 期。

第二章

外国社会保险法的理论发展

社会保险制度是现代社会保障体系的重要一环，也是最为全面和庞杂的社会制度。通常，社会保障制度由社会保险、社会救助、社会福利、社会优抚四个部分构成。社会保险是指国家通过立法，多渠道筹集资金，对劳动者在因年老、失业、患病、工伤、生育而减少劳动收入时给予经济补偿，使他们能够享有基本保障的一项社会保障制度。社会保险的资金主要来自用人单位和劳动者本人，政府给予资助并承担最终责任和风险。因此，从本质上讲，社会保险具有保险性和社会性这两重特性。社会保险实行权利和义务相对应原则，社会成员只有履行了缴费义务，才能获得相应的收入补偿权利。而其他三项社会保障制度仅仅强调社会性的存在，无须缴费便可享有，所以不属于保险的范畴。

另外，社会保险既是一项经济制度，也是一项法律制度。各国建设社会保险的经验表明，社会保险制度的建立与相关的立法制定是分不开的。19世纪下半叶，欧洲的工业化虽然带来了巨大的物质财富，但工人的生活不但未因之得到改善，反而有日益恶化的趋势，从而导致工人运动风起云涌，社会矛盾空前激化。德国在俾斯麦首相的领导下，通过社会保险立法，逐步推行社会保险制度，以期稳定当时的政治经济局势，相继制定了《疾病保险法》（1883年）、《工伤保险法》（1884年）、《养老和残废保险法》（1889年）。通过这些立法，德国建立了最早的社会保险制度。从其他国家发展社会保险事业的历程看，也无不是立法先行，借助法律手段来实施的。同时，社会保险一经实施，其时间跨度很大，可惠及社会成员的终生，需要极大的稳定性和连续性。对于这么一项关乎国计民生、社会稳定的重要社会经济制度，如果没有法律的规制，要顺利实施是几乎不可能的。因此，要充分认识社会保险立法在建立社会保险制度中的重要性和必要性。

作为一项重要的社会保障制度，有关社会保险制度建设的理论争论一直都未停息过。社会保险顾名思义，包含"社会"和"保险"两个部分，具有社会和保险的双重性质。所谓保险，就是以集中起来的保险费建立保险基金，用于对被保险人因自然灾害或意外事故造成的经济损失给予补偿，或对人身伤亡和丧失工作能力给予物质保障的一种制度。而社会保险的对象主要是全体劳动者，目的是保障其基本生活，由国家而非商业机构来管理并承担最终的责任。换言之，社会保险理论关注的主要有三个层次的问题：第一，是否有必要在已有的商业保险之外建立社会保险体系；第二，国家在社会保险体系中应扮演什么样的角色；第三，社会保险可以在多大程度上保留和尊重市场的元素。

正是由于社会保险兼具社会性与保险性、经济性与法律性，社会保险理论受经济学流派的影响非常大。经济学中的三大主流学派——经济自由主义、国家干预主义、中间道路学派（第三条道路学派）都对社会保险制度的构建产生了重要的影响。这些理论流派从社会经济角度对社会保险的外部场域（社会保障）和其内部机制（法律机制）进行理论定位和阐述。对这些理论流派进行梳理和挖掘将对我国社会保险事业的发展产生十分重要的意义。

第一节　经济自由主义下的社会保险理论

经济自由主义是西方历史悠久的一套经济理论，它强调以市场为中心，依赖市场机制的自我调节能力，来实现生产要素的合理配置和经济发展。这一理论认为，政府对经济活动的干预会对市场的自动运行有干扰，不仅降低市场的效率，甚至扭曲市场的良性供求关系，所以行政干预应控制在最小的程度和范围内，政府唯一要做的就是充当经济的"守夜人"。因此，作为国家干预手段的社会保险机制也应保持在最低的程度和范围内。

一 古典自由主义

经济自由主义可分为古典自由主义和新自由主义。古典自由主义产生于18~19世纪,其代表人物有亚当·斯密(Adam Smith)和弗里德里克·哈耶克(Friedrich Hayek),主张自由竞争,强调国家不应干预经济和日常生活。古典自由主义思想在整个19世纪左右着西方国家的政策。亚当·斯密在《国民财富的性质和原因的研究》一书中,提出了著名的"看不见的手"的比喻。他认为,在商品生产条件下,人都是经济人,都受个人利益的支配,这是一种无形的力量,是一只"看不见的手"。由于人们"受着一只看不见的手的指导,去尽力达到一个非他本意想要达到的目的,它追求自己的利益,往往使他能比真正出于本意的情况下更有效地促进社会利益"。① 在经济上,古典自由主义坚持一个"不受管制的自由市场"才能有效满足人类的需求并且将资源分配至最合适的地方。他们对于自由市场的支持是因为假定个人都是理性的、追求私利的,并且会有计划地追求他们各自的目标。

古典自由主义者主张自由放任,没有充分认识到社会保障的功能作用,更未涉及任何社会保险的构想,其社会保障思想主要包括两点:第一,贫穷与懒惰有关,社会对于贫困的责任应当让位于社会对于穷人的压制;第二,济贫行为不会使穷者富,反而会使富者穷,它能够制造出一个穷人的世界,使人人变得懒惰,极易摧毁当时英国的制造业。因此,古典自由主义学派对社会保障制度(包括社会保险)的构建持反对态度。

二 新自由主义

近代工业革命大幅提升了人类的物质文明,但也造成许多社会问题浮上台面,如贫富差距、污染、劳工不满等,到了19世纪末,这些从自由主义产生的分裂已经逐渐扩大,引起了人们的反思。在1911年由霍布豪斯(Leonard Trelawny Hobhouse)所著的《自由主义》一书里,他总结了新自

---

① 〔英〕亚当·斯密:《国民财富的性质和原因的研究》,郭大力译,商务印书馆,1972,第27页。

由主义（New Liberalism）的概念，也就是主张政府适度介入经济，并应确保每个人在贸易时的平等权利。不过，新自由主义的另一名代表密尔顿·弗里德曼（Milton Friedman）反对凯恩斯主义用扩大政府财政支出的财政金融政策来消除失业，认为就业水平取决于劳动力市场的一般条件，政府应该改善市场的一般条件，其中就包含了社会保险制度。

弗里德曼所代表的货币学派首先主张社会保险应加强其"保险"方面的功能，同时强烈反对将其构建成为一个济贫的制度。在社会保障的其他方面，弗里德曼认为，高效率来自市场竞争，如果对低收入者给予"生活保障"，会挫伤人们的劳动积极性，最终有损于自由竞争和效率。因此，弗里德曼反对对低收入者发放补助的社会保障制度。与此同时，新自由主义学派反对强制性社会保险，提倡居民有权对社会保险进行选择，以此防止国家通过强制保险机制来阻碍经济的自由性。其次，主张削减福利性社会保险，实行积极性劳动就业政策。新自由主义者认为，如果社会保险带有福利性，那些未缴或少缴社会保险费用的人，都可能享受到同等福利待遇，那么社会保险制度就成为一项收入转移的福利制度，其实际效果就会是"鼓励那些不工作的人，打击正在工作的人"。①

哈耶克是为新自由主义在法学领域背书的主要代表。哈耶克在1944年出版的《通往奴役之路》中指出：纳粹在德国上台，就是李斯特和俾斯麦提倡贸易保护——国家干预——的必然结果；纳粹德国已不再是资本主义，而是一种"中产阶级的社会主义"。因此，哈耶克强烈反对国家通过立法形式来行政干预，但他并非反对所有的干预形式，而是主张利用市场来调节市场。

对于社会保险制度，哈耶克也是倾向于通过市场化的方式来构建，反对将社会保险制度行政化和福利化。自由主义学派认为，其在本质上属于保险制度，应按照现代商业保险的规律和原则运行。例如，商业保险中的"大数定律"带来的规模效应，风险的预测和管理，以及保险基金的收益率管理等。大数法则也称"大数定律"或平均数规则，是随机现象中的基

---

① 罗敏、李涛：《蒙德尔模型在中国当前宏观经济政策中运用的探讨》，《科技与管理》2000年第3期。

本规律。人们在长期的实践中发现，在随机现象的大量重复中往往出现几乎必然的规律。大数法则就是这类规律的总称。大数法则在社会保险中的一个重要应用就是"规模"的效应。简单来说，尽管各个相互独立的危险单位的损失概率可能相同或不相同，但只要有足够多的标本，即试验次数无限增加，其平均概率与观察结果所得的比率将无限接近。该法则运用到保险业，表明投保人数足够多时，实际损失概率将与预期损失概率相一致。大数法则主要说明了两方面内容：一是出现频率的稳定程度；二是损失幅度的稳定程度。这两方面均随着承保风险单位的增加而增加，即实际出险频率与预期出险频率、实际损失幅度与预期损失幅度有较大偏差的可能性较小，从而让风险处于一种可控、可承担的范围之中。尽管保险公司运用大数法则要考虑诸多因素，如任何一家保险公司所承保的同质风险标的数目是有限的，同质风险的分类标准在技术上难以处理，道德风险与逆向选择对损失预测会存在干扰，但保险公司仍能在大量统计资料基础上，通过技术处理来预测承保风险损失。一言以蔽之，保险公司的承保业务量或经营规模是其稳定经营的重要基础之一，也是自由主义学派希望在社会保险中广泛应用的法则。

三 小结

自由主义学派对保险活动中市场性的探讨也为社会保险制度构架提供了实证思路。弗里德曼在1957年出版的《消费函数理论》一书中阐述了持久收入假说，认为个体消费行为包含长期因素，消费者在任何年龄上的消费支出与即期收入完全无关，而是由其持久收入来左右。这一假说正是养老保险制度建设的理论基础。也就是说，人们在获得即时收入的时候要有风险和忧患意识，要考虑到老年时期无工作无收入的困难，不应只为了满足眼前消费，但单靠个人的自觉储蓄是难以保证的，因此需要一种长期有效的强制性机制，来规划人们的养老储蓄行为。养老保险制度从某种意义上讲就是一种长期的储蓄计划，以此来化解未来的风险。而且，养老保险还应成为社会性的，因为个人储蓄往往存在短期性，难以持久和有计划地留存养老储备，所以只有国家才有能力作出这样的安排。

另外，自由主义学派也指出了社会保险建设中应注意的一些经济问题。大量的社会保障支出意味着纯消费，将国内生产总值的一部分收入用于社会保险，一方面造成了社会财富的闲置，另一方面用于储蓄和资本形成的部分就减少了。按照经济学原理，更多的资本投入意味着更多的经济性产出，而在社会保险方面减少开支或资本闲置可以让更多的资源分配到生产性活动中，这会增强经济效率和国际竞争力。有学者认为，养老保险制度的基金以储蓄的形式被闲置就意味着对社会资本资源的一个巨大浪费。① 同时，由于政府需要对社会保险运行时的道德风险和逆向选择进行防控，社会保险费要担负很大一部分的行政管理成本。由于社会保险制度要求雇主为企业职工缴纳保险费，直接导致了企业成本的增加，从而可能削弱企业在全球的竞争力。假设劳动力的相对价格是工人的货币工资，把附加福利和社会保险支出视为额外成本，在这个假设下，企业在面临社会保险支出时，只有两种选择：第一，提高产品价格将成本转嫁给顾客；第二，降低企业利润将成本转嫁给企业的所有者。前者会削弱企业的竞争力，后者会削弱投资者的积极性。这些问题一直都是社会保险机制建设中不可回避和急需解决的。

第二节　国家干预主义下的社会保险理论

国家干预主义是指国家使用行政干预手段，在一定程度和范围内取代私营经济自治的模式，承担多种生产、交换、分配、消费等经济职能的思想和政策。国家干预主义认为，自由主义机制的缺陷是无法通过市场这个"无形的手"来消除的，必须通过国家干预来弥补，表现在社会政策方面，国家除了传统意义上的秩序维护者角色，必须负担起"福利"的职责，肯定政府在社会财富再分配中占有重要地位。因此，国家干预主义对社会保险机制建设作出的贡献比较大，其中的主要流派，如新历史学派、费边社会主义、福利经济学、瑞典学派、凯恩斯主义、新剑桥学派等，都对社会

---

① 龚健虎：《国外的养老基金投资管理》，《经济论坛》2002 年第 4 期。

保险理论产生了深远的影响。

新历史学派源于和发展于德国，直接促成了现代最早的社会保险制度在德国的建立。在德意志帝国刚刚建立的 19 世纪末，市场经济遇到第一波经济危机，失业严重，工人运动空前高涨，日益尖锐的劳资矛盾已经严重地危害到了德国社会的稳定和资产阶级的统治。由于自由主义市场理念仍是当时的主流学派，一些学者从历史上的治理理念借力，提出了在不改变资本主义生产关系的前提下，由政府实行某些社会政策，提高工人的物质生活待遇，以缓和阶级矛盾，维护资本主义社会秩序。新历史学派就是由这样一批提倡劳资合作、实行社会政策的经济社会学者所组成的。新历史学派的代表人物主要有施穆勒（G. Schmoller）、布伦坦诺（L. J. Brentano）等人。[①] 他们认为，国家在劳资关系中应担负起"福利和文明"的职责，通过为工人提供福利，解决他们生活上和工作上的顾虑，消除或降低劳资双方在经济上的对立性，让社会保险体系成为维持社会稳定的基石。新历史学派对社会保险的政策主张是：劳工问题是德国面临的最严峻的问题，国家应通过立法，实行包括社会保险、孤寡救济、劳资合作以及工厂监督在内的一系列社会措施，自上而下地实行经济和社会改革。新历史学派的政策主张被俾斯麦政府所接受，成为德国率先实施社会保险制度的理论依据。

费边社会主义逐步在英国出现并发展，成为 20 世纪初影响该国的主要经济和社会理论思潮，也对社会福利的构建产生了影响。英国资本主义在从自由竞争逐渐向垄断经济过渡的过程中，财富越来越多地被集中到少数垄断寡头的手中，社会上贫富差距不断拉大，工人利益受到现代大规模生产模式进一步的压榨，阶级矛盾急剧尖锐化。针对这样的现象，一些学者和中产阶级知识分子试图用温和的、渐进的改良政策，来改造市场经济机制，以便实现他们所向往的"社会主义"。这一理论思潮是在所谓的"费边社"的基础上形成的，其价值观念是英国在"二战"后实施普遍福利政策的理论基础。费边社是英国社会主义运动中以研究和教育宣传为主要目

---

① 杨祖义：《德国历史学派的经济史学解析》，《中南财经大学学报》2001 年第 5 期。

的的组织，成立于 1884 年，其成员包括一批关心社会问题的中产阶级知识分子，如著名的文学家伯纳德·萧伯纳（Bernard Shaw）、社会理论家韦伯夫妇（Sidney and Beatrice Webb）等。他们以古罗马名将费边作为学社名称的来源，意即师法费边有名的渐进求胜的策略。① 费边社会主义认为，由资本主义到社会主义的实现，是一个渐进而且必然的转变过程。他们看到英国劳工组织的发展，相信这些力量足以促成必要的社会改革，希望采用民主温和的方式，企图以国家作为推动改革的工具，主张废除土地私有制、实行工业国有化，以及由国家实现各种社会福利。② 费边社的社会改良论认为，社会仅靠市场力量进行分配是不够的，政府的任务是为市场制度纠偏，也只有"国家社会主义"才能"医治有缺陷的工业组织和极端恶劣的财富分配办法所引起的疾病"。③ 费边社会主义从社会有机体的理论出发，认为社会中的人应在平等的基础上保持协作关系，贫富收入不宜过分悬殊，强调要提高国民素质必须保证国民基本生活，因为每个公民都应该有享受最基本的保障的权利，摆脱贫困，过上有尊严的生活，政府有责任和义务组织各种社会服务，采取各种手段改善国民的社会福利。费边社会主义者由此提出了对现代社会保障制度有着重要影响的主张，如国家最低生活标准、福利资源的社会管理、以累进税缩小贫富差别、整顿教育等，这些措施在费边社的努力下，通过一个一个的法案落实到国家立法中。

福利经济学是在费边社学派的基础上最早对社会保障开展经济学上的研究的学派。福利经济学的主要代表人物是被誉为"福利经济学之父"的庇古。庇古认为，福利是指个人获得的某种效用与满足，它们来自对财物、社会认知度的占有和满足，而所有社会成员的这些满足或效用的总和便构成社会福利。因此判断社会福利的标准有两个，即国民收入总量的增

---

① 公元前 217 年，费边接替前任败将的职务，迎战迦太基的世纪名将汉尼拔。费边采取了避其锋芒，改用迅速、小规模进攻的策略，从而达到既避免失败又打击对方的目的。经过八年的苦战，费边终于击败了汉尼拔。从此费边主义成为缓步前进、谋而后动的代名词。
② 袁德：《评费边社会主义学派的福利观》，《社会福利》2002 年第 3 期。
③ 刘淑青：《论费边社的现代福利理论》，《德州学院学报》2002 年第 1 期。

大和国民收入分配的平均程度。① 庇古举例指出，一英镑收入对穷人和富人的效用是不相同的，穷人一英镑收入的效用大于富人一英镑收入的效用。一个人越富裕，它用作消费的支出在全部收入中所占的比重就越小。富裕的人失去一定数量的财富，从满足自身需要的角度来说，对他只是比较微弱的牺牲；而这些财富对于相对贫困的人，往往能够满足其比较迫切的需求。因此，把收入从相对富裕的人手中转移到相对贫穷的人手中，对于社会整体来说，是实现了更大的满足，该社会的经济福利总量也会增多。庇古提出转移性支付以及一些改革社会福利的理论几经演变并广为传播，为社会保障制度的建立奠定了理论基础。1938年前后，英美一些著名的经济学家开始对旧福利经济学作重要补充与修改。到20世纪50年代，西方经济学在批判和吸收庇古旧福利经济学的基础上形成了新福利经济学，即现代西方福利经济学。该学派的主要代表人物有保罗·萨缪尔森（Paul A. Samuelson）、约翰·希克斯（John Richard Hicks）、阿巴·勒纳（Abba Ptachya Lerner）、哈罗德·霍特林（Harold Hotelling）等人。新福利经济学家运用效用序数论②、边际替代率③、无差异曲线④和消费可能线⑤等分析工具来说明政府应当保证个人的福利权利，通过个人福利的最大化来增进整个社会的福利，以此实现社会福利的极大化，并带来整个社会的福利水平的提高。新福利经济学认为，最大福利的内容是经济效率，而不

---

① 徐丙奎：《西方社会保障三大理论流派述评》，《理论参考》2007年第4期。
② 效用序数是效用基数的对称。效用基数是指可以用数量单位来衡量的物品效用，例如，对于某一消费者，假设1台缝纫机对他有10个单位的效用，1辆摩托车对他有15个单位的效用，1辆汽车对他有20个单位的效用等。而效用序数则是指只按先后次序来表示物品的效用，如消费者对彩电的偏好胜过对自行车的偏好，对自行车的偏好胜过对电冰箱的偏好等。可见，效用序数论只说明一个人对于不同的物品因需要度不同而产生偏好高低的差异，但不表明某一物品的效用比另一物品的效用大多少倍，福利增加多少倍。
③ 边际替代率是希克斯提出来的。他认为，两种商品的不同组合（如6个单位的服装和4个单位的食品或4个单位的服装和6个单位的食品），可以给消费者带来不同程度的满足。消费者如要保证自己的满足程度不变，当损失一定单位的商品A时，就必须要由一定单位其他商品来补偿，这就是两种商品的替代关系，或叫边际替代率。
④ 无差异曲线，是用来表示消费者对不同组合的商品的偏好没有差异的曲线，即由于边际替代规律，不论商品的组合如何，都能给消费者带来同等程度的福利。
⑤ 消费可能线，又称预算线、价格线。收入—价格线，是表明消费者在一定收入和价格水平之下所能得到的各种不同的商品数量。

是收入的均等分配。因此，政府应采取适合的收入分配政策有效地矫正"市场失灵"，实现社会福利的最大化。福利经济学的这些理论为福利国家社会保障制度的建立提供了重要的理论依据。

针对1929年到1933年的世界性经济危机，英国著名经济学家约翰·梅纳德·凯恩斯在他的代表作《就业、利息和货币通论》一书中，运用总量分析方法，提出了市场有效需求不足理论以及相应的国家干预思想。在凯恩斯的国家干预思想中，社会保障占有相当重要的地位。他主张通过累进税和社会保险等办法重新调节国民收入分配，还提出消除贫民窟的主张，建议实行最低工资法，限制工作时间法。他倡导积极国家政策，反对自由主义的消极国家行政，强调维护资产阶级民主制度。在社会保险方面，凯恩斯主义是一个新的里程碑，它直接推动了第二次世界大战后社会保险制度在全世界范围的建立。

另外，国家干预主义理论不仅为构建社会保险体系提出了制度性的设想，也为解决保险活动中的逆向选择问题提供了思路。逆向选择理论是2001年诺贝尔经济学奖获得者、美国加州大学伯克利分校的经济学首席教授乔治·阿克尔洛夫（George Akerlof）首创的，它的必要条件是信息不对称。信息不对称是指市场上的交易主体之间所掌握的信息不对等，一方掌握的信息多，另一方掌握的信息少，或一方信息准确，另一方信息失真。这种情况在市场中普遍存在，许多经济学家都对其进行了研究。阿克尔洛夫最早指出，由于市场上存在质量信息不对称，消费者只能以平均质量定价，所以低质量的产品将会把高质量的产品驱逐出市场，从而导致市场萎缩和社会福利损失。此后，施本斯（Spence）、鲁斯伽德（Rothchild）与斯缇利兹（Stiglitz）、斯缇利兹与维斯（Weiss）等研究了劳动力市场、保险市场和金融市场的信息不对称问题。信息不对称问题在经济、政治、军事等许多领域都有所涉及，且许多学者对其进行了相应的研究。在有偿交易的信息不对称条件下，由于不同客户对不同质量的产品以相同的价格进行交易，所以优质客户可能会放弃交易的愿望而退出市场，市场被劣质客户充斥，从而产生逆向选择现象。保险交易存在着很高的射幸性，它是指交易一方是否履行对另一方的义务，有赖于偶然事件的是否出现。在这种性质的交易中，经常会出现一方支付对价的同时，没有获得等价值的商品，而只是一种获利的可能。如果取得这种获利可能支付的对价越高，即保险缴费价格越高，则优良客户退出市场的可能性越大。很多人认为社会保险是解决逆向选择问题的一个好方法。社会保险一般包括养老保险、失业保险、医疗保险、工伤保险、生育保险等。但这几项保险都可能面临逆向选择问题，例如医疗保险就可能遇到非常严重的逆向选择，所以很多研究是有关政府对医疗保险的干预问题。政府干预这几类保险的主要方式是建立政府强制参加的社会保险计划。尽管近年来商业保险的发展能在一定范围内建立这几类保险的商业模式，但最新研究表明，逆向选择问题极大地鼓励了社会保险的存在。社会保险克服逆向选择的作用，源于社会保险的广泛性、普遍性、平等性和强制性，因为其缴费额度主要是根据收入而不是风险水平，所以社会保险起到了对收入和风险的再分配作用。

第三节　第三条道路学派

20世纪80年代，新凯恩斯主义在西方兴起。新凯恩斯主义与凯恩斯主义的本质是一致的，他们都承认资本主义市场经济的固有缺陷，其造成的失业和经济波动，不能只靠市场机制的自发作用，还要依靠政府的经济政策进行干预和调节。美国前总统克林顿的经济主张被认为包含了新凯恩斯主义的经济思想和政策主张。克林顿在其提交国会的《美国变革的前景》报告中提出：政府必须干预经济，尤其是通过财政干预来实现充分就业和经济增长的目标。政府可以采取的具体措施是，在短期内用财政赤字刺激经济，促进经济复苏，增加就业；长期内逐步减少财政赤字，增加政府公共投资，以维持经济持续稳定增长。克林顿对于自己的经济和社会保障政策改革的评价是："我们的政策既不是共和党的，也不是民主党的，我们的政策是新的，是与以往不同的。"他认为，其政府的政策"是介于自由放任资本主义和福利国家之间的第三条道路"。① 他的一系列改革都是

---

① 李珍主编《社会保障理论》，中国劳动社会保障出版社，2001，第46~47页；顾俊礼主编《福利国家论析》，经济管理出版社，2002，第278~279页。

以更好地处理公平与效率的关系为目标。

1998年2月,布莱尔在华盛顿与美国领导人举行了一次政策性讨论。之后,布莱尔表达了为21世纪国际社会的发展达成一种"中间偏左"共识的政治愿望。在英国,"第三条道路"逐渐同布莱尔和"新工党"的政治战略联系起来。"第三条道路"是指既不同于美国的市场资本主义,又不同于苏联的共产主义的独特道路。在英国,它的福利思想内容主要有:劳动人民和下层民众利益的代表,在维护经济自由的同时把平等和社会正义看作与自由同等重要的原则。他们认为,自由放任政策会使市场不能在稳定、公正、福利、安全等方面充分发挥作用,主张通过国家干预使收入和分配趋于平等,国家还要实行社会福利政策,扩大社会福利,以克服市场自发运行所带来的各种弊病。建立社会保险制度,使国家成为全体人民利益的代表者,而不再是维护资产阶级利益的工具。"第三条道路"主张积极的福利,认为积极的社会福利不仅关注富人,而且关注穷人。在积极的社会福利中,自主和自我发展将成为重中之重。1997年7月工党政府出台了一系列改革措施,旨在促进就业、增加投资以维持经济的持续增长,鼓励公民的独立性,促进社会团结,改善人们的生活水平,建立一种有效的社会福利制度,解决社会不公平和不平等现象。[①]

奥巴马自2008年就任美国总统以后,在医疗保险领域也采取了中间道路的主张,在众多的利益集团中寻求平衡,以获得国会最终通过。由于医疗成本的猛增,拖累了美国经济,医疗费用的支出成为政府预算中增长最快的部分,因此降低医疗成本就成了当届政府改革的头等大事。奥巴马在本次医疗改革中没有像克林顿政府那样,强调全民医疗保险,而是将无保险人群放置一边,强调降低不断上升的医疗成本。在这个问题上,各利益集团、政府、医疗机构易于达成共识,共同寻找解决方案,为改革打下良好基础。奥巴马医改新政已经通过,但是在实施过程中是否能取得良好的效果而且令包括选民在内的各利益集团满意还存在很多的不确定性因素。奥巴马成为美国历史上第二位成功就医疗改革立法的美国总统,为差不多

[①] 李珍主编《社会保障理论》,中国劳动社会保障出版社,2001,第48页;顾俊礼主编《福利国家论析》,经济管理出版社,2002,第149~153页。

一个世纪以来的医疗改革推动了一大步。

"中间道路"理论主张社会保险政策也应将社会和市场结合起来，在管治和自治之间寻找平衡点，合理体现社会性和保险性。第一，把社会福利国家改为社会投资国家。政府不再全部包揽社会保险机制的运作，而是邀请民间组织参与社会保险基金的管理。另外，鼓励商业机构积极开办补充性保险项目，为有需要的人提供额外的保障。第二，国家不仅应该提供适当的养老金，而且应支持强制性的养老储蓄。在英国，按照平均物价指数而不是平均收入水平来决定养老金的水平，如果没有其他的法定供给渠道的话，很有可能会使许多退休人员陷入穷困潦倒的境地。第三，逐步废除固定的退休年龄，把老年人视为一种资源而不是一种负担。人们可以自行选择享受养老金的时间，可以根据自己的具体情况来决定工作时间，在养老金上鼓励多劳多得。第四，加强对社会保险补贴发放的管制，防止因为无限制地发放救济金而带来较高的失业率。政府应把福利支出的主要方向引向人力资源投资，加强对失业和待业人员的培训，提高他们的就业能力和技术水平，而非仅仅把他们供养起来。

第四节　新理论学说对社会保险法的影响

经济自由主义、国家干预主义、中间道路三大理论流派在西方国家的社会保险实践中，在不同的时代、不同的政府中都起了重要指导作用。这些理论的交叠主导，不仅反映了放任主义到国家干预主义的此消彼长，而且呈现出由市场自治到社会规制这样一个治理模式的转变，这也是社会保险乃至社会法孕育产生的一个大背景。具体而言，自由主义主导下的西方法治是一套基于市场伦理和规则而塑造的社会建构，其底色就是"市场法学"。这种法学重视物质，其主要职责就在于对物质的界定，物在不同主体之间的交换实质上是交易。主体是被预设的经济人或理性人，他们之间是相互平等的，理论上是相互平等和独立的"原子人"，经过"从身份到契约"的运动，彼此之间没有人身依附和从属关系，故而能够意思自治并独立自主地决定自己的事务和在彼此之间进行交易。交易往往会通过契约的手段来进行表现，奉行契约自由，有契约则必有规则，奉行规则之治，依据规则来判定合法与非法，以法律来界定权利与义务，最终通过侵权与救济来进行操作。西方现代法治中所谓的"市场法学"，虽然实行的是规则之治，而且规则中不可能不体现社会的惯例和传统，却从理论上放逐了道德，在主体之间私密的、不涉及他人的事务中，甚至可以排斥基本的伦理。它在本质上是一种个人主义法学，虽然表现的可能极端，也可能温和。因此，这种法学与法治之间存在着深刻的背离：一方面法治调整的是人与人之间的行为，而人与人之间的行为必然构成社会；另一方面，这种以原子人为预设的法治却又内蕴着非社会甚至反社会的因素。这种法治关注财产，在意思自治的前提下，除非财产所有人自愿，否则任何交易都必须奉行等价有偿的原则。国家是必要的恶，理论上只行使守夜人的角色，最低限度地征税，最低限度地干预社会，仅仅提供基本的秩序、安全等方面的服务。国家不能从事经营、不能干预经济，在极端的状态下，国家甚至不能动用财力去济贫，不能从一部分人身上征缴费用而用于另外一部分人身上，哪怕是为了医疗、教育、失业保障等。在这种情况下，社会保险的正当性当然是可质疑的。

但是，市场可能会失灵，纯粹的所谓自由主义经济政策未必最能促进经济发展。所以，国家干预主义指出，在看不见的手之外还要有国家的干预和调控，在经济伦理之外还要有社会伦理。因此，虽然历经争议，各国的情况也不尽相同，但首先在经济上较为富裕的国家，社会保险开始被提上日程并逐渐付诸实践，甚至将获得某些基本的社会保障规定为公民基本的权利，纳入人权保护的范畴之中。于是，在欧洲大陆社会保险相关的法律获得了长足的发展。国家开始通过强制性的措施，向所有劳动者收取费用，用于帮助抵抗劳动风险，比如疾病、教育、住房、失业、工伤等。单纯的市场法学开始改变，逐步转变为以国家干预为支撑的模式。同时，许多以前的"福利"都成了"权利"，让其成为可以获得法律直接保护的社会产品。而这一切，依靠的都是国家以财税制度为杠杆而进行的干预。当然，实现社会保险本质上是通过行政归集将一部分人的劳动成果用于抵御另一部分人的风险，因此，它必须依法进行，其前提是国家的宪政和法治框架。法学理念的变化反映的是社会状态的变化，单纯的原子人与理性人预设，自由放任主义的经济和社会政策，显然既不能为我们带来经济增长，更带不来美好的社会状态。而社会法及社会保障的兴起，就是对以前市场法学的反思与完善。在社会法学的理念框架下，社会保险法的发展和强化，也是完全应该的。

中间道路学派的出现正是看到了自由主义和国家干预主义的不足之处，希望在二者之间寻找一种平衡，来构建社会保险体系。中间道路学派并非是对自由主义或国家干预主义任何一方的否定，而是在承认社会保险体系价值的前提下，对其兼备社会性和市场性的特点，作相应的调整和部署。就其本质而言，社会保险是国家通过社会化模式运作的保险体系，有别于社会保障中市场机制之外的济贫项目，社会保险需要遵守一般商业保险规律和规则，如大数原则、逆向选择、效率和权利与义务相一致的原则等。作为社会化的保险项目，社会保险属于公共产品，应无条件地面向所有的社会成员开放，而且带有强制性，这是一般商业保险所不具备的。中间道路学派正是认识到了这一点，针对其社会化的特点，采用立法的形式来强化其开放性和强制性，以及各个主体之间的权属关系；对于其市场性的特点，采用一些市场化的手段来丰富社保基金的管理模式。政府应寻求搭建社会保险待遇与劳动力市场之间的桥梁，例如将单纯发放失业补贴转为加强再就业培训的方式，让失业人员摆脱失业状态。

| 第三章 |

中国社会保险法的理论发展

一国社会保险制度的建立以及完备与否，一定程度上取决于该国的社会保险法理论的发育程度，而其社会保险法理论的发育，又取决于其经济发展形态。直到晚近，中国都是以自给自足的自然经济作为国民经济的基础，以市场为导向的商品经济不发达，国家的财力有限。因此，与西方近代以来有着丰富的社会保险法理论发展不同，中国的社会保险法理论并未充分发育。但是，作为一种观念层面的东西，中国古代也存在社会保障的认识与观念。在自给自足的自然经济条件下，儒家有过大同仁爱思想，历代封建王朝也有仓储赈灾、养老慈幼措施，这些社会保障观念很大程度上渗透到了中国社会的各个层面。近代化以后的中国，正是在原有的社会保障观念的基础上开始承继西方社会保险法思想的。

第一节 中国古代社会保障思想

在以小农经济为特征的中国古代农耕文明中，家庭是最基本的生产经营单位，对个人而言，家庭是主要的养老、疾病与贫困扶助的基本单位。但是，在中国这样一个洪涝等自然灾害频发的国度，家庭抗风险的能力相对有限。因此，为了维护社会的稳定，克服重大的自然灾害等严重的生存风险，历代王朝都很重视赈灾、济贫等社会性保障措施的实施。许多杰出的政治家与思想家也提出了朴素的社会保障思想与观念。

一 社会大同思想与民本主义

社会大同思想被称为中国古代的社会主义思想，其实质是一种乌托邦理想，产生于春秋末年到战国时期的儒家学说。孔子在《礼记·礼运篇》中提出："大道之行也，天下为公，选贤与能，讲信修睦。故人不独亲其亲，不独子其子，使老有所终，壮有所用，幼有所长，鳏、寡、孤、独、废疾者皆有所养，男有分，女有归。货恶其弃于地也，不必藏于己；力恶其不出于身也，不必为己。是故谋闭而不兴，盗窃乱贼而不作，故外户而不闭，是谓大同。"孔子用精练的语言描绘的社会大同的图景，其实就是一幅充满着社会保险观念、具有社会保险制度的理想社会的生动画卷。孔子的大同思想实质上就是社会保障思想，虽然只是一种理想社会的主张，而且着眼于当时的生产力水平，在一定程度上显得有些不切实际，又缺乏科学性，但这种社会大同的社会保障观念对后世有着巨大影响。在汉以后的漫长封建社会，社会大同思想一直是正统儒家学说的重要组成部分，许多儒家知识分子对社会大同寄予了深切的希望。典型的如东晋的陶渊明在《桃花源记》中描述的世外桃源，便是许多儒家知识分子梦寐以求的大同社会的典型图景。

民本主义是儒家学说中的又一重要思想。《尚书·五子之歌》中的"民惟邦本，本固邦宁"，强调人民是国家的基石，只有巩固国家的基石，国家才能安宁。孟子所强调的"民为贵，社稷次之，君为轻"，也是对民本主义的进一步阐释。早在周朝建立之后辅政的周公就一再告诫周王和分封各地的诸侯，要实行德政，以德治民，这可以算作民本主义的早期实践。春秋战国时期是民本思想确立和发展的时期，儒家的民本主义就是在这个时期成形的。除了儒家，这一时期的墨家、法家也提出过民本主义的主张。墨子明确提出保护劳动者的主张，认为劳动者劳累过度，是国家走向覆灭的原因之一。法家也强调国之兴亡系于民心向背的民本主义思想。汉以后的中国封建王朝，统治阶级也一直强调民本主义，并在一定程度上践行民本主义思想。民本主义思想和大同思想一样，强调共同富裕，强调对民众的怜悯、抚恤，强调对弱者的关怀。因此，民本主义思想也是中国古代社会保障思想的内涵。

二 社会救济与社会赈灾思想

从社会大同和民本思想出发，自然会得出济贫、济弱、养老、慈幼的社会救济思想以及面对灾难时一方有难八方支援的社会赈灾思想。在儒家看来，社会应该对老弱病残有特别的照顾。同时，这种对老弱病残的社会救济不仅是社会的责任，更是政府职责之所在。政府的社会救济主要通过"仁政"体现出来。《尚书》中有："德惟善政，政在养民。"强调的是政府应该对人民尽到人文关怀的责任。《礼记》中则说得更加明白："以保息养万民，一曰慈幼，二曰养老，三曰振穷，四曰恤贫，五曰宽疾，六曰安富。"这种强调政府和社会应该对老弱病残施行救济的思想，也是中国古代的社会保障思想。

由于气候、地形等因素，中国自古以来就是一个洪涝等自然灾害频发的国家，赈灾救济是政府和社会的一项重要职能，由此也促成了社会救济与社会赈灾思想观念的传播。中国古代的赈灾救济思想，有着丰富的内涵，这从其社会赈灾的丰富形式可见一斑。一般而言，中国古代社会赈灾的手段有以下七种。(1) 赈济。即政府或者私人无偿散发粮食、衣服等实物或者银钱来救济灾民的活动，根据所散发的东西的不同，又可分为赈谷、赈衣、赈银。另外还有让灾民用劳动换取钱或粮的救济方式，即所谓的工赈。(2) 养恤。具体包括施粥、居养、赎子（政府出资为饥民赎回因灾饥所迫卖出的子女）等。如明清时期，为弱者提供院内救济的居养机构较为普遍。明朝朱元璋于洪武三年，命令全国州县普设惠民药局，此外还设置栖流所、养济院等，给贫困病疾者以救济。① (3) 安辑。即对因灾荒离村的农民进行诱导并给予一定的扶助，以达到安置灾民、稳定社会的目的。具体做法是：通过减赋诱导流出的农民还乡复业；给流出的受灾农民闲田免租、赋；官府出资遣送流出的受灾农民回籍；等等。(4) 调粟。即在全国范围内根据粮食产量与收成以及是否遭受灾荒在不同地域间进行粮食的调拨或者移民，以使老百姓的生活得到最低限度的保障。调粟的基本思路是移民就粮或者移粮就民。(5) 放贷。官府或者民间放贷粮食和银钱。(6) 蠲缓。包括蠲免和停缓。蠲免又分为蠲赋（免除田赋、丁赋）、免役（免除徭役、劳役、更役等）；停缓分为停征、缓刑。(7) 节约。即针对饥荒与灾害，厉行节约，

---

① 刘燕生：《社会保障的起源、发展和道路选择》，法律出版社，2001，第29页。

采取一系列节约措施。如禁止用米酿酒、禁止厚葬、节约费用等。

三　仓储后备思想

对一个自然灾害频发的国度而言，建立谷物积蓄以备灾荒甚为重要。我国古代很早就有防患于未然的仓储后备思想。中国古代统治者认为，储藏谷物以备将来不时之用，是立国安邦所必需。夏朝就非常重视仓储后备制度。西周时期建立了各级后备仓储，设专司积谷的官职。《礼记·王制》记载："国无九年之蓄，曰不足；无六年之蓄，曰急；无三年之蓄，曰国非国也。三年耕必有一年之食，九年耕必有三年之食，以三十年之通，虽有凶旱水溢，民无菜色。"春秋战国时期墨子也认为国家要储备三年的粮食。汉代贾谊在上汉文帝疏中也说过："夫积贮者，天下之大命也。苟粟多而财有余，何为而不成？"汉朝大规模兴建"常平仓"，用来储备粮食，以丰补歉。隋唐时期，在全国各地普遍设立"义仓"，根据丰歉情形的不同，从老百姓家中征收一石或一石以下的粟类，储备起来以备凶年灾荒之用。明朝民间出现了称为"社仓"的互助组织。"社仓"是一种民间互济型的组织，由二三十家组成一社，每家出米四斗至一石，在饥馑时给以救济，年底时予以归还。①

中国古代的社会保障思想，是一种萌芽状态下的社会保障理念与观念，它与西方近代以来的社会保险立法思想的根本不同在于：作为一种处于萌芽状态的社会保障理念与观点，中国古代的社会保障思想具有很大的人文关怀的成分，其认为社会保障是基于同情与慈善，而没有将社会保障上升为一种公民权利；而西方的社会保障立法思想则强调，社会保障是公民的权利，其已经超越了仅仅将社会保障看成人文关怀，而将社会保障上升到法律权利的层面。

第二节　养老保险法的理论发展

作为社会保险制度的重要内容，养老保险制度在社会保险制度中占有

---

① 《明史·食货·仓库》（第79卷），中华书局，1974，第1926页。

十分重要的地位。养老保险法的理论发展，一定程度上主导着社会保险法的理论发展进程。

一 马克思主义理论中有关养老保险法的理论

马克思主义学说中有关养老保险法的理论，对我国有着十分重大的影响，在新中国成立初期尤其如此。

马克思主义认为，社会主义生产的目的在于满足人们的物质需要。这种需要，包括生存的需要、发展的需要、享受的需要。为了达到满足人类物质生活需要的目的，需要由国家建立一系列的社会保障制度，包括养老保险制度。社会主义制度的优越性之一，也正在于这种国家建立的社会保障制度。因为国家建立的社会保障制度能够最大限度地确保工人阶级的福利，确保他们在年老后还能享受到基本的物质生活条件。1848年，马克思和恩格斯在《共产党在德国的要求》一文中指出："建立国家工厂，国家保证所有工人都有生活资料，并且负责照管丧失劳动力的人。"[1] 马克思在著名的《哥达纲领批判》中也曾经指出："剩余社会总产品用于消费的部分在进入个人分配之前，要进行三项扣除：……第三，为丧失劳动能力的人等设立的基金，总之，就是现在属于所谓官办济贫事业的部分。"[2] 这明确指出了社会主义国家要从社会总产品中提取为个人养老之用的费用。

十月革命后的苏维埃时期，也提出过社会主义国家的养老保险法理论。列宁指出："最好的工人保险形式是国家保险；这种保险是根据下列原则建立的：（a）工人在一切场合（伤残、疾病、年老、残废、女工还有怀孕和生育，养育死后所遗寡妇和孤儿的抚恤）丧失劳动能力，或因失业失掉工资时国家保险都要给工人以保障；（b）保险要包括一切雇佣劳动者及其家属；（c）对一切被保险者都要按照补助全部工资的原则给予补助；同时一切保险费都由企业主和国家负担；（d）各种保险都由一个统一的保险组织办理。"[3] 列宁的养老保险思想在苏维埃政权得到了贯彻和实践。

---

[1] 《马克思恩格斯全集》第5卷，人民出版社，1958，第4页。
[2] 《马克思恩格斯全集》第3卷，人民出版社，1958，第9页。
[3] 《列宁全集》第17卷，人民出版社，1959，第449页。

1918年，苏俄人民委员会颁布《劳动者社会保险条例》，这对后来的包括中国在内的社会主义国家建立国家养老保险制度起到了示范作用。

中国的马克思主义者在领导中国的工人阶级运动中，正是以马克思主义经典作家所主张的由国家建立养老保险制度的养老保险法思想为指针，要求为工人阶级建立养老保险制度，捍卫工人的权利的。1921年中国共产党诞生后，就把争取实现社会保险作为工人运动的重要内容之一。1921年，新成立的中国共产党设立了中国劳动组合书记部，并于1922年5月在广州召开了全国第一次劳动大会，拟订了《劳动立法原则》和《劳动法案大纲》，号召工人进行劳动立法斗争，要求军阀政府颁布劳动法，实行社会保险。1929年11月在上海召开的第五次全国劳动大会上通过的《中华全国工人斗争纲领》，明确提出了政府举办社会保险的要求，主张在劳动者疾病、伤残、养老、失业时给予生活保障，按月发给保险待遇。

二 新中国成立初至改革开放前的国家保障型养老保险理论

受经典的马克思主义作家有关社会主义国家养老保险法理论的影响，新中国成立初至改革开放前，我国的养老保险法理论强调国家在养老保险制度中的核心作用，主张建立以国家保障为核心的国家保障型养老保险制度。国家保障型养老保险制度强调由国家和企业承担职工的养老保险费用，职工个人不承担任何养老保险费用。在当时计划经济和公有制的条件下，企业本身即为国家所有，所谓的企业和国家一起承担养老保险费用，在本质上就是国家承担，也就是国家在职工养老上大包大揽。这种养老保险其实是以国家信誉为基础的一种国家养老保险，在很大程度上有利于确保职工权益，即职工在退休后可以按照规定获得充分的养老金。但其缺点也是显而易见的。第一，增加了政府的财政负担。因为在国家保障型养老保险制度中，职工个人在职期间不需要负担任何费用，职工养老保险的所有费用名义上来源于企业和国家，实质上全部来源于国家，这势必增加了政府的财政负担。第二，限制了养老保险的覆盖面。国家保障型养老保险的扩展取决于国家的财力，在国家财力有限而职工养老保险水平又较高的情况下，很可能使得其保障的覆盖面相当有限。实际上，新中国成立初至改革开放前，在这一理论指引下建立的以劳动保险立法为特征的养老保险法律制度，就不仅存在覆盖面过窄的问题，而且存在国营企业和集体企业、企业和国家机关与事业单位劳动保险待遇的差异问题。第三，这种理论有浓厚的平均主义的色彩。因为养老保险制度中没有个人账户，所有的费用来自国家和企业，所以同一所有制企业的职工退休后基本享受相同的养老保险待遇。这不利于调动劳动者的生产积极性，不利于劳动生产率的提高。

三　改革开放以来的养老保险法理论

改革开放以来，社会保障制度改革成为中国政府和学术界一致重视的、热门研究项目，而养老保险制度作为社会保障制度的重心，更是研究的热点。学者们结合我国的市场经济改革以及社会事业改革的现状，对吸收西方养老保险法理论的合理成分、改革我国的养老保险制度进行了深入细致的研究，提出了一系列具有中国特色的养老保险法理论。这些理论观点的核心是强调建立社会化的养老保险制度，改变过去的国家保障型的养老保险制度。

1. 关于养老保险立法原则的争论

（1）结合我国国情的原则。一般来说，一个国家养老保险法律制度的主要内容、覆盖范围和保障水平等，都必须充分考虑本国的社会经济发展水平、文化历史传统和思想政治制度等实际情况。因此我国的养老保险立法必须充分考虑我国现阶段经济发展水平、人口状况以及我国人民的传统养老习惯等，充分考虑中国的国情特色。"养老保险制度改革涉及到每个职工的切身利益，必须从我国的实际情况出发，进行总体设计，每步到位。"① 在上述结合国情应该考虑的诸多因素中，经济发展水平是决定养老保险立法的重要因素，因为经济发展水平决定了养老保险的保障水平。有学者认为，在改革我国的养老保险制度过程中"应遵循这样一些原则：保障水平要与我国社会生产力发展水平及各方面的承受能力相适应"。② 学者对我国的养老保险立法要结合我国国情这一点一般不持异议。然而在具体

---

① 佳山：《我国养老保险制度改革思路评述》，《经济研究参考》1994 年第 42 期。
② 王喜光：《建立健全有中国特色的社会养老保险制度》，《新长征》1995 年第 8 期。

的细节上,即如何在养老保险立法中充分体现结合中国国情的原则,则不无争议。在诸如养老保险的保障水平与覆盖面、养老保险制度的模式、养老保险是否应该有城乡差别等诸多问题上,学者多有不同的看法。

首先,关于养老保险的保障水平与覆盖面。早期学者多主张通过扩大基本养老保险的覆盖面,实现较低的保障水平。[①] 随着时间的推移,我国改革开放不断深入,社会财富尤其是政府财富不断增加,越来越多的学者主张在确保养老保险制度覆盖面的同时,以政府财力投入养老保险金的方式来提高养老保险的保障水平。[②]

其次,在养老保险立法的制度模式上,学者大多主张吸收新加坡等国养老保险制度的合理成分,结合中国的实际,建立社会统筹与个人账户相结合的社会保险模式。有关养老保险模式的理论发展,后文另有论述。

再次,关于是否要从中国国情出发,在承认城乡差别的前提下,建立城乡二元结构的养老保险制度,也存在不同看法。早期学者多主张承认这种城乡二元结构的国情,分别对城镇职工养老保险和农村养老保险进行立法。随着改革开放的深入与养老保险制度的发展,越来越多的学者主张打破城乡二元分割,建立统筹城乡的养老保险制度。

(2)公平原则。西方国家在养老保险立法过程中,一直重视公平原则。在一般学者的观念中,从政治角度看,养老保险制度折射了公民的社会权利,体现了社会民主,因此养老保险制度应该体现公平原则。从经济角度看,养老保险制度与很多经济发展变量如劳动力、个人储蓄和国民储蓄、金融市场以及财政预算等相互影响,养老保险制度又是一种经济制度,其公平与否,在一定程度上影响一国的经济发展。西方经济学的新古典学派[③]认为,公共养老金制度的根源在于市场失灵,养老保险制度中雇

---

① 刘淑云:《关于我国养老保险制度深化改革的思考》,《内蒙古民族师院学报》(哲学社会科学汉文版)1997年第1期。
② 王克忠:《论养老保险制度改革的几个问题》,载《中国经济60年——道路、模式与发展》,上海市社会科学界第七届学术年会文集(2009年度),上海人民出版社,2009。
③ 新古典学派是19世纪70年代由"边际革命"开始而形成的一种经济学流派,其发展一直持续到20世纪20~30年代。新古典学派在继承古典经济学经济自由主义的同时,以边际效用价值论代替了古典经济学的劳动价值论,以需求为核心的分析代替了古典经济学以供给为核心的分析。由于该学派的成员大多出身于剑桥大学,亦称剑桥学派。

主和雇员的缴费是不能完全通过市场机制筹集的，因此必须由国家进行管理，像父爱般地为每个人的一生提供最低保障。在新古典学派看来，国家建立养老保险制度，是以公平原则为依据对国民收入进行一种再分配，目的是消弭以市场为导向的国民财富初次分配所导致的贫富差距。养老保险制度不仅仅是一种保障制度，更是一种体现公平原则的收入调节手段。

养老保险立法中的公平原则是我国养老保险法理论发展中又一个引发争论的问题。这些争论主要包括以下三点。

第一，对如何在养老保险制度中于国家、企业和个人之间公平地分配义务，比如合理地确定养老费的分担比率，是否需要开征社保税筹集养老基金，欠缴养老费的法律责任等，学者有不同的看法。如"社会保障制度改革与开征社会保障税可行性研究"课题组认为：社会保障基金的筹集应坚持征缴、管理、使用三分离的原则；坚持国家、集体、个人三者合理负担的原则；坚持统一、高效、低起点、低成本、低标准的原则。①

第二，对如何在不同人群（如高收入群体与低收入群体）之间和不同地区与不同行业之间体现公平原则，学者也有不同的看法。有学者认为，不同地区的企业负担的基本养老保险费差异过大，影响了地区负担的不平等和经济发展的平衡。② 有学者认为，企业之间也存在养老保险负担不公平的问题。一些企业参加了社会保险的一项或多项，而另外一些企业根本未参加社会保险，使得企业因承担社会保险缴费义务的不平等而造成生产成本结构的巨大差异，直接损害企业的公平竞争。③ 有学者认为，依照公平原则和再分配理论，养老保险应该具有缩小贫富差距的功能，但实际情况正好相反，养老保险制度对公民收入差距进行了逆向调节。④ 有学者认为，公务员与部分事业单位人员继续享受计划经济时期的社会保障待遇，

---

① "社会保障制度改革与开征社会保障税可行性研究"课题组：《中国社会保障制度改革的基本思路》，《经济研究》1994 年第 10 期。
② 郑功成：《加入 WTO 与中国的社会保障改革》，《管理世界》2002 年第 4 期。
③ 郑功成：《中国社会保障制度变迁与评估》，中国人民大学出版社，2002，第 35 页。
④ 朱庆芳：《当前社会保障体系建设中亟待解决的难题》，载《社会保障制度改革指南》，改革出版社，1999。

既没有参加统一的社会保险，本人也不用缴纳社会保险费的做法违反了公平原则。① 有学者认为事业单位退休金水平高于企业人员是正常的现象，不违反公平原则。②

第三，对如何处理养老保险制度中公平与效率的关系，也不无争论。分配中的公平与效率是个十分敏感和重要的问题，过分强调公平会忽略了效率，例如为了多筹集资金实行过高的税收政策，会伤害企业的生产积极性，阻碍经济发展。在我国的养老保险制度改革中，大多数学者主张实行"效率优先，兼顾公平"的原则，即主张首先发展和巩固基本养老保险制度，建立由国家、雇主和雇员三方出资的养老保险基金，坚持保障基本生活需要的给付水平，缴费率和替代率保持适度水平；建立个人积累账户，把激励原则引入养老金的支付领域。

（3）广覆盖与多元化相结合的原则。自20世纪80年代开始社会保险制度改革以来，我国一直存在有关社会保险制度的覆盖面以及社会保险制度多元化的讨论。就养老保险法的制定而言，也存在同样的问题。一种观点主张，基本养老保险制度覆盖面的提升，是一个渐进的过程，不可能一蹴而就。如有学者认为，中国的基本养老保险制度要由现行的统账结合模式走向普惠式国民养老保险与差别性职业养老保险组合，还有一个过程。③ 有学者认为，应该扩大养老保险中基本养老保险制度的覆盖面，建立多层次的社会养老保险制度，即将低保障的基本养老保险进行广覆盖，用多元化多层次的其他补充养老保险制度来提升养老保险制度的保障功能。④ 随着时间的推移，中国经济社会发展到了一个更高的层次，到了2009年左右，更有学者提出在扩大基本养老保险覆盖面的同时，要大幅度提高基本养老保险的保障水平，用公共财政资金投入养老基金，认为用公共财政资金来大幅度提高基本养老金的保障水平，对扩大内需、提高消费需求的层次、稳定人们对未来的收入预期、强化分配的激励功能、加快经济结构的

---

① 周传蛟：《社会转型期社会保障制度研究》，博士学位论文，中共中央党校，2006。
② 王克忠：《论养老保险制度改革的几个问题》，载《中国经济60年——道路、模式与发展》，上海市社会科学界第七届学术年会文集（2009年度），上海人民出版社，2009。
③ 郑功成：《中国养老保险制度的未来发展》，《中国劳动保障》2003年第3期。
④ 王喜光：《建立健全有中国特色的社会养老保险制度》，《新长征》1995年第8期。

调整和发展方式的转换都有重要作用。①

2. 建立社会统筹与个人账户相结合的养老保险制度

1986年7月,国务院颁布《国营企业实行劳动合同制度暂行规定》,对职工养老保险进行了尝试性改革,明确规定国家对劳动合同制工人的养老实施社会保险制度,养老基金由企业和个人共同缴纳,退休金收不抵支时国家给予补贴,并具体规定了缴费额及养老保险待遇等。这是首次在全国范围内针对特定职工实行养老保险制度的社会化改革。1991年6月,国务院发布《关于城镇企业职工养老保险制度改革的决定》,明确规定养老保险资金由国家、企业和个人三方共同承担,对养老保险基金实行社会统筹管理。这标志着我国开始在全国范围内进行社会统筹与个人账户相结合的养老保险制度改革。这一时期,很多学者从理论上论证了国家保障型养老保险立法理论的弊端以及建立社会统筹与个人账户相结合的养老保险制度的意义。有学者认为,社会统筹与个人账户相结合的养老保险制度具有"较强的通用性和灵活性","建立了国家、企业、个人相结合多层次的保险结构",有利于"贯彻'效率优先,兼顾公平',权利与义务相结合的原则",统一了政策,打破了条块分割等,将对我国的社会经济改革有巨大的作用。② 有学者对建立社会统筹与个人账户相结合的养老保险制度的改革思路进行了理论上的探讨,强调养老保险制度改革"必须通盘考虑,统一规划,相互配套,同步进行。既要研究现代化大生产和市场经济条件下的国际经验,又要联系我国四十多年来的实践情况,更要从我国生产力水平、人口状况、老龄化程度、城乡人口比例和各地区经济发展的不平衡性出发,使改革稳步进行",③ 认为"其基本思路具体措施应该是:(1)坚持兼顾国家、集体、个人三者利益和基本保险与补充保险相结合的原则,扩大养老保险的实施范围,实行多层次养老保险体制,保证养老基金筹措渠道的畅通……(2)依照权利与义务统一的原则,加强社会养老保险的

---

① 王克忠:《论养老保险制度改革的几个问题》,载《中国经济60年——道路、模式与发展》,上海市社会科学界第七届学术年会文集(2009年度),上海人民出版社,2009。
② 熊春宝:《城镇职工养老保险制度改革的选择》,《现代经济探讨》1995年第12期。
③ 李德敏:《当前养老保险制度改革的基本思路》,《桂海论丛》1995年第4期。

法制化建设……(3) 根据城乡有别、地区有别的原则，积极稳妥地推广农村基层社会保障制度……(4) 贯彻统一规划、统一管理、协调运行的原则，发挥金融机构社会保障的功能，确保养老保险基金的保值和增值"。①

3. 养老金的征收和支付模式

养老金的征收与支付，直接关系到养老保险制度的成败。从国外的经验看，养老金的征收与支付主要有三种模式，即现收现付式、完全积累式与部分积累式。现收现付是用工作的职工缴纳的养老保险费支付退休职工的养老金，强调以支定收，略有结余。其好处是：预测、推算收支平衡时间较短，预测、推算收支平衡相对比较准确；收费率不高，有利于扩大养老金制度的覆盖面；因储备金少而不需要考虑养老金的保值、增值这一难题；等等。其缺点是：因有储备金，在人口老龄化时期难以运作；统筹范围过小，不利于职工流动。完全积累式是要求职工从参加工作时起，企业和个人按月交保险费，到退休时使用。其优点在于能够应对人口老龄化带来的养老金负担过重的困境，也便于职工流动。其缺点在于因预测周期长、因素复杂，很难精确预测养老金的费率等。部分积累式则介于二者之间。现收现付制和积累制被认为是两种不同的养老保险基金筹集模式。② 对我国养老保险立法中养老金征收和支付该采用何种模式，学者也有不同的看法。按照厉以宁等学者提出的养老金筹集—支付模型，就业政策、经济环境、财政状况和企业效益等宏观因素决定了养老金的筹集与支付费率。③ 也有学者从人口与经济制约因素分析养老保险模式，主张用人口学的时期分析和队列分析方法，将养老基金划分为一年内时期平衡的现收现付制、一年以上时期平衡的阶段式平衡、同批人平衡的队列平衡以及单个人自我平衡，主张通过提高就业期间的养老基金积累率、降低退休后养老待遇水平、提高退休年龄等手段缓解城镇职工的养老问题。④ 有学者通过

---

① 李德敏：《当前养老保险制度改革的基本思路》，《桂海论丛》1995 年第 4 期。
② 郭士征：《社会保障学》，上海财经大学出版社，2004，第 133 页。
③ 蒋正华等：《中国社会保障制度过去与未来》，《中国软科学》2002 年第 8 期。
④ 刘贵平：《养老保险的理论与模式——人口与经济制约因素分析》，《人口研究》1996 年第 4 期。

研究养老基金的来源、结构和个人账户养老基金保值率，来确定职工退休前后养老基金保值率标准，为养老基金的征收和支付提供费率依据。①

在建立社会统筹与个人账户相结合的养老保险制度之初，学者多强调基本养老保险金的征收与支付要兼顾公平和效率，基本养老保险金的筹集应由国家、企业、个人共同负担，既要强制企业履行缴费义务，又不能造成企业过重的负担。一直以来，学界关于养老保险金征收与支付的模式的基本观点没有太大变化，但随着养老保险制度改革和我国经济体制改革的深入，在一些具体问题如养老保险金的征收与财政的关系上，学者的看法发生了重大变化。比如，关于是否需要由财政资金弥补养老基金亏空，早期学者多持有条件肯定的观点。② 到了 2003 年，有学者认为，我国已经具备了给社会保障基金增加拨款的物质条件，能够加大公共财政对社会保障特别是社会养老保险基金的投入，大幅度提高社会保障水平，③ 明确提出以公共财政资金弥补养老保险金，以确保养老保险金账户的做实。到 2009 年，越来越多的学者主张直接开征社会保障税弥补养老保险金的不足，认为社会保障资金在全国的统收统支是制度统一的前提和基础，没有基础养老等保障的统收统支，制度统一就难以实现。④

4. 农村养老保险制度

在养老保险法的理论发展中，农村养老保险立法是研究的一个重点问题。如前所述，在讨论养老保险制度中结合我国国情的原则这一问题时，学者对是否建立城乡差异化的养老保险制度存在不同的看法。在养老保险制度改革之初，鉴于当时经济发展水平较低，城乡差距较大，学者多主张建立与城市养老保险制度并行的农村养老保险制度。⑤ 到了 2000 年前后，随着经济发展与城乡差距的缩小以及政府财力的增长，有学者明确主张建

---

① 江西财经大学、南昌市劳动局联合课题组：《社会统筹与个人账户结合的养老保险金制度的研究》，《当代财经》1997 年第 2 期。
② 刘贵平：《养老保险的理论与模式——人口与经济制约因素分析》，《人口研究》1996 年第 4 期。
③ 王克忠：《论养老保险制度改革的几个问题》，载《中国经济 60 年——道路、模式与发展》，上海市社会科学界第七届学术年会文集（2009 年度），上海人民出版社，2009。
④ 陈亚东等：《社会保险法立法需要重点解决的几个问题》，《社会保障研究》2009 年第 6 期。
⑤ 王立军：《健全我国社会养老保险制度》，《辽宁大学学报》1995 年第 4 期。

立城乡一体化的养老保险制度，认为"这是保持中国社会稳定和长治久安的重大制度基础，也是'中国新政'的最重要内容之一"。① 更有学者提出，城乡分立的二元化养老保险立法是养老保险制度发展的障碍。如王国军认为："时至今日，中国社会保障制度改革的整体倾向仍然沿袭计划经济时代所形成的城乡迥异且相互隔离的'二元'社会保障制度，改革实践和理论研究仍然未能突破城市和乡村社会保障制度改革和建设两个独立的小圈，这是中国社会保障制度改革的一大误区。"② 也有学者认为，建立统一的城乡养老保险制度的好处"包括适应人口老龄化的需要、扩大内需、体现以人为本的发展目标等"。③ 不过仍有部分学者持相反的观点，认为建立城乡统一的养老保险制度的条件还不成熟，"如果一定要不顾国情地把农民工纳入城镇社会保障体系，国家将付出太大的监督成本。如果强行要求把农民工纳入城镇社会保障体系，其后果可能是企业对农民工吸纳的数量下降，也可能使企业阳奉阴违"，"农民工社会保障制度的建立，必须坚持分阶段、逐步完善的基本原则"。④ 总体而言，越来越多的学者主张统筹城乡养老保险制度，建立适用于城乡的统一的养老保险制度。

在农村养老保险制度构建的路径上，学者多主张要结合我国农村传统养老方式的特点，逐步由依靠土地的家庭养老做法过渡到社会养老的模式，"逐步扩大农村养老保险的覆盖范围，使之逐渐与城镇养老保险体系衔接，实现城乡统一的养老保险体系"。⑤ 在具体制度的推进上，可以考虑以下几点。

（1）强化农村养老保险制度立法，提高农村社会养老保险制度的法律地位。首先，以法律形式明确规定农村社会养老保险制度是保持农村社会稳定和社会经济发展的需要，是调节社会分配的重要手段。其次，以法律形式确立农村社会养老保障制度体系和各项措施，便于执行和提高制度的

---

① 胡鞍钢：《利国利民、长治久安的奠基石——关于建立全国统一基本社会保障制度、开征社会保障税的建议》，《改革》2001年第4期。
② 王国军：《中国城乡社会保障制度衔接初探》，《战略与管理》2000年第2期。
③ 从明：《加快建立统一、规范和完善的社会保障体系》，《上海财税》2000年第7期。
④ 陈美球：《农民工社保时机成熟了吗》，《中国改革》2002年第7期。
⑤ 谭彬：《构建我国农村养老保险制度的思考》，《法制与社会》2009年第18期。

稳定性。再次，依法建立健全养老保险监督机制，可以更好地满足农村居民的养老需要。①

（2）推进乡镇企业职工养老保险制度。在农村养老保险发展过程中，乡镇企业劳动者的养老保险应当得到优先发展，尽快由自愿走向半强制，最终实现强制实施并走上规范化的发展轨道。同时，及早考虑其与城镇劳动者的养老保险的接轨问题，以确保与城乡工业的一体化和劳动力市场的一体化相适应，并促进农村土地使用权的转让，推动农业生产向规模经营发展。②

（3）尽快建立低保制度，作为农村养老保险制度的补充。建立农村最低生活保障制度的关键在于识别低保对象，并在全社会范围内筹集资金，实现全社会范围内的社会保障，真正达到统筹城乡社会保障制度建设的目的。③

第三节　医疗保险法的理论发展

医疗保险制度作为社会保障制度的重要内容之一，在我国有较曲折的发展历程。在改革开放之前的三十年，我国实行高度集中的计划经济体制，在城市和农村分别建立起了与之相适应的劳保、公费医疗和合作医疗制度。改革开放以后，随着劳保、公费医疗和合作医疗制度赖以维系的经济体制的瓦解，我国原有的医疗保险制度举步维艰。在建立市场经济体制过程中，为探索适合我国国情的医疗保险制度，学界对相关理论问题进行了深入的探讨。

一　改革开放前的医疗保险法理论

在马克思主义经典著作中，没有专门论述社会福利的内容，但其思想

---

① 农民养老保险问题研究课题组：《公共财政体制下我国农村养老保险制度研究》，《经济研究参考》2010年第4期。
② 孟曙初：《统筹城乡社会保障制度建设研究》，博士学位论文，中共中央党校，2004。
③ 孟曙初：《统筹城乡社会保障制度建设研究》，博士学位论文，中共中央党校，2004。

理论体系中仍然包含着社会福利思想，其中就有医疗保险思想。马克思主义的医疗保险思想是新中国成立初期建立劳保制度、公费医疗以及农村合作医疗制度的指导思想。

马克思认为，国民收入的分配可以分为初次分配和再分配两个阶段。国民收入再分配过程主要通过政府税收、转移支付和各种服务或劳务收费等途径进行。社会福利基金的收支即属于国民收入再分配的环节，社会福利制度是政府通过税收、收费等方式筹集资金，并通过政府转移支付方式得以实现，是国民收入再分配的内容，为国民提供基本的社会福利是政府的职责。此后，列宁进一步丰富了马克思的社会福利思想。面对19世纪末20世纪初各资本主义国家建立的社会保障制度，列宁进行了深入分析，并将马克思主义的社会福利思想同俄国无产阶级革命实践相结合，创立了国家保险学说。列宁认为，"无产阶级养活了整个贵族阶级及整个国家"①，应该拥有相应的保障，而提供这个保障的主体就应当是国家。列宁的这一思想在后来苏联的社会主义福利建设中得到了充分体现和运用。苏维埃政权成立以后，社会保险机构和社会保险法令随即诞生。

1949年以后，我国承继了马克思的社会福利思想和列宁的国家保险学说，认为在计划经济体制中，国家和单位理应包揽一切，包括个人的生、老、病、死，由此形成了劳保和公费医疗制度。1951年2月26日，政务院颁布《劳动保险条例》，确定了劳保医疗制度。按照规定，劳保医疗经费由企业按照企业职工工资总额的一定比例提取，在职工福利费中列支，专款专用，既不能分发给个人，也不能由个人自行购置药品。1953年，政务院将劳保医疗制度的覆盖范围扩大到了国营建筑公司和工厂、矿场、交通事业的建设单位。1952年，政务院颁布的《关于全国各级人民政府、党派、团体及所属事业单位的国家工作人员实行公费医疗预防措施的指示》确立了公费医疗制度。公费医疗的经费来源于国家的财政预算，国家财政根据医药服务需求方的实际需求水平、供给方的实际供给水平和国家财政实力确定每个职工可以享受的公费医疗额度，通过财政拨款到各个单位进

---

① 陈红霞编《社会福利思想》，社会科学文献出版社，2002，第211页。

行包干使用，实行专款专用。截至20世纪70年代末，劳保、公费医疗制度覆盖了全国75%以上的城镇职工及离退休人员，享受的人群分别是1.14亿人和2300万人。① 在农村，自20世纪60年代起全面推行合作医疗制度。合作医疗是一种集资医疗制度，医疗费用主要来自集体经济，个人承担其中一部分。早在1959年12月，卫生部党组就在上报党中央的《关于农村卫生工作山西翟山会议情况的报告》及其附件《关于人民公社卫生工作几个问题的意见》中提出，合作医疗是符合当前生产力和群众思想觉悟实际情况的较为合适的人民公社医疗制度。1960年，中央以"中发70号"文件的形式转发了这份报告及其附件，并要求全国各地认真参照执行。截至20世纪70年代末，约有90%的农民参加了合作医疗，从而基本上解决了广大农村社会成员的医疗问题。②

二 改革开放以来医疗保险法的理论发展

1. 关于国家、企业和个人的责任分担

市场经济改革后，由于原有的由国家或企业包揽医疗费用的劳保制度加大了国家与企业的负担，有学者主张应该扩大医疗保险中的个人责任，合理分担国家、企业和个人在医疗保险中的权利与责任，因为"医疗保障水平要适当，绝不能超越政府和企业的经济承受能力，不能将过去企业包不下来的职工医疗全部由医疗保险接下来"，因此"要根据当前国家、企业和个人的承受能力，确定适当的筹资比例，然后量入为出，确定合理的基本医疗保障项目和待遇标准"。③ 有学者直接提出，强化职工个人在医疗保险制度中的责任，有利于控制医疗费用的增长，"实践证明，医疗保险费按'一大二公'，依赖国家拨款和企业筹措，是行不通的。要通过国家、单位、个人三方面的合理负担，强化职工自我保障意识和医疗费用自我控制意识，有效控制医疗费用超常增长"。④ 1998年，国务院发布《关于建

---

① 乌日图：《医疗保障制度国际比较研究及政策选择》，博士学位论文，中国社会科学院研究生院，2003。
② 丁康：《社会保险法制建设研究》，武汉大学出版社，2003，第145页。
③ 刘北林：《保险制度改革的难点与对策》，《煤炭经济研究》1998年第7期。
④ 莫伟英：《职工医疗保险制度改革刍议》，《广西社会科学》1998年第4期。

立城镇职工基本医疗保险制度的决定》，开始建立社会统筹和个人账户相结合的城镇职工基本医疗保险制度，以城镇职工基本医疗保险替代原有的劳保制度，扩大了个人在医疗保险中的责任。随着医疗保险制度改革的深入，有关国家在医疗保险中的责任问题又出现了不同的看法。有学者认为，在目前的医疗保险中，对政府责任强调得不够，"政府投入明显不足"，① 应该强化政府责任。有学者提出，应该通过变现国有资产、发行医疗保险债券、发行医疗保险彩票等方式，加大政府对医疗保险的注资力度。②

2. 关于公平原则

如何确保公平原则的实现，是医疗保险法理论发展中争论的另一个问题。它涉及以下几个问题。第一，医疗保险的覆盖范围。国务院《关于建立城镇职工基本医疗保险制度的决定》按照"低水平、广覆盖"原则，确定了全部城镇职工为医疗保险的参加对象。有学者认为，这样的覆盖范围未能体现公平原则，将"传统上享受'半劳保'的未成年人和无工作、无收入的老人，以及广大农民排斥在制度之外"，③ 使他们得不到基本的医疗保障，没有真正体现所谓的广覆盖。更有学者主张建立覆盖全部国民的医疗保险制度，并对其必要性、可行性以及制度模式进行了具体分析。④ 第二，医疗保险制度的筹资模式。有学者认为，在现行的养老保险制度中，个人账户占基金的大部分，不利于医疗保险基金的社会统筹。因为个人账户名下的基金积累不能从健康人转移到患病的人，不能从富人转移到穷人，从而加剧了医疗保险制度的不平等。⑤ 有学者直接指出，医疗保险制度覆盖范围过低所引发的危害"不仅影响到国民的健康，也带来了诸如贫困、公众不满情绪增加、群体间关系失衡等一系列社会问题"。⑥

---

① 陈鹏军：《我国全民医疗保险制度发展模式论》，博士学位论文，厦门大学，2009。
② 罗元文等：《城镇职工医疗保险制度改革的关键问题与对策》，《广西经济管理干部学院学报》2010 年第 1 期。
③ "中国社会保障体系研究"课题组：《中国社会保障制度改革：反思与重构》，《社会学研究》2000 年第 6 期。
④ 陈鹏军：《我国全民医疗保险制度发展模式论》，博士学位论文，厦门大学，2009。
⑤ 李西霞：《医疗保险模式的比较与研究》，载邹海林主编《社会保险改革与法制发展》，社会科学文献出版社，2005。
⑥ 葛元：《浅析印度全民医疗保险制度及对我国的启示》，《人口与经济》2009 年增刊。

第四节　失业保险法的理论发展

作为社会保险制度的一部分，与其他社会保障制度相比，失业保险在全球范围内普及的程度最低，这与失业保险法律制度的理论发展有关。如何建立合适的失业保险制度，完善我国的失业保险立法，学术界进行了深入的探索。

一　劳动权与失业保险法律制度

依照一般的观念，劳动权源自西方资产阶级革命时期宪法中所规定的人权，劳动者的就业权是人权的内容之一。与劳动者的就业权相对应的是国家为国民提供就业机会的义务与责任。现代社会，很多国家宪法直接规定国家应当为其公民寻求就业机会。如果公民因为就业机会不充分无法就业，国家应为失业的公民提供相应的失业救济，这是国家实行失业保险立法、建立失业保险制度的法理依据。

改革开放前，我国的理论界普遍认为，失业是资本主义社会特有的现象。直到80年代中期，仍有学者认为失业是私有制和现代工业发展的产物。在社会主义条件下，劳动者和生产资料直接结合，理论上不存在失业问题。即使由于工作失误造成部分劳动者与生产资料暂时分离的现象，为了与资本主义制度下的失业相区别，也应称为"待业"，而不能称为失业。随着经济体制改革的深入，我国进一步明确了建立社会主义市场经济的目标，理论界开始认为在社会主义初级阶段，仍然存在失业问题，这种失业问题的产生和资本主义社会失业问题一样，是客观存在的现象。[①] 我国现行《宪法》第42条规定："中华人民共和国公民有劳动的权利和义务。国家通过各种途径，创造劳动就业条件，加强劳动保护，改善劳动条件，并在发展生产的基础上，提高劳动报酬和福利待遇。劳动是一切有劳动能力的公民的光荣职责。国有企业和城乡集体经济组织的劳动者都应当以国家

---

① 周毕芬：《我国失业保险制度的历史回顾与现实思考》，硕士学位论文，福建师范大学，2003。

主人翁的态度对待自己的劳动。国家提倡社会主义劳动竞赛，奖励劳动模范和先进工作者。国家提倡公民从事义务劳动。国家对就业前的公民进行必要的劳动就业训练。"同时，《宪法》还明确规定了劳动者的劳动权以及国家为劳动者创造就业机会、提供就业训练的义务。有学者认为，国家促进就业的义务包括下列内容：调整经济结构，以利于促进就业；改善各项政策，鼓励促进就业；组织和提供就业机会；无偿提供职业介绍和就业指导，包括必要的就业培训；建立促进就业基金。① 既然国家负有为国民提供就业机会的义务，按照同样的逻辑，它自然应该为暂时无法就业的公民提供相应的失业保障。

二 如何处理公平与效率的关系

如何确保公平与效率的矛盾得到妥善处理，是失业保险立法过程中必须面对的一个重大问题。一般认为，失业保险法中以公平为优先考量目标。失业保险制度中的公平原则主要体现在三个方面。首先，通过扩大失业保险的保障范围，确保失业保险法的公平性。依据失业保险的普遍性原则要求，就不应该对失业保险的保障对象的性别、职业、民族、地位等方面有所限制，即任何社会成员，只要符合法律统一规定的条件，不论其地位、职业、贫富等差别，均应被强制性地纳入失业保障范围。失业保险的覆盖面越广，其公平性越能得到体现。然而，我国现行的失业保险制度在这方面显得尤为不足。早在2000年，就有学者认为我国失业保险的覆盖范围过窄，"主要在国有企业、城镇集体企业中实施，许多的私营、民营企业职工、'三资'企业中方职工，城镇个体劳动者都没有包含在内"，"此外，失业保险事业在广大农村还几乎是一片空白"。② 有学者提出，应该通过扩大失业保险的覆盖范围解决失业保险法的公平问题，"失业保险的对象应当包括各种从业人员。条件成熟时，应考虑将国家公务员、各种社会团体工作人员、目前未纳入失业保险范围的各种企业职工，其中包括国有

---

① 杨燕绥：《社会保险法》，中国人民大学出版社，2000，第154页。
② 唐映红：《我国失业保险制度的若干问题及法律对策》，《北京市总工会职工大学学报》2000年第3期。

企业的农民合同制工人、乡镇企业职工、个体工商户及其雇工等，都纳入到国家统一的失业保险制度中"。① 其次，失业保险法的公平原则应通过为失业人员提供基本的生活保障来实现，即让失业人员在失业的状态下，通过领取失业救济金等形式，享受基本的生活待遇与生存条件。但我国目前的失业保险制度存在失业保险的保障水平过低问题，"难以保障失业者的基本生活需求"。② 再次，失业保险法的公平性体现在再分配功能上。一般情况下，失业保险金的筹集要求高收入者多缴费，低收入者少缴费，但二者领取的失业保险金应该大体相当，即都处于维持基本生活水准的水平上。按照现行的失业保险制度，失业保险金的支付标准按照低于当地最低工资标准、高于城市居民最低生活保障标准的水平，由省、自治区、直辖市人民政府确定，即我国对失业者实行统一的失业保险金领取标准，高工资的失业者此前因为工资高而比低工资的失业者多缴纳失业保险费，但失业后和低工资的失业者一样领取相同水平的失业保险金，这是失业保险制度再分配功能的体现，凸显了失业保险制度的公平性。也有学者持完全相反的看法，认为这种做法没有将失业保险金的给付与失业者失业前缴纳失业保险费的高低联系起来，"有损于失业保险的公平性原则"。③

在我国的失业保险制度中，还存在失业保险金统筹层次低、效益好的企业不交失业保险金、效益差的企业无力负担失业保险金等现象，因此无法体现失业保险制度的再分配功能和公平性。有学者主张，应该开征失业保险税来筹集失业保险金，因为"欠缴失业保险费的问题越来越严重"。④ 也有学者主张加大财政对失业保险金的支持力度，除了可以考虑开征失业保险税之外，还可以通过变现国有企业资产、发行国债等方式来筹集失业保险金。⑤ 除了要体现公平原则，失业保险制度还需要顾及失业保险制度的

---

① 邓金菊、韩林：《中国失业保险法存在的问题及立法完善》，《江西社会科学》2005 年第 6 期。
② 唐映红：《我国失业保险制度的若干问题及法律对策》，《北京市总工会职工大学学报》2000 年第 3 期。
③ 李鑫：《失业保险法律制度研究》，硕士学位论文，哈尔滨工程大学法学院，2006。
④ 蔡德仿、黄雪英：《关于完善失业保险法律制度的思考》，《前沿》2005 年第 8 期。
⑤ 唐映红：《我国失业保险制度的若干问题及法律对策》，《北京市总工会职工大学学报》2000 年第 3 期。

效率原则,即要具有促进就业的功能。正如有的学者所说:"失业保险应具有双重功能,保障失业人员失业期间的基本生活需求只是失业保险的一种功能,它还有另一种更重要的功能是促进职工再就业。"[①] 只有让失业保险制度体现促进就业功能,才能凸显其效率原则,否则就可能在体现公平原则的旗号下,变成一种养懒汉的制度。为了达成失业保险制度促进就业的目标,体现失业保险法的公平性与效率性相结合,有学者主张用一定比例的失业保险金进行失业人员的就业培训与就业指导,从而促进失业人员就业。[②]

第五节 工伤保险法的理论发展

我国的工伤保险制度经历了曲折的发展历程,1950 年,国家内务部颁布《革命工作人员伤亡抚恤暂行条例》,首次涉及了工伤保险制度。在经历了计划经济时期、改革开放初期的发展后,2003 年,国务院发布《工伤保险条例》,标志着我国工伤保险制度发展到了全新的阶段。

一 改革开放前工伤保险法的理论发展

1950 年,内务部颁布《革命工作人员伤亡抚恤暂行条例》,标志着新中国工伤保险制度的建立。1951 年,《劳动保险条例》颁布后,职工工伤保险作为劳动保险体系的一部分,开始在中国企业实施。1957 年,卫生部制定《职业病和职业病患者处理办法》,公布了 14 种职业病名单,规定职业病与工伤给付同等待遇。1958 年,国务院发布《关于工人、职员退休处理的暂行规定》,对工人工伤保险待遇作了修改。1969 年,职业伤害保险基金由全国统一实施和调剂改为企业自筹资金和给付。1978 年国务院又发布了《国务院关于工人退休、退职的暂行办法》,规定因公致残,有医院证明,并经劳动鉴定委员会确认,完全丧失劳动能力,饮食起居需要人扶

---

① 唐映红:《我国失业保险制度的若干问题及法律对策》,《北京市总工会职工大学学报》2000 年第 3 期。
② 周毕芬:《我国失业保险制度的历史回顾与现实思考》,硕士学位论文,福建师范大学,2003。

助的，按本人工资标准的 90% 发给。总体而言，在改革开放之前的近 30 年里，我国的工伤保险法理论并未受到西方工伤保险法理论的影响，而是和当时的计划经济体制相适应，有自己独特的发展路径。这主要体现在以下三方面。第一，不强调工伤保险的社会保险性质。当时的工伤保险制度更多的是一种企业保险制度而非社会保险制度，在很长一段时间内，企业自筹资金，在政府部门指导下自行认定工伤，自行支付工伤保险费用，工伤保险制度未能体现社会共济的性质。第二，未强调工伤保险制度的预防、补偿、康复等功能。这表现在当时的工伤保险覆盖范围过窄、工伤保险待遇低、工伤保险缺乏强制性、没有规定工伤预防机制与对工伤人员的康复机制等方面。第三，未强调统一的工伤保险立法的重要性。当时的工伤保险立法不健全，工伤保险立法层次低，缺乏体系，很多工伤保险立法中必须包含的内容如工伤的认定、致残标准、医疗终结标准等都缺乏具体规定。

二 改革开放以来工伤保险法的理论发展

1988 年，劳动部主持研究社会保险改革方案，明确了工伤保险改革的社会化方向。1996 年 8 月，劳动部发布《企业职工工伤保险试行办法》，第一次将工伤保险作为单独的制度统一制定并实施，并且首次将工伤预防、职业康复和工伤补偿三项任务结合起来，标志着我国工伤保险制度的建设和研究进入了一个新的历史阶段。

1. 关于工伤保险的覆盖范围

从工伤保险的互济与社会统筹以及捍卫职工利益的角度看，扩大工伤保险的覆盖范围，无疑是必要的。1996 年 10 月劳动部发布的《企业职工工伤保险试行办法》虽然较以前的工伤保险制度扩大了覆盖范围，但其覆盖面还是太窄。针对该《办法》，学界普遍主张应扩大工伤保险的人员覆盖范围。有学者认为，新的工伤保险法律制度至少应对以下方面作出相应规定：(1) 新的工伤保险制度适用于一切企业单位和全部职工；(2) 把工伤赔偿的范围扩大到生产工作时间和区域内生产、工作紧张疲劳猝死或全残的，以及上下班途中发生的交通事故；(3) 把乡镇企业、私营企业纳入工伤保险范围中来;(4)将聘用、借调、见习和实习人员包括在新的工伤保险制度之内。① 2004年1月实行的《工伤保险条例》大幅度提高了工伤保险的覆盖范围,但仍有学者认为,其覆盖范围需要进一步拓宽,扩大到国家机关、事业单位和社会团体的工作人员,因为"有关国家机关、事业单位工作人员的工伤保险规定仍然是一片空白",而且"诸如保姆雇佣、私人间雇佣、非劳务市场聘请钟点工等不能依法享受工伤保险待遇",成为法律制度的一大漏洞。② 也有学者对扩大工伤保险制度的覆盖范围提出了不同的看法。如有人主张,将所有企业都纳入工伤保险制度的做法会导致一些私营企业和乡镇企业与劳动者签订"生死合同",规避工伤保险规定,使这些劳动者的利益更加得不到保障,因此提出"需要寻找其他办法进行过渡","等到制度发展得比较健全、积累了一定的经验之后,再将工伤保险制度在所有单位推行,从而最终实现统一的工伤保险制度"。③

2. 工伤保险与民事侵权赔偿责任

作为社会法,工伤保险法实行的是无过错原则,强调对工伤职工及其家属的补偿,而侵权赔偿责任强调保护个体利益,实行过错责任原则,强调对受害人的赔偿。工伤保险赔付是基于工伤事故而发生,按照民法理论与实务,工伤事故应构成民事侵权行为。因此,工伤职工就工伤损害存在两个请求权:基于工伤保险而取得的赔偿请求权和基于民事侵权取得的赔偿请求权。工伤职工可否因一个损害事实,在请求予以工伤保险赔偿的同时主张民事侵权赔偿,这涉及工伤保险与民事侵权赔偿责任的关系问题。国外在处理这一问题时有四种模式:(1)选择模式,即受害雇员在民事侵权损害赔偿与工伤保险给付之间,只能任选其一;(2)免除模式,即工伤保险完全取代民事赔偿,劳动者不得再请求民事损害赔偿;(3)兼得模式,既允许受害雇员获得工伤保险赔偿,又允许其接受侵权行为法上的赔偿救济;(4)补充模式,即受害雇员对于两者均可主张给付,但最终所获

---

① 何婷婷:《论我国工伤保险制度的问题及其完善》,《中国保险管理干部学院学报》2004年第1期。
② 万建苗:《我国工伤保险制度完善新论》,《新乡学院学报》2010年第1期。
③ 邝铁宝:《对完善我国工伤保险制度的几点思考》,《九江学院学报》2008年第5期。

得的赔偿额，不得超过其遭受的实际损害。我国究竟应采用何种模式处理工伤保险与民事侵权赔偿责任的关系，立法上至今未予明确，学者亦有不同的看法。有学者主张采用补充模式，认为"补充模式是现代侵权责任制度与工伤保险制度长期磨合的产物，相对其他几种模式逻辑更为严密，也更符合社会公平正义的观念"。① 有学者认为，在实行补充模式的同时，应通过工伤保险机构行使代位权的方式来确保工伤职工的合法权益，"这样可以避免受害人因诉讼漫长或诉讼不利而难以获得赔偿的问题"，而且"使工伤事故的受害职工能够得到最大限度的补偿"。② 也有学者提出，要具体情况具体分析，如果从国情出发，应该"采取就高补差的办法，既不能完全取代更不宜兼得"。③

3. 工伤认定程序的性质

工伤认定程序的性质也是一个引发争议的问题点。一种观点认为，工伤保险法作为社会法，工伤保险作为社会保障，主要涉及公共利益，对其认定应该由行政机关进行，对工伤保险认定不服，适用行政诉讼进行司法救济。另一种观点认为，工伤保险基金支付与公共利益无关，其认定应该是企业和工伤职工之间的利益纠葛，如果由行政机关作出行政认定，不符合行政法逻辑。因此，工伤保险的认定应该是企业和工伤职工个人的民事纠纷，适用民事诉讼法进行救济。还有学者认为，现行的《工伤保险条例》规定的由劳动保障行政部门认定工伤的做法容易导致腐败与权力寻租，抹杀了工伤保险制度的社会性，主张设立独立于政府的社会机构，作为工伤认定的专门机构，"并从立法上明确该机构的性质、组成、权威性定位以及工伤认定"。④

4. 工伤保险制度的公平性问题

作为一种社会保障制度，工伤保险制度应该充分体现其公平性。学界普遍认为，我国目前的工伤保险制度存在很多违反公平原则的问题。首

---

① 吕琳：《工伤保险与民事赔偿适用关系研究》，《法商研究》2003 年第 3 期。
② 邝铁宝：《对完善我国工伤保险制度的几点思考》，《九江学院学报》2008 年第 5 期。
③ 苑光等：《工伤保险制度相关法律问题探析》，《山东劳动保障》2007 年第 4 期。
④ 罗英姿：《对工伤保险法律制度的几点认识》，《贵州民族学院学报》2006 年第 1 期。

先，工伤保险费率机制设计不科学。与国外工伤保险制度较先进的国家设计几百个等级相比，我国工伤保险费率机制设计的费率等级较少，很难真实反映各类行业的风险，达不到费率与风险相关联的目的。这种不考虑行业差别，将有明显风险差异的行业划分在同一个风险等级内的做法，必定使风险小的行业逐渐退出工伤保险机制，严重影响工伤保险基金的收缴率。由于我国现行的费率制度无法和行业风险挂钩，也直接影响到工伤保险预防功能的发挥，不利于降低工伤损害的发生率。因此，有学者主张从工伤保险制度的公平原则出发，实行浮动费率，即"在差别费率的基础上实行浮动，事故率高的提高费率，事故率低的降低费率"。[①] 其次，工伤保险费率的筹资比例较低，影响了工伤保险制度的公平性。《工伤保险条例》规定，工伤保险费率不超过工资总额的1%，这种较低的费率会导致工伤保险基金收支不平衡，出现工伤保险基金入不敷出的情况，最终损害工伤职工的利益。再次，工伤保险制度未能重视工伤职工的康复工作。职业康复是现代工伤保险的重要一环，既可以为工伤残疾职工恢复劳动和生活能力创造条件，又可以减少企业和社会的工伤保险支出。[②] 因此，只有让工伤职工康复并重返社会，才符合工伤保险制度的目标，才体现其公平性。最后，工伤保险制度未能重视对工伤事故的预防。工伤保险制度不能仅仅局限于传统的"灭火器"职能，而是要从根本上重视和保护人的生命和健康。德国100多年的实践证明，"预防优先"在控制事故率、减少职业伤害和职业病等方面发挥了不可替代的作用。[③] 工伤保险制度的预防功能不被重视，牺牲了工伤职工的利益，也违反了公平原则。

第六节　生育保险法的理论发展

完善的生育保险制度，对保障妇女权益，实现人口优生优育，确保劳

[①] 邝铁宝：《对完善我国工伤保险制度的几点思考》，《九江学院学报》2008年第5期。
[②] 苗丽壮等：《我国工伤保险现状及其对策》，《工业卫生与职业病》2000年第6期。
[③] 孙树菌、朱丽敏：《现代工伤保险制度：发展历程及动力机制》，《湖南师范大学社会科学学报》2010年第1期。

动力生产具有重要意义。我国的生育保险制度是国家通过生育保险立法规定，对怀孕和分娩的女职工及时给予物质帮助的一项社会保障措施，是我国社会保险体系的重要组成部分，旨在通过向孕产女职工提供医疗服务，保障她们因生育而暂时丧失劳动能力时的基本经济收入等措施，帮助生育女职工及时恢复自身劳动能力，重返岗位工作。

一　改革开放前生育保险法的理论发展

依照马克思主义的观点，妇女是重要的革命力量，男女平等是无产阶级革命队伍的基本原则。因此，在中国革命过程中，一开始就高擎妇女解放的大旗，重视对妇女权益的保护。中国第一个生育保险立法草案见诸中国劳动组合书记部1922年制定的《劳动法案大纲》。该《大纲》第11条提出："对于需要体力之女子劳动者，产前产后均予以八星期之休假，其他女工，应予以五星期之休假，休假中工资照给。"1930年，中央苏区颁布的《劳动暂行法》规定："女工产前产后两个月内不做工，工资照发。"1951年，政务院公布《中华人民共和国劳动保险条例》，对职工的生育保险制度作出了规定：生育保险包括产假、产假工资和生育补助费三部分；产假分为正产、小产两类，产假期间工资照发，生育补助费为5尺红布。这是新中国第一个生育保险法规。1953年，根据国家财力有所提升的现实，政务院对《劳动保险条例》作了修正，从三个方面提高了生育保险的待遇水平：一是增设了孕产期医疗保健费项目，规定孕产期间的检查费、接生费由企业支付；二是将小产产假放宽到不论是否满3个月均为30天以内，并增加了难产或双生产假；三是将生育补助费改为现金支付。为了确保生育保险待遇得以正确及时享受，国家还制定了一系列补充法规。60年代中期以后，为了贯彻落实计划生育基本国策，对实施计划生育手术的职工和按计划生育的女职工，从政策上开始给予从优的生育保险待遇。比如，从1964年起，对施行绝育结扎手术、放取绝育环或人工流产所需的挂号费、住院费、检查费、医药费和手术费均予以报销。从以上看出，我国改革开放前生育保险法的理论发展具有如下特点。第一，生育保险制度受无产阶级革命理论以及男女平等思想的影响，具有较浓厚的意识形态色彩。第二，生育保险制度体现的是国家保障。尽管生育保险的费用按照规定应由国家和企业两方负担，企业负责承付，但在当时计划经济条件下，国营和集体企业缺少必要的财产独立，因此由企业负担费用其实就是由国家负担费用。第三，生育保险的保障水平实行保障生活、有利生产、尽力而为、量力而行的原则，随着经济发展水平与国家财力的增加而逐步提高。第四，生育保险法理论受到计划生育理论的影响，生育保险制度一定程度上服务于计划生育制度。

二 改革开放以来生育保险法的理论发展

1988年，在总结30多年生育保险制度实践经验的基础上，国务院颁发《女职工劳动保护规定》，扩大了生育保险制度的实施范围，并再次提高保险待遇。1994年，《中华人民共和国劳动法》颁布实施，使生育保险法制建设上了一个新台阶。根据有关规定，劳动者依法享有生育保险待遇，女职工生育享受不少于90天的产假，企业不能因女职工怀孕或生育而解除劳动合同等。同年，劳动部还颁布了《企业女职工生育保险试行办法》，依照《劳动法》的相关规定，对生育保险制度作了进一步细化。目前，我国生育保险实行的是社会统筹和单位自我管理相结合的办法。由此，学界对其中的诸多问题进行了研究，其主要理论脉络如下。

1. 生育保险的平等性问题

生育保险权作为一种社会保险权，应该为某类特定群体平等享有，这是由社会保险权作为社会权的本质所决定的。其平等性表现为：(1) 在计划生育政策范围内育龄妇女都享有生育保险权，即参加生育保险；(2) 享有的生育保险待遇平等。[①] 因此，生育保险法应充分保障这种平等性。然而，依照学者的看法，我国现行生育保险制度在很大程度上有违生育保险权的平等性。第一，生育保险的覆盖范围太窄，未能完全实现生育保险的社会统筹，"未实现生育保障社会化"，有的用人单位还是实行本单位负责的生育保障制度，这种模式"对生育风险抵御能力不强，也增加了用人单

---

① 侯玲玲：《论我国生育保险权》，载冯彦君主编《和谐社会建设与社会保障》，中国劳动社会保障出版社，2008，第413页。

位招用女性劳动者的难度",加重了就业工作当中男女不平等的现象。① 第二,生育保险未能覆盖全部育龄妇女,而是以户籍为标准,仅仅适用于城镇企业职工,不包括乡镇企业的女职工、女性自主创业者、非正规就业的妇女等,更是将农村育龄妇女排除在外。第三,生育保险待遇存在地区差异。目前的生育保险法规允许地方政府根据本地经济发展实际,制定不同的生育保险支出标准。实际上,生育保险作为一种社会基本保险,其缴费的多少和待遇高低应该实现平等,应该由国家立法统一规定。② 也有学者持相反的观点,认为生育保险待遇应该适用属地原则,这样更符合公平性,因此"须制定符合实际的生育津贴支付标准,在实行全国统筹的基础上,逐步提高支付水平,保证生育期间的待遇保障水平与经济发展速度相适应,保障生育职工的基本生活"。③

2. 生育保险制度与妇女就业权

按照《企业职工生育试行办法》的规定,企业缴纳生育保险费应该以全体职工为缴费基数,但某些地方规定,以企业雇佣的女性职工作为缴费基数,这样就使得一些企业不招录女职工,以节省企业的运行成本。根据相关规定,生育保险权所包含的其他权益如产假等,也是由用人单位承受,这就必然增加用人单位的运行成本,也就成为很多企业减少录用女职工的原因之一,"这不符合市场经济条件下作为理性经济人的企业的行为,最终导致企业不愿招用女性职工,造成女性就业权利难以保障"。④ 因此,很多学者认为,应该改变生育保险法规中这种不利于女职工平等就业的制度安排。

---

① 侯玲玲:《论我国生育保险权》,载冯彦君主编《和谐社会建设与社会保障》,中国劳动社会保障出版社,2008,第415页。
② 侯玲玲:《论我国生育保险权》,载冯彦君主编《和谐社会建设与社会保障》,中国劳动社会保障出版社,2008,第413页。
③ 刘英:《我国生育保险制度存在的问题及对策研究》,《陕西理工学院学报》2006年第4期。
④ 胡芳肖:《我国生育保险制度改革探析》,《人口学刊》2005年第2期。

第二编
社会保险法的制度创新

第一篇

昆虫文化十大类别

| 第四章 |

养老保险法的制度创新

养老保险制度是国家为符合法律规定条件、退出劳动领域的老年人提供收入补偿的一种制度。这一定义表明养老保险制度有三个基本特征。第一，实施养老保险是国家行为。第二，获得养老保险待遇必须符合法律规定的条件。第三，养老保险待遇是一种收入补偿待遇。养老保险制度是社会保险制度中最核心的一个项目，这不仅因为它是一个长期的计划，还因为它是退休职工的养命钱，支付上具有刚性，又最容易受人口结构和经济结构的影响。所以，建立了养老保险制度的国家都对之进行过改革，使之更符合本国的国情和更好地发挥保障退休职工基本生活的职能。

第一节 我国养老保险制度的建立和改革创新

我国的养老保险制度是通过1951年颁布的《劳动保险条例》建立起来的，当时的适用范围仅限于国有企业和部分集体企业。20世纪80年代，我国进入改革开放时期，对原来的国家（企业）包办的养老保险制度进行了改革，并逐步扩大保障范围，提高待遇标准。近年又在农村实施新农村养老保险制度，以建立覆盖全社会的养老保险制度。

一 经济体制改革以前养老保险制度的概况

经济体制改革以前的养老保险制度是一种企业职工不缴纳养老保险费就能够获得养老保险待遇的国家型养老保险制度。

1. 建立时期（1951~1966年）

政务院于1951年2月26日颁布的《劳动保险条例》是新中国第一个

社会保险法，它标志着我国养老保险等其他社会保险制度的建立。《条例》适用于当时部分企业和职工（例如100人以上的国营企业、公私合营企业以及铁路、航运、邮电等企业）。1958年2月9日和1958年3月7日，国务院先后颁布《关于工人、职员退休处理的暂行规定（草案）》和《关于工人、职员退职处理的暂行规定（草案）》两个法规，城镇职工的退休制度就从劳动保险中分离出来，成为独立的职工退休养老制度安排。1955年12月29日，国务院发布《国家机关工作人员退休处理暂行办法》、《国家机关工作人员退职处理暂行办法》、《关于处理国家机关工作人员退职、退休时计算工作年限的暂行规定》等一系列法规，确立了我国国家机关、事业单位职工的退休制度。1958年6月4日《中共中央关于安排一部分老干部担任各种荣誉职务的通知》第一次提出了老干部的概念，并建立了达到一定年龄或者基本丧失劳动能力的老干部才能够享受的工资照发、长期供养的离休制度。

可以看出，1966年以前，我国制定养老保险法规，由国家承担机关和事业单位工作人员的养老保险费用，国有企业负责缴纳职工的养老保险费，这种极具中国特色的国家和企业共同承担责任、共同组织实施的养老保险制度已初步建立起来。在这期间，国家与企业单位是紧密结为一体的，① 因此，人们也把这个时期由国家财政拨款或企业缴费、待遇标准统一、保障水平较高的养老保险制度称作国家统包型养老保险制度。

2. 遭受破坏时期（1966~1976年）

1966年发生的延续十年之久的"文化大革命"对社会保障事业造成了极大的摧残。1969年2月，财政部发布《关于国营企业财务工作中几项制度的改革意见（草案）》，规定"国营企业一律停止提取劳动保险基金"，"企业的退休职工、长期病号工资和其他劳保开支，改在营业外列支"，将过去养老保险社会统筹的做法改为企业保险的方法，即保险费完全由企业来负担。由于失去社会统筹调剂资金，国家保险变为企业保险，使得效益不好的企业在支付养老金上出现了困难。

---

① 郑功成等：《中国社会保障制度变迁与评估》，中国人民大学出版社，2002，第5页。

3. 恢复时期（1976～1986 年）

1978 年 6 月 2 日，第五届全国人大常委会第二次会议批准了《国务院关于安置老弱病残干部的暂行办法》和《国务院关于工人退休、退职的暂行办法》，对被"文化大革命"破坏了的养老保险制度进行了调整。1980 年 10 月 17 日，国务院发布《关于老干部离职休养的暂行规定》，进一步规范了适用于新中国成立以前参加工作的部分老干部的待遇特殊的退休制度，即离休制度。至此，我国改革开放前的养老保险制度基本定型。这种养老保险制度规定，国营企业职工退休金可以达到退休前工资额的 70% 左右，集体企业职工退休金为退休前工资额的 40%～60%。在当时人们的生活水平普遍比较低的情况下解除了人们在养老方面的后顾之忧，基本上保证了人们能够颐养天年。而且当时的养老保险制度能够得到切实贯彻实施，人们能够及时足额地领到自己的退休金，这种立而有信的养老保险制度使得社会保险制度作为一种稳定机制的内在功能得到了有效发挥，极大地体现了社会主义制度的优越性。但是它同时使企业背上了沉重的经济包袱，而且将职工与企业死死地捆在一起，在企业不断吸收新职工的情况下，职工队伍越来越庞大，退休职工队伍也越来越庞大，[①] 使企业不堪重负，生产成本增加，竞争力减弱。这种养老保险制度的弊端在经济体制改革开始以后日益显露出来，成为我国经济体制改革的重点之一。

二 经济体制改革以后社会养老保险制度的改革创新

为了给国有企业改革提供配套措施，1986 年，国务院颁布《国有企业实行劳动合同制暂行规定》，劳动合同制成为中国社会保障制度由传统型向现代型转变的标志性制度。[②] 1991 年，国务院颁布《关于企业职工养老保险制度改革的决定》，之后又先后颁布《关于深化企业职工养老保险制度改革的通知》、《关于建立统一的企业职工基本养老保险制度的决定》两

[①] 例如，大连色织布总厂曾是创利大户，1994 年宣告破产。破产的原因是多方面的，其中一个主要原因是退休人员太多给该厂造成的不堪重负。破产前，该厂的在职职工为 1258 名，而退休职工为 1503 名，企业发展从何谈起！参见郑功成《从企业保障到社会保障》，辽宁人民出版社，1996，第 34 页。

[②] 冯兰瑞：《中国社会保障制度重构》，经济科学出版社，1997，第 114 页。

个养老保险法规。在整个改革中，养老保险和医疗保险是重点，社会保障制度也从起初的改革配套措施成为社会主义市场经济中重要的法律制度得以建设，如社会保险资金多渠道筹集和社会化管理，组建了劳动和社会保障部，统一了社会保险管理体制，成立了全国社会保障基金理事会。在此期间，国家虽然仍主导着社会保障制度改革和承担着重要责任，但社会（国家机关、事业单位、社会团体、企业、个人等）已开始分担社会保险的责任。其中的主要内容有以下八方面。

1. 国家、企业和个人共同承担养老保险责任

1986 年 7 月，国务院发布《国营企业实行劳动合同制暂行规定》，规定国家对劳动合同制工人退休养老实行社会统筹，企业和劳动合同制工人按规定的比例缴纳养老保险费。这个规定表明，在经济体制改革的新形势下，国家将放弃传统的养老保险制度，实行国家、企业和个人共同承担责任的社会化的养老保险制度，并由劳动合同制工人推广到全国所有国有企业职工。1997 年 7 月，国务院颁布《关于建立统一的企业职工基本养老保险制度的决定》，规定"要逐步扩大到城镇所有企业及其职工，城镇个体劳动者也要逐步实行基本养老保险制度"。同时，规定企业缴费比例一般不超过企业职工工资总额的 20%，个人缴费比例 1997 年不低于本人缴费工资的 4%，以后每两年提高 1 个百分点，最终达到 8%。国家在养老保险中的责任表现在，当养老保险基金收不抵支时，国家给予财政补贴。例如，从 1998 年到 2001 年，中央财政对基本养老保险基金的补贴额为 861 亿元。①

2. 建立养老保险基金社会统筹制度

20 世纪 80 年代以后，老企业的退休人员不断增加，发放退休金的压力越来越大，而新建立的企业不存在这样的问题，这就使得企业之间不能在相同的起点上竞争，而且很多老企业已无力支付众多退休工人的养老保险金。② 1991 年 6 月，国务院下发《关于城镇企业职工养老保险制度改革

---

① 国务院新闻办公室：《中国劳动和社会保障状况白皮书》，《人民日报》2002 年 4 月 28 日。
② 例如 20 世纪 80 年代初，纺织、粮食、制盐、搬运等行业中的老企业，退休费相当于工资总额的 50% 以上，个别企业甚至超过工资总额；而在电子、仪表、化工等新兴行业和新建企业中，退休费不到工资总额的 5%。参见宋晓梧《中国社会保障制度改革》，清华大学出版社，2001，第 29 页。

的决定》，确立了养老保险基金由市县起步、向省级过渡、最后实现全国统筹的筹资原则。到 1992 年底，全国有 2300 个县市实行了国有企业职工养老保险费社会统筹改革，占全国县市总数的 95%。① 养老保险社会统筹层次对于基金的共济性和抵御风险功能的影响，可以用以下事例来说明：1998 年之前，在湖北省内，武汉市企业职工基本养老保险缴费率达 26%，但筹集到的养老基金仍然不够支付，而其他城市缴费率仅为 16%，却用不完，还有大量养老基金滚存积累。② 如果实行省级统筹，在一个省内，基金的共济功能就能得到有效发挥。1998 年，国务院发布《关于实行企业职工基本养老保险省级统筹和行业统筹移交地方管理有关问题的通知》，明确了实现基本养老保险省级统筹的目标。2000 年 12 月，国务院发布《完善城镇社会保障体系试点方案》，规定企业缴费全部纳入社会统筹基金，并以省（自治区、直辖市）为单位进行调剂，为劳动力流动提供了更为有利的条件。但由于历史责任没有理清，有些负担轻的新企业不愿意参加基本养老保险省级统筹，截至 2001 年底，除了几个直辖市和个别省区以外，绝大多数地区依然停留在县市级统筹层次。

3. 建立多层次养老保险制度

1991 年 6 月，国务院下发《关于城镇企业职工养老保险制度改革的决定》，确立了社会基本养老保险、企业补充养老保险和个人储蓄养老保险相结合的多层次养老保险制度。社会基本养老保险是法定的、强制实施的社会保险，由政府组织实施，是国民收入再分配的一种方式，国家予以必要的财政投入，它是以国家信誉保证最终兑现的制度，是最安全最可靠的制度，在养老保险三种形式中占有核心地位。企业补充养老保险次之，个人储蓄养老或者个人购买商业人寿保险居第三层次。

4. 确立社会统筹与个人账户相结合的养老保险模式

1995 年 3 月，国务院发布《关于深化企业职工养老保险制度改革的通知》，确立了社会统筹与个人账户相结合的养老保险模式。同时还发布两

---

① 中国社会科学院、德国阿登纳基金会：《中国城市社会保障的改革》，阿登纳基金会系列丛书第 11 辑，第 107 页。
② 宋晓梧：《中国社会保障制度改革》，清华大学出版社，2000，第 42 页。

个实施方案,① 供各地选择。各地在实施的过程中,由于价值取向不同,确定的社会统筹和个人账户的比例也不同,② 出现了大、中、小三种个人账户比例:大账户为职工工资的16%、中账户为12%、小账户为3%。至1996年上半年,上海等7个省市选择了办法之一,北京等5个省市选择了办法之二,多数地区综合两种办法的长处,制定了介于二者之间的中间标准。③ 不同的个人账户比例,不仅成为职工在地区之间流动的障碍,④ 而且造成不同地区基本养老保险金待遇的差别,给建立统一养老保险制度带来了困难。

5. 统一基本养老金计发办法

养老金支付额由两部分构成。一部分是基础养老金。职工达到法定退休年龄且个人缴费满15年的,基础养老金月标准为统筹地区职工上年度月平均工资的20%,以后缴费每满一年增加一定比例的基础养老金,但总体水平控制在30%左右,由社会统筹基金按月支付。另一部分是个人账户养老金。月标准为个人账户累计储存额除以120,由个人账户基金支付。2000年12月,《完善城镇社会保障体系试点方案》将个人账户的缴费率由本人工资的11%降到8%,全部记入个人账户,企业缴费则全部记入统筹基金,不再划入个人账户。这一改变表明国家在社会保障上由注重效率逐步倾向于注重社会公平。⑤ 个人缴费不满15年的,不享受基础养老金,仅

---

① 即《企业职工基本养老保险社会统筹与个人账户相结合实施办法之一》、《企业职工基本养老保险社会统筹与个人账户相结合实施办法之二》。在这种模式下,企业和职工均按一定比例缴纳养老保险费,保险费分别记入社会统筹账户和职工个人账户,职工的养老保险金由社会统筹和个人账户积累两部分组成。
② 第一个方案强调发挥个人账户的作用,即强调制度的激励机制,以体现制度带来的效率;第二个方案强调发挥社会统筹的作用,即强调多发挥社会保险的共济功能,以体现社会公平。
③ 林嘉:《社会保障法的理念、实践与创新》,中国人民大学出版社,2002,第163页。
④ 例如个人账户武汉市采用16%的比例,湖北省采用12%的比例,这样在市属企业和省属企业之间职工调动就发生了困难。参见宋晓梧《中国社会保障制度改革》,清华大学出版社,2000,第36页。
⑤ 由于个人工资基数不同,因此在相同的缴费标准下,个人缴费数额不同,多缴养老保险费者能够获得较高的养老保险金待遇,因此个人账户能够体现出个体差异,或者体现的是效率公平;而社会统筹在缴费高和缴费低的企业之间进行调整,由此体现为在低收入和高收入的职工之间进行调整,通过提高低收入者的养老保险待遇水平,来体现社会公平。

一次性领取个人账户储存额。2005 年 12 月，国务院《关于完善企业职工基本养老保险制度的决定》规定，《关于建立统一的企业职工基本养老保险制度的决定》实施以后参加工作，缴费年限（含视同缴费年限）累计满 15 年的人员，退休后按月发给基本养老金。退休时的基础养老金月标准以当地上年度在岗职工月平均工资和本人指数化月平均缴费工资的平均值为基数，缴费每满 1 年发给 1%。个人账户养老金月标准为个人账户储存额除以计发月数，计发月数根据职工退休时城镇人口平均预期寿命、本人退休年龄、利息等因素确定。①

6. 对不同人员实行不同的计发办法

不同人员是指在 1997 年建立统一的企业职工基本养老保险制度以前已经离退休、在之前参加工作满 15 年但尚未退休或在之后参加工作的三类人员。对第一类人员，仍按原来的规定发给养老金，即老人老制度；对第二类人员，在发给基础养老金和个人账户养老金的基础上再从养老保险基金中确定过渡性养老金，即中人中制度；对第三类人员，按照 1997 年的新规定执行，即新人新制度。

7. 养老保险逐步社会化

养老保险社会化的表现在于，由独立于企业的社会保险经办机构管理社会保险事宜，即养老保险基金由非官方机构负责投资运营，养老金不再由离退休人员的单位发放而是由银行、邮局发放。到 2001 年底，企业职工的养老金由银行和邮局发放的已达到 98%。②

8. 养老保险的覆盖范围进一步扩大

2005 年 12 月，国务院发布《关于完善企业职工基本养老保险制度的决定》，规定城镇各类企业职工、个体工商户和灵活就业人员都要参加企业职工养老保险，以扩大养老保险覆盖范围。同时，要进一步落实国家有关的社会保险补贴政策，帮助就业困难人员参保缴费。城镇个体工商户和灵活就业人员参加基本养老保险的缴费基数为当地上年度在岗职工平均工资，缴费比

---

① 《国务院关于完善企业职工基本养老保险制度的决定》，《中国劳动保障报》2005 年 12 月 15 日。

② 国务院新闻办公室：《中国劳动和社会保障状况白皮书》，《人民日报》2002 年 4 月 28 日。

例为 20%，其中 8% 计入个人账户，退休以后按企业职工基本养老金计发办法计发基本养老金。这一规定体现了养老保险应贯彻的"大数法则"，将更多的劳动者联合到养老保险中来，以保证养老保险基金的活水源头。

实现养老保险省级统筹，首先要有效化解养老保险上的历史债务。在"社会统筹与个人账户"相结合的养老保险模式下，在职职工不仅要承担为上一代职工提供养老金的责任，而且要为自己储存养老金。在过去，国家将本应为职工积累的养老保险金用于基本建设投资，构成对于养老保险基金的隐形债务。也就是说，在新制度实施时，已经离退休的职工（到 1995 年，约有 2850 万人[①]）没有任何积累，需要为他们筹集足够支付他们养老金的经费。对于尚未退休但在新制度实施时已工作了多年的职工，由于在退休时难以积累足够的养老基金，需要将其以往的工作年限视为缴纳了养老保险费的年限予以补偿（据有关部门测算，按 11% 个人账户缴费比例积累，视为缴费年限的补偿金需要 14000 亿元[②]）。这两者构成的历史债务数以万亿元计。[③] 假设国家不化解历史债务，到 2004 年，养老金提取总额等于养老金实际支出总额，即当年的实际积累资金为零。[④] 此外，不清理历史债务，就会使历史负担重的老企业和没有历史负担的新企业在养老保险费率上的差别巨大。例如，武汉市等老工业基地的企业养老保险费率达到 24% 以上，而深圳地区的企业费率只有 6%，这种畸轻畸重的保险费负担，恶化了地区之间的竞争环境。[⑤] 因此，养老保险制度改革能否成功，关键在于能否化解历史债务，即合理解决养老保险资金缺口。

三 农村养老保险制度的建立和改革创新

我国农村社会养老保险制度经历了从无到有、从试点到全覆盖的发展

[①] 邓大松主编《社会保险》，中国劳动社会保障出版社，2002，第 316 页。
[②] 邓大松主编《社会保险》，中国劳动社会保障出版社，2002，第 316 页。
[③] 1995 年劳动部社会保险所测算的结果是 28753 亿元，2000 年国务院体改办测算的结果是 67145 亿元，1999 年郑功成教授测算的结果是 45000 亿~50000 亿元。参见郑功成等《中国社会保障制度变迁与评估》，中国人民大学出版社，2002，第 93 页。
[④] 中国社会科学院、德国阿登纳基金会：《中国城市社会保障的改革》，阿登纳基金会系列丛书第 11 辑，第 135 页。
[⑤] 郑功成等：《中国社会保障制度变迁与评估》，中国人民大学出版社，2002，第 103 页。

过程。

1. 计划经济时期农村养老概况

在中国传统社会中，强调以家庭为中心的保障策略，"积谷防饥，养儿防老"是流传几千年的传统观念，子女必须服从和赡养父母。那时，老年人的社会地位是很高的，主要是因为老年人控制着家庭赖以生存和发展的资源和生产技能。同时，农村广泛存在父系特征的家长制和以孔子"孝道"为中心的社会规范，这使得农村老年人有较高的社会地位。父母是家庭的户主，在家庭决策中起着主要作用，即使到了老年时期也是如此。通过对子女的人力资本投资以及保持对资源的继续控制，老年父母可以获得基本的养老保障。

20世纪50年代初，土地改革使农户获得了土地，农民有了基本的土地保障，也维持了农村传统的家庭养老体制。20世纪50年代后期，"人民公社化"运动虽然使家庭不再是一个生产单位，但在赡养老年人中仍然扮演着重要角色。公社为老年人提供了一定的生活保障，例如保障基本的食物供给，无子女的老年人能够享受"五保户"待遇，等等。1962年，中共中央通过《农村人民公社工作条例修正草案》，对如何在农村建立社会保险和生活福利制度作了原则规定，但是没有对农民的养老问题作出规定。1978年，党的十一届三中全会通过的《农村人民公社条例（试行草案）》第47条规定，对有条件的基本核算单位，主要是经济比较发达的地区可以实行养老金制度。据不完全统计，1980年全国农村只有七八个省市20万左右的农民实行了退休养老制度。1983年增加到13个省市，人数增加到50万左右，1984年又上升到80万左右。①

20世纪70年代末，计划生育政策和家庭联产承包责任制的推行使传统的养老方式面临着严峻的挑战。为了解决农民依靠家庭养老的实际困难，少数农村开始探索农民退休养老办法。1982年，11个省市的3457个生产队推行了养老金制度，规定凡参加集体生产劳动10年以上、年满65岁的男社员和年满60岁的女社员，均可以享受养老金待遇。当时约有

---

① 赵瑞政等：《中国农民养老保障之路》，黑龙江人民出版社，2002，第121~122页。

426000 位老年农民领取了养老金，领取标准一般为 10～15 元，最高的达到 20 多元。养老保险基金由生产大队和生产队按比例分担，从队办企业利润和公益金中支付。①

2.《县级农村社会养老基本方案》的制定和实施

根据国家"七五"计划提出的"建立中国农村社会保障制度雏形"的任务，1986 年 10 月，民政部在江苏省沙洲县（现张家港市）召开了"全国农村基层社会保障工作座谈会"。会议形成的主要意见是，从我国实际出发，因地制宜建立和完善多层次的农村社会保障制度。此后，民政部在一些地区进行农村社会养老保险试点，重点是建立乡镇企业职工的养老保险制度。从 1986 年到 1990 年，该项试点在 19 个省市的 190 个县的 800 多个乡、8000 多个村开展，参加人数只有几十万人。② 民政部通过试点发现，这种养老保障有许多问题，例如由集体经济提供养老保障费用难以持久，养老金发放标准缺乏科学依据，有极大的随意性，各地标准不一，十分混乱，而且以乡镇或村为统筹和管理单位，基金安全性差，易于流失，不能为退休农民提供可靠保障。

针对这些问题，民政部决定，探索建立县级养老保障制度。1989 年，民政部成立了中国农村社会养老保险研究课题组，选择北京市大兴县和山西省左云县为试点县，进行尝试。1990 年 7 月，国务院决定由民政部负责农村养老保险的试点工作。1991 年初，民政部选定山东省牟平县、龙口市、招远县、荣成市、乳山县为农村社会养老保险首批试点县（市）。1991 年 3 月到 9 月，县（市）共有 30 个乡镇 281 个村开展农村社会养老保险工作，参加保险的有 8 万人，收取保险费 485 万元，平均参保率为 92.5%，其中个人缴费占保险费总额的 66.3%。③ 1992 年 1 月，民政部出台《县级农村社会养老保险基本方案（试行）》，④ 之后又下发了《农村社会养老保险编号办法》、《缴费阶段的标准单证和操作流程》、《发放阶段的

---

① 赵瑞政等:《中国农民养老保障之路》，黑龙江人民出版社，2002，第 233 页。
② 史探径主编《社会保障法研究》，法律出版社，2000，第 259 页。
③ 史探径主编《社会保障法研究》，法律出版社，2000，第 261 页。
④ 赵瑞政等:《中国农民养老保障之路》，黑龙江人民出版社，2002，第 131 页。

标准单证和操作流程》、《农村社会养老保险会计制度》、《农村社会养老保险金计发办法》、《加强农村社会养老保险基金管理的通知》、《县级农村社会养老保险管理工作规程（试行）》等一系列政策法规。到 1994 年，先后有 26 个省（直辖市、自治区）政府发布了开展农村社会养老保险的配套性文件。所有这些中央和地方的政策法规，为农村社会养老保险工作的开展提供了可靠的制度保障。到 1995 年底，全国有 30 个省（直辖市、自治区）的 1500 多个县（市、区）近 5000 万农村人口（含乡镇企业职工）参加了农村社会养老保险（占农村总人口的 5.8%），积累保险基金 50 多亿元。[①] 1995 年 10 月，民政部在杭州召开全国农村社会养老保险工作会议。在总结工作、分析形势、交流经验的基础上，会议明确了今后的指导思想，提出了"强化管理、稳步发展"的工作方针，确立了 20 世纪末实现全国有 1.2 亿农村人口参加养老保险、基金积累总额超过 150 亿元的发展目标。[②] 1997 年 10 月，民政部在烟台召开全国农村社会养老保险管理工作现场经验交流会。会议确定了今后的基本任务：把农村社会养老保险作为农村社会保障体系建设的重要内容，力争在 20 世纪末建立起与农村经济发展、社会进步和精神文明建设相适应的社会养老保险制度。

1998 年，国务院机构改革，将农村社会保险工作划归新成立的劳动和社会保障部管理。1999 年，国务院批转《保险业整顿与改革方案的通知》，要求对农村社会养老保险进行清理整顿，停止接受新业务，有条件的可以逐步过渡为商业保险。2001 年，劳动和社会保障部对农村社会养老保险整顿规范进行了分类指导。2002 年 10 月，该部向国务院呈送《关于整顿规范农村养老保险进展情况的报告》，认为我国目前尚不具备普遍实行农村养老保险的条件，但考虑这项工作已经开展了十几年，参保人数和基金积累达到一定规模，上百万农民开始领取养老金，如果简单停办或退保可能引发农村社会不稳定，提出农村社会保障工作要坚持在有条件的地区逐步实施，同时研究探索适合农民工、失地农民、小城镇农转非人员特点的养老保险办法。截至 2003 年底，全国有 31 个省（直辖市、自治区）的 1870

---

① 武力等主编《解决"三农"问题之路》，中国经济出版社，2004，第 667 页。
② 史探径主编《社会保障法研究》，法律出版社，2000，第 262～263 页。

个县（市、区）开展了农村养老保险工作，基金积累总额为259.4亿元，约198万参保农民领取养老金，当年支付保险金15亿元。①

养老问题是独生子女户和二女户最担忧的问题，也是农村计划生育工作的主要阻力。为解决这些问题，1985年，我国部分农村地区开始尝试用社会养老保险的方法解决计划生育户的养老问题。这是我国计划生育部门在农村开设的一种特殊的养老保险，其适用对象主要是农村独生子女户和二女绝育户，具体做法有：将独生子女的保险金或奖励金一次性转为父母的养老金，实行城乡一体化的社会保障制度，用集体经济收入向独生子女户发放养老金，等等。在各种保障措施中，比较成功的例子是贵州省余庆县的做法。2002年10月，贵州省余庆县出台《余庆县农村独生子女户、二女绝育户养老金管理使用办法》。这是一种以政府财政投入为主、社会捐助为辅的筹集养老保险基金的模式。办法规定，独生子女户、二女绝育户夫妇年满60周岁以后，每人每月可以领取40元养老金。② 余庆县为"两户"建立养老保险制度的做法，为其他地区农村养老保险制度的建立和推动计划生育工作，起到了积极的示范作用。

第二节 我国养老保险制度存在的问题和创新对策

一 我国养老保险制度存在的问题

由于受传统保障制度惯性的影响和既得利益格局的牵制，我国养老保险制度改革难度大，问题一直很多，需要继续探索和进一步改革。

（一）关于养老保险的覆盖范围

在新制度实施以后，养老保险的覆盖范围从国有企业扩大到了非国有企业，参加保险的人数不断提高。但从全国范围看，养老保险在非国有企业，尤其是非公有企业中覆盖范围仍然比较小。以全国养老保险做

---

① 赵殿国：《农村养老保险的基金管理与风险控制》，《中国劳动保障报》2004年9月23日。
② 李小云等主编《中国农村情况报告》，社会科学文献出版社，2004，第169页。

得比较好的北京为例，1998 年底，非国有企业职工的基本养老保险覆盖面仅为 30%。其他地区私营企业和个体工商业者参加养老保险的比例更低，甚至不到 10%。① 2002 年，全国城镇从业人员为 24780 万人，参加基本养老保险的职工为 11128 万人，占比 44.9%，其中国有企业职工为 9259.9 万人，说明其他企业的职工很少参加养老保险。② 由于人口老龄化的严峻形势，国家采取了有力措施推进养老保险制度的发展进程。到 2005 年，参加企业职工基本养老保险制度的人数增长到 17487 万，占城镇就业人口 27331 万人的 64%。③ 2011 年，基本养老保险参保人数达到 28392 万。④

在经济成分多元化、非公有企业不断增加的情况下，养老保险覆盖范围小，将制约劳动力的自由流动和统一劳动力市场的形成，最终影响经济发展。为此，国家在 2008 年 1 月 1 日起实施的《中华人民共和国劳动合同法》第 17 条第 7 项中规定，用人单位与劳动者订立的劳动合同中应当有"社会保险"的条款；第 38 条第 3 项中规定，用人单位未依法为劳动者缴纳社会保险费的，劳动者可以解除劳动合同。这些规定在强制用人单位为劳动者办理社会保险方面发挥了一定的作用，但在我国劳动力供大于求、劳动力市场不规范的情况下，劳动者因为用人单位没有为其缴纳社会保险费而解除劳动合同几乎是不可能的。更为遗憾的是，《劳动合同法》在第 7 章 "法律责任" 中没有对不为职工缴纳社会保险费的用人单位的处罚措施作出规定，使得第 17 条第 7 项的规定有可能形同虚设。

（二）关于养老保险的社会统筹层次

养老保险的社会统筹层次不仅关乎社会公平，而且对基金的共济性和抵御风险的功能具有重要影响。1998 年，国务院发布《关于实行企业职工基本养老保险省级统筹和行业统筹移交地方管理有关问题的通知》，明确

---

① 宋晓梧：《中国社会保障制度改革》，清华大学出版社，2000，第 41 页。
② 李珍等：《中国过渡期社会保障的政策选择分析》，《华中科技大学学报》2003 年第 6 期。
③ 李珍主编《社会保障理论》，中国劳动社会保障出版社，2007，第 172 页。
④ 《2011 年中国城镇职工养老保险参保人数 28392 万人》，国家统计局网站，2012 年 2 月 22 日。

了实现基本养老保险省级统筹的目标,但由于历史债务没有理清,有些负担轻的新企业不愿意参加基本养老保险省级统筹。到2001年底,除了几个直辖市和个别省区以外,绝大多数地区依然停留在县市级统筹层次。2001年7月,中央在老工业区辽宁省进行省级统筹试点,并大力给予了财政支持,但省级统筹一直没有建立起来,各地仍按以前费率缴费。因此,建立基本养老保险省级统筹的前提是,划分清楚国家和企业(或者地方财政)在养老保险基金问题上的历史责任。

目前,全国共有2000多个县市级统筹单位。统筹层次过低的最大问题是,不具备运用现代投资工具管理社会保险基金的能力,使社会保险基金的保值增值及其保障能力成为悬念。《社会保险法》提出基本养老保险基金逐步实行全国统筹,其他社会保险基金逐步实行省级统筹。有人认为,养老保险基金即便要实现省级统筹依然阻力很大。因为目前的试点仅限于建立省内转移的调节基金,离真正的省级统筹还有相当的距离。由于统筹单位要为统筹地区的社会保险待遇支付承担财政兜底责任,而各省的财政实力有较大差别,这是在全国范围实现省级统筹的障碍所在。根据学者测算,要实现全国统筹仍需要30~50年时间。[①]

(三) 关于缴费比例

1997年国务院颁布的《关于建立统一的企业职工基本养老保险制度的决定》规定,企业缴费不得超过工资总额的20%,其中3%转入个人账户,个人缴费为本人工资的8%。也就是说,工资总额的17%用于社会统筹,即支付上一代人的养老,11%用于在职职工的个人账户积累,两项合计为工资总额的28%。2001年初,中央政府决定,在不改变社会统筹和个人账户相结合的体制下,以试点方式对企业职工养老保险制度实行进一步改革,其中最关键的措施是缩小个人账户规模,企业不再将职工工资总额的3%转入个人账户,个人账户单一由职工本人工资的8%形成。个人账户在

---

① 胡倩:《拆解社保新改革》,《中国社会科学报》2010年1月21日。

实行统一制度之前的 1996 年，养老费用的实际支出达到了工资总额的 23.58%，假设在统一制度实施以后，养老金支出维持在 1996 年 23.58% 的水平，那么个人积累无论如何不能达到 8%。许多地区由于养老金支付比例高而出现了个人账户账面余额高于实际积累的空账现象。截至 2004 年底，养老保险个人账户空账规模累计达到 7400 亿元，而且每年以 1000 多亿元的速度递增。① 有人提出，解决养老保险基金缺口的非财政途径之一是提高养老保险费的收缴率（1996 年为 92.5%，1997 年为 90.7%，1998 年为 82.7%，呈逐年递减态势，主要是因为国有企业效益不好）。② 然而，这种设想是不符合目前的实际情况的。因为 20% 的企业缴费率和 8% 的职工缴费率对于许多中小企业已经是很大的负担，有些企业甚至就是靠逃避缴纳社会保险费赚钱的。在劳动合同法实施以后，只要所有企业能够按照法定比例缴纳社会保险费，就是职工的万幸。因此，解决问题的出路还在于化解养老保险的历史债务上。有人从拉动内需的角度来说明不能提高养老保险费的缴费比例。如果提高企业缴费比例，将增加企业生产成本，降低产品的市场竞争力，减少企业利润；如果提高职工缴费比例，将减少他们的可支配收入，并由此减少消费。因此，提高缴费比例不仅不能促进经济发展和刺激消费，反而会抑制经济增长。况且我国企业的缴费率在国际上处于高水平，再提高费率只会导致负面效果。③

（四）关于退休年龄

我国现行的退休年龄是男职工 60 岁，女职工 50 岁。有人曾认为，在解决人口老龄化所带来的巨大养老压力时，提高退休年龄可作为一项切实可行的措施加以采用，分两步进行：第一步，从 2003 年到 2015 年，打破女工人和女干部的身份限制，将女性的退休年龄统一为 55 岁；第二步从

---

① 刘文海：《把"隐形债务"限制在合理的范围》，《社会科学报》2006 年 11 月 9 日。
② 中国社会科学院、德国阿登纳基金会：《中国城市社会保障的改革》，阿登纳基金会系列丛书第 11 辑，第 136~137 页。
③ 王宝杰：《一个有保障的农民 = 增加 483 元家庭支出》，《中国劳动保障报》2009 年 5 月 5 日。

2015 年开始，把男性的退休年龄逐步从 60 岁提高到 65 岁，女性的退休年龄从 55 岁提高到 65 岁。① 推迟退休年龄可以收到基金增收减支的效果。在我国，退休年龄每延长一年，养老统筹基金就增收 40 亿元，减支 160 亿元，减缓基金缺口 200 亿元。② 在目前养老金支付压力巨大的情况下，推迟退休年龄是一个可取的办法。

还有人认为，人类预期寿命的延长和人力资本投资年限延长是延长退休年龄的必然要求。我国现行退休年龄的规定直接导致个人工作时间在整个生命周期中的比重大幅度下降，对养老保险制度的财务可持续性构成了挑战。发达国家的法定退休年龄一般在 65 岁以上，而且有逐渐延长的趋势。另外，女性预期寿命比男性长，但比男性早退休 10 年或 5 年，这不仅造成性别不平等，而且影响女性的养老金水平。人们受教育年限的延长，使得进入劳动力市场的起始年龄后延，也决定了劳动者的退休年龄应当延长。对于延长退休年龄会造成老年人抢年轻人饭碗的问题，该学者认为，一国的就业容量不取决于退休人员所占岗位的数量，而是取决于经济发展所创造的就业岗位数量。而且在我国劳动力市场上并不存在老年人就业和年轻人就业绝对的替代关系，许多退休老人从事着有劳动报酬的工作，并未从总量上释放出足够可供年轻人就业的岗位。因此，应采取小步渐进的方式延长退休年龄。③

人力资源和社会保障部原副部长胡晓义认为，推迟退休年龄是个重大决策，需要综合各方面情况才能决定。虽然推迟退休年龄是国际上应对人口老龄化的一项措施，但我国不能照搬照用，需要从现阶段的国情出发，既要看到老龄化给养老金支付带来的压力，又要看到我国人口多、劳动力供给充足、就业压力大的现实，在延长退休年龄和劳动力供大于求之间综合考虑，寻求平衡。我国普通劳动力多，而高等专业技术人才少，尝试对一些短缺的人才和岗位实行弹性退休年龄，弥补高端人力资源市场的不

---

① 林宝：《提高退休年龄对中国养老金隐性债务的影响》，《中国人口科学》2003 年第 6 期。
② 何平：《中国养老保险基金测算报告》，载曾湘泉、郑功成主编《收入分配与社会保障》，中国劳动社会保障出版社，2002，第 334 页。
③ 郑功成：《健全的社保体系是社会经济转型之基础》，《中国劳动保障报》2009 年 5 月 15 日。

足，是积极的尝试。①

（五）关于养老保险的历史债务

在"社会统筹与个人账户"相结合的养老保险模式下，在职职工不仅要承担为上一代职工提供养老金的责任，而且要为自己储存养老金。在传统养老保险模式下，国家将本应为职工积累的养老保险金用于基本建设投资，构成对于养老保险基金的隐形债务。也就是说，在新制度实施时，在已经离退休的职工（到1995年约有2850万人②）没有任何积累的情况下，需要为他们筹集足够支付他们养老金的经费；对于尚未退休但在新制度实施时已工作多年的中年职工，由于在退休时难以积累足够的养老基金，需要将其以往的工作年限视为缴费年限而予以补偿（据有关部门测算，按11%个人账户缴费比例积累，视为缴费年限的补偿金需要14000亿元③），这两者构成的历史债务数以万亿元计。④ 而且，不清理历史债务，历史负担重的老企业和没有历史负担的新企业在养老保险费率上就会差别巨大。所以，养老保险制度改革能否取得成功，关键在于能否有效化解在养老保险基金上的历史债务，即合理解决养老保险资金缺口。在通过财政途径解决养老保险资金缺口问题上，主要有以下政策和观点：上市公司国有股减持、国有资产变现⑤、扩大养老保险覆盖范围、提高企业养老保险的缴费率等。有人建议制定专门的"养老保险历史债务偿还法"，以保证历史债

---

① 张晓松等：《中国任何时候都能够养活自己的老年人》，《中国劳动保障报》2009年6月13日。
② 邓大松主编《社会保险》，中国劳动社会保障出版社，2002，第316页。
③ 邓大松主编《社会保险》，中国劳动社会保障出版社，2002，第316页。
④ 1995年劳动部社会保险所测算的结果是28753亿元，2000年国务院体改办测算的结果是67145亿元，1999年郑功成教授测算的结果是45000亿~50000亿元。参见郑功成等《中国社会保障制度变迁与评估》，中国人民大学出版社，2002，第93页。
⑤ 有人指出，据国资委统计，2008年中央企业实现利润总额为1万亿元左右，加上金融国企的利润，从2006~2008年每年都超过1万亿元。如果在2009~2012四年期间，分期将其中的2万亿元赢利以及1万亿元资产股权用来填补养老保险历史债务，国企将为我国市场经济立下汗马功劳。参见武建东《财政盈余大国应优先完善社会保障体系》，《东方早报》2009年1月6日。

务的有序偿还。①

（六）关于多元化养老保障问题

企业补充养老保险是社会基本养老保险的补充。在有基本养老保险覆盖的企业，退休人员由于能从国家和企业两方面获得养老待遇而保持与在职期间基本相同的经济地位，而没有被基本养老保险覆盖的就业群体，在有企业补充养老保险的情况下，也能获得一定保障（据劳动保障部门统计，2000年底，企业补充养老保险覆盖职工560万人）②。1990年，福建省莆田地区推行企业补充养老保险。1991年，福建、四川、广西等省份在本地区试行企业补充养老保险。但是，企业补充养老保险目前没有统一规定。深圳市规定，有条件的企业可以提取工资总额的10%作为企业补充养老保险基金。以此计算，工作35年的养老金替代率为35%。但是，补充养老基金的经办机构没有规定。学者认为，建立统一的企业补充养老保险制度是必要的，但具体经办机构应由企业自主选择，合理的做法是商业化经营并形成竞争机制。③

也有学者提出，参照国际经验并根据我国的国情，应当建立非缴费型养老金制度。所谓非缴费型养老保障制度，是指政府通过现金转移支付计划向符合法定条件的老年公民提供养老金，养老金的提供与受益人退休前是否缴费以及缴费多少没有必然联系。在国际范围，只有约15%的家庭和10%的劳动年龄人口参加社会养老保险制度，没有参加社会养老保险制度的人口主要集中在发展中国家，主要是农业人口、非正规部门就业人口、失业者等。目前，发达国家中新西兰、澳大利亚等国以及发展中国家中巴西等国都建立了非缴费型养老保障制度。在我国，社会养老保险制度主要适用于在城镇正规部门就业的职工，而在非正规部门就业的职工参加社会养老保险的难度越来越大。在农村，不是所有应当享受五保待遇和低保待

---

① 刘翠霄：《我国养老保险的历史债务问题》，《法学研究》2003年第6期。
② 郑功成等：《中国社会保障制度变迁与评估》，中国人民大学出版社，2002，第97页。
③ 宋晓梧：《中国社会保障制度改革》，清华大学出版社，2000，第31页；中国社会科学院、德国阿登纳基金会：《中国城市社会保障的改革》，阿登纳基金会系列丛书第11辑，第145页。

遇的人都能享受相应的待遇。因此，城镇没有参加社会养老保险和获得低保待遇的老人以及农村非五保和非低保的老人，由于没有经济来源而处于贫困状态。针对这种情况，应当建立覆盖老年群体的社会养老金制度，这是一个年龄资格制度，无须进行收入调查，养老金待遇各省可根据当地社会平均工资水平确定。非缴费型养老保障制度的实施，可以惠及社会中所有老年人，并极大地减少甚至消除老年贫困现象。①

(七) 养老保险基金的管理和运营

2006年11月23日，国家审计署对2005年29个省（自治区、直辖市）和5个计划单列市养老保险、医疗保险和失业保险基金管理使用情况的审计表明，违规截留挪用社保基金计71.35亿元，其中1999年底以前发生的有23.47亿元，2000年以来发生的有47.88亿元，这些违规使用的基金部分无法追缴归还。存在的其他问题是：社会保险费代缴机构（税务局、人才交流服务中心、职业介绍服务中心等）没有按规定时间将征缴的16.20亿元社保基金交入财政专户；社会保险经办机构在决算时少计保险基金收入8.12亿元。② 尤其是2006年发生在上海的12亿美元社会保险基金被挪用事件，引起了人们的巨大震惊。③ 人们深切地意识到，如果社会保险基金一再被挪用和流失，就意味着人们将丧失养命钱，生存将受到威胁。由谁管理和如何管理社会保险基金，一时成为政府和学界共同关注的热门话题。

1. 社会保险基金的管理

1999年6月，财政部、劳动和社会保障部发布《社会保险基金财务制度》，对社会保险经办机构的财务行为作了详细明确具体的规定。2001年12月13日，财政部、劳动和社会保障部发布的《全国社会保障基金投资管理暂行办法》第2条规定，全国社会保障基金是指全国社会保障基金理

---

① 周悦：《非缴费型养老金：中国养老保障制度设计新思路》，《中国社会科学报》2009年12月10日。
② 《审计署：三项保险基金整体情况较好》，《人民日报》2006年11月24日。
③ 郑秉文、黄念：《上海社保案折射出哪些制度漏洞》，《中国证券报》2006年10月13日；林治芬主编《社会保障资金管理》，科学出版社，2007，第19页。

事会负责管理的由国有股减持划入资金及股权资产、中央财政拨入资金、经国务院批准以其他方式筹集的资金及其投资收益形成的由中央政府集中的社会保障基金。可见，社会保险基金依法应由社会保险经办机构和全国社会保障基金理事会两个机构分别管理。这两个机构在社会保险基金管理中发挥了积极作用。为了确保社会保险基金安全，需要完善现行社会保险法律制度。

（1）建立全国统筹的社会保险制度。在世界上100多个建立了社会保险制度的国家，几乎都实行全国统筹，唯有我国实行的是县级统筹。我国有2000多个县，与此相应就有2000多个统筹单位和管理主体。在这样的体制下，社会保险基金没有实行专户管理的占地方政府违规动用社会保险基金的38.02%。① 针对养老保险统筹层次低带来的一系列问题，国家劳动和社会保障部、财政部于2007年1月18日发布《关于推进企业职工基本养老保险省级统筹有关问题的通知》，要求各地结合本地区的实际情况，推进省级统筹工作的稳步实施。

（2）严格区分社会保险基金的行政管理和财务管理界限。社会保险行政管理部门主要负责社会保险方针政策、法律法规的制定以及实施情况的监督检查。社会保险财务管理是指社会保险基金收支活动，我国设立财政专户对社会保险基金进行管理，并实行收支两条线，即将事权与财权明确分开，避免不同险种账户和社会统筹与个人账户相互挤占挪用。

（3）建立社会保险基金管理监督机制。在这个问题上，学界存在不同观点：一种意见认为，劳动保障系统坚持内部监督；另一种意见认为，社保基金应该实行集权监督。多数人赞成后一种观点，因为自社会保险制度改革以来，社会保险基金被非法挪用，导致社会保险基金流失，影响社会保险制度正常持续发展，引起百姓对政府的不满，这些都说明目前的社会保险基金监管制度是有问题的，需要进行修改完善。

2. 社会保险基金的运营

国家对社会保险基金的运营，一直持审慎态度。例如，1997年国务院

---

① 郑秉文：《社保基金存在三大制度风险源》，《中国劳动保障报》2007年6月7日。

颁布的《关于建立统一的企业职工基本养老保险制度的决定》规定，基本养老保险基金实行收支两条线管理，保证专款专用。基金节余额，除预留两个月的支付费用外，全部购买国家债券和存入专户，严格禁止投入其他金融和经营性事业。1999年国务院颁布的《社会保险费征缴暂行条例》规定，社会保险基金存入国有商业银行开设的社会保障基金财政专户，任何单位、个人不得挪用社会保险基金，违反规定者将追究行政及刑事责任。社会保险基金的投资渠道仅限于存银行和购买政府债券，有力地保障了基金的安全。然而，如果社会保险基金投资渠道狭窄，违规投资的事件就会不断发生，这就需要建立完善的社会保险基金投资运营机制和程序。

（1）完善社会保险基金管理运营的法律制度。十余年来，地方政府制定的社会保险基金管理运营的规范性文件在规制地方社会保险基金管理运营方面虽然存在不少问题，也积累了不少经验。国家立法机关应当在总结地方立法和法规实施经验的基础上，制定适用于全国的统一的社会保险基金管理运营的法律，提高法律的效力层次，增强法律的权威性，将社会保险基金管理运营逐步纳入法制轨道。

（2）明确社会保险基金运营改革的方向。在国际范围，社会保险基金由商业保险公司运营的事例有很多。例如，智利政府规定，民营养老基金管理公司要将向受保险人收取的月纳税工资3%的养老保险费的一半即1.5%投入人寿保险公司，投保的产品是残疾养老和生存年金；澳大利亚个人账户养老基金的50%也投资于人寿保险公司，购买人寿保险。[①] 多年来，我国的社会保险与商业保险一直处于人为分割、画地为牢的局面，给社会保险基金的保值增值造成了一定影响。我国政府应参照国际经验，将适当比例的社会保险基金投资于较为成熟的商业保险公司，这是使社会保险基金保值增值的有效途径。

（3）加强对社会保险基金投资运营的监管。前述社会保险基金管理监督机构既要监管社会保险基金的征缴和社会保险基金的支付，还要监管社会保险基金的投资运营。对社会保险基金投资运营的监管旨在控制投资风

---

① 邓大松等：《社会保障理论与实践发展研究》，人民出版社，2007，第407页。

险，确保社会保险基金在投资运营过程中的安全和收益。目前，我国还没有制定出专门的有关社会保险基金投资运营监管的法律制度，使得基金在投资运营中出现许多问题。为了保障基金投资运营安全高效，在制定相关制度时，只有严把基金运营机构的市场准入关，规定基金运营机构的资格标准，才能使那些资信程度和资产质量高、管理人员素质好的金融机构进入市场，降低和减少基金投资运营的风险。

二　针对养老保险存在问题的制度创新

（一）《中华人民共和国社会保险法》出台

《中华人民共和国社会保险法（草案）》经第十届全国人大常委会第三十一次会议、第十一届全国人大常委会第六次会议审议之后，委员长会议决定，于 2008 年 12 月 28 日将《中华人民共和国社会保险法（草案）》交付全民讨论，2009 年 2 月 15 日公开征求意见结束。各界群众共提出 70501 条意见。[①] 在广泛征求意见的基础上，对草案进行认真修改后，2010 年 10 月 28 日第十一届全国人大常委会第十七次会议通过了《中华人民共和国社会保险法》（以下简称《社会保险法》），该法自 2011 年 7 月 1 日起实施。

党的十四届三中全会以来，中央对社会保障制度改革和发展作出了一系列重大决策，特别是关于广覆盖、保基本、多层次、可持续性等根本性、长远性方针，以人为本、公平正义、统筹城乡、基本服务均等化等理念，社会保险要独立于用人单位之外，资金来源多渠道，管理服务社会化，加强基金管理监督等都充分地体现在《社会保险法》中。[②] 具体来说，《社会保险法》在以下方面完善了我国的养老保险法律制度。

1. 规定养老保险关系可以转移接续

养老保险关系转移接续是《社会保险法（草案）》征求意见中公众最

[①] 杨维汉、邹声文：《各界群众提意见超过 7 万件》，《深圳特区报》2009 年 2 月 20 日。
[②] 林晓洁：《覆盖城乡全体居民　着力保障改善民生——胡晓义就〈社会保险法〉出台答记者问》，《中国劳动保障报》2010 年 11 月 26 日。

为关注的问题。随着劳动力流动速度的加快，农民工在离开就业地时，由于社会保险关系无法转移接续，退保就成为各地社会保险经办机构必须面对和解决的问题。2006 年，"十一五"规划只是提出"探索解决人员流动时社会保险关系接续问题的有效办法"的方向，并没有确定如何接续、流出地和流入地的利益如何平衡等具体操作措施。2009 年 12 月 22 日，《城镇企业职工基本养老保险关系转移接续暂行办法》出台，将原先计划单列实施的农民工参加养老保险以及养老保险关系转移接续的办法，纳入城镇企业职工养老保险和转移接续的制度之中，解决了农民工在不同统筹范围流动时养老保险关系的转移接续问题。据人力资源和社会保障部统计，截至 2010 年 6 月底，各地共开具参加养老保险缴费凭据 51.1 万份，办理跨省转移接续 7.4 万人次。① 在总结实践经验的基础上，《社会保险法》顺应民心，在第 19 条规定："个人跨统筹地区就业的，其基本养老保险关系随本人转移，缴费年限累计计算。个人达到退休年龄时，基本养老金分段计算，统一支付。"这一规定清除了劳动力自由流动的主要障碍，有利于社会融合和团结。

2. 规定了缴费不满 15 年的退休职工的缴费和待遇问题

1997 年 7 月 16 日发布的《国务院关于建立统一的企业职工基本养老保险制度的规定》明确规定，个人缴费年限累计不满 15 年的，退休后不享受基础养老金待遇，其个人账户储存额一次支付给本人。这样的规定不利于保护职工的养老保险权益和激励职工参加养老保险的积极性，为此，《社会保险法》规定："参加基本养老保险的个人，达到法定退休年龄时累计缴费不足十五年的，可以缴费至满十五年，按月领取基本养老金；也可以转入新型农村社会养老保险或者城镇居民社会养老保险，按照国务院规定享受相应的养老保险待遇。"这一规定保护了已经参加企业职工养老保险但缴费不满 15 年的退休职工的养老保险权益，增强了职工参加养老保险的积极性。

---

① 周晖：《过去 5 年是社会保障事业发展最快的时期》，《中国劳动保障报》2010 年 11 月 26 日。

3. 规定基本养老保险基金逐步实行全国统筹，其他社会保险基金逐步实行省级统筹

对此，国务院已提出明确目标，即 2009 年底全国范围内全面实现养老保险基金省级统筹，2012 年实现全国统筹。由于统筹层次关系到社会公平、应对突发事件、化解养老保险历史债务、劳动力异地转移流动等问题，同样备受关注。

4. 规定对社会保险基金实行预算管理

我国社会保险基金在国家财政尚未建立社会保险预算制度之前，是按照预算外资金管理制度进行管理的。1993 年 11 月，中共十四届三中全会通过的决议要求建立社会保障预算制度。社会保障预算是把政府财政用于社会保障的资金收支从一般性的经常收支中分离出来，实现公共财政社会保障支出管理规范化，以提高资金使用效率，杜绝社会保障基金与财政性资金相互挤占和挪用，维护社会保障基金的独立性和安全性的制度安排。2010 年 1 月 2 日，国务院发布了《关于试行社会保险基金预算的意见》，标志着我国社会保险基金预算制度的建立，中央与地方在社会保险基金各环节的关系被纳入预算管理的范畴。《社会保险法》规定："职工基本养老保险应当实现全国统筹，同时对社会保险基金进行预算管理。"企业职工养老保险制度改革以后，职工基本养老保险的滚存结余主要集中在省级政府，而职工基本养老保险资金方面的当期缺口则由中央政府和地方政府按照一定的比例分担。依据统筹层次与责任主体一致的原则，在养老保险实现全国统筹以后，中央政府就成为职工基本养老保险的责任主体，将以往对养老保险缺口的暗补变为明补。社会保险基金预算管理制度将在其中发挥重要作用。

5. 规定社会保险费统一征缴

1999 年 1 月 14 日颁布的《社会保险费征缴暂行条例》在第 6 条规定，社会保险费"可以由税务机关征收，也可以由劳动保障行政部门按照国务院规定设立的社会保险经办机构征收"。据国家税务总局统计，到 2005 年，全国已有 19 个省、市、自治区和计划单列市地税局征收各项或单项社

会保险费，① 其他省份则由社会保险经办机构征收。社会保险费由不同机构征收，导致两个机构之间难以协调、征收和管理成本高等问题的产生。为了提高社会保险费的征缴率，《社会保险法》规定："社会保险费实行统一征收，实施步骤和具体办法由国务院规定。"《社会保险法》关于社会保险费实行统一征收的规定，为国务院制定相应的法规提供了法律依据。

6. 明确了政府在社会保险中的财政责任

《社会保险法》规定："国有企业、事业单位职工参加基本养老保险前视同缴费年限期间应当缴纳的基本养老保险费由政府承担。"这一规定表明政府承担起了"养老保险历史债务"的责任，这不仅对做实个人账户提供了保障，而且对于我国养老保险制度稳定持续发展提供了保障。该法第65条第2款还规定："县级以上人民政府在社会保险基金出现支付不足时，给予补助。"这就为社会保险制度的切实实施提供了财政保障。

7. 为参加社会保险的劳动者设立了社会保险号码

《社会保险法》规定："国家建立全国统一的个人社会保障号码。个人社会保障号码为公民身份号码。"这一规定为第19条规定的社会保险关系转移接续的实施提供了方便，劳动者在哪里就业，就业地社会保险经办机构就为其参加社会保险进行记录，当劳动者流动到异地就业时，流出地社会保险经办机构会在劳动者的社会保险卡中储存该劳动者缴纳各项社会保险费的信息，新就业地社会保险经办机构继续为劳动者储存新的缴纳社会保险费的信息。这样的连续记录就使劳动者获得的社会保险待遇与他履行的缴纳社会保险费的义务相一致，使劳动者的社会保险权益不会受到损害。

8. 社会保险法律责任的规定更加完善

《社会保险法》对法律责任的规定是在汲取社会保险行政法规立法和实施经验的基础上得以完善的。例如，社会保险行政法规对没有依法履行按时足额缴纳社会保险费义务而应承担法律责任的规定就是逐步得以完善的。1999年1月22日国务院发布的《社会保险费征缴暂行条例》第13条

---

① 李涛：《2005年税务部门征收社保费增25%》，《中国税务报》2006年4月14日。

规定："缴费单位未按规定缴纳和代扣社会保险费的，由劳动保障行政部门或者税务机关责令限期缴纳；逾期仍不缴纳的，除补缴应缴数额外，从欠缴之日起，按日加收千分之二的滞纳金。"1999年3月19日劳动和社会保障部发布的《社会保险费申报缴纳管理暂行办法》第18条规定："缴费单位办理申报后，未及时、足额缴纳社会保险费的，社会保险经办机构应当向其发出《社会保险费催缴通知书》；对拒不执行的，由劳动保障行政部门下达《劳动保障限期改正指令书》；逾期仍不缴纳的，除补缴欠缴数额外，从欠缴之日起，按日加收千分之二的滞纳金。"2004年11月1日国务院发布的《劳动保障监察条例》第27条第1款规定："用人单位向社会保险经办机构申报应缴纳的社会保险费数额时，瞒报工资总额或者职工人数的，由劳动保障行政部门责令改正，并处瞒报工资数额1倍以上3倍以下的罚款。"《社会保险法》第86条规定："用人单位未按时足额缴纳社会保险费的，由社会保险费征收机构责令限期缴纳或者补足，并自欠缴之日起，按日加收万分之五的滞纳金；逾期不缴纳的，由有关行政部门处欠缴数额一倍以上三倍以下的罚款。"从不同年份制定的有关不按时足额缴纳社会保险费应当承担的法律责任的规定可以看出：由只处千分之二滞纳金，到发出催缴书并处千分之二滞纳金，再到处以瞒报工资数额一倍到三倍的罚款，最后由《社会保险法》规定处以万分之五的滞纳金和在逾期不缴纳时处以欠缴数额一倍至三倍的罚款。逐步严厉的处罚，能够更加有效地发挥法律责任对于违法者的惩戒和警示作用。

再如，社会保险法律法规对骗取社会保险基金和社会保险待遇应当承担法律责任的规定也是逐步得以完善的。2001年5月18日劳动和社会保障部发布的《社会保险基金行政监督办法》第5条规定，"社会保险基金监督包括以下内容：……（三）社会保险基金征收、支出及结余情况"，这里的社会保险基金支出应该是指社会保险待遇的支出。2003年2月27日劳动和社会保障部发布的《社会保险稽核办法》第12条规定："社会保险经办机构应当对参保个人领取社会保险待遇情况进行核查，发现社会保险待遇领取人丧失待遇领取资格后本人或他人继续领取待遇或以其他形式骗取社会保险待遇的，社会保险经办机构应当立即停止待遇的支付并责令退还；拒不退还的，由劳动保障行政部门依法处理，并可对其处以500元以上1000元以下罚款；构成犯罪的，由司法机关依法追究刑事责任。"这里的规定明显是指骗取社会保险待遇者应当承担的法律责任。但是，在2004年11月1日国务院发布的《劳动保障监察条例》第27条第2款中规定："骗取社会保险待遇或者骗取社会保险基金支出的，由劳动保障行政部门责令退还，并处骗取金额1倍以上3倍以下的罚款；构成犯罪的，依法追究刑事责任。"2005年1月21日劳动和社会保障部发布的《关于进一步加强社会保险稽查工作的通知》中规定："坚持定期核查企业离退休人员领取养老金情况的制度，在上一年核查的基础上，做到全面核查，及时杜绝各种冒领行为……社会保险经办机构在核查中，发现骗取社会保险待遇或者骗取社会保险基金支出的，社会保险经办机构要立即停止待遇支付并责令退还；拒不退还的……"这里的规定同样模糊，从上下文看，是指骗取社会保险待遇应当承担的法律责任，而且"骗取社会保险待遇或者骗取社会保险基金支出"的文字表述容易使人理解为是完全相同的违法行为。将骗取社会保险待遇的法律责任与骗取社会保险基金支出的法律责任并列规定，造成的后果是，实践中将骗取社会保险待遇作为骗取社会保险基金支出处理，或者将骗取社会保险基金支出作为骗取社会保险待遇处理的情况时有发生。例如，2010年2月1日起实施的《重庆市骗取社会保险基金处理办法》，名义上是追究骗取社会保险基金者法律责任的法规，实际却是追究骗取社会保险待遇者法律责任的法规。

《社会保险法》在第87条规定："社会保险经办机构以及医疗机构、药品经营单位等社会保险服务机构以欺诈、伪造证明材料或者其他手段骗取社会保险基金支出的，由社会保险行政部门责令退回骗取的社会保险金，处骗取金额二倍以上五倍以下的罚款；属于社会保险服务机构的，解除服务协议；直接负责的主管人员和其他责任人员有执业资格的，依法吊销其执业资格。"第88条规定："以欺诈、伪造证明材料或者其他手段骗取社会保险待遇的，由社会保险行政部门责令退回骗取的社会保险金，处骗取金额二倍以上五倍以下的罚款。"《社会保险法》用两个条文将骗取社会保险基金支出和骗取社会保险待遇的主体以及处罚措施分别作出规定，就可以避免两者互相颠倒混淆的现象发生，更加有利于严格依法办事。

《社会保险法》对社会保险法律责任主体以及社会保险法律责任形式的规定，是对社会保险行政法规零散规定的整合。《社会保险法》规定的法律责任形式有三种。一是行政责任。例如，上述第86条和第87条的规定，此外，第84条、第88条、第89条也对行政责任作出了规定。二是民事责任。在《社会保险法》颁布之前的2010年9月14日最高人民法院公布的《关于审理劳动争议案件适用法律若干问题的解释（三）》第1条中就已作出了如下规定："劳动者以用人单位未为其办理社会保险手续，且社会保险经办机构不能补办导致其无法享受社会保险待遇为由，要求用人单位赔偿损失而发生争议的，人民法院应予受理。"这个规定表明，用人单位没有为劳动者办理社会保险、没有缴纳社会保险费，又不能在社会保险经办机构补办而使劳动者遭受损失的，用人单位应当承担赔偿责任。《社会保险法》将这一行之有效的规定在第92条进行了补充："社会保险行政部门和其他有关部门、社会保险经办机构、社会保险费征收机构及其工作人员泄露用人单位和个人信息的，对直接负责的主管人员和其他责任人员依法给予处分；给用人单位或者个人造成损失的，应当承担赔偿责任"。三是刑事责任。例如，第94条规定："违反本法规定，构成犯罪的，依法追究刑事责任。"

2011年6月29日人力资源和社会保障部发布的《实施〈中华人民共和国社会保险法〉若干规定》，在总结以往社会保险行政法规实施过程中暴露出的立法不完善问题的同时，还在以下规定中完善了社会保险法律责任的规定。一是规定用人单位缴纳的滞纳金不得要求职工承担。例如，第20条规定："职工应当缴纳的社会保险费由用人单位代扣代缴。用人单位未依法代扣代缴的，由社会保险费征缴机构责令用人单位限期代缴，并自欠缴之日起向用人单位按日加收万分之五的滞纳金。用人单位不得要求职工承担滞纳金。"二是规定用人单位缓缴社会保险费期间，职工的社会保险待遇不受影响。例如，针对第21条的规定，"用人单位因不可抗力造成生产经营出现严重困难的，经省级人民政府社会保障行政部门批准后，可以暂缓缴纳一定期限的社会保险费，期限一般不超过一年"，第23条作出这样的规定:"用人单位按照本规定第二十一条、第二十二条缓缴社会保险费期间,不影响其职工依法享受社会保险待遇。"三是对社会保险服务机构(医疗机构、药品经营单位等)违法行为的法律责任作出具体规定。例如,第 25 条规定:"医疗机构、药品经营单位等社会保险服务机构以欺诈、伪造证明材料或者其他手段骗取社会保险基金支出的,由社会保险行政部门责令退回骗取的社会保险金,处骗取金额二倍以上五倍以下的罚款。对与社会保险经办机构签订服务协议的医疗机构、药品经营单位,由社会保险经办机构按照协议追究责任,情节严重的,可以解除与其签订的服务协议。对有执业资格的直接负责的主管人员和其他直接责任人员,由社会保险行政部门建议授予其执业资格的有关主管部门依法吊销其执业资格。"第 26 条对社会保险经办机构、社会保险费征收机构、社会保险基金投资运营机构、开设社会保险基金专户的机构和专户管理银行及其工作人员的违法行为作出详细列举,对其应当承担的法律责任,规定按照《社会保险法》第 91 条规定查处。

《社会保险法》有关社会保险法律责任的规定,对于强化社会保险行政部门、社会保险经办机构、社会保险费征收机构以及其他相关行政部门及其工作人员的责任心,强制有参加社会保险义务的用人单位为职工办理社会保险、按时足额缴纳社会保险费,规范社会保险服务机构的服务行为,保障社会保险事业的持续稳定运行,维护受保险人的社会保险权益提供了法律保障。

9. 规定了社会保险法律救济途径

随着人们社会保险意识的不断增强和规范社会保险争议法规的不断完善,社会保险争议案件呈现出上升趋势。例如,2008 年 1 月至 8 月,北京市海淀区处理的劳动争议案件中,有 49.85% 是社会保险争议案件。[①]《社会保险法》在吸收社会保险行政法规立法和法规适用经验的基础上,结合新形势下社会保险争议的特点,将解决社会保险争议三种法律救济的方式沿用下来。例如,第 83 条第 3 款规定,个人与所在用人单位发生社会保

---

① 张丽云:《社会保险争议持续上升的原因及对策》,《天津社会保险》2009 年第 4 期。

争议的，可以依法申请调解、仲裁，即可以通过劳动争议处理程序处理社会保险争议；第83条第1款规定，用人单位或者个人认为社会保险费征收机构的行为侵犯自己合法权益的，可以依法申请行政复议，即可以通过行政救济途径解决社会保险争议；第83条第2款规定，用人单位或者个人对社会保险经办机构不依法办理社会保险登记、核定社会保险费、支付社会保险待遇、办理社会保险转移接续手续或者侵害其他社会保险权益的行为，可以依法申请行政复议或者提起行政诉讼，即可以通过司法救济的途径解决社会保险争议。

2011年6月29日，人力资源和社会保障部发布的《实施〈中华人民共和国社会保险法〉若干规定》进一步完善了社会保险争议法律救济的规定。例如，第27条规定，职工与所在用人单位发生社会保险争议的，可以依照《中华人民共和国劳动争议调解仲裁法》的规定，申请调解、仲裁、提起诉讼。职工认为用人单位有未按时足额为其缴纳社会保险费等侵害其社会保险权益行为的，也可以要求社会保险行政部门或者社会保险费征收机构依法处理。社会保险行政部门或者社会保险费征收机构应当按照《社会保险法》和《劳动保障监察条例》等相关规定处理。这些对投诉部门和投诉渠道明确具体的规定，使得企业职工在社会保险权益遭受侵害时，能够及时获得法律救济。

（二）颁布了几项健全养老保险制度的配套措施

我国目前处于社会转型时期，各种社会关系错综复杂，新情况新问题不断出现，所以，仅靠一部《社会保险法》难以调整不同群体的社会保险关系中出现的特殊问题，需要国家制定几项配套措施，以使养老保险制度更加健全和完善，更加有效地保障公民的"老有所养"权利的实现。为此，人力资源和社会保障部拟定了《农民工参加基本养老保险办法》和《城镇企业职工基本养老保险关系转移接续暂行办法》，并于2009年2月5日公开征求意见，2009年2月20日征求意见结束，历时15天。

1.《农民工参加基本养老保险办法》

20世纪90年代后期和21世纪初，我国国有经济结构调整和国有企业改革进入攻坚阶段，城市国有企业大量下岗失业人员再就业压力很大，同时农民进入城市务工的环境也较宽松。在这样的形势下，国家将城镇下岗失业人员的再就业放在优先地位，在不同群体之间进行就业资源分配并予以轻重缓急和有差别性的对待是必要的，也是有利于国家改革发展稳定大局的理性选择。在城市下岗失业人员就业问题逐步得到解决之后，促进农村劳动力转移问题便被提上了各级政府的议事日程。在各级政府的统筹规划下，农村劳动力转移以及农民工的就业环境有了极大的改善，尤其是在城镇职工基本养老保险制度逐步完善的同时，一些地方也出台了农民工参加养老保险的地方性法规或政策。但是，由于历史和现实的原因，国家层面的有关农民工参加养老保险的法规或政策很长时期没有出台。虽然《中华人民共和国劳动法》在实施 15 年的过程中，城镇职工基本养老保险制度对于农民工也是敞开的，即他们可以参加城镇职工基本养老保险制度，甚至可以说城镇职工的养老保险和医疗保险制度没有把农民工排斥在制度之外。然而，由于雇用农民工的用人单位绝大多数为劳动密集型中小企业，而过高的养老保险费率（仅企业需缴纳职工工资总额的 20%）会增加企业的用人成本，如果为农民工办理养老保险，就会使利润空间本来不高的企业获利更少甚至无利可获，这是长期以来农民工参保率不足 20% 的主要原因。这种没有考虑农民工的具体情况、参保门槛过高、农民工实际上不能参加养老保险的制度，就制度规定本身来看似乎是公平的，但实际上对农民工是不公平的。①

在 2009 年发生并波及全球的金融危机中，中国是受影响最大的发展中国家。这场经济危机中，在以往高速增长的 GDP 和出口增长带动的就业增长的掩盖下，农民工的低工资收入以及城镇社会保障不能对农民工提供生活风险保障导致的"民工荒"和内需不足的问题显露了出来，并严重制约了我国经济发展。政府和社会各界认识到，重视和解决好农民工就业和社会保障问题，不仅关系农民工群体的利益和社会稳定，而且关系我国内需的有效扩大和经济环境的根本改善，进而关系我国经济的持续发展。解决

---

① 郭烁：《农民工参加基本养老保险是历史性突破》，《中国社会科学报》2009 年 2 月 12 日。

农民工的就业和社会保障问题，需要处理好中央和地方、政府和市场、输入地和输出地的关系，尤其是中央要加大在农民工社会保障上的投入力度。实际上，国家从2005年已开始着手制定农民工养老保险办法，2006年，国务院发布《关于解决农民工问题的若干意见》，确立了"低费率、广覆盖、可转移和能衔接"的原则，人力资源和社会保障部根据国务院的文件精神，拟定了《农民工参加基本养老保险办法》，并于2009年2月5日向社会发布，征求意见。办法从农民工在城乡之间、不同城市之间流动就业，新老农民工代际交替就业，且流动频繁的特点出发，从以下几个方面对农民工参加基本养老保险作出了不同于城镇职工的规定。

（1）适用范围为在城镇就业并与用人单位建立劳动关系的农民工，用人单位与农民工签订劳动合同时，必须明确农民工参加养老保险相关事宜，并为农民工办理参加养老保险手续。

（2）缴费比例为用人单位缴纳12%，农民工个人缴纳4%~8%，这种低于城镇企业职工缴费比例的规定，可以降低农民工及其用人单位的经济负担，将更多的农民工纳入养老保险制度覆盖范围。农民工应当缴纳的养老保险费由用人单位从农民工工资中代扣代缴，并全部计入其基本养老保险个人账户。

（3）规定养老保险关系可以转移接续。农民工离开就业地时，原则上不退保，由当地社会保险经办机构为其开具参保缴费凭证。农民工跨统筹地区就业并继续参保的，向新就业地社保机构出示参保缴费凭证，由两地社保机构负责为其办理基本养老保险关系转移接续手续，其养老保险权益累计计算。未能继续参保的，由原就业地社会保险经办机构保留基本养老保险关系，暂时封存其权益记录和个人账户，封存期间其个人账户继续按国家规定计息。

（4）规定了养老保险待遇领取的条件和程序。农民工参加基本养老保险缴费累计满15年以上，就获得领取养老金的资格，由本人向基本养老保险关系所在地社会保险经办机构提出领取申请，社保机构核定后，对符合领取条件的发放基本养老金。农民工达到退休年龄而缴费年限累计不满15年，参加了新型农村社会养老保险的，由社会保险经办机构将其基本养老保险权益记录和资金转入户籍地新型农村社会养老保险,享受新农保养老待遇;没有参加新农保的,比照类似情况的城镇退休职工,一次性领取个人账户积累的存储额。

(5) 提供信息查询服务。国家建立全国统一的基本养老保险参保缴费信息查询服务系统,农民工个人身份证号码是其终身不变的社会保障号码,农民工可在各地社会保险经办机构查询本人参保缴费等信息。

《农民工参加基本养老保险办法》与《城镇企业职工基本养老保险》一起,将在城镇企业就业的所有劳动者都覆盖了起来。它的意义在于:逐步消除城乡二元经济社会结构、消除对农民工的歧视和排斥以及承认农民工是产业工人的组成部分、减少农民数量、推进城市化进程。

2. 《城镇企业职工基本养老保险关系转移接续暂行办法》

截至 2008 年底,全国参加城镇企业职工基本养老保险的农民工有 2416 万人,只占在城镇就业农民工的 17%。[①] 主要原因是农民工参加城镇企业职工养老保险有两难。一是缴费难。农民工工资收入普遍较低,雇用农民工集中的企业经济承受能力也普遍较低,导致许多雇用农民工的企业以及农民工本人不愿意缴纳养老保险费,参加养老保险。二是养老保险关系转移接续难。农民工就业的特点是流动性强、转移目标地不明确。而现行城镇企业职工养老保险制度规定,养老保险关系转移时只转个人账户资金,不转移用人单位缴纳的社会统筹基金,许多参加了城镇企业职工养老保险的农民工由于没有达到法定的退休年龄,也没有积累够至少 15 年的缴纳养老保险费的时间,所以,在离开一个就业城市时只能选择退保,一次性把个人账户储存积累中个人缴费部分领出来。[②] 这就造成农民工在不同

---

① 郭烁:《农民工参加基本养老保险是历史性突破》,《中国社会科学报》2009 年 2 月 12 日。
② 农民工养老保险个人账户中,1/3 是个人缴费,2/3 是企业缴费。农民工领取了 1/3 的个人缴费以后,2/3 的企业缴费就留在企业所在地的社保经办机构。据统计,2002~2006 年,广东省共办理农民工退保 785 万人次,2006 年有 1/3 的农民工退保。2002~2007 年 6 年间,仅广东省农民工退保没有转移的企业缴费高达 700 亿元,占广东省养老保险基金累积额的 1/3。由此造成的农民工参加养老保险在年限以及积累额上的损失是由农民工养老保险法规不合理的规定造成的,国家需要通过完善农民工养老保险关系转移接续的规定来维护农民工的合法权益。参见郑秉文《养老保险关系转续的深远意义与深层思考》,《中国劳动保障报》2010 年 1 月 19 日。

城市工作，累积缴纳养老保险费的时间满15年甚至超过15年而不能获得领取养老金资格的情形，这不但极大地损害了农民工的养老保险权益，而且成为农民工在不同地区之间流动就业的障碍。到2009年，流动就业人口已达到2.3亿人，是1980年200万的110多倍。① 解决如此庞大规模流动就业人口的养老保险关系转移，确保已经参加过就业地养老保险并缴纳了养老保险费、需要去统筹地区内别的城镇或者跨统筹地区就业的农民工的养老保险权益是亟须政府考虑的问题。

经过长达10年的酝酿讨论后，国务院于2009年12月29日转发了人力资源和社会保障部与国家财政部制定的《城镇企业职工基本养老保险关系转移接续暂行办法》（以下简称《暂行办法》），并于2010年1月1日起实施。《暂行办法》在以下几个方面完善了现行农民工养老保险法规规定。

（1）取消退保规定。退保规定的取消，减少了农民工因流动就业造成的养老保险费损失，使缴纳了养老保险费的农民工在达到退休年龄、退出劳动领域时，领取到的养老金与他所履行的缴纳养老保险费义务相适应，减少了对农民工合法权益的侵害，维护了农民工养老保险权益，体现了国家对农民工养老权益的重视和保护。

（2）养老保险关系可以转移接续。这一规定消除了农民工参加养老保险的顾虑，这将激励农民工更加积极地参加养老保险，扩大养老保险的覆盖面。据统计，2006年和2007年，参加养老保险的农民工人数分别为1417万和1846万，仅占农民工总数的13％。② 农民工流动就业可以转移接续养老保险关系的制度，不但拆除了农民工流动就业的障碍，而且对农民工积极参加养老保险具有极大的促进作用。

（3）国家不需要再制定专门的农民工养老保险制度。2009年9月1日国务院下发《关于开展新型农村社会养老保险试点的指导意见》、农村建立起农民养老保险制度以后，进城务工的农民工如果回乡务农，他在城镇

---

① 郑秉文：《养老保险关系转续的深远意义与深层思考》，《中国劳动保障报》2010年1月19日。

② 郑秉文：《养老保险关系转续的深远意义与深层思考》，《中国劳动保障报》2010年1月19日。

就业时给当地社保经办机构缴纳的养老保险费就可以转移到他家乡或其他务农地区的农村社会养老保险经办机构，之前缴纳的养老保险费就可以与之后参加新型农村社会养老保险缴纳的养老保险费的年限和数额连续累积计算，使他们的养老保险权益不受任何损失。

（4）规定了养老金的领取条件和办法。农民工缴费满 15 年以上的，按月领取基本养老金，基本养老金包括基础养老金和个人账户养老金；缴费不满 15 年，而参加了新型农村社会养老保险的，由社会保险经办机构将其养老保险关系及资金转入其家乡的新型农村社会养老保险经办机构，按规定享受新型农村社会养老保险待遇；没有参加新型农村社会养老保险的，比照城镇同类人员，一次性支付其个人账户养老金。为了规避年龄比较大的劳动者去社保待遇高的地区和大城市就业，且就业参保地与户籍所在地不一致而造成的养老保险基金压力，《暂行办法》规定，年满 50 岁的男性和年满 40 岁的女性在跨地区就业时，应当将养老保险关系留在原就业地，而不能把养老保险关系转移到新就业地。这样规定的原因是，他们在新就业地参加养老保险不能满 10 年，也不可能在那里领取养老金，只能在那里建立一个临时的养老保险缴费账户，等他们退休时再将临时养老保险缴费转回他们的户籍所在地。这样的规定不仅有利于规避社保移民，而且有利于控制像北京、上海等大城市的养老压力。

（5）规定养老保险关系转移接续程序。参保人员就业地社会保险经办机构负责参保登记、缴费核定、权益记录和保存等工作，在参保人员离开就业地时，社会保险经办机构开具参保缴费凭证。参保人员在其他地区就业并继续参保，只要提出接续申请并出示参保缴费凭证或信息，就能够由转出和转入地社会保险经办机构办理养老保险关系转移接续手续。将养老保险关系转移到非统筹地区，只能转移用人单位缴费的 12%，而不是全部，旨在减轻中西部地区的资金压力。对于仍然有支付压力的，中央给予补助。例如，2009 年，在将近 1 万亿元养老金支出中，中央财政补助了1300 多亿元，其中绝大部分资金是补给中西部地区的。[①] 在参保人员达到

[①] 郑秉文：《养老保险关系转续的深远意义与深层思考》，《中国劳动保障报》2010 年 1 月 19 日。

法定退休年龄时，退休所在地的养老保险经办机构按照"分段计算、待遇累计"的方法，计算出退休人员应当获得的养老金数额，这就保证了往返于城乡的流动就业者的养老保险权益不会受到损害。农民工由于各种原因未能继续参保的，其权益记录和个人账户一直封存，个人账户继续按国家规定计息，直到其继续参保或到达领取待遇年龄，已经参保缴费的权益不受损失。由于在城镇就业的农民工中有一部分是从事个体经营的，考虑到他们没有用人单位缴费，如果参保将由个人负担全部缴费，经济上难以承受，因此，《暂行办法》规定这部分农民工以及在乡镇就业的农民工可参加家乡的新型农村社会养老保险。

《暂行办法》的实施，解决了农民工异地转移养老保险关系的接续问题，即农民工只要履行了缴纳养老保险费的义务，就享有养老保险待遇的权益。在达到法定领取养老保险待遇年龄时，按照与城镇参加养老保险的企业职工一视同仁的原则获得相应待遇。《暂行办法》的实施对于促进城市化进程、消除对农民工的歧视和排斥、强化社会融合和凝聚力、拉动和提高内需、维护社会稳定会发挥积极作用。

到 2011 年底，全国跨省转移养老保险关系 79 万人次，转移基金 105 亿元。跨地区转移养老保险关系 50 万人次，转移个人账户基金 2.2 亿元。① 但是，养老保险关系转移接续是一个应对退保潮的权宜之计，存在许多弊端，例如，只能转移用人单位缴费的 12%，8% 仍留在转出地，而在计算养老金标准时，却按照用人单位缴费 20% 来计算，造成流入地养老保险基金在支付上的资金缺口。

如前所述，中华全国总工会 1960 年 7 月 6 日制定、1963 年 1 月 23 日发布的《关于享受长期劳动保险待遇的转移支付试行办法》得到了很好的实施，原因在于当时的劳动保险基金实行的是全国统筹模式，所以，不会出现目前社会保险关系转移接续中的困难和问题。因此，解决养老保险关系转移并无缝接续的根本办法是尽快提高养老保险的统筹层次，先尽快实

---

① 韩宇明：《社保基金超 3 万亿　专家呼吁投资本市场避免贬值》，《新京报》2012 年 6 月 28 日。

现省级统筹，紧接着尽快实现全国统筹。

(三) 启动事业单位养老保险制度改革

党的十六届三中全会提出，要进行机关事业单位养老保险制度改革。2007 年的政府工作报告和国务院工作要点专门对机关事业单位养老保险制度改革进行了部署。2008 年 2 月 29 日，国务院总理温家宝主持召开国务院常务会议，研究部署事业单位工作人员养老保险制度改革试点工作。会议讨论并原则通过了劳动和社会保障部、财政部、人事部制定的《事业单位工作人员养老保险制度改革试点方案》，确定在山西、上海、浙江、广东、重庆 5 省市先期开展试点，与事业单位分类改革配套推进。2011 年 3 月 22 日，中央下发《分类推进事业单位改革实施指导意见》，这一改革方案是新中国成立以来第一次对事业单位改革进行的顶层设计和系统谋划。指导意见明确将改革的时间表定在 2011 年至 2015 年间，并且指出，在清理规范的基础上，完成事业单位分类。事业单位按其功能被分为三类："参照公务员类"，即承担政府职能的事业单位被划入政府系列；"自收自支类"，即从事生产经营活动的事业单位被推向市场；"政府补贴类"，即公益性事业单位。预计到 2020 年，将形成新的事业单位管理体制和运营机制。资料显示，我国有 126 万个事业单位，共计 3000 多万正式职工，其中教育、卫生和农技服务从业人员三项相加，占总人数的 3/4，教育系统人员即达到一半左右。[①] 2012 年 4 月 16 日，指导意见一出台立即引发社会关注。

1992 年人事部下发《人事部关于机关、事业单位养老保险制度改革有关问题的通知》之后的 20 年间，无论改革成败与否，实际只触及事业单位，而没有对公务员的养老保险制度进行改革。其原因主要有二。一是据 2006 年世界银行调查，在 158 个国家养老保险制度中，有 84 个国家对公务员实行单独的制度，国际社会保障协会提供的数据是，在全球 172 个建立了养老保险制度的国家中，有 78 个国家为公务员建立了独立的制度。这

---

① 蒋彦鑫：《事业单位分类改革设 5 年过渡期　事业编只减不增》，《新京报》2012 年 4 月 17 日。

些国家不要求公务员缴纳养老保险费，养老保险基金由政府财政拨付，[①]即政府对退休公务员实行供养。中国的公务员是否继续实行供养，国家没有明确的态度，因此，20 年来只对事业单位的养老保险制度进行了改革。二是事业单位仅存在于中国，其他国家没有设置事业单位这样的机构。例如，我国列入事业单位的公立医院医生、公立学校的教师、科研机构工作人员等，在美国、法国、加拿大等国家都被纳入了国家公职人员系列。2006 年，世界银行两位专家也将公务员和其他公共部门雇员的养老保险制度作为一个整体进行讨论。这些国家的公职人员虽然按照中央和地方等标准分为几类，并分别加入不同的养老保险计划，但养老金待遇差别不大。[②]所以，我国在对事业单位进行改革时，首先需对其进行分类，然后按照类别适用不同的养老保险制度。

1. 为什么要对事业单位养老保险制度进行改革

新中国成立初期，国家在照搬苏联经济管理模式的同时，也基本上照搬了苏联的事业管理模式，即先后采取了一系列公有化措施，迅速建立起高度集中统一的经济管理体制，并逐步形成了一整套与之相适应的事业单位管理体制，中央政府在控制了一切人权、物权和财权的同时，也承担起相应的事权和职责。在计划经济体制下，国家不仅包办一切事业，也包办了一切企业及其他活动，逐步形成国家所有、国家经营、国家管理，政府、企业、事业一体化的格局。因此，事业单位是我国计划经济管理体制下形成的一种特有的社会组织。长期以来，我国的各项事业均被视为"社会"活动，而不是经济活动。这种对事业活动性质与功能的片面认识，导致事业发展严重地脱离于经济发展，并造成事业功能的政治化与事业单位的行政化。在现代市场经济条件下，市场主体的多元化，有利于明确区分私益活动、互益活动与公益活动，从而为市场经济国家发展社会公共事业创造必要的条件。在这种情况下，政府不应该也不可能包办所有具有社会

---

① 郑功成主编《中国社会保障改革与发展战略（养老保险卷）》，人民出版社，2011，第 158~159 页。
② 陈佳贵、王延中主编《中国社会保障发展报告（2010）》，社会科学文献出版社，2010，第 338~339 页。

共同需要性质的事务，而必须根据公平与效率兼顾的原则来配置公共资源，从根本上对事业单位进行分类改革，其中包括将"分类改革后从事公益服务的事业单位及其工作人员"的养老保险制度改革为与企业职工基本一致的制度。

我国事业单位养老保险制度从20世纪50年代建立一直延续至今。这次对事业单位养老保险制度的改革并非第一次启动。早在1992年1月27日，人事部就曾下发《人事部关于机关、事业单位养老保险制度改革有关问题的通知》，并在云南、江苏、福建①、山东、辽宁、山西等省开始局部试点。1993年12月21日，人事部部长宋德福在全国人事厅局长会议上的讲话中指出，由于机关和事业单位与企业的资金来源不同，所以机关、事业单位保险制度改革难度更大。我们可以先从自收自支的事业单位搞起，在国家继续负担离退休费的基础上，探索个人缴纳部分养老费的办法，形成部分基金积累。到2006年，除西藏、青海、宁夏外，全国28个省、直辖市、自治区的230个地区和1844个县区开展了机关事业单位养老保险制度改革，参保人数1796万人，37%的在职职工参加。② 但这次改革最终由于各地试点步调不一，一直没有形成全国统一的事业单位养老保险的全面

---

① 1994年1月22日，福建省人民政府发布的《福建省机关事业单位工作人员退休养老保险暂行规定》对机关事业单位养老保险制度改革作出了以下规定。（1）调整对象。一为纳入各级政府人事部门工资基金管理的工作人员；二为具有国家干部身份的人员，例如人事、工资关系挂靠在机关、事业单位的人员。（2）筹资模式。一为社会统筹模式，由单位和个人按比例缴纳养老保险费筹集；二为基金模式，由单位和聘用制干部、合同制工人按规定的比例缴纳养老保险费，筹集养老保险基金；三为储存积累模式，由单位和临时工按规定的比例缴纳养老保险费并形成积累。（3）养老保险费比例。实行社会统筹模式的缴费比例为，单位缴纳工资总额的25%，个人缴纳本人工资的2%；其他人员的缴费比例按不低于机关和事业单位及其工作人员的缴费比例以及实际测算情况确定。（4）待遇支付。机关和事业单位退休人员的待遇包括退休费、退休补助费、食品价格补贴、死亡丧葬费；聘用制、合同制工人的养老保险待遇包括退休费、补助费、医疗补助费、丧葬费；临时工的待遇按其缴费积累及孳生利息予以支付。可以看出，福建省改革的亮点表现在，将原来对机关和事业单位工作人员的供养制改为单位缴纳25%的养老保险费和工作人员个人缴纳2%的养老保险费。而机关和事业单位为工作人员缴纳的养老保险费的资金渠道，没有作出明确规定。我们认为，这种不伤筋动骨的改革是不符合改革精神的。

② 郑功成主编《中国社会保障改革与发展战略（养老保险卷）》，人民出版社，2011，第170页。

改革方案，改革最后以失败告终。

1995年全国事业单位机构和人事制度改革会议在河南郑州举行，这次"郑州会议"正式开启了全国事业单位人事制度改革的试点工作。到2001年8月，国家陆续下发了关于调整学校管理体制、地质勘查队伍管理体制、中央国家机关和省区市厅局报刊结构、清理整顿经济鉴证类社会中介机构等若干决定，事业单位改革分领域推进。在2003年开始的乡镇机构改革中，乡镇事业单位改革作为其中的重要内容，与乡镇行政机构改革一并进行。2008年10月，国办印发《关于文化体制改革中经营性文化事业单位转制为企业和支持文化企业发展两个规定的通知》，至2008年底有117个地级市已开展相关改革。2009年，出版社、杂志社转企改制大刀阔斧。2010年，公立医院改革试点展开。[①]

近些年，经合组织成员国对其公职人员的养老保险制度进行了改革，改革的内容有延长缴费期、降低退休待遇、提高退休年龄、限制提前退休等，改革的主要目的是应对人口老龄化的冲击以及养老保险制度的财政压力，而不是缩小公职人员和私营部门雇员养老保险待遇上的差异。[②] 与经合组织成员国不同，我国这次所进行的事业单位养老保险制度改革的首要原因，是改革开放30年来，国家对行政管理体制、经济体制、社会管理体制都先后进行了改革，面对新形势新要求，我国社会事业发展相对滞后，一些事业单位功能定位不清，政事不分、事企不分，机制不活；公益服务供给总量不足，供给方式单一，资源配置不合理，质量和效率不高；支持公益服务的政策措施还不够完善，监督管理薄弱。这些问题影响了公益事业的健康发展，迫切需要通过分类推进事业单位改革加以解决。所以，事业单位养老保险制度改革是推进政府职能转变、建设服务型政府的重要举措，是提高事业单位公益服务水平、加快各项社会事业发展的客观需要。

[①] 蒋彦鑫：《事业单位分类改革设5年过渡期　事业编只减不增》，《新京报》2012年4月17日。
[②] 陈佳贵、王延中主编《中国社会保障发展报告（2010）》，社会科学文献出版社，2010，第350页。

需要对事业单位工作人员养老保险制度进行改革的第二个原因是，企事业单位职工养老保险待遇差距偏大。① 造成企事业单位职工养老金差距大的主要原因是，目前机关、事业单位和企业退休职工实行不同的退休制度，除此之外，企事业单位的人员结构不一样，导致养老金计算口径不一样，计发办法不一样，调整的办法和机制不一样，资金渠道不一样。目前平均差距达到1倍，② 一些具有可比性的人群差距更大，在企业退休的具有高级职称的科技人员、由机关调到企业的管理人员、转业复员到企业的军人，与事业单位相同职称、仍在机关工作的相同级别的同事、转业复员到事业单位的战友相比，差别之大一目了然。企业和事业单位退休人员待遇差别大导致的直接后果是，待遇水平低的企业退休人员有不满情绪，并由此影响社会的和谐与稳定。据统计，劳动保障部门受理的因退休待遇不公平的信访案件在逐年增加，由1999年的4100多件增加到2003年的7100多件，近些年群众上访案件中的三分之一是有关退休待遇问题的。③ 不仅如此，机关事业单位和企业退休职工收入差距还呈扩大趋势，虽然国家连续三年（2005~2007年）上调企业退休人员基本养老金，接着在2008~2010年继续上调，④ 但是，由于企业职工养老金调整的幅度小，1999~2005年的平均增幅为7.3%，而国家机关、事业单位退休职工养老金的增幅分别为13.8%、11.8%，因此，企业退休职工的养老金在调整以后仍然远远低于机关、事业单位的水平。⑤ 所以，国家需要通过制度设计来提高企业退休职工的养老金水平，缩小不同群体之间养老金待遇的差距，促进不同群体养老金待遇水平的提高，只有这样才有利于社会的和谐与稳定。

需要对事业单位工作人员养老保险制度进行改革的第三个原因是，国

---

① 陈佳贵、王延中主编《中国社会保障发展报告（2010）》，社会科学文献出版社，2010，第356页。
② 胡晓义：《走向和谐：中国社会保障发展60年》，中国劳动社会保障出版社，2009，第130页。
③ 郑功成主编《中国社会保障改革与发展战略（养老保险卷）》，人民出版社，2011，第157页。
④ 戚铁军：《2007年中国劳动保障报十大新闻》，《中国劳动保障报》2008年1月4日。
⑤ 郑功成主编《中国社会保障改革与发展战略（养老保险卷）》，人民出版社，2011，第156页。

家财政负担过重。① 国家公职人员养老保险财政负担过重,是所有为公职人员建立了养老保障制度的国家都面临的问题。例如,经合组织成员国公职人员养老保险费用占 GDP 的比重平均值为 2%,奥地利、法国等甚至超过 3.5%;发展中国家的平均值为 1.33%,巴西则高达 4%。所以,对公职人员养老保险制度进行适当的调整和改革,是各个国家正在做或者准备做的工作。② 由于我国事业单位退休人员的退休金由国家财政拨款,因此,大部分事业单位退休人员的退休金与机关公务员挂钩,仍处于一个比较高的水平。此外,近年来事业单位职工工资上涨速度快于企业职工,而事业单位人员数量庞大,使得各级财政不堪重负。截至 2005 年底,全国事业单位总计 125 万个,涉及教科文卫、农林水利、广播电视、新闻出版等多个领域,工作人员超过 3035 万人,是国家公务员的 4.3 倍,占全国财政供养人数的近 80%。有关资料显示,1990 年全国机关事业单位退休费总额仅为 59.5 亿元,目前已经远远超过千亿元,增加了 20 多倍。③ 为了减轻国家财政负担,需要将事业单位职工养老金待遇标准调整到与企业职工养老金基本一致的水平。

在事业单位养老保险制度改革问题上,学界有人认为,从表面上看改革可以省出一部分财政支出,这只是算了经济账,而没有考虑社会账。为事业单位工作人员提供养老金待遇是一个国家正常的公共管理与服务所需要支出的费用,它对于维护社会稳定和国家机器正常运转产生着较大的社会效益。改革事业单位工作人员养老保险制度会带来更大的制度成本,产生更多负面影响,不能作为改革的目的。④ 由于事业单位工作人员属于政治强势群体,对其养老保险制度进行改革,必然触及其既得利益,会遭遇来自他们的阻力。因此,在对事业单位工作人员的养老保险制度改革进行

---

① 陈佳贵、王延中主编《中国社会保障发展报告(2010)》,社会科学文献出版社,2010,第 355 页。
② 陈佳贵、王延中主编《中国社会保障发展报告(2010)》,社会科学文献出版社,2010,第 348 页。
③ 郑功成主编《中国社会保障改革与发展战略(养老保险卷)》,人民出版社,2011,第 24 页。
④ 陈佳贵、王延中主编《中国社会保障发展报告(2010)》,社会科学文献出版社,2010,第 355 页。

设计时，力争使改革既因减轻了国家财政负担而符合国家利益，又要使事业单位工作人员不至于因较大的待遇差别而产生较大的心理落差；既要考虑到新旧制度之间的衔接，又要考虑到不同群体之间适度合理的待遇差别。只有这样才能够推进改革顺利进行。政府职能部门官员则与学界持完全不同的解释。国家人力资源和社会保障部原副部长胡晓义指出：改革事业单位养老保险制度一是要解决由单位保障变为社会保障的问题，在全社会范围内统筹互济；二是要解决权利与义务对等的问题，鼓励大家更多地作贡献，多缴纳养老保险费。有些人认为的财政甩包袱和大幅降低事业单位退休人员退休水平，都是误解。①

需要对事业单位工作人员养老保险制度进行改革的第四个原因是，机关事业单位退休人员的退休金与在职人员同步增长，而制度没有为企业退休职工建立正常的退休金增长机制，使得机关事业单位退休人员与企业退休职工退休金的差距越来越大。2005 年底，机关单位人均离退休费为 18410 元，事业单位人均离退休费为 16425 元，企业人均离退休费为 8803 元。② 如此巨大的退休金差距，不仅显失社会公平，而且引起企业退休职工的不满，迫切要求改革现行机关事业单位的养老保险制度。2010 年，在中国养老金总支出中，企业部门基本养老保险基金支出 9410 亿元，占 89.15%，事业单位和机关单位基本养老保险基金支出为 1145 亿元，占 10.85%。而根据人社部数据，2010 年，全国事业单位参保离退休人数为 411 万人，大约占参保离退休总人数的 6.52%，机关单位参保离退休人数为 77 万，大约占参保离退休总人数的 1.22%。全国事业单位和机关单位的参保退休人数占所有参保离退休人员总数量的 7.74%。7.74% 人数占比与 10.85% 的养老金支出占比，反映出全国事业单位和机关单位离退休人员收入更高的现实。如此大的差距足以让企业职工感觉受到了不公平的对待。③

---

① 张晓松等：《中国任何时候都能够养活自己的老年人——胡晓义副部长回应养老保险相关热点问题》，《中国劳动保障报》2009 年 6 月 13 日。
② 郑功成主编《中国社会保障改革与发展战略（养老保险卷）》，人民出版社，2011，第 24 页。
③ 《中国养老金个人账户缺口高达 1.7 万亿》，《东方早报》2012 年 3 月 16 日。

解决以上问题，必须从改革与完善制度入手，理顺收入分配关系，缓解收入分配矛盾。在改革事业单位工作人员养老保险制度时，统筹考虑事业与企业退休人员的养老金差距问题，在完善企业基本养老保险制度、提高企业退休人员养老金标准的同时，对机关事业单位的养老保险制度进行改革，使企业与事业单位退休人员的养老保险在制度上、管理上相互衔接，化解因为制度不同以及资金来源不同造成的矛盾，最大限度地体现社会公平，为构建和谐社会提供制度保障。

2. 事业单位养老保险制度改革的内容

《事业单位工作人员养老保险制度改革试点方案》（以下简称《方案》）确定的改革内容主要包括以下几点。

（1）《方案》的适用范围

《方案》确定的适用范围为"分类改革后从事公益服务的事业单位及其工作人员"。然而，怎样进行分类改革以及何为"分类改革后从事公益服务的事业单位及其工作人员"，目前还没有一个权威的界定。

其实，对于"事业单位"从来就没有过确定的概念，其中的主要原因是事业单位在组织形式、服务功能及作用等方面的情况比较复杂，在一定程度上，难以准确把握和全面概括。因此，在不同时期人们对"事业单位"有不同的概括和表述，通常是围绕事业单位的基本特性加以确定，即服务性和不以为社会积累资本和赢利为目的。例如，1963年7月《国务院关于编制管理的暂行办法（草案）》中将"事业单位"表述为："凡是为国家创造或改善生产条件，促进社会福利，满足人民文化、教育、卫生等需要，其经费由国家开支的单位为事业单位。"这是国家出台的法规中最早出现的对"事业单位"的定义。而《辞海》对事业单位是这样定义的，事业单位"受国家机关领导，不实行经济核算的部门或单位，所需经费由国库支出，如学校、医院、研究所等"。① 这两种定义是根据当时我国事业单位的基本特性和条件所作出的表述，按照这些定义，我国的事业单位涉及25个行业种类，几乎遍布社会各个领域。20世纪80年代后期以来，事

---

① 《辞海》，上海辞书出版社，1980，第57页。

业单位逐步形成全额拨款事业单位、差额拨款事业单位、自收自支事业单位三种财政支持形式,并且对其养老保险制度产生了很大影响。例如,绝对多数自收自支的事业单位已经参加了城镇职工养老保险制度。

2004 年 7 月 6 日,国务院发布的《事业单位登记管理暂行条例》第 2 条第 1 款将事业单位定义为:"本条例所称事业单位,是指国家为了社会公益目的,由国家机关举办或者其他组织利用国有资产举办的,从事教育、科技、文化、卫生等活动的社会服务组织。"这一定义表明事业单位具有四个基本特征:第一,事业单位运行的目的是社会公益事业的发展;第二,事业单位的设立由国家机关举办或者其他组织利用国有资产举办;第三,事业单位的行业范围涉及教育、科技、文化、卫生等领域;第四,事业单位是提供社会服务的组织。随着社会主义市场经济的不断深入,经济体制和政治体制改革的进一步深化,事业单位在举办主体、作用和服务功能等方面出现了许多新的变化。国家对事业单位改革将使事业单位的管理体制向多元化、市场化的方向发展,在继续发挥原有作用的同时,面向社会自主从事准公共产品的生产经营活动,以追求社会效益最大化。我们认为,对"分类改革后从事公益服务的事业单位及其工作人员"的定义应当具有这四个基本特征。

由于对事业单位缺乏比较清晰的界定,因此,各地在实施《方案》时,根据当地的实际情况规定了四种不同的适用范围。一是将差额拨款和自收自支的事业单位全体工作人员以及机关、全额拨款事业单位的合同制工人及其离退休人员,纳入企业职工养老保险制度。例如,在江苏省开展改革试点的 106 个县中,有 55 个县实施了这种办法。二是将自收自支事业单位全体工作人员和机关、全额拨款事业单位、差额拨款事业单位的合同制工人及其离退休人员,纳入企业职工养老保险制度。例如,重庆市就实施这种改革办法。三是将所有事业单位工作人员和机关合同制工人及其离退休人员纳入企业职工养老保险制度。例如,山东省青岛市就采取了这种做法。四是将本地区所有机关、事业单位的工作人员和离退休人员都纳入企业职工养老保险制度,即这个地区的就业人口实行统一的养老保险制度。例如,湖北省枣阳,山西省临汾、忻州,山东省济南市、烟台市等 14

个市，江苏26.7%的地区，都实施了这种办法。①

（2）《方案》对筹资模式、养老金计发办法、统筹层次、转移接续的规定

《方案》规定，事业单位养老保险改革实行社会统筹与个人账户相结合的基本养老保险筹资模式。《方案》不仅将政府财政完全责任制改革为与企业职工养老保险完全相同的单位和职工共同缴纳养老保险费的责任分担制的筹资模式，而且，单位与职工的缴费比例也完全与企业职工缴费比例相同。《方案》规定，单位的具体缴费比例由试点省（市）人民政府确定，因退休人员较多、养老保险负担过重、确需超过工资总额20%的，应报劳动保障部、财政部审批。

《方案》规定：事业单位养老保险制度改革以后，基本养老金的计发办法与企业职工基本养老金的计发办法相同，即"老人老办法、中人中办法、新人新办法"。

《方案》规定：具备条件的试点省（市）可从改革开始即实行省级统筹；暂不具备条件的，可实行与企业职工基本养老保险相同的统筹层次。

《方案》规定：事业单位工作人员在同一统筹范围内流动时，只转移养老保险关系，不转移基金；跨统筹范围流动时，在转移养老保险关系的同时，个人账户基金随同转移。事业单位工作人员流动到机关或企业时，其养老保险关系转移办法按照劳动保障部、财政部、人事部、中央编办2001年发布的《关于职工在机关事业单位与企业之间流动时社会保险关系处理意见的通知》规定执行。

3. 事业单位养老保险制度改革在五省试行

2008年2月29日，《事业单位工作人员养老保险制度改革试点方案》正式下发后，劳动和社会保障部要求山西、上海、浙江、广东、重庆5个试点省市进行事业单位养老保险制度改革试点。

在山西省，为了给事业单位养老保险制度改革作前期准备，同步推进了事业单位人事制度、财政投入等相关配套改革。2008年6月公布了《山

---

① 郑功成主编《中国社会保障改革与发展战略（养老保险卷）》，人民出版社，2011，第169页。

西省事业单位岗位设置管理实施办法》，目的就是转换事业单位用人机制，实现由身份管理向岗位管理转变。

在广东省，2008 年底起草了《广东省事业单位分类改革实施意见（征求意见稿）》以后，部分地市开始对事业单位先期进行了分类改革试验，然而，试验的结果发生了大批事业单位工作人员申请提前退休或买断工龄，有人上书抵制，有些已经转制的公职人员要求返回公务员系统等现象。① 广东省政府又于 2009 年 1 月出台《广东省基本公共服务均等化规划纲要（2009—2020）》，提出在 3 年左右时间里，实现全省养老保险单位缴费比例基本统一。但事业单位养老保险制度试点改革方案推出的时间尚未出台。改革阻力之大可见一斑。

在上海市，市政府印发《本市贯彻〈国务院关于事业单位工作人员养老保险制度改革的决定〉实施办法》，对于因改革可能使事业单位员工损失的那部分养老金，将通过年金来弥补。

在浙江省和重庆市，工作重点是研究制定基本养老保险关系转移接续实施细则。浙江省事业单位养老保险制度改革已于 2015 年 10 月正式启动，重庆市也于 2015 年 12 月出台《重庆市机关事业单位工作人员养老保险制度改革实施办法》，相关工作已经全面启动。

概括起来，五省市改革存在的主要问题是，各地政策五花八门。不仅改革范围有宽有窄，缴费基数依据不一，缴费率有高有低，而且改革中对事业单位在管理、养老保险费征收及支付、基金统筹层次等方面做法不一，导致部门之间互相牵制，改革难以推进。事业单位养老保险制度试点改革推进之艰难、阻力之大是大多数人未曾想到的。根据专家测算，事业单位养老保险改革将使得事业单位人员的养老金替代率从 80% ~ 90% 下降到 58.5%，这意味着养老金水平的绝对下降。虽然改革方案提到要建立职业年金制度，但许多事业单位如学校是公益性质，创收能力无法与企业相比，建立年金制度也是力不从心。养老保险待遇预期大幅下降，引起事业单位工作人员的广泛抵触，在改革受到阻力的同时，社会各界也对养老保

---

① 郑功成主编《中国社会保障改革与发展战略（养老保险卷）》，人民出版社，2011，第 173 页。

险待遇的公平性问题展开了讨论。由于工资制度改革是养老保险制度改革的基础，相互之间有很强的联动性，因此，一些专家和职能部门人士认为，养老保险改革放在工资制度改革之后更为妥当。也有人认为，中国的事业单位是计划经济时期身份制度的产物，当时国人有三种身份：农民、工人、干部，事业单位工作人员属于干部系列。然而，在国际上难觅事业单位之踪。例如，中国有近2000万教师，占到事业单位人数的一半，而在美国公立学校的老师就是公务员，即政府雇员，县市一级的地方政府将一半多的财政预算用于学校建设和教师身上。再如医疗，在英国和加拿大，医院由政府举办，免费为老百姓提供医疗服务，公立医院的医生也是公务员。而在美国，医疗由市场提供，医生是市场的参与者，在职者通过医疗保险、无职者通过医疗救助解决看病问题，加上美国不同于西北欧的低税收制度，使老百姓有较多的钱用于解决自己的生活风险问题。[①] 这些国家不存在事业单位这样的机构，医生和教师也就不会是什么事业单位工作人员了。所以，主张取消事业单位，整个社会的格局应当是：市场的归市场，社会的归社会，政府的归政府，才是彻底的改革。[②]

　　事业单位工作人员的养老金待遇高于企业职工是个不争的事实，借鉴国际经验，根据我国实际情况，解决的办法是在对事业单位进行分类改革的同时，通过为企业退休人员建立正常的养老金调整机制，使企业职工养老金待遇像国家机关退休人员养老金待遇一样稳定增长，只有这样才能取得双赢效果。近年来，社会对提高企业职工养老金待遇呼声较高，理由如下。第一，如前所述，企业职工养老金待遇确实比较低，他们是社会财富的创造者，但是，他们没有分享到应当分享的经济社会发展的成果。尤其是那些退休比较早的企业职工，他们是奉献的一代，而退休金水平很低，相当一部分退休职工沦为社会底层。国家应当通过对一定年龄以上的老退休职工实行特殊的补偿政策，以最大限度地体现社会公平。第二，近20年

---

① 西北欧的税负水平普遍为40%~50%，政府通过多收税，建立完善的社会保险制度，解决老百姓的生活风险问题；而美国的税负水平低于30%，把更多的钱留给老百姓个人，让他们自己设法解决自己的生活风险问题。参见陈斌《别让老有所养成为南柯一梦》，《南方周末》2011年3月24日。

② 陈斌：《事业单位最终还是取消为上》，《南方周末》2011年4月14日。

来，我国经济迅速增长，无论国家的存量资产还是增量资产的数量，都证明国家有足够的实力用来提高企业职工的养老金待遇水平。所以，通过提高企业退休职工养老金水平达到缩小其与事业单位退休职工养老金水平的差距的目的，是积极有效的办法。只有在深化事业单位分类改革的基础上，制定改革范围比较明晰、养老保险费缴费比例统一、保险费征缴机构和管理机构明确的、全国统一适用的法律法规，才能真正推进事业单位养老保险制度改革。

4. 事业单位养老保险制度改革步履维艰

山西、上海、浙江、广东、重庆五省市自 2008 年就开始事业单位养老保险制度改革试点，按计划应于 2010 年底结束并向全国推广经验，但实际上改革步履维艰，截至 2012 年 6 月试点工作仍未结束。改革中，党中央、国务院以及中央编委、中央编办以及相关 11 个部门都非常积极，相继发布了中央 5 号文件，同时印发了 11 个配套文件，旨在积极推进事业单位改革。广大民众也期望尽快进行事业单位改革，使得全国人民能够获得更多更好的公共产品和公益服务。但是相关部门、事业单位主管部门、事业单位自身不积极。这是因为事业单位主管部门和地方领导一方面不希望因事业单位改革而引发不稳定，另一方面事业单位主管部门和地方领导也不希望打破原有的利益格局。所以，事业单位改革举步维艰。

事业单位改革首先面临分类，即按照行使行政职能、从事公益服务或生产经营性活动进行划分。在这里，分类改革以后事业单位工作人员前景不明确，是他们对改革没有积极性的主要原因。事业单位养老保险制度改革的目的，一方面是实现社会公平和减轻财政负担，但改革的核心是创新机制和体制。然而，改革中绝大多数地方和主管单位都把精简事业单位的机构和人员、减轻财政负担作为改革的目标，导致另一些问题出现。例如，许多乡镇的农村中小学被大量撤减后，很多农村的孩子都要走数公里去上学。再如，许多地方把医院等单位变卖或解散，造成农村居民看病难。这些做法都是有悖于事业单位改革目标的。事业单位分类改革是一个系统工程，已经印发的 11 个配套文件涉及 11 个领域，是为了保证改革有序进行。然而，有些地区和部门完全按照地区和部门的利益来设计改革，这也是背离改革目的的做法。①

《事业单位工作人员养老保险制度改革试点方案》规定，为建立多层次的养老保险体系，提高事业单位工作人员退休后的生活水平，在参加基本养老保险的基础上，事业单位建立工作人员职业年金制度，具体办法由劳动保障部会同财政部、人事部制定。这种对于职业年金、过渡性养老金缺乏可操作性的规定，也成为事业单位养老保险制度改革难以推进的障碍。虽然2011年人力资源和社会保障部出台了《事业单位职业年金试行办法》。但试行办法只是明确了职业年金协商方式、个人缴费比例、领取条件、基金管理等内容，而对最为重要的资金来源问题却没有作出明确规定。要在5年内完成事业单位养老保险制度改革，如果不明确资金来源，就将使得本就存在压力的企业职工养老基金支付雪上加霜。因为事业单位和政府机关过去实行现收现付制，养老金由当期财政负担。当事业单位养老保险制度逐步和企业基本养老制度并轨，实现统一的社会统筹与个人账户相结合的模式时，养老保险基金支付压力增大，随之基金窟窿也越来越大。从现收现付制过渡到统账结合制最大的困难是，已经退休的这部分职工和并轨时在职的职工个人账户上没有积累。所以，借鉴企业职工养老保险制度改革的经验，事业单位改革要想取得成功，首先需要解决的是转制成本问题。解决养老金转制成本问题，需要调整国家财政开支结构。目前我国社会保障支出占财政支出的12%，远低于西方国家30%~50%的比例，也低于一些中等收入国家20%以上的比例。② 所以，由各级财政承担事业单位养老保险制度向企业职工养老保险制度转换的成本，是事业单位养老保险制度改革取得成功并且不会对企业职工养老保险基金造成压力的根本之策。

5. 深圳市启动事业单位养老保险制度改革

机关、事业单位与企业在养老保险制度上的双轨制，不仅由于二者之间待遇差距大引发公平问题，而且由于制度之间缺乏合理的转移接续安

---

① 《事业单位改革试点较难推进　各省呈支离破碎局面》，人民网，2012年6月15日。
② 耿雁冰：《我国社会保障支出占财政12%远低于西方国家》，《21世纪经济报道》2012年6月15日。

排,使得机关、事业单位人员中途离职只能"净身出户",阻碍了人才合理流动。为此,2012 年 8 月 16 日,深圳市人力资源和社会保障局与深圳市财政委员会联合颁发的《深圳市事业单位工作人员养老保障实行办法》规定,办法实施后新进入深圳事业单位并受聘在常设岗位的工作人员试行社会养老保险加职业年金的养老保障制度,即纳入改革范围的人员,其养老金由基本养老保险金和职业年金构成。①

针对我国养老保险碎片化和待遇差距大的现状,郑功成教授在 2002 年就提出,我国应建立普惠式国民养老保险和差别式职业养老保险相结合的养老保险模式。普惠式养老保险采取社会统筹、现收现付方式由政府负责提供,它是最能体现社会公平、所有国民待遇统一的制度安排;差别式职业养老保险采取个人账户方式,由用人单位和职工个人分担责任,以职工工资收入为责任基础并在以后领取养老金时体现出差别,由此对职工产生激励作用,体现养老保险制度的效率功能。郑功成认为,我国应当采取这种制度模式的理由有三个。一是社会发展需要建立普惠式国民养老保险制度。老有所养是我国国民的一项宪法权利,这项权利不应长期被一部分国民所垄断,应当为全民所享有。而且国际经验证明,普惠式养老保险是社会发展进步的必然内容和重要标志,中国发展的目标是建设小康社会、追求共同富裕,普惠式养老保险应是其不可或缺的内容。二是现行养老保险制度的完善宜采用这种制度。一方面有利于消除城乡分割,另一方面以低水平的普惠式养老保险代替现行的社会统筹制度,不仅可以减轻企业缴费负担,使企业适当承担缴纳职工养老保险费的责任,而且能够激励职工多干活、多赚钱、多缴纳养老保险费、多得养老金的积极性,使养老保险制度成为长期稳定持续发展的制度。三是现行制度模式可以顺利转化为普惠式加差别式养老保险制度。现行的社会统筹部分可以作为建立普惠式养老保险制度的平台,逐步将所有工薪阶层劳动者纳入这一制度,而官方雇主和企业雇主以及劳动者个人缴纳的养老保险费计入个人账户。目前的制度

---

① 王俊、李沐涵:《深圳市启动事业单位养老制度改革》,《羊城晚报》2012 年 8 月 23 日。转引自《深圳市启动事业单位养老制度改革 将与企业一致》,《京华时报》2012 年 8 月 24 日。

结构向所设想的制度过渡在政策和技术上，不存在较大障碍。① 郑功成教授的观点值得决策者和学界讨论和参考。

（四）国务院颁布机关事业单位养老保险改革决定

2015年1月14日，国务院颁布《关于机关事业单位工作人员养老保险制度改革的决定》，即国发〔2015〕2号文件。国家对机关事业单位工作人员养老保险制度改革的原因、决定的内容与上述事业单位工作人员医疗保险改革基本相同，不同的地方有两处：一是该决定不试行，而是规定从2014年10月1日起实施，足见国家对改革机关事业单位工作人员养老保险制度的坚定决心以及由此反映出的改革机关事业单位养老保险制度的迫切性；二是规定建立职业年金制度，要求机关事业单位为其工作人员建立职业年金制度，单位按本单位工资总额的8%缴费，个人按本人缴费工资的4%缴费，由此筹集职业年金基金。2015年4月6日，国务院颁布了《机关事业单位职业年金办法》，与2004年颁布的《企业年金试行办法》相比，职业年金实行强制建立，而企业年金实行自愿建立，② 因此可能会取得比企业年金实施更好的效果。

由于决定和办法刚刚颁布实施，能否顺利实施或者在实施过程会遇到什么问题或阻力，现在还不可能获得可靠的信息和数据。对此，全社会将拭目以待，并且期望获得立法的预期效果。

（五）农民养老保险制度的创新重建

1. 1992年发布的基本方案不是真正意义上的养老保险制度

由于在中国农村建立农民养老保险是一项全新的工作，国内和国际都没有成功的经验和模式可资借鉴，因此在1992年公布的《县级农村社会养老基本方案》实施过程中，出现了不少问题。

---

① 郑功成等：《中国社会保障制度变迁与评估》，中国人民大学出版社，2002，第47~48页。
② 由于企业年金实行自愿而不是强制建立的原则，因此，自实施以来的11年只有约6.7%的参加养老保险的企业职工能够享受到企业年金。而这6.7%的企业职工主要是国企职工，绝大多数中小企业没有为职工建立企业年金，企业养老保险缴费率过高是其主要原因。参见《仅6.7%参保职工享企业年金》，《京华时报》2015年4月13日。

第一，因不具有社会互济的性质而不是社会养老保险。《方案》规定，农民养老保险基金以农民个人缴纳为主、集体补助为辅。这一规定对于提高农民的保险意识，减轻国家财政负担有一定的作用，但是，在农村经济体制改革以后，多数集体经济负债或濒临破产，没有能力为农民养老保险提供补助，所以，养老保险基金基本由农民个人缴纳形成，实际上是一种农民个人储蓄性养老保障，而不是社会养老保险。

第二，因缴费少待遇标准过低而不具有保障功能。按照民政部1992年5月18日发布的《农村社会养老保险缴费、领取计算表的通知》计算，每月缴纳2元养老保险费的农民，按照8.8%的利率，10年以后每月能够领取到的养老金为4.7元，即使每月缴纳最高额20元的保险费，10年以后每月也只能领到40元的养老金，这么低的养老金是不能保障老年农民基本生活需要的。2008年8月27日，国家审计局审计长刘家义在十一届全国人大常委会第四次会议上作审计报告时指出，2006年，全国1947个县中，有1484个县的参保农民人均领取的"养老金"低于当地"农村最低生活保障标准"；领取农保养老金的331万农民中，领取额低于当地农村最低生活保障标准的占88%，有120万人月领取额在10元以下，占36%。①

第三，政策的不稳定性使得农村养老保险半途而废。1992年公布实施的《县级农村社会养老基本方案》是一个没有强制性而是引导农民自愿参加养老保障的政策性文件，因而有着比较大的随意性。1999年，在中央政府主要领导决定暂缓发展农村养老保险的意见下，已经搞得有点规模的农村养老保险事业，除上海和山东烟台市还在继续开展以外，几乎陷入停顿状态。

第四，覆盖范围小，绝大多数农村居民没有被养老保险制度覆盖。除了享受"五保"供养的老人、部分计划生育户、双女户中年满60岁的老人享有一定程度的养老保险待遇之外，绝大多数农村老年居民没有养老保险待遇。2009年，享受"五保"待遇的老人有500万人，领取农村养老金者200万人，新农保试点县领取每月55元基础养老金者为1500万人。② 这

---

① 张艳玲：《中国新农保有望年底启动》，《财经》2008年9月11日。
② 郑功成主编《中国社会保障改革与发展战略（养老保险卷）》，人民出版社，2011，第4页。

与农村 60 岁以上老人的总数相差甚远。北京大学国家发展研究院发布的"中国健康与养老追踪调查"显示,农村老年人大部分在 65～69 岁时依旧在务农,而到 80 岁时仍有 20% 以上需靠务农维持生计,而且农村老年人的劳动时间和劳动强度都明显大于城市老年人。①

第五,基金管理存在着比较棘手的问题。基金投资渠道单一,收益有限。基金只能存银行、买国债,难以使基金的增值同国民经济增长水平、国民收入增长水平同步,难以回避通货膨胀的风险。基金由县级管理,使得基金分散、运营层次低和难以形成规模效益。县级财政普遍吃紧,有些地方用养老保险基金发工资或弥补财政赤字,极大地威胁到基金安全,为农村养老保险事业的发展埋下隐患。

第六,政府财政投入缺位,是农民养老保险不能持续发展的根本原因。政府没有财政投入使农村社会养老保险变成了"农民个人养老保险",因为社会养老与个人养老或者家庭养老的根本区别在于,当农民养老保险基金入不敷出时政府承担弥补资金亏空的财政责任,而我国政府在建立农村社会养老保险制度的过程中,只是制定了相关的政策法规和组织农民参加保险,而没有任何财政投入,这无疑影响到制度的可持续性。

2. 重建是维护农村社会稳定的需要

农民养老保险制度的缺位,影响国家经济发展和社会稳定。据有关部门调查,由于农民考虑到生病和将来的养老问题,不愿也不敢将手中的积蓄用于消费。在这种情况下,尽管国家在 21 世纪初几次下调利率,但仍然没有将农民的消费热情调动起来。由于农民占人口的绝大多数,农民消费不足,就对国家拉动内需的战略决策造成影响。此外,近几年由于化肥、农药、地膜等工业品价格上涨,农产品价格下降,农民收入减少,农村贫富差距在加大,一部分农村干部作风腐败等原因,在农村潜伏着不安定的因素和矛盾。尤其是城乡居民在生活水平上的巨大差距,城市居民比较充分的社会福利,更使得一部分农民产生不平衡心理,并因此来到城市作案,造成城市的不安宁。消除农村不安定因素,除了采取增加农村基础设

---

① 温一冰:《农村八旬老人仍有 20% 在务农》,《南方都市报》2013 年 6 月 4 日。

施投资、减少工农业产品剪刀差、纠正农村干部的不良工作作风等措施外，建立和健全农民养老保险和医疗保险制度，应该是减少农村社会矛盾、维持社会稳定的最有力措施。

3. 我国初步具备创建农村养老保险制度的条件

要不要为农民建立养老保险制度是一个争论已久的问题，争论的焦点主要集中在我国目前具备不具备建立农村养老保险的条件上。多数意见认为，我国目前初步具备建立农村包括养老保险在内的社会保障的条件和能力。例如，有人列举了以下理由。（1）时间适宜。世界上城乡社会养老保险制度的建立几乎都不同步，一般乡村滞后于城市 30～50 年。我国在 1951 年建立起城镇职工的养老保险制度，至今已经 60 多年了，现在应该为农民建立养老保险制度了。（2）经济条件初步具备。以 13 个欧盟国家为例，其农村社会养老保险制度建立时，农业 GDP 的比重在 3.1%～41%，平均 16.2%；农业劳动力的比例一般在 5.1%～55.3%，平均为 29.5%；以美元计价的人均 GDP 在 1445～9580 美元，平均 5226 美元。在我国，1987 年人均 GDP 已达到 13 个欧盟国家建立农村社会养老保险制度时的最低水平，1994 年达到了其平均水平，2000 年达到了其最高水平。[①] 由此得出的结论是：在中国建立农村社会养老保险制度的经济条件基本具备。

4. 创建农民养老保险制度的地方尝试

党的十六大、十七大都对探索建立农村养老保险制度作出部署。2008 年 10 月 12 日，中共十七届三中全会更加明确提出"贯彻广覆盖、保基本、多层次、可持续原则，加快建设农村社会保障制度。按照个人缴费、集体补助、政府补贴相结合的要求，建立新型农村社会养老保险制度"。按照党中央的部署，各地根据当地实际情况和经济发展水平，从 2008 年开始重建农民养老保险制度。

新农保试点始于 2003 年，截至 2008 年 9 月，全国已有 25 个省、305 个县开展新农保试点，资金主要来源于地方政府投入，中央财政并未安排专门的资金。北京、上海、西安、浙江、江苏等省市已率先制定了"农民

---

① 林永生：《我国农村社会养老保险制度：过去、现在和未来》，中国社会保险学会网站 2007 年 11 月 20 日。

社会养老保险"的地方性法规。这些法规在汲取1992年《方案》实施经验的基础上，在法规的规范性、社会保险法律关系各方的权利义务、政府财政投入、制度的保障性等方面作出了比《方案》更加明确的规定，使法规成为真正具有社会保险性质的规范性文件。据人力资源和社会保障部农村社会保险司有关官员介绍，试点地区主要有以下三种模式。

第一种模式是"个人账户"模式，个人缴费、集体补助、政府补贴全部计入个人账户，最后按个人账户积累总额和平均余命来计算养老金。由于政府提供补贴，所以，这种模式能够提高农民的参保积极性，但互济功能较弱。

第二种模式是仿照城镇职工"个人账户和社会统筹"相结合的模式，将个人缴费和集体补助计入个人账户，政府补贴则计入社会统筹账户，农民的养老金由个人账户养老金和从统筹基金中支付的基础养老金两部分组成。这种模式提高了互济功能，但要在全省或全国推广有难度，因为各地发展水平不一，有些地方政府难以承担养老补贴。

第三种模式是"个人账户"和"政府直接提供基础养老金"相结合的模式。个人缴费、集体补助、基层政府补贴全部计入个人账户。在老年农民领取养老金时，"基础养老金"由政府直接提供。

由于第三种模式既能体现社会公平，又能够激励农民参加养老保险的积极性，因此成为主管部门认可并推荐的农保方案。以2007年12月29日北京市政府审议通过的、从2008年1月1日起实施的《北京市新型农村社会养老保险试行办法》为例，说明创建后的农村养老保险制度的特点。

(1) 选择了"责任分担型"社会养老保险模式

北京市新型农村社会养老保险制度选择了"个人账户养老金和基础养老金"相结合的模式。即参加新型农村养老保险并缴纳养老保险费至少满15年的人员，就取得了领取养老金的资格；在获得个人账户养老金的同时，还能够获得由市区两级财政补贴的基础养老金。2008年，市区两级财政补贴的基础养老金标准全市统一为每人每月280元，市区两级财政补贴分别列入市区两级财政预算。北京市区两级政府为那些在制度建立时年龄已经达到和超过60岁、没有法定缴纳养老保险费义务的老年农民每人每月发放280元的基础养老金，缩小了制度建立前后达到退休年龄的老年农民的收入差距，也表明政府对于老年农民以往给国家作出的贡献给予了适当补偿。

(2) 实行"老人老办法、中人中办法、新人新办法"的分段计发办法

分段计发适用于对个人账户养老金待遇标准的计算：2004 年 7 月 1 日前参加农村社会养老保险的人员，在 2008 年 1 月 1 日前缴纳的保险费按 8.8% 的计发系数确定个人账户养老金标准；2004 年 7 月 1 日之后参加农村社会养老保险的人员，在 2008 年 1 月 1 日前缴纳的保险费按 5% 的计发系数确定个人账户养老金标准；试行办法施行之日起，参加农村社会养老保险的人员缴纳的新型农村社会养老保险费，按照国家规定的基本养老保险个人账户养老金计发月数确定个人账户养老金标准。

(3) 规定了明确的缴费时间和费率

北京市新型农村社会养老保险费实行按年缴纳，每年的缴费时间为 1 月 1 日至 12 月 20 日；最低缴费标准为上一年度本区县农村居民人均纯收入的 10%，参保人员可根据经济承受能力提高缴费标准；参保人员每年个人缴费和集体补助的总额，不得低于本区县的最低缴费标准；市劳动保障行政部门根据市统计部门公布的上一年度区县农村居民人均纯收入，在每年 3 月 31 日前发布各区县的最低缴费标准。

达到领取养老金年龄（男年满 60 周岁、女年满 55 周岁的次月）而累计缴费年限不满 15 年的，继续按年缴纳保险费，最长延长缴费时间 5 年，缴费年限仍不满 15 年的，按照相应年度本区（县）农村居民人均纯收入的 10%，一次性补足差额年限保险费。

(4) 规定了养老保险关系城乡可以转移接续

参加新型农村社会养老保险后转而又参加城镇职工基本养老保险的，其参加农村养老保险所缴纳的养老保险费，按照基本养老保险相应年度最低缴费基数和缴费比例折算为基本养老保险的缴费年限，折算的农村社会养老保险费转入基本养老保险基金，并按规定建立基本养老保险个人账户；参加本市基本养老保险的本市农民工，达到退休年龄时不符合按月领取条件的，可将其按照基本养老保险规定享受的一次性养老金划转到其户口所在区（县）农保经办机构，建立新型农村社会养老保险个人账户，按

照新型农村社会养老保险的规定计发养老金。

从目前各地农村养老保险实践来看，正在循着"低水平、广覆盖"的路径前行，也符合国际社会对中国的养老保险制度如何建构的建议。例如，伦敦政治经济学院尼古拉斯·巴教授就主张中国发展国民养老保险，定位于消除老年贫困，采取非缴费型制度，规定领取年龄和待遇水平，由中央财政提供资金支持。① 各地已经普遍实施的新型农村养老保险和城镇居民养老保险，接近巴教授所建议的国民养老保险制度模式，虽然达到法定退休年龄的农村老人和城镇老年居民只能领取较低数额的养老金，但是他们个人不缴纳或者只缴纳小额的养老保险费，待遇的资金主要由中央财政和各级地方财政承担。这样的制度设计，有利于首先将城乡居民、非正规就业者和低收入者的养老保险统一为非缴费型国民养老保险制度，形成区别于需要缴纳养老保险费、养老金待遇较高的城镇职工的养老保险制度，减少我国养老保险制度碎片化的现状。

5. 启动农民养老保险制度创建工作

党的十七大提出，2020年基本建立覆盖城乡居民的社会保障体系，探索建立农村养老保险制度。党的十七届三中全会第一次提出了新农保的概念，并明确了个人缴费、集体补助、政府补贴相结合的原则。2008年底召开的中央经济工作会议和2009年3月温家宝总理的《政府工作报告》都明确要求，积极开展新型农村社会养老保险试点。2009年6月24日，国务院第70次常务会议讨论并原则通过了《关于开展新型农村社会养老保险试点的指导意见》，8月18日至19日，全国新型农村社会养老保险试点工作会议在北京召开，温家宝总理和张德江副总理对新农保试点工作进行了部署，温家宝在会议上指出，2009年开展的农村养老保险试点工作，是由国家财政全额支付农民最低标准基础养老金的制度，它的重大现实意义和深远的历史意义在于以下四点。第一，国家为亿万农民建立由财政全额支付最低标准的基础养老金，使他们老有所养，对于开拓农村市场、扩大国内消费需求，具有强大持久的推动力。第二，随着经济发展、国力增

---

① 封进：《强制高保障不现实》，《中国社会科学报》2011年12月22日。

强,农民养老保险待遇水平的逐步提高,有利于逐步缩小城乡居民的收入差距,更充分地体现社会公平和共享。第三,有利于化解农村社会中的各种矛盾。农村老年人经济自立能力的逐步提高,由此生活质量的逐步提高,有利于增强社会的和谐因素,养老金的领取一定程度地减轻了子女的经济负担,由此减少了因赡养问题引发的家庭矛盾。第四,有利于化解一些农村集体组织与村民的紧张关系,维护了社会稳定。①

2009 年 9 月 4 日,国务院发布了《关于开展新型农村社会养老保险试点的指导意见》,它的主要亮点有以下几个。

(1) 确立了农村社会养老保险工作的基本原则

新农保试点的基本原则是"保基本、广覆盖、有弹性、可持续"。一是从农村实际出发,低水平起步,筹资标准和待遇标准要与经济发展及各方面承受能力相适应;二是个人(家庭)、集体、政府合理分担责任,权利与义务相对应;三是政府主导和农民自愿相结合,引导农村居民普遍参保;四是中央确定基本原则和主要政策,地方制定具体办法,对参保居民实行属地管理。

(2) 明确了农村社会养老保险的任务目标

探索建立个人缴费、集体补助、政府补贴相结合的新农保制度,实行社会统筹与个人账户相结合,与家庭养老、土地保障、社会救助等其他社会保障政策措施相配套,保障农村居民老年基本生活。2009 年试点覆盖面为全国 10% 的县(市、区、旗),以后逐步扩大试点,在全国普遍实施,2020 年之前基本实现对农村适龄居民的全覆盖。

(3) 扩大了参保范围

规定年满 16 周岁(不含在校学生)、未参加城镇职工基本养老保险的农村居民,可以在户籍地自愿参加新农保。

(4) 建立了个人缴费、集体补助、财政补贴的三方筹资机制

新农保基金由个人缴费、集体补助、政府补贴构成。①个人缴费。标准目前为每年 100 元、200 元、300 元、400 元、500 元五个档次,由参保

---

① 2009 年 8 月 18 日温家宝在全国新型农村社会养老保险试点工作会议上的讲话。

人自主选择缴费档次。地方政府应当对参保人缴费给予补贴，补贴标准不低于每人每年30元，对农村重度残疾人等缴费困难群体，地方政府为其代缴部分或全部最低标准的养老保险费。个人缴费、集体补助、地方政府对参保人的缴费补贴，全部记入个人账户。国家依据农村居民人均纯收入增长等情况适时调整缴费档次。②集体补助。有条件的村集体应当对参保人缴费给予补助，补助标准由村民委员会召开村民会议民主确定。③政府补贴。政府对符合领取条件的参保人全额支付新农保基础养老金，其中中央财政对中西部地区按中央确定的基础养老金标准给予全额补助，对东部地区给予50%的补助。农民养老金由基础养老金和个人账户养老金构成，其中最低标准基础养老金为每人每月55元，以确保同一地区农民领取到的养老金水平基本相同。2011年，农民养老保险试点扩大到了40%，试点范围逐步拓展，2020年实现全覆盖目标。

（5）规定为参保人建立个人账户

国家为每个新农保参保人建立终身记录的养老保险个人账户。个人缴费，集体补助及其他经济组织、社会公益组织、个人对参保人缴费的资助，地方政府对参保人的缴费补贴，全部记入个人账户。个人账户储存额目前每年参考中国人民银行公布的金融机构人民币一年期存款利率计息。

（6）规定了养老金待遇及其领取

养老金待遇由基础养老金和个人账户养老金组成，支付终身。中央确定的基础养老金标准为每人每月55元。地方政府可以根据实际情况提高基础养老金标准，对于长期缴费的农村居民，可适当加发基础养老金，提高和加发部分的资金由地方政府支出。个人账户养老金的月计发标准为个人账户全部储存额除以139（与现行城镇职工基本养老保险个人账户养老金计发系数相同）。参保人死亡，个人账户中的资金余额，除政府补贴外，可以依法继承，政府补贴余额用于继续支付其他参保人的养老金。

年满60周岁、未享受城镇职工基本养老保险待遇的农村有户籍的老年人，可以按月领取养老金。新农保制度实施时，已年满60周岁、未享受城镇职工基本养老保险待遇的，不用缴费，可以按月领取基础养老金，但其符合参保条件的子女应当参保缴费；距领取年龄不足15年的，应按年缴费，也允许补缴，累计缴费不超过 15 年；距领取年龄超过 15 年的，应按年缴费，累计缴费不少于 15 年。

（7）对养老保险基金管理和监督作出规定

新农保基金纳入社会保障基金财政专户，实行收支两条线管理，单独记账、核算，按有关规定实现保值增值。试点阶段，新农保基金暂实行县级管理，随着试点扩大和推开，逐步提高管理层次，有条件的地方也可直接实行省级管理。

（8）对经办管理服务的规定

开展新农保试点的地区，要认真记录农村居民参保缴费和领取待遇情况，建立参保档案，长期妥善保存。建立全国统一的新农保信息管理系统，纳入社会保障信息管理系统建设，并与其他公民信息管理系统实现信息资源共享。要大力推行社会保障卡，方便参保人持卡缴费、领取待遇和查询本人参保信息。新农保工作经费纳入同级财政预算，不得从新农保基金中开支。

（9）对相关制度衔接的规定

原来已开展以个人缴费为主、完全个人账户农村社会养老保险（以下称老农保）的地区，要在妥善处理老农保基金债权问题的基础上，做好与新农保制度衔接。在新农保试点地区，凡已参加了老农保、年满 60 周岁且已领取老农保养老金的参保人，可直接享受新农保基础养老金。对已参加老农保、未满 60 周岁且没有领取养老金的参保人，应将老农保个人账户资金并入新农保个人账户，按新农保的缴费标准继续缴费，待符合规定条件时享受相应待遇。

将新农保与 1992 年开展的老农保相比，前者具有明显的现代社会养老保险制度的特征。一是新型农村养老保险制度是以政府为责任主体、体现社会公平的制度。国家财政支付最低标准基础养老金，既是实现"保基本"目标的基础，也体现国家对制度实施时已经达到退休年龄的老年农民的补偿以及对为国家现代化建设付出代价的中西部地区的补偿，比较充分地体现了代际和地区之间的连带和互济。二是新型农村养老保险制度体现出现代养老保险制度的普惠性特征。地方财政对农民缴费实行补贴，成为实现"广覆盖"目标的支撑。在一些农村集体经济组织不能为参保农民提供补助以及部分农民个人缴费有困难的情况下,由地方财政对所有参保农民给予缴费补贴,对农村重度残疾人等困难群众代缴部分或全部最低标准保险费,有利于增加个人账户积累和实现全覆盖的目标。三是新型农村养老保险制度体现出权利与义务相结合的原则。农民的个人缴费、集体经济组织的补助以及地方政府对参保人缴费的补贴,全部进入参保人的个人账户。个人账户养老金依据本人缴费多少和缴费年限的长短,计算待遇水平,充分体现了权利与义务相对应的原则。

到 2010 年 6 月底,全国 320 个试点县和 4 个直辖市已经开展了新型农村社会养老保险工作,参保人数达到 5965 万人,① 占试点地区适龄农业人口的 63.82%,其中 1697 万人已享有养老金待遇。② 到 2010 年底,参加农村养老保险的人数猛增到 10277 万人,当年有 2863 万人领取养老金,共支付养老金 200 亿元,年底结存养老基金 423 亿元。③ 2010 年 10 月,国家又启动了第二批试点工作,各地政府积极推进和实施"新农保"的试点工作,并且在具体实施方案中明确了地方政府的财政补贴责任。随着制度的不断实施,农民将会越来越认识到新农保制度对于保障自己老年生活的重要性和必要性,参保的积极性也会不断提高。

新农保在试点过程中也暴露出一些问题。一是财政责任规定不明确。无论是中央政府和地方政府对农民基础养老金支付的规定,还是中央政府和地方政府对农民个人账户缴费补贴的规定,都不清晰。国际范围的普遍做法是,将政府作为农民的雇主而为农民承担部分养老保险的缴费义务。在建立和完善我国农民养老保险制度的过程中,对于农民的基础养老金,全国范围应当实行统一制度,即都由中央政府承担支付责任,各地方政府可以根据当地经济发展水平,通过增发基础养老金,来提高本地区农民的基础养老金水平。对于农民个人账户缴费,同样需要对农民个人缴费、中央政府以及地方政府的补助比例作出比较明确的规定。二是规定新农保试

---

① 周晖:《过去 5 年是社会保障事业发展最快的时期》,《中国劳动保障报》2010 年 11 月 26 日。
② 郑功成主编《中国社会保障改革与发展战略(养老保险卷)》,人民出版社,2011,第 196 页。
③ 人力资源和社会保障部:《2010 年度人力资源和社会保障事业发展统计公报》。

点时已满 60 岁的农民不用缴费就可以享受中央财政提供的每月 55 元的基础养老金，但条件是其子女应当参保。① 各地在执行这一规定时，制定了更加苛刻的条件，例如将应当参保的人员扩及辖区内的家庭成员，包括配偶、儿子、儿媳、上门女婿、女儿，而年满 60 周岁的老人一般都是多子女，缴费压力大，他们就放弃了领取基础养老金的权利。中央政府为 60 周岁的农村老人提供每月 55 元的养老金，是政府对从进入劳动年龄就一直为国家的工业化积累、社会主义建设事业、农村经济体制改革作出巨大贡献的老年农民的一种经济补偿，是新农保实施时有关法规赋予老年农民的一项权利，而这项权利的实施是不能附加任何条件和义务的。所以，目前附条件的规定是对老年农民养老权利的一种限制，应当尽快修改。三是农民养老金替代率低，不能保障老年农民的基本生活需要。中央政府提供的基础养老金每月只有 55 元，全年为 660 元，占 2009 年我国农村居民人均纯收入 5153.17 元的 12.8%。农民多选择 100 元、200 元的缴费标准，加上地方政府每年 30 元的补贴，参保农民到 60 岁领取养老金时，个人账户的微薄积累也不会提供比较高的个人账户养老金。2012 年 7 月 10 日，全国老龄工作委员会发布了《2010－2012 年中国城乡老年人口状况追踪调查主要数据报告》，这是继 2000 年和 2006 年之后第三次对老年生活状况进行的追踪调查，也是国家统计局批准的由主管老龄工作的唯一部门进行的老年人状况科学调查。报告显示，社会养老保障的覆盖率，城镇达到 84.7%，月均退休金 1527 元；农村为 34.6%，月均养老金 74 元，仅为城市老年人平均月退休金的近 5%。在老年人平均年收入结构中，城市老年人的养老保障占到 86.8%，而农村目前主要还是靠家庭和土地养老，养老保障只占到 18.7%。② 因此，即使中央政府和地方政府能够持续提供补贴，低额的农民养老金仍不能维持老年农民最基本的生活需要。四是在实际操作中，中央财政要求地方政府财政补贴到位，才予拨付中央政府提供的基础养老金。在地方财政吃紧，没有能力为农民提供养老保险费补贴时，为了获得

---

① 参见 2009 年《国务院关于开展新型农村社会养老保险试点的指导意见》。
② 蒋彦鑫等：《农村老人月均养老金仅 74 元　不足城市老人 5%》，《新京报》2012 年 7 月 11 日。

中央财政的拨款，地方财政弄虚作假的现象就出现了。政府提供财政补贴是新农保制度和旧农保制度的根本区别之一。各级财政补贴按时足额到位是新农保持续健康发展的基础。对于每年提供不低于 30 元新农保补贴有困难的西部地区，中央财政应当采取倾斜政策，才能在减轻地方政府财政压力的同时，保证新农保制度顺利推进。五是新农保试点方案规定实行县级管理，并且规定各试点县可以制定具体的实施方案，导致全国进行试点县的新农保实施方案五花八门。新农保管理层次低为以后提高农民养老保险统筹层次、建立统一的农民养老保险制度设置了障碍。

（六）为失地农民创建养老保险制度

为失地农民建立和完善社会保障制度的重要性日益凸显，2010 年国土资源部调查数字表明，在信访案件中，征地纠纷、违法占地等占受理案件总量的 73%，其中 40% 是征地纠纷案件，这其中的 87% 又是征地补偿安置案件。① 另据财政部呈交全国人大的《2009 年预算执行情况及今年预算草案报告》，2009 年全国公共安全财政支出增加了 16%，2010 年继续增加 8.9%，增幅超过国防军费开支，实际金额与国防开支相差无几，总金额高达 5140 亿元。② 其中大部分用于解决失地农民、进城务工农民、城市下岗职工、拆迁户等利益受到侵犯的弱势群体与强势群体发生矛盾和冲突上。为了更好地保障失地农民的社会保障权益，2010 年颁布的《社会保险法》在第十二章"附则"第 95 条规定："征收农村集体所有的土地，应当足额安排被征地农民的社会保险费，按照国务院规定将被征地农民纳入相应的社会保险制度。"国家立法部门应在适当的时候就第 95 条中规定的"足额"占土地转让金的百分比、"被征地农民的社会保险费"同于城镇职工还是城镇居民或者新型农村养老保险和新型农村合作医疗、"纳入相应的社会保险制度"是指哪些社会保险制度等问题作出明确规定。

---

① 张怀雷等：《为失地农民建立社会保障体系的紧迫性》，《中国社会科学报》2010 年 12 月 16 日。
② 李海艳：《维稳的花样与花费》，《新世纪周刊》2010 年第 26 期。

（七）创建社会保障审计制度

我国的社会保障审计始于 1983 年国家审计署成立，开始只是对民政事业费等专项资金进行审计，随着社会保障制度的逐步健全，社会保障审计范围和内容也随之拓宽。近些年来，审计署先后组织实施了对失业保险基金、城市居民最低生活保障资金、救灾资金、新农保基金、新农合基金、养老保险基金等专项审计或审计调查，但这些审计，都是针对某一项社保资金进行的，而不是对全部的社会保障资金进行的。为了全面摸清社会保障资金的收支、结余及管理情况，2012 年 3 月至 5 月，审计署对全国社会保障资金进行了审计。此次审计的范围包括社会保险基金、社会救助资金和社会福利资金三部分，其中社会保险基金包括基本养老保险（企业职工基本养老保险、新型农村社会养老保险、城镇居民社会养老保险）、基本医疗保险（城镇职工基本医疗保险、新型农村合作医疗、城镇居民基本医疗保险）、失业保险、工伤保险、生育保险等 9 项社会保险基金；社会救济资金包括城市居民最低生活保障、农村最低生活保障、城市医疗救助、农村医疗救助、自然灾害生活救助、农村五保供养等 6 项社会救助资金；社会福利资金包括儿童福利资金、老年人福利资金和残疾人福利资金等 3 项社会福利资金。审计的对象是全国省、市、县三级人民政府所属的人力资源和社会保障部门、民政部门、卫生部门、财政部门等管理部门以及社会保险经办机构等单位。审计署成立了全国社会保障资金审计工作领导小组，明确要求各级审计机关认真贯彻落实国务院审计工作方案，严格执行国家审计准则，以确保审计质量。

审计结果表明，到 2011 年底，18 项社会保障资金累计结余 3.11 万亿元，基本医疗保险参保人数合计超过 13 亿人，基本养老保险参保人数合计 6.22 亿人，失业、工伤和生育保险参保人数分别达到 1.42 亿人、1.70 亿人和 1.22 亿人；全国城市居民最低生活保障对象 2256.27 万人，农村最低生活保障对象 5298.28 万人，农村五保供养对象 578.62 万人；全国福利机构 4.25 万个，收养老年人、残疾人和儿童等 237.92 万人，社会福利企业吸纳 62.80 万残疾人员就业等。①

审计期间，财政部、人力资源和社会保障部、卫生部、民政部等部门出台了《关于加强和规范社会保障基金财政专户管理有关问题的通知》等制度文件，各省已出台或完善社会保障相关制度 941 项。截至 2012 年 7 月 25 日，已整改金额合计 315.79 亿元，其中：归还扩大范围支出资金、清理违规投资运营资金以及追回被骗取和多支付资金等 26.62 亿元；清退不符合条件和重复领取社会保险待遇 107.78 万人；财政补助资金拨付到位 78.66 亿元，补计社会保险基金利息收入 26.75 亿元，补缴社会保险费 85.83 亿元；规范社会保险基金账户 254 个，涉及资金 65.83 亿元；规范管理养老保险基金个人账户 967.78 万个，涉及金额 29.63 亿元；将符合参保条件的 105.15 万人纳入社会保障，向 100.37 万人补发社会保障待遇 2.47 亿元等。② 社会保障资金审计对于促进社会保障制度完善，确保社会保障资金安全，强化各管理机构及其工作人员的职责，具有其他制度无法替代的功能。

2011 年 3 月 10 日，全国人大常委会委员长吴邦国在向第十一届全国人大代表大会第四次会议作全国人大常委会工作报告时宣布，一个立足中国国情和实际、适应改革开放和社会主义现代化建设需要、集中体现党和人民意志，以宪法为统帅，以宪法相关法、民法商法等多个法律部门的法律为主干，由法律、行政法规、地方性法规等多个层次的法律规范构成的中国特色社会主义法律体系已经形成。③ 社会关系的各个方面基本都有法律法规覆盖，它标志着中国法制建设迎来了新起点，也表明进一步完善社会主义法律体系是今后的主要任务。尤其是在民生问题成为党和国家"十二五"期间工作重心的战略背景下，完善社会保障法律体系应是完善社会主义法律体系的重中之重。

---

① 《审计署官员就全国社保资金审计结果答记者问》，http：//politics.people.com.cn/n/2012/0802/C1001-18655774-1.html。
② 《审计署官员就全国社保资金审计结果答记者问》，http：//politics.people.com.cn/n/2012/0802/C1001-18655774-1.html。
③ 《到 2010 年底我国已制定现行有效福利法规 236 件，行政法规 690 多件》，新华网/中国政府网 2011 年 3 月 10 日；《中国社会科学报》2011 年 12 月 27 日。

| 第五章 |

医疗保险法的制度创新

疾病、衰老、残障或可能或必然发生在每一个人身上,为了抵御疾病及由此造成的不利竞争地位,人们在两个方面进行了不懈努力:一方面探究医疗技术以解决人与疾病的关系;另一方面探索理想的社会机制以解决抵御疾病过程中所产生的人与人的关系。社会医疗保险是由国家或社会对伤病人员提供物质帮助的社会保障制度,它通过在全社会范围内把符合条件的社会成员纳入保险体系,实现医疗保险费的社会调剂,使被保险人在遭遇疾病或受到疾病威胁时能够获得必要的帮助,以保护他们的健康利益。

第一节 我国计划经济时期的医疗保险制度

中华人民共和国成立后,我国建立了两大医疗保障系统:一是对非农业户口的部分居民实行医疗保险制度,根据保障对象不同又分为劳保医疗制度和公费医疗制度;二是对农业户口居民实施农村医疗保险制度。

一 非农业户籍居民医疗保险制度

1. 公费医疗制度的建立和改革

1952年6月,政务院颁布了《关于全国各级人民政府、党派、团体及其所属事业单位的国家工作人员实行公费医疗预防的指示》,随后又批转了卫生部制定的《国家工作人员公费医疗预防实施办法》,对公费医疗的适用对象、筹资方式、保障范围、管理制度、就医程序等作出了明确规定。依照规定，公费医疗适用于全国各级人民政府、党派、工青妇等团体以及科教文卫、经济建设等事业单位的国家工作人员和革命残废军人。各级人民政府财政负担公费医疗费用，并成立专门的主管机构挂靠在同级卫生行政主管机关。公费医疗待遇须由指定的医疗机构提供，转诊需要介绍。公费医疗待遇包括门诊和住院的治疗费用，经批准转地治疗或疗养就医所需的路费和膳食费一般由个人承担，但确有困难的则由单位给予补助。该项制度建立后，又于 1953 年和 1965 年扩大了保障范围，将高等院校的学生和退休的国家工作人员纳入其中。

高福利、粗线条的公费医疗制度必然会出现一些问题，主要是医疗资源浪费和医疗费用负担不断增加。1957 年，周恩来在八届三中全会报告中提出："劳保医疗和公费医疗实行少量收费，取消一切陋规，以节约开支。"① 1965 年，卫生部、财政部规定享受公费医疗待遇人员的门诊挂号费和出诊费由个人缴纳，不得在公费医疗经费中报销。② 1974 年，卫生部、财政部联合颁发《享受公费医疗人员自费药品范围》，规定了公费医疗不予报销的药品范围。尽管如此，医疗费用还是没有从根本上得到控制。在实践中，定点医疗的规定逐渐被突破，医院放下监督把关的责任，公费医疗经费年年增长，年年超支。到 20 世纪 80 年代，随着干部老龄化、疾病普遍化和医疗设备技术的升级换代，公费医疗费用上升速度越来越快，导致国家财政难以承受。

1984 年，卫生部、财政部联合发文，要求加强公费医疗管理并推行费用分担制度，标志着新一轮公费医疗改革正式启动。③ 1989 年，国务院确定在丹东、四平、黄石和株洲四个城市进行朝向医疗保险的公费医疗试点改革，并在深圳市和海南省进行社会保障综合改革试点。其主要措施有三个。第一，建立医药费用分担制度，具体方式有两种：一是按比例分担门诊和住院费用，并规定费用分担的最高限额；二是实行医疗费用包干，超

---

① 参见 1957 年 9 月周恩来总理在党的八届三中全会上所作的题为《关于劳动工资和劳保福利问题》的报告，1957 年 10 月 24 日中共中央转发了这篇报告。
② 参见《卫生部、财政部关于改进公费医疗管理问题的通知》。
③ 参见卫生部、财政部于 1984 年 4 月 28 日发布的《卫生部、财政部关于进一步加强公费医疗管理的通知》。

支自负或按比例担负。在改革中，前一种方式的适用范围逐渐扩大，成为通行措施。第二，强化经费管理。1989年8月，卫生部、财政部联合颁发《公费医疗管理办法》，对公费医疗待遇范围、经费开支、医疗管理、机构建设、监督检查和考核奖惩等进行了明确规定。据此，公费医疗从过去的统一管理体制调整为多种管理形式并存的体制。第三，尝试建立公费医疗医院和门诊部，专门服务公费医疗病人。

2. 劳保医疗制度的建立和改革

1951年，政务院颁发《中华人民共和国劳动保险条例》，规定城市职工可以依法参加医疗保险，并享受相应的待遇。1953年，原劳动部颁布《中华人民共和国劳动保险条例实施细则（修正草案）》，国务院有关部委还颁布了一些配套规章，医疗保险制度据此建立起来。

第一，劳保医疗适用对象为有工人职员100人以上的国营、公私合营、私营及合作社经营的工厂、矿场及其附属单位等。第二，医疗保险费用完全由企业负担，具体由企业按照职工工资总额的一定比例提取。[①] 第三，实行劳动保险的企业，已经设立医疗机构的，需要充实设备，健全制度；没有设立医疗机构的，应单独或联合设立医疗所或医院；由于条件限制无力设立的，应提供特约医院或特约中西医师，向职工提供医疗服务。医疗机构的一切运行费用由企业负担。第四，职工生病或负伤，应在所在企业的医疗所、医院或特约医院医治，所需诊疗费、手术费、住院费及普通药费由企业负担，贵重药费、住院的膳费及就医路费由本人负担，如本人经济确有困难，可由劳动保险基金酌情补助。

很显然，劳保制度的建立使职工的健康得到了有力保障，却使企业的负担过于沉重。1966年4月，劳动部、全国总工会联合颁发《关于改进企业职工劳保医疗制度几个问题的通知》，对医疗待遇标准进行调整，规定了需要患者自费的项目和治疗费用担负比例。20世纪80年代中期，通行的做法是实行医疗费用与个人利益相挂钩，一般由企业每月发给职工一定数额的医疗补助费，职工个人要按一定比例担负门诊和住院医疗费，全年

---

① 重工业部门、建筑部门、森林工业部门、铁路及交通部门的提取比例为7%，轻工业、纺织业、邮电、贸易、商业、粮食企业、银行及国有农场的提取比例为5%。

的医疗费补助结余归己，超支自负。80年代后期，各地在实践中开始探索大病医疗社会统筹和离退休人员医疗费用社会统筹，均取得了一定的成效。

3. 与市场经济相结合的社会医疗保险改革

在计划经济年代，非农业户口居民享受的医疗保险制度保持了长期的稳定和发展，但有关制度改革从未间断过，医疗保险制度是在改革中发展的。尽管如此，种种改革措施均没有突破基本制度框架，只是在制度范围内进行小幅度的调整和修补。公费医疗和劳保医疗制度的建立为保障城市人口的健康、消除或减轻患者的经济负担发挥了重要作用。但其制度本身也存在严重缺陷，具体表现为以下四点。第一，社会化程度低。无论是公费医疗还是劳保医疗，严格讲并不是一种医疗保险制度，而是一种医疗福利制度。公费医疗的费用来源于国家财政，举全民之力仅仅保障了部分社会成员，而不是所有纳税人。第二，缺乏合理的筹资制度。公费医疗的资金完全来自国家财政，个人不承担缴费责任，劳保医疗的资金几乎完全从企业扣除职工奖金后的工资总额中提取，形成对国家财政和企业的巨大压力。第三，缺乏横向公平。相比之下，公费医疗和劳保医疗之间的保障水平有较大差距。不仅如此，不同地方之间财政状况的好坏直接影响各地公费医疗水平，不同企业之间经营绩效、职工年龄、行业属性、地区差别等对劳保医疗的影响更为广泛，不公平性更为突出。第四，医疗供需缺少费用制约机制。由于国家和企事业单位为干部和职工的医疗承担最主要的、最终的经济责任，个人和医疗机构的责任意识淡薄，因此个人追求医疗高消费，医院提供过度的医疗服务，使医疗费用难以得到有效的节制。

进入社会主义市场经济发展阶段以后，经济的发展、社会结构的变化、政府和社会关系的转变都要求原有的医疗保险制度作出根本性变革。为了整合医疗保险制度，国家在总结各地经验的基础上，决定在建立社会主义市场经济的同时发展与之相适应的社会保障制度，其中包括医疗保险制度。1994年12月，国务院批准镇江市和九江市提出的医疗保险制度改革方案，开始进行制度试验。1996年，在总结"两江经验"的基础上，国务院又选择58个城市作为医疗改革试点。1998年12月，国务院颁布《关于建立城镇职工基本医疗保险制度的决定》，标志着医疗保险改革在全国范围内全面推开。基本医疗保险制度改革旨在解决三个问题：一是资金筹集多渠道化；二是加强社会成员间的互助共济，增强个人的自我保障能力；三是建立统一的医疗保险制度。基本医疗改革的指导思想是"基本保障，广泛覆盖，双方负担，统账结合"。"基本保障"是指，基本医疗保险水平要与我国经济发展水平相适应，筹资水平要反映财政和企业的实际承受能力；受此影响，医疗保险待遇水平锁定在基本层次，高标准的医疗需求将通过制度外的途径解决。"广泛覆盖"是指，基本医疗保险要覆盖城镇所有单位和职工，无论党政机关还是企事业单位，无论企业的所有制性质、组织形式、职工的户口性质等，均要参加在城镇实行的基本医疗保险。"双方负担"是指，医疗保险基金的筹集需要用人单位和职工双方缴费。"统账结合"是指，医疗保险实行社会统筹和个人账户相结合，建立社会统筹基金和个人账户，分别管理并规定各自的支付范围。国家明确劳动和社会保障部门为医疗保险的主管机关，建立具体办理医疗保险事务的社会保险经办机构。医疗保险按照属地管理，一般实行地级统筹，个别地区实行省级统筹。

二 农村合作医疗制度

我国较早出现合作医疗制度是在1955年农业合作化高潮时期，最初形式是"医社结合"，即农民缴费与生产合作社公益金补助相结合，建立集体医疗保障。到20世纪60年代初，合作医疗对农业人口的覆盖率达到20%~30%。1966年以后，湖北省长阳县的合作医疗得到了中央主要领导的肯定，合作医疗迎来了高速发展时期，到20世纪70年代，全国农村90%以上的生产大队实行了合作医疗。[①] 1979年，国家颁布指导合作医疗的规范性文件《农村合作医疗章程（试行草案）》，合作医疗有了正式的制度身份和地位。合作医疗制度在全国范围内建立，基本上解决了我国农村长期以来农民"看不上病"和"看不起病"的问题，提高了农民的健康水

---

① 张德元：《农村医疗保障制度的昨天、今天、明天》，《调研世界》2003年第5期。

平。该制度的成功之处在于，在经济水平绝对低下的情况下，仍能保障农民的医疗需求，而且这种制度所提供的医疗服务是平等的、普遍的和可担负的。20世纪80年代初，世界银行和世界卫生组织专门考察过我国的合作医疗制度，认为是发展中国家群体解决卫生经费的唯一范例。①

20世纪80年代以后，我国农村普遍实行家庭联产承包责任制，原有的经济关系乃至由此引起的社会关系出现了很大变化，在原有经济基础上建立的合作医疗制度面临着生存危机。随着国家经济政策、卫生政策和社会政策逐渐向城市倾斜，合作医疗制度失去稳定的筹资渠道、有效的政策支持和制度引导，难以适应变化了的社会大环境，开始从整体上走向衰败。到1985年，全国实行合作医疗的行政村的数量猛降至5%左右，恢复得最好的时候也只能达到10%左右。② 其中最主要的原因有三个。第一，缺乏必要的制度支持。③ 合作医疗制度出现后，我国一直没有引导和规范合作医疗的法律法规，制度的兴衰与领导人的意见和看法紧密相关，地方行政官员对合作医疗的态度也在很大程度上决定合作医疗的去留。第二，

---

① 转引自程晓明主编《医疗保险学》，上海复旦大学出版社，2003，第43页。
② 参见许正中《社会医疗保险：制度选择与管理模式》，社会科学文献出版社，2002，第236页。
③ 无论是合作医疗的早期发展阶段还是70年代达到高潮时期，合作医疗始终缺乏规范的制度引导，最为明显的特征就是制度的建立和发展无法可依，无章可循。1956年，全国人大一届三次会议通过的《高级农业生产合作社示范章程》中提到了合作社对社员因工负伤和生病负有医疗责任，1959年11月，卫生部在山西省稷山县召开全国农村卫生工作会议，肯定了合作医疗的做法，会后卫生部党组向中共中央上报了《关于全国农村卫生工作山西稷山现场会议情况的报告》及附件《关于人民公社卫生工作几个问题的意见》，1960年2月2日，中共中央以中发〔60〕70号文件对报告进行了转发，并要求各地参照执行，这一政策性文件成为合作医疗发展的最主要依据。1965年6月，毛泽东同志作出"把医疗卫生工作的重点放到农村去"的指示，后来中共中央以〔65〕586号文件批转卫生部党委《关于把卫生工作重点放到农村的报告》，该报告也成为指导合作医疗的准则。1968年，毛泽东同志批发了湖北省长阳县乐园人民公社举办合作医疗的经验，称赞"合作医疗好"，在当时的政治条件下，主席的指示也成为合作医疗工作应当遵循的至高无上的纲领。关于合作医疗的立法最早见于1978年《中华人民共和国宪法》，其中第三章第50条规定："劳动者在年老、生病或丧失劳动能力的时候，有获得物质帮助的权利。国家逐步发展社会保险、社会福利、公费医疗和合作医疗等事业，以保证劳动者享受这种权利。"1979年12月15日，卫生部、农业部、财政部、国家医药总局和全国供销合作总社联合下发通知，发布《农村合作医疗章程（试行草案）》，要求各地结合本地区实际情况参照执行。严格地讲，这一草案也算不上有效的规范性法律文件。

资金筹集困难。农村经营方式改变后，便于筹资的集体经济弱化，集体经济组织的权威和社会功能急转直下，虽然农民的收入较以前有了大幅增长，但筹资变得更困难，使之处于无人管、难以管的境地。第三，政府在农村的医疗卫生管理职能缺位。改革开放后，政府在农村的医疗保障投入减少了，也没有根据变化了的经济条件制定相应的制度，使合作医疗实际上处于自生自灭的状态。由于原有的社会整合力量走向衰落，失去社会支撑，又没有得力的政策干预，合作医疗的衰败是必然的。

为重新恢复合作医疗制度，2003 年国务院批转卫生部、财政部和农业部《关于建立新型农村合作医疗制度的意见》，使农村合作医疗发展到一个新的阶段。新型农村合作医疗是由政府组织、引导和支持，农民自愿参加，个人、集体和政府多方筹资，对农民大病医疗费用实施保障的医疗互助共济制度。新型合作医疗一般实行县级统筹，省、地级人民政府成立合作医疗协调小组，专门的管理机构设在各级政府的卫生行政部门。除此以外，县级人民政府还成立由参保农民代表组成的管理委员会，下设经办机构。合作医疗资金来自农民个人的缴费、集体经济组织出资和各级政府财政拨款，而且中央政府向西部地区市区以外的参保农民按人头补助专项资金。

三 社会医疗保险基本制度的变革和创新

从技术角度看，我国过去的医疗保险制度相对是公平的，但是缺乏对效率的关注。在计划经济年代的医疗保险制度框架内，无论是城市的公费医疗、劳保医疗还是农村的合作医疗，公民基本上都能够进入相应的制度范围之内，劳动者获得医疗保障的权利获得了普遍的尊重。由于过多强调公平性和福利性，三种具体的保险制度长期处于缺乏效率的状态之中。服务水平低、医疗条件改善缓慢、药品浪费严重等问题逐渐使医疗保险难以为继，在旧有的体制内，制度进一步改革的回旋余地、可供利用的改革资源已经非常有限，社会条件的巨大变化促使医疗保险制度必须实现根本性的体制变革。

肇始于 20 世纪 80 年代的医疗保险改革从一开始就是以提高效率和控

制医疗费用为导向的。改革引入了个人责任,如建立医疗费用分担制度,对医疗保障范围进行进一步的限制,对医疗服务的提供方式如定点医疗机构、合同管理等进行大胆改革,引入朝向社会医疗保险的改革措施等。1994年以来,有计划、有目的进行的社会医疗保险试点继续秉承了这一思路,1998年开始正式实施的基本医疗保险制度则进一步把医疗保障效率具体化、制度化。2003年推行的新型合作医疗制度在很多方面借鉴了基本医疗保险制度,作出了一些有利于社会公正的制度调整,如明确政府的出资责任等。社会医疗保险制度改革取得了一定成绩。第一,建立了合理的医疗保险基金筹措机制,在一定程度上打破了医疗保险制度条块分割的局面;在城市建立了统一的医疗保险制度,扩大了医疗保险的覆盖面;由用人单位和职工个人共同缴纳医疗保险基金,拓宽了医疗保险基金的筹资渠道。这些措施使参保人的经济负担有所降低。第二,在一定程度上抑制了医疗费用的过快增长,在医疗保险制度之内初步建立了医疗消费制约机制和医疗费用支付办法,使医疗费用浪费现象有所遏制。第三,促进了医疗机构改革。对医疗机构而言,医疗保险制度改革既是挑战又是机遇。新的定点医疗机构管理制度和医疗费用支付制度,能够推动医疗机构加强内部管理,促使其调整医疗收入结构、提高服务意识和服务质量。

建立一种既公平又有效率的制度是我国医疗保险制度改革的方向,目前我国正在完善的社会医疗保险制度改革的方向是正确的,但是要想实现这个目标还有很长的路要走。发展有中国特色的社会医疗保险制度不仅需要在基本制度、具体制度以及细节上继续推进制度构建,也需要调整现行不合理、不正确的制度设计。

第二节 我国社会医疗保险制度体系

一 社会医疗保险制度体系概述

新中国成立以后,我国在城镇范围内建立了包揽一切的国家医疗保障制度。随着经济与社会形势的发展,这种全面保障的医疗保障制度终于难以为继,走到了尽头。我国现行的社会医疗保险制度吸取了公费医疗、劳保医疗、农村合作医疗的教训，把保障水平定位在为被保险人提供基本医疗保险待遇层次上。但是相比之下，现行医疗保障制度加重了个人的负担，不能抵御较大的疾病风险，也不能满足社会群体不同层次的医疗消费需求，客观上需要在基本医疗保险制度基础上发展其他形式的保险，建立多层次的医疗保障体系。与此同时，我国社会医疗保险制度没有覆盖全体公民，需要搭建成一个网络。经过改革，我国社会医疗保险制度已初步形成一个与社会主义市场经济相适应的社会医疗保险体系。这一体系横向表现为建立了适用于不同地域和职业的城镇职工基本医疗保险、城镇居民基本医疗保险、军人退役医疗保险和新型农村合作医疗制度，纵向表现为以基本医疗保险制度为主、以补充医疗保险为辅的多层次医疗保险制度，它们共同构成了我国的社会医疗保险体系。通过构建以基本医疗保险制度为主体的多层次医疗保险体系，可以切实保障公民不同层次的医疗需求，逐步扩大医疗保险覆盖范围，进而实现全民医疗保险，也有利于调节社会公平，引导健康储蓄和消费。

二 社会医疗保险的制度构建

1. 社会医疗保险的制度形式

城镇职工基本医疗保险、城镇居民基本医疗保险、新型农村合作医疗和军人退役医疗保险构成了我国基本医疗保险的基础框架。这四个制度彼此关联又相对独立，在各自适用的领域发挥作用。

城镇职工基本医疗保险是我国目前发展最为成熟的一项医疗保险制度。该制度建立之前，我国在城市中长期施行劳保医疗制度和公费医疗制度，国家负责、单位包办、板块分割、封闭运行，严重缺乏效率，造成了医疗卫生资源的严重浪费，国家和企业为此背上了沉重的包袱。20世纪90年代以来，我国在建立社会主义市场经济的同时，启动了与之相配套的社会医疗保险改革。1998年《国务院关于建立城镇职工基本医疗保险制度的决定》颁行全国，标志着我国城镇职工基本医疗保险制度开始进入正式建设时期。新制度打破了部门、行业、职业界限，实行省级或地级统筹，在统筹地区内扩大互助共济的范围并改善待遇的平等性；建立个人和单位共同缴费的筹资制度，实现资金来源多渠道化；实行社会统筹和个人账户相结合机制，使疾病风险得到最大程度的分散；设置基本医疗保险诊疗项目范围、用药范围、服务设施范围和支付标准，保证医疗保险基金的有效使用方向；将社会医疗管理权集中于劳动和社会保障行政部门，统一了行政管理权限。同时，该制度也存在一些问题。比如只能向城镇参保职工提供基本医疗保障，不能满足多层次的需求；在引入个人责任的同时导致个人负担过重；等等。这些都需要通过建立与基本医疗保险相补充的制度来加强基本医疗保险的功能，实现更大程度上的风险分散和医疗保障。

我国目前正在建立的新型农村合作医疗制度是由政府组织、引导、支持，农民自愿参加，个人、集体和政府多方筹资，以大病医疗统筹为主要内容的农民医疗互助共济制度。根据前述《关于建立新型农村合作医疗制度的意见》及各地颁行的规范性文件，新制度吸取了传统制度解体的教训，规定了多渠道的资金来源，即由农民个人、集体和政府三方共同出资，加入了政府的扶助责任，使基金获得了稳定的来源。新型农村合作医疗原则上在县或县级市范围内统筹，在县域范围内调动医疗资金，在统筹层次大幅度高于原有制度的条件下扩大了医疗互济范围。合作医疗为农民提供的保障以风险性保障为基础，医疗基金主要补助农民的大额医疗费用和住院费用，兼顾福利性保障，即支付常规性体检费用，统筹地区也可以决定实施对小额门诊费用的补偿。新型农村合作医疗尚未进一步明确的是，到城镇工作的农民工应该如何参加保险，其参保的依据是按户口、劳动关系还是个人意愿。传统合作医疗是以户口为依据的，只要户口在农村就要以户为单位缴费。目前城镇职工基本医疗保险以劳动关系为依据适用于农民工。由于新型农村合作医疗参保坚持自愿原则，这会使保险的覆盖具有不确定性，因此需要法律在两种制度的衔接上作出规定，本文前面提到的办法不失为一种可以采行的方案。

军人退役医疗保险适用于部分现役军人，适用对象包括军官、文职干部和士官，该制度的目标在于，通过该保险与地方社会医疗保险制度的衔接，使退役前后军人的医疗保险关系处于可持续状态，为军人退役后抵御疾病风险提供医疗保障。依照法律规定，各级后勤（联勤）机关为参保军人建立退役医疗保险个人账户,军人按月缴纳退役医疗保险费,国家财政按同等数额拨付,共同计入个人账户。军人牺牲或者病故的,其退役医疗保险个人账户资金可以依法继承。军人退役后,转移个人保险关系和个人账户。根据有关规定,军人退役医疗保险行政管理机构负责对退役医疗保险管理实施行政领导和行政监督,中国人民解放军各级审计部门负责对军人退役医疗保险基金的收支和管理进行审计监督。从制度功能来看,军人退役医疗保险不是完整的、独立的制度形式,而是其他基本医疗保险制度的衔接制度;从制度适用范围来看,军人退役医疗保险适用于特定军人群体,不具有社会整体意义。因此在多数情况下,军人退役医疗保险不被认为是我国基本医疗保险制度的具体制度形式。

相比前三项制度,城镇居民基本医疗保险是最晚建立的社会医疗保险制度形式。为了实现建立覆盖城乡全体居民的医疗保障体系的目标,国家从 2007 年起开始进行城镇居民基本医疗保险试点改革。城镇居民基本医疗保险的保障范围为不属于城镇职工基本医疗保险制度覆盖范围的中小学阶段的学生、少年儿童和其他非正规就业的城镇居民,一些地方如云南省将大学生也纳入保障范围。医疗保险待遇主要是住院和门诊大病医疗保险服务,医疗保险资金的筹集实行个人或家庭缴费与政府财政补助相结合,个别地方还建立了个人缴费义务减免制度。城镇居民基本医疗保险基金纳入社会保障基金财政专户统一管理,单独列账,不设个人账户。医疗服务管理参照城镇职工基本医疗保险的有关规定执行。医疗费用担负实行医疗保险基金和个人分担的制度,建立医疗保险基金的起付标准、支付比例和最高支付限额制度。城镇居民基本医疗保险制度的推行,标志着我国覆盖全民的社会医疗保险制度体系基本形成。

2. 社会医疗保险的制度层次

我国社会医疗保险除了上述制度形式外,还包括一些边缘性的制度,被统称为补充医疗保险。一般而言,补充医疗保险是指对基本医疗保险的补充,是在基本医疗保险的基础上提高医疗待遇、降低医疗费用负担的制度,以便对被保险人进行更大程度的保障。在市场经济条件下,补充医疗保险是构建完善的医疗保险体系不可或缺的组成部分。补充医疗保险有广义和狭义之分，狭义的补充医疗保险是指企事业单位建立的医疗保险，可称为单位补充医疗保险。广义的补充医疗保险是指所有对基本医疗保险构成补充的医疗保险制度。目前，我国各地对各种形式的补充医疗保险采用的称谓不尽相同，一般包括公务员医疗补助、企业补充保险、城镇职工大额医疗补助、大病医疗保险等。2012年8月，国家发展和改革委员会、原卫生部等6部委联合发布了《关于开展城乡居民大病保险工作的指导意见》，要求全国各地开展大病医疗保险工作，并提出了筹资机制、保障范围、承办方式等方案，至此，补充医疗保险在制度上实现了全民覆盖。

3. 补充医疗保险的制度构建

我国的补充医疗保险制度形式较为复杂，就其适用范围而言，大致可以分为三种形式：适用于城镇职工的职工大病医疗费用保险和单位补充医疗保险、适用于城乡非正规劳动者和无业公民的城乡居民大病医疗保险与适用于公务员群体的公务员医疗补助。

（1）城镇职工大病医疗费用保险制度。城镇职工大病医疗费用保险是在基本医疗保险的基础上，对负担大额医疗费用支出的被保险人提供物质帮助的医疗保险制度。该制度分两种制度类别，一种是城镇职工大额医疗费用保险，另一种是城乡居民大病医疗保险。就前者而言，其制度名称颇不统一，在一些地方性法规中，该制度又被称为"重大疾病医疗补助制度"、"大额医疗保险"以及"大额医疗费用互助制度"等，无论称谓如何，该制度是一种从属于城镇职工基本医疗保险的补充医疗保险制度。

（2）单位补充医疗保险制度。单位补充医疗保险是参加城镇职工基本医疗保险且不享受公务员医疗补助待遇的企业或事业单位自主建立的，保证职工医疗待遇不低于一定水平的医疗保险制度。该制度建立的动因在于对特定行业或效益好的企业职工医疗保险利益予以保障，防止他们的医疗待遇在参加城镇职工基本医疗保险后发生大幅度的下降。单位补充医疗保险一般不采用强制保险原则，也有的地方规定采用强制原则，如北京市劳动和社会保障局发布的《关于进一步完善补充医疗保险有关问题的通知》要求，参加城镇职工基本医疗保险且不享受公务员医疗补助的企业和事业单位应当建立补充医疗保险。从法理角度看，由于单位补充医疗保险的目的在于提高医疗待遇水平，具有浓厚的福利色彩，因此应以自愿为原则，即是否参加补充医疗保险、如何分配单位收益应视单位的经营情况，由单位自行确定。适用强制保险原则有可能把政府应当承担的社会福利职能转嫁给企业，造成政府对单位经营的不适当干预，因此应当慎重。在适用强制保险原则时，我国一些地方规范性文件对参保企业的条件作出了规定，但没有具体条款，如《北京市企业补充医疗保险暂行办法》规定"有条件的"企业要参加补充医疗保险，但究竟满足何等条件才被算作有条件，并没有进行明确界定。

单位补充医疗保险一般有三种方式：第一种是由企业或事业单位自行建立、自我管理的补充医疗保险方式；第二种是由行业组织按照保险的原则筹集补充医疗保险基金，实行行业内自我管理的行业补充医疗保险形式；第三种是由商业保险公司来操作管理的商业补充医疗保险形式。① 作为自治水平较高的社会医疗保险形式，单位补充医疗保险所支付的医疗费用的范围应当由用人单位或管理委员会自主确定。一般认为，该保险应支付个人账户不足支付时的医疗费用、基本医疗保险支付之余应由个人支付的医疗费用以及大额医疗费用保险支付之余应由个人支付的医疗费用等。

城镇职工大额医疗费用保险是法定医疗保险，凡是参加城镇职工基本医疗保险的用人单位及其职工、退休人员，都应当依法参加大额医疗费用保险。该项保险所保障的范围各地不一，有些地方保障被保险人一个年度内医疗费用超过一定限额的部分，有些地方保障一个年度内累计超过一定数额的门诊、急诊医疗费用和超过基本医疗保险最高支付限额的住院医疗费用，以及诸如恶性肿瘤放射治疗和化学治疗、肾透析等特定疾病的门诊医疗费用，但一般都把超过城镇职工基本医疗保险最高支付限额的部分作为保障范围。在管理上，一些地方如北京将之交由劳动和社会保障行政机关管理，由社会保险经办机构具体办理，而另外一些地方如武汉由劳动和

---

① 如北京市劳动和社会保障局、北京市财政局发布的《北京市企业补充医疗保险暂行办法》、北京市劳动和社会保障局发布的《关于进一步完善补充医疗保险有关问题的通知》中规定了大量的限制性条款，通过政府干预、引导的方式使补充医疗保险符合医疗保险制度改革的方向。

社会保障行政机关代表职工和退休人员向商业保险公司参保，由商业保险公司具体办理。

（3）城乡居民大病医疗保险制度。城乡居民大病医疗保险是为进一步完善城乡居民医疗保障制度、健全多层次医疗保障体系、有效提高重特大疾病保障水平而建立的补充医疗保险制度，该制度是对城乡居民基本医疗保险制度的补充。根据有关规定，参加城镇居民医疗保险和新型农村合作医疗的公民不承担缴费义务，大病保险资金从城镇居民医保基金、新农合基金中划出一定比例或额度提取。保险管理实行市（地）级统筹，由政府向商业保险企业购买大病保险管理服务，承保商业保险企业通过政府招标选定的方式选定。大病保险的保障范围与城镇居民医保、新农合相衔接，并由统筹地区政府具体确定。

第三节 社会医疗保险适用范围的实然与应然

在我国社会医疗保险制度不断改革和完善的现阶段，社会医疗保险制度的适用范围有限，身份、职业、区域等因素也会影响制度的实际适用。而且，社会医疗保险制度适用的弹性远远不够，具体制度之间适用的协调性还有待增强。明确社会医疗保险制度的适用界域，是完善社会法治工程重要的一环。

一 社会医疗保险适用对象的权界

参加社会医疗保险既是一项权利也是一项义务。但社会保险法律关系主体的权利和义务常常发生分离，[1] 不具有严格的对应关系。因此，在特定情况下享有参保权利的人可以不行使该项权利，而根据法律规定，在某些情况下又不得放弃该权利，即负有参保义务。根据参加医疗保险行为的法律性质，结合参保权利和义务的配置条件，我国社会医疗保险法律制度的适用对象为如下四个类别。

---

[1] 参见杨燕绥《社会保险法》，中国人民大学出版社，2004，第28页。

1. 有参保权利且有参保义务的人员

由于参加社会医疗保险是一种权利，凡符合参保条件的公民均有权参保。根据我国《社会保险法》、《国务院关于建立城镇职工基本医疗保险制度的决定》、《关于建立新型农村合作医疗制度的意见》、《国务院关于开展城镇居民基本医疗保险试点的指导意见》、《中华人民共和国军人保险法》及一些地方关于社会医疗保险的规范性文件，有权参加城镇职工基本医疗保险的人员包括以下几类。第一，与用人单位建立劳动关系的城乡各类企业的职工、个体经济组织的从业人员。与这些企业有劳动关系的职工有受最低工资法保障的经济收入，他们必须参加社会医疗保险，是参保的最主要的、最大量的主体。第二，各类国家机关、事业单位、社会团体、民办非企业单位的职工。在此类机构工作的职工应按属地原则参加当地的基本医疗保险，这类人员在参保人员中也应占相当大的比例。第三，某些地方不从属于任何用人单位的自由职业者、非全日制就业人员、临时性就业人员、弹性就业人员等灵活就业人员，① 所涉及的职工包括：城镇劳动者、农民合同制工人；外商投资企业职工是指中方职工；港、澳、台商投资企业职工是指内地职工。除上述三类人员，有权参加军人退役医疗保险的人员包括：在人民解放军、武装警察部队中，师职以下现役军官、局级和专业技术四级以下文职干部和士官、义务兵和具有军籍的学员。

我国《社会保险法》和有关社会医疗保险的规范性文件没有明确"强制保险"原则，但在立法技术上使用了"应当"参保的表述，而且《社会保险费征缴暂行条例》对不缴纳医疗保险费的行为规定了强制性的法律责任，表明职工负有参保缴费的义务。同时，我国《宪法》第45条规定，公民享有参加医疗保险的权利。但是公民参保的权利需要其他参保人的保障，这是保险机制得以形成的必要条件。鉴于医疗保险的社会政策性和这一制度内在的逆向选择弊病，强制参保应当作为一般原则，而将自愿参保作为例外。

---

① 这些类别的灵活就业人员能否加入基本医疗保险，一般取决于省级地方规范性文件如何规定。目前有些省级地方政府确认了他们的参保权利，而一些地方却没有予以确认。

2. 有参保权利但无参保义务的人员

我国新型农村合作医疗的规范性文件明确规定，农民自愿参保，因此农民有参加合作医疗的权利但是没有参合的义务。事实上，正是农村地区才最普遍地需要一个强有力的保障制度。一方面农村需要医疗保险，另一方面由于公共资金缺位、医疗保险组织的信誉度降低、保险意识缺乏、集体意识淡化，① 通过自愿参保推进新型农村合作医疗的发展非常困难。在农村放任地实行自愿保险的结果可能是"逆向保障"，即对有经济能力的居民的保障，不利于实现社会公正和扩大保险覆盖面。因此，凡是有缴费能力的农村居民均有义务和权利参保。在参保方式上，目前普遍实行以家庭为单位参保，这种制度设计虽然注意到农村经济关系的特殊性、具有较高的可操作性，但是仍需改进。我国农村传统文化保存相对完整，农村居民的保障不仅来自于家庭内部，还有可能包括亲戚朋友之间的互助，反映在医疗保险关系上，有必要首先选择个人参保原则，将个人参保作为一般原则，家庭参保作为例外。

与新型农村合作医疗的情况类似，我国城镇居民基本医疗保险的规范性文件也明确规定，城镇居民基本医疗保险实行自愿参保原则。自愿参保原则与权利保障和强制保险这两条应然原则是相悖的。公民自愿参保原则从表面上看是尊重公民的自由选择权，从深层次上看却是国家抛弃了对公民健康权和社会保障权的保障义务。此外，农村居民相对于城镇居民，城镇无业居民相对于城镇职工一般处于弱势地位，特别是经济上处于弱势地位，这种经济上的不利地位会表现在与经济地位紧密相关的医疗保健服务的享有水平上，因此这两大社会群体应当比城镇职工更需要社会医疗保险。将农村居民和全体城镇居民纳入社会医疗保险制度之内，是我国社会医疗保险制度改革的重要目标之一。

3. 有参保权利但无投保义务的人员

根据我国《社会保险法》第 27 条、第 48 条以及《关于领取失业保险金人员参加职工基本医疗保险有关问题的通知》的规定，我国职工基本医

---

① 参见李卫平、张里程《关于农村医疗保障的调查》，《中国经济时报》2002 年 12 月 20 日。

疗保险规定了两类有权参保但不负有投保义务的人员，一是领取失业保险金人员，二是累计缴费达到国家规定年限的退休人员。前者于失业期间由失业保险基金代为缴纳医疗保险费，个人无须缴费；后者于退休以后继续享受基本医疗保险待遇，个人不再负有缴费义务。之所以免除退休人员和失业人员的缴费义务，盖因我国公民参加职工医疗保险是以在缴费期限内有即期工资收入为前提的，退休和失业人员不再有工资收入，也就失去了保险费征缴依据和标准，不再缴纳医疗保险费；同时，缴费累计达到一定年限也作为免除退休人员缴费义务的法定事由。但是，以即期工资收入和缴费积累作为免除退休人员投保义务是缺乏法理依据的，因为退休职工不缴费会使医疗保险失去意义，使医疗保险蜕变为医疗福利，且职工退休并不意味着丧失缴费能力。[1] 事实上，一些社会医疗保险制度较成熟的国家，并没有免除退休人员的缴费义务。[2] 此外，老年人的医疗费用支出远高于一般社会成员的医疗费用支出，[3] 免除退休人员的缴费义务会不适当地加重当期在职职工的缴费义务。同理，一概免除失业人员在领取失业保险金期间的缴费义务也是不适当的，因为领取失业保险金人员并不必然丧失缴费能力。总之，社会医疗保险关系和收入分配关系是不同的法律关系，参加医疗保险并缴纳医疗保险费与其退休、失业人员的身份没有必然的联系。一般情况下，退休人员、失业人员仍应负有缴费义务，在一定期间内

---

[1] 如房租、投资收益、接受捐赠、稿费等，数额是不确定的，可能高于某些行业在职职工月平均收入。

[2] 以我国基本医疗保险制度的模板——德国法定医疗保险制度为例，每一位领取养老金的公民都需要根据其经济能力缴纳医疗保险费，缴费依据不仅仅包括养老金，还包括所有决定其经济能力的其他收入，而且不同种类的收入分别计缴（参见劳动和社会保障部、德国技术合作公司《德国医疗保险概况》，中国劳动社会保障出版社，2000，第52~53页）。德国法定医疗保险的保险费缴纳制度充分体现了德国法律制度严谨、理性的一面。

[3] 以日本为例，该国是世界上人口老龄化速度最快的国家之一，据1982年的推算，当时65岁以上的人口还不到总人口的10%，而这些老龄人口的医疗费用占总医疗费的34%。65岁以上人口的平均医疗费用约为普通人口的4.6倍，70岁以上人口的平均医疗费用为普通人口的4.2倍。每年增长的医疗费用中，约有4.5%以上用于老年人的医疗服务（参见刘鹏辉主编《发达国家医疗保险制度》，时事出版社，2001，第226页）。英国也是典型的人口老龄化国家，英国的卫生费用增长规律也表明，人口老龄化对医疗费用的影响较大。据统计，75岁以上老人的保健费用是年轻人的7倍（参见许正中《社会医疗保险：制度选择与管理模式》，社会科学文献出版社，2002，第68页）。

暂时无力缴费的可申请依法免除；丧失缴费能力的，其保险关系可转入城镇居民医疗保险，由家庭缴费。

4. 无参保权利且无参保义务的人员

目前，我国有两类人员不参加社会医疗保险。第一类是我国规范性文件和地方立法不要求参加社会医疗保险的，这些公民已通过其他途径获得医疗保障，如离休人员、老红军、二等乙级以上革命伤残军人、大学生等，他们享受公费医疗待遇，不参加社会医疗保险，仅在管理上适用社会医疗保险的某些规定。第二类是我国规范性文件和地方法规没有对其作出规定，事实上也没有参加任何形式社会医疗保险的人员。这一类人员主要包括因违反治安管理、涉嫌犯罪或因犯罪而被刑事拘留、逮捕或被判刑的人员，国内用人单位驻国外和台港澳地区的工作人员，在境内就业的部分外国人以及无业人员、一些地方的自由职业人员、一些地方的农民工等。第一类人员属于制度内不参保人员，第二类属于制度外不参保人员。

首先，离休人员、老红军、二等乙级以上革命伤残军人，通过公费医疗制度得到了充分的保障。随着基本医疗保险和新农合的推行，之前适用于国家机关、事业单位和社会团体工作人员的公费医疗制度将逐渐被城镇职工基本医疗保险所取代。社会医疗保险实行普遍原则和公正原则，必然要求取消一切特权。根据这一原则，离休人员、老红军、二等乙级以上革命伤残军人及所有国家公务人员、国家工作人员都应当参加基本医疗保险。对于其中为革命事业作出过特殊贡献的公民，可通过补充医疗保险保障他们的医疗需求。其次，参加医疗保险与服刑、被羁押属于两种不同的法律关系，不应该相互影响。公民获得医疗保障是我国宪法所规定的基本权利，除法律作出规定外，这种权利不应因人身自由状况的变化而有所克减。虽然公民在被羁押或服刑期间享受免费医疗，但因患大病等原因保外就医期间的医疗费用一般由个人担负，而且由于不能连续参保，可能致使被保险人被释放或假释以后因不能满足缴费年限而影响其退休以后的保险待遇。再次，作为中国公民的驻外职工应当享有医疗保险权利。在目前以缴费年限作为享受退休医保待遇的条件下，限制驻外职工的参保权利会损害职工的合法利益；同时，缴费参保也是我国法律所规定的公民义务。同样，根据我国《宪法》、《中华人民共和国外国人入境出境管理法》和《外国人在中国就业管理规定》等规定，在我国就业的外国人应当遵守我国医疗保险法律法规，而不论该外国人是否已在本国参加了法定医疗保险，这是国家主权原则在社会保险法律上的体现。为了保障我国驻外工作的公民和在我国工作的外国人的合法权益，促进国与国之间劳动力合理流动，我国有必要与更多的国家签订社会保障协定，并将医疗保险纳入协议范围。

二 人员流动与社会医疗保险的衔接适用

以 2007 年城镇居民基本医疗保险制度试点为标志，我国覆盖城乡的四位一体的社会医疗保险体系已初步形成。在客观上，社会医疗保险制度需要作为一个整体发挥作用，所以四项具体制度应该实现动态衔接。目前，我国社会医疗保险制度内部衔接机制尚不完善，与域外相应的制度也未实现有效对接和协调。

1. 被保险人区域流动中的医疗保险衔接适用

根据医疗保险的强制性原则，劳动者在发生职业变动时，其基本医疗保险关系应当保持连续，即无论劳动者在何处就业，其医疗保险关系必须作相应转移。但是，职工在企业之间调转流动时，如果是在同一统筹地区内调转流动，其个人账户存储额则无须转移，医疗保险待遇标准也不改变；如果职工跨统筹地区调转流动，其个人账户须随同转移，以确保个人账户存储额的纵向积累，基本医疗保险待遇也将按转入地有关法律政策进行调整。现在的问题是，原就业地的医疗保险社会统筹资金不能转移到新的就业地，根本原因在于社会统筹基金具有一定程度的积累功能，劳动力转出地和转入地的医保基金承负压力失衡；同时，医疗保险没有实现全国统筹，地方统筹基金必然体现和负载地方利益。解决被保险人跨区域流动的参保连续性问题，可以通过建立医疗保险基金全国统筹制度来解决，也可以通过调整现行缴费制度和基金管理制度来实现。目前我国还没有就被保险人跨地区流动作出统一规定。根据法理，被保险人跨统筹地区流动的，保险关系须随同转移；已经缴费的，享受原统筹地区异地就医的医疗待遇，从次年起按迁入地的规定投保，原统筹地区医疗保险关系即行终止。

2. 被保险人职业变动中的医疗保险衔接适用

农村居民进城务工和城镇居民从事农业生产是我国工业化、城镇化和城乡经济一体化过程中必然出现的社会现象，在这一过程中城乡居民的职业发生了转换。由于我国城乡医疗保险制度并不统一，城乡居民职业转换对居民医疗保险权益的享有会产生一定的影响。此外，被保险人在企业单位与机关事业单位之间的职业变动、军地职业的变动以及就业状态发生变化，均可能产生被保险人医疗保险关系和性质的变更。

根据现行规定，农民工可以参加职工医保，农民工比较集中的地区可以单独建立大病医疗保险统筹基金。但是，对于已参加新农合的进城务工农民如何参保，国家没有明确规定。目前，一些地方制定了相关政策，但制度形式颇不一致，基本上可分为并行参保和择一参保两类。笔者认为，并行参保不符合医疗保险的宗旨，也不利于管理和保险关系的稳定。在择一参保条件下，农村居民进城务工并与城镇用人单位签订劳动合同的，凭户籍所在地新农合经办机构出具的参保证明可免除参加职工医保的义务，同时享受新农合异地就医待遇；在劳动合同存续期间，本人不能继续提供新农合参保证明的，依劳动关系所在地法律参加当地的城镇职工医疗保险。农村居民与在当地工商部门登记的企业签订劳动合同，如果有权机关确定该企业及其职工应参加职工医保的，该居民的医疗保险关系依照上述办法办理；如有权机关确定该企业及其职工可参加新农合的，则该居民的保险关系不作变动。

关于参加城镇医疗保险的农民工与用人单位终止或解除劳动合同后的医疗保险关系如何变动，目前尚无统一规定。多数地方规定，农民合同制职工失业后，由社会保险经办机构将其基本医疗保险个人账户储存额一次性发给本人，基本医疗保险关系就此终止。农民工重新就业后，只能重新参保建立新的医疗保险关系，其结果是参保的连续性差，被保险人的医疗利益难以获得应有的保障。① 笔者认为，与城镇用人单位签订劳动合同的农民工与城镇职工除户口性质外，无任何社会性差别，其医保关系应参照城镇职工失业的医疗保险关系处理。根据我国《社会保险法》、1998 年国发〔1998〕44 号和国办发〔2000〕37 号文件，职工医保制度适用于企业和机关事业单位，除普遍适用个人账户和社会统筹制度外，企业职工享有补充医疗保险，机关和部分事业单位职工享有医疗补助。由于医疗保险待遇不同，被保险人在企业与机关事业单位间流动也存在制度衔接适用问题。从制度层面看，被保险人在企业和机关事业单位流动，医疗保险关系和个人账户应随同转移。实际上，职工医保制度建立以来，我国机关事业单位并没有实现普遍参保，而是延续适用公费医疗制度，在此情况下，企业职工进入机关事业单位工作不能转移保险关系，其个人账户只能封存。未参保的机关事业单位职工转入企业的，也无保险关系和个人账户可转，而是新建医疗保险关系。另外，现行制度没有就农村居民进入机关事业单位工作时医疗保险制度的适用情况作出规定。从理论上讲，此种情况下一般选择适用职工医保制度。

参加医保的职工和参加新农合的农民有依法服兵役的义务，现役军人也可能退役，在此情况下，我国的医疗保险制度必须能够适应被保险人军民职业变动的要求。我国实行现役军人免费医疗制度，军人退役医保是为保障军人退役后享有医疗保险待遇而建立的，从这个意义上讲，军人退役医保是一种专门的医疗保险关系转移接续制度。职工医保被保险人被征义务兵后，由于其与用人单位的劳动关系或工作关系终止、解除，因此不应

---

① 农民合同制工人失业后不仅不能再享受医疗保险待遇，而且失业保险基金仅支付其一次性生活补助金，除此以外，失业保险基金不对其支付任何包括医疗补助金在内的费用。与此待遇形成鲜明对比的是，具有城镇户口的职工失业后根据其缴费的年限在一定期限内按月享有失业保险金和医疗补助金；女职工生育的，还能领取生育补助金；失业人员死亡的，还有权领取丧葬补助金和抚恤金。其中医疗补助金的保障标准非常高。根据各地有关失业保险的规定来看，医疗补助金的保障标准与在职人员的医疗保险待遇并没有显著的差别（参见《天津市失业保险条例》第 25 条），甚至接近公费医疗的保障水平（参见《上海市失业保险办法》第 18 条第 2 款）。由于农民合同制工人每月比城镇职工少缴 1% 的失业保险费（依据法律的强制性规定，农民合同制工人无权缴纳失业保险费），失业人员仅仅因为身份的差异和微小的缴费差距，所能享受到的失业保险待遇可谓有天壤之别。

再参加职工医保，其个人账户予以封存，再就业时接续使用。职工医保被保险人被招收为军官、文职干部和士官入伍的，职业发生了变化，可以转而参加退役医保，由地方社会保险经办机构将其职工医保关系和个人账户转入接收单位后勤（联勤）机关财务部门，其职工医保个人账户转换为退役医保个人账户。军队聘用文职人员的，其医疗保险关系变动适用职工医保跨地转移规定，并适用新农合和城镇职工医保被保险人流动到事业单位的规定。军人退出现役后，入伍前参加职工医保的，由军人所在单位将退役医保关系及个人账户（义务兵将退役医疗保险金）转入安置地社会保险经办机构。退伍后应参加城镇职工医疗保险的，安置地医疗保险经办机构为其新建账户并将转来的个人账户或退役医疗保险金并入新建账户；退伍后不参加职工医保的，所在单位将个人账户资金或退役医保金发给本人。现行立法的不足之处是，没有就农民参军及退伍后的医疗保险关系变动作出规定。根据新农合制度和权利平等原则，农民被征义务兵或被招收为军官、文职干部和士官入伍及退伍的，其新农合关系与退役军人医疗保险关系的衔接应同于城镇职工医疗保险关系的转接。

　　被保险人因违反治安管理、涉嫌犯罪或因犯罪而被刑事拘留、逮捕或被判刑的，其原劳动关系或中止、终止或解除，这对依附于劳动关系和基于特定身份条件的医疗保险关系产生一定的影响。在现有制度框架下，上述人员在被限制人身自由期间享受免费医疗待遇，被保险人的医疗保险关系中止，不再享受职工医保待遇，个人账户予以封存并继续计息；被保险人被判处有期徒刑缓刑或监外执行的，如果原劳动合同继续履行，则医疗保险关系不变，医疗保险待遇不受影响。被保险人被刑满释放、假释、解除羁押的，在其重新就业、恢复原职或恢复退休待遇时，原社会医疗保险关系即行恢复，个人账户启封，存储额继续使用，并按照相应制度享受医疗保险待遇。服刑或劳教之前的实际缴费年限和继续工作后的缴费年限合并计算，达到法定退休年龄时不足规定的缴费年限的，补足规定年限的缴费后可享受退休人员职工医保待遇，否则仅将个人账户结余金额一次性支付给被保险人，不再享受退休人员城镇职工医保。现行制度的不足之处有两点：一是服刑人员和被羁押人员不能参保，使被保险人员的保险关系缺乏连续性；二是除个别地区外，对于新农合和城镇居民医保的被保险人的医疗保险关系和待遇的变动情况没有作出规定。笔者认为，参加医疗保险与服刑、被羁押属于两种不同的法律关系，二者不应相互影响。公民获得医疗保障是我国宪法所规定的基本公民权利，这种权利不应因人身自由状况的变化而有所克减。此外，为了切实保障被保险人的医疗保险权益，新农合和城镇居民医保制度应予以明确被保险人在限制人身自由期间的医疗保险关系处理方法。

第四节　社会医疗保险担负制度的改革和创新

所谓医疗保险的担负，一般是指资金上的担负。我国目前实行的社会医疗保险担负的特征有别于商业医疗保险和过去实行的公费医疗、劳保医疗以及传统的合作医疗。医疗费用的担负问题一直是我国医疗保障制度中一个非常重要的问题。在社会医疗保险制度条件下，医疗费用由谁来担负、怎样担负，关系到医疗保险覆盖范围、保险待遇水平，甚至关系到医疗保险的存续和发展。

一　医疗保险费担负制度解析

在社会医疗保险制度下，医疗保险费是医疗服务费用偿付的最主要的来源，大体决定了医疗服务的提供和补偿水平。在我国，城镇职工基本医疗保险、新型农村合作医疗和军人退役医疗保险的费用担负制度较为成熟和稳定，而城镇居民医疗保险费的担负方式与新农合有很大的相似性，因此本章主要探讨前三种制度的保费担负机制。

1. 基本医疗保险费用担负

（1）城镇职工基本医疗保险缴费义务人。我国城镇职工基本医疗保险实行费用"双方担负"制度，即医疗保险费由用人单位和职工共同缴纳。医疗保险费由双方担负是社会医疗保险的内在要求，也是我国医疗保障制度改革和建设的必然选择。社会医疗保险既不单纯是国家的事情，也不单纯是公民个人或某个团体的事情，而是整个社会的事情，要求社会对医保险负有责任。如果根据权利来推导义务，对于基本医疗保险而言，最大的受益者是被保险人，因此理所当然是缴费义务人。由于现代社会分工越细微，彼此间越相互依赖，利益关系趋于交叉混杂，私法上的自己责任难以绝对化，用人单位也负有社会责任，况且用人单位也通过职工参加医疗保险而或直接或间接受益，所以用人单位也应当是缴费义务人。在实行基本医疗保险前相当长的时间内，经济领域实行纯粹公有制，个人利益空间极其狭小，"工人最好的保障就是国家保障"。[①] 改革开放后，社会经济朝着多元化方向发展，在医疗保障领域适当引入个人责任，对于抑制过度浪费、减轻企业和国家负担起到了一定作用，但毕竟是制度内的修修补补，难有大的突破。实行市场经济以后，社会医疗保险制度试验获得成功，特别是引入个人责任，实行个人和单位缴费，实践证明是符合社会实际的。

国家除了作为公务员的用人单位缴纳基本医疗保险费外，是否还要作为第三方承担出资责任？笔者认为是有必要的，原因有三个。第一，在基本医疗保险制度建立和改革的现阶段，对于那些在基本医疗保险制度建立前参加工作、在制度建立后退休的人员，如果需要补足缴费年限，那么政府财政应当分担他们应缴纳的保险费，即部分地实行缴费责任移转。第二，我国正处于经济起飞阶段，企业和个人的缴费责任不能过重，需要政府财政补助医疗保险基金，这是政府发展社会公共事务职能的应有之义。第三，医疗保险基金的受领者是医疗机构，政府完全可以将本来应当直接补助给医疗机构的资金用来充实医疗保险基金，并通过医疗保险基金间接补助给有效率、讲诚信的医疗机构，这样会提高资金利用效率和公平程度，增强医疗保险经办机构与医疗机构讨价还价的能力。

（2）城镇职工基本医疗保险缴费基数和缴费比例。根据相关规定，在双方担负的前提下，职工以本人上年度月平均工资为缴费基数并按照一定比例缴费，用人单位以本单位职工工资总额为缴费基数并按照一定比例缴费。职工工资总额是指各单位在一定时期内直接支付给本单位全部职工的劳动报酬总额。职工工资的计算应以直接支付给职工的全部劳动报酬为根

---

① 转引自史柏年《国家社会保险制度理论探源》，《中国青年政治学院学报》1999 年第 3 期。

据，它包括计时工资、计件工资、奖金、津贴和补贴、加班加点工资、特殊情况下支付的工资。但是，对劳动方式较为特殊的参保人的缴费基数应作特别规定。以北京市为例，复员、转业退伍军人及初次就业和失业后再就业的人员，以本人工作第一个月的工资为当年缴费工资基数，从第二年起再以本人上一年实发工资的月平均工资为缴费工资基数。在医疗期内的病休人员，其病休期间领取的病假工资或疾病救助费与当年工资合并计算月平均工资，作为第二年的缴费工资基数。被长期派到国外或者香港、澳门特别行政区及台湾地区工作的人员，以派出前上一年本人月平均工资为缴费工资基数，次年缴费工资基数按上一年本单位职工平均工资增长率进行调整。企业外派、外借及劳务输出到其他单位工作的人员，以在原企业领取的本人上一年月平均工资为缴费工资基数；这些人员在非本企业取得的收入可与本企业发放的工资合并计算，作为第二年的缴费工资基数。

关于缴费比例，仍以北京市为例：职工按本人上一年月平均工资的2%缴纳基本医疗保险费，用人单位按全部职工缴费工资基数之和的9%缴纳基本医疗保险费。如果职工本人上一年月平均工资不及上一年该市职工月平均工资的60%，则以上一年该市职工月平均工资的60%为标准并按2%的比例缴费；如果职工本人上一年月平均工资高于上一年该市职工月平均工资的300%，则超过的部分不再作为缴费工资基数。如果无法确定职工本人上一年月平均工资，则推定等同于上一年该市职工月平均工资，并按2%的比例缴费。个体劳动者、自由职业者以上一年该市职工月平均工资为标准并按6.5%的比例缴费。

（3）城镇职工基本医疗保险费的其他担负方式。除了职工和用人单位缴纳的医疗保险费外，基本医疗保险基金还接受社会捐赠，这部分费用来源不稳定，数额也不确定，但属于费用担负的一种方式。此外，福利彩票收入也是社会保险基金的来源之一。社会医疗保险费用担负的社会化是我国医疗保险制度改革的主要标志之一，是经济体制和社会结构发生重大变化条件下的必然选择。

2. 新型农村合作医疗保险费的担负

新型农村合作医疗的一个重要特点就是建立了多方筹资、费用共担的制度。新合作医疗能否开展并平稳运行取决于个人缴费的数额、集体经济组织缴费的数额、各级政府的补贴数额和中央政府对中西部农村的财政补贴数额。政府对参合农民保险费予以补贴，政府的补贴分两部分，一部分是中央政府的补贴，另一部分是地方政府的补贴。中央政府财政补贴标准视不同地域而有所差异，其中，对中西部地区参合农民实行人均定额补贴，对东部省份参合农民按照对中西部地区补贴标准的一定比例给予补贴。事实上，这是一个不断发展完善的制度，其缴费标准也是不断变动的，并根据经济发展水平不断调整。根据我国农村经济和社会发展的历史及现实情况，这种医疗保险费用的多方担负制度是必要的，也是合理的，充分体现了权利义务的对等，保证了社会公平。

3. 城镇居民医保费的担负

根据我国《社会保险法》第 25 条的规定，城镇居民基本医疗保险实行个人缴费和政府补贴相结合的制度。享受最低生活保障的人、丧失劳动能力的残疾人、低收入家庭 60 周岁以上的老年人和未成年人等所需个人缴费部分，由政府给予补贴。

4. 补充医疗保险和军人退役医疗保险的担负

城镇职工大额医疗费用保险作为补充医疗保险的一部分，其保险费的负担方式较为灵活。各地通过立法规定了不同的费用担负方法，这些方法可分为三种：一是由用人单位和职工、退休人员共同缴纳；二是由职工、退休人员个人缴纳；三是由用人单位缴纳。实行第一种费用担负方式的地方如北京市，该市规定用人单位按全部职工缴费工资基数之和的一定比例缴纳大额医疗费用互助资金，职工和退休人员个人按每月固定金额缴纳。未参加该市基本医疗保险的退休人员也有义务按职工的缴费标准缴费。由于个体劳动者、自由职业者的就业方式特殊，客观上不能适用双方缴费，其大额医疗互助资金由本人担负，随同基本医疗保险费按上一年该市职工月平均工资的一定比例缴费。该市还规定，大额医疗费用保险资金不足支付时，政府财政负有适当的补贴义务。实行第二种费用担负方式的地方如武汉市，该市规定大额医疗保险费用由参加基本医疗保险的人员按每人每月固定标准在缴纳基本医疗保险费时一并缴纳。实行第三种费用担负方式的地方如广州市，该市规定用人单位应当为其职工每月按上年度该市职工月平均工资的较小比例缴纳重大疾病医疗补助金。各地对于单位补充医疗保险费的缴纳几乎无一例外地采取了单位一方担负的方法。

城乡居民大病医疗保险资金从城镇居民医保基金、新农合基金中按照一定比例或额度提取，参保公民本人不另行缴纳专门保险费。

军人是我国特殊的职业群体，他们参加医疗保险的方式与国家公务员有相似之处。根据我国《军人保险法》和《中国人民解放军军人退役医疗保险暂行办法》的规定，军人退役医疗保险费用由军人和国家双方担负。依照规定，师职以下现役军官、局级和专业技术四级以下文职干部和士官，每人每月按本人工资收入的1%缴纳退役医疗保险费，国家按军人所缴费用的同等数额予以补贴，双方缴纳和补贴的费用逐月计入本人的退役医疗保险个人账户。义务兵、供给制学员不缴纳退役医疗保险费，但义务兵现役时，由国家按照上一年度全国城镇职工平均工资收入的1.6%乘以服役年数的公式计付军人退役医疗保险金。

二 医疗费用担负制度解析

当被保险人依法按时、足额缴纳医疗保险费之后，他们接受医疗服务时是否可以不用再缴纳任何费用？一般而言，实行社会医疗保险制度的国家大都采取了让被保险人再次缴费分担费用的做法。从医疗保险原理来看，由患者再次缴费的制度本身没有更多的价值，而是作为一种工具，通过这个制度发挥医疗消费引导的作用。

1. 城镇基本医疗保险医疗费的担负

我国城镇基本医疗保险设置了医疗费用分担的具体制度，主要体现为：城镇职工基本医疗保险实行按账户分担制度、起付标准和最高支付限额制度以及按比例分担制度，这三项制度相互配套、紧密结合、共同发挥作用；城镇居民医疗保险则实行起付标准、支付比例和最高支付限额制度。目前，我国城镇职工基本医疗保险基金分为社会统筹资金和个人账户资金，个人账户的本金和利息为个人所有，但只能用于基本医疗保险费用支出，社会统筹资金则用于所有被保险人范围内的经济互助。为了体现个人账户和社会统筹的基本功能，我国同时实行起付标准和最高支付限额制度。对于支付标准以上、最高限额以下个人和社会统筹基金各自担负的比例，不同地方制定了不同的标准。以武汉市为例，医疗费用在统筹基金起付标准以上部分，根据医疗机构等级，统筹基金和职工个人各自担负的比例为：职工在一级医疗机构住院治疗的，统筹基金支付80％，职工个人自付20％；职工在二级医疗机构住院治疗的，统筹基金支付70％，职工个人自付30％；职工在三级医疗机构住院治疗的，统筹基金支付60％，职工个人自付40％。退休人员个人自付医疗费用的比例为职工个人自付比例的80％。基本医疗保险统筹基金支付的起付标准和最高支付限额不是固定不变的，而是根据经济社会形势的发展及时调整的。由于医疗费用的分担关系公民的重大利益，因此有权作出调整或决定的机关最低应是省级人民政府。根据有关规定，城镇居民基本医疗保险基金起付标准、支付比例和最高支付限额制度在适用方法上与城镇职工基本医疗保险相同，但各地有权根据本地的实际情况确定具体比例。

2. 职工补充医疗保险的医疗费用担负

大额医疗费用保险在功能上是基本医疗保险的延伸和补充，在制度基本原理上与基本医疗保险也有互通之处，大额医疗费用支出同样需要个人和大额医疗费用保险基金按比例共同担负。以北京市为例，职工在一个年度内门诊、急诊医疗费用累计超过1800元的部分，大额医疗费用互助资金支付50％，个人负担50％。退休人员在一个年度内门诊、急诊医疗费用累计超过1300元的部分，不满70周岁的退休人员，大额医疗费用互助资金支付70％，退休统一补充医疗支付15％，个人负担15％；70周岁以上的退休人员，大额医疗费用互助资金支付80％，退休统一补充医疗支付10％，个人负担10％。与基本医疗保险相比，个人在大额医疗费用支出中所担负的比例下降了很多，充分体现了大额医疗费用保险的制度功能，具有高度的合目的性。同样，大额医疗费用保险基金不可能对大额医疗费用支出承担无限责任，因此依然存在最高支付限额。至于单位补充医疗保险的支付比例，各地法规一般不作强制性规定，而是由单位自行确定支付比例。有些地方规定了在特定方面的最低支付标准，如北京市规定补充医疗保险对癌症放化疗、肾透析及精神病长期住院治疗等特殊疾病人员要给予政策性倾斜，报销比例不得低于患者自付费用的50%。应该说通过立法对补充医疗保险资金的使用方式作适当的干预是有意义的。

3. 新型农村合作医疗费用的担负

新型农村合作医疗费用的担负制度主要包括费用补偿起付线制度、费用补偿封顶线制度和费用分担比例制度。新农合对参合农民的保障属于不完全保障，为防止浪费和滥用医疗资源、提高保障效率，保险基金仅担负超过起付线但未超过封顶线部分的费用，且按照一定比例与参合患者个人共同担负。住院费用实行按比例补偿的地区，由县、乡两级医疗机构提供服务的，原则上不实行分段补偿，即按照一个固定的比例划分患者个人和保险基金的担负责任。由县以上医疗机构提供服务的，则实行多个费用分担比例。医疗费用分担比例根据提供医疗服务的医疗机构的级别而有所不同，基金对于乡、县及县以上医疗机构所产生医疗费用的担负比例从低到高逐级递减：参合农民在低等级的医疗机构就医的，个人分担比例小；在高等级医疗机构就医的，分担比例高。医疗费用分担比例存在差异，目的在于充分利用医疗资源，引导病人到基层医疗机构就诊。参合农民在一年内患同一种疾病连续转院治疗的，只计算其中最高级别医院的一次起付线。门诊医疗费用的担负分为家庭账户担负和统筹基金担负两种形式。实行门诊家庭账户的地区，家庭账户基金由家庭成员共同使用，用于家庭成员门诊医药费用支出，也可用于住院医药费用的自付部分和健康体检等。家庭账户基金结余可结转下一年度使用，用于冲抵下一年度参加合作医疗的缴费资金。实行门诊统筹的地区，各地门诊医疗费用担负范围、担负比例有所不同，以北京市顺义区新型农村合作医疗为例，普通门诊医药费统一按5%的比例报销。

第五节 社会医疗保险待遇制度及其完善

一、社会医疗保险待遇范围和支付标准解析

社会医疗保险待遇是被保险人通过社会医疗保险所能够获得的医疗利

益。由于医疗服务和医疗产品名目繁多，治疗效果和价格不一，对于同一种疾病如何施治往往有多种方法，为了便于对社会医疗保险进行有效的管理和控制，实行社会医疗保险的国家一般都通过法律规定被保险人享有何种待遇。为了保障被保险人的医疗保险利益，使医疗保险待遇符合一定的标准，达到一定的质量，同时又不浪费医疗资源，实现医疗保险制度目标，我国设立了基本医疗保险用药范围和支付标准、基本医疗保险诊疗项目范围和支付标准以及医疗服务设施范围和支付标准三大制度。这些范围和标准不仅适用于城镇职工基本医疗保险，还适用于补充医疗保险、城镇居民基本医疗保险及新型农村合作医疗制度。当然，鉴于被保险人医疗需求有所不同，城镇居民医疗保险的保险待遇范围比城镇职工基本医疗保险的待遇范围要广泛一些，如城镇居民医疗保险待遇包括儿童诊疗项目和用药等。

城镇职工基本医疗保险用药范围是指能够保证被保险人临床治疗必需、安全有效、价格合理、使用方便、市场能够保证供应、纳入基本医疗保险给付范围内的药品。基本医疗保险用药范围通过国家制定的药品目录划定。目前我国基本医疗保险药品目录所列药品包括西药、中成药（含民族药）、中（民族）药饮片。城镇职工基本医疗保险诊疗项目范围是指能纳入基本医疗保险制度内的医疗技术劳务项目和采用医疗仪器、设备与医用材料进行的诊断、治疗项目范围。目前，我国《国家基本医疗保险诊疗项目范围》分别规定了基本医疗保险不予支付费用的诊疗项目范围和基本医疗保险支付部分费用的诊疗项目范围。城镇职工基本医疗保险服务设施范围是指可以纳入基本医疗保险支付范围的由定点医疗机构提供的，被保险人在接受诊断、治疗和护理过程中必需的生活服务设施的范围。基本医疗保险医疗服务设施费用主要包括住院床位费及门（急）诊留观床位费等。

改革开放以来，我国居民在以不发达国家的购买力支撑一个由发达国家建立起来的医疗服务和医疗产品市场，进行着一场豪华医疗消费，这种消费行为注定是不能长久的。目前，社会医疗保险待遇选择了一套成本高昂的医疗产品和服务体系，过多重视西医治疗方法、重视大型医疗设备的引进。这种服务体系对于处于经济发展水平还不高的我国来讲，无疑是超前的。可以预见，即便医疗保险基金足够雄厚，患者的可支配收入达到世界发达国家居民的水平，我国仍然担负不起如此高水准的医疗消费。实际上，西方发达国家也为此背负了沉重的经济负担。从医疗服务提供和消费关系来看，如果医疗服务产品价格过于昂贵，甚至不受限制，即便再厚实的医疗保险基金，或早或晚也会破产。因此，按照医疗保险与经济发展水平相适应的原则，必须使医疗服务产品始终处于医疗保险基金和患者可承受的范围之内，其中最安全的措施就是选择一套既能满足需要又价格低廉的医疗产品和服务体系。医疗产品和服务体系的调整，必须体现预防为主的原则，并根据基本医疗卫生的要求构建医疗保险服务体系，在医疗服务中更多地使用适宜技术。新型农村合作医疗关于体检的规定同样适用于城镇基本医疗保险，同时要将其他具体的预防性诊疗如疾病疫苗接种等纳入医疗保险基金准予支付的诊疗项目。研究和实践表明，用于预防的费用要比用于治疗的费用更少，健康促进效果也会更好。

二 社会医疗保险待遇给付制度解析与探讨

在社会医疗保障体系中，虽然参保人把保险费缴付给社会保险经办机构，但社会医疗保险待遇却不是由社会保险经办机构直接提供的。鉴于社会保险经办机构应当为被保险人的医疗利益负责，我国医疗保险经办机构一般通过医疗机构、零售药店来具体实施医疗保险待遇给付。在我国，并非所有的医疗服务提供者都能参加到社会医疗保险体系中来。为了使医疗保险待遇的给付合乎社会医疗保险的目的，社会保险经办机构有权确定进入社会医疗保险体系的医疗机构和零售药店以及它们应当具备的资质。为此，我国实行定点零售药店制度和定点医疗机构制度，以规范医疗保险待遇提供主体，保证医疗保险待遇的给付质量。

定点零售药店，是指经统筹地区劳动和社会保障行政管理部门资格审查，并经社会保险经办机构确定的，为被保险人提供处方外配服务的零售药店。定点医疗机构是指通过劳动和社会保障行政管理部门审定，并与社会保险经办机构签订合同，为被保险人提供医疗服务并承担相应责任的医疗机构。根据相关规定，被保险人应当在选定的定点医疗机构就医，并可自主决定在定点医疗机构购药或持处方到定点零售药店购药。为了引导被保险人首先到基层定点医疗机构就医，我国还建立了逐级转诊制度。根据相关规定，被保险人在统筹地区内转诊转院时，须经本人就医的二、三级定点医疗机构副主任医师以上人员填写转诊单，并由医疗机构医疗保险管理部门核准。在社区卫生服务机构就诊的，被保险人可转诊到与该机构建立双向转诊关系的上级医院。被保险人因病情需要转往外地就医时，持相关证明到当地医疗保险经办机构审批。在一些情况下，不履行转诊手续就医所发生的费用甚至完全由个人负担。

三　社会医疗保险待遇偿付制度解析

医疗机构根据与医疗保险经办机构签订的协议向被保险人提供医疗服务，应当得到补偿。我国社会保险经办机构对医疗机构所提供服务的补偿有多种方式，主要有按服务项目偿付、按总额预算偿付、按服务单元偿付等制度。

1. 按服务项目偿付制度

按服务项目偿付是最传统的费用偿付方式，即医疗保险经办机构根据医疗服务项目投入的多少偿付医疗费用。根据这种付费方式，医疗保险经办机构需要偿付的医疗费用总额等于服务项目数与项目价格的乘积。费用偿付的依据在于，在疾病治疗过程中，医疗机构发生多少医疗资源消耗就需要获得多少补偿。这种偿付方式看似天经地义，实则容易被医疗机构滥用为创收法则。合理的按服务收费是有前提条件的。首先，医疗机构在服务过程中的投入是治疗疾病所必需的，没有不必要的服务和药械消耗，没有不必要的医学检查。其次，医疗机构服务的价格是合理的，即成本加合理的利润，不存在暴利。再次，医疗机构的服务成本不能是社会落后成本，依据高成本、低效率的服务收取的费用不是合理的。这种偿付方式的优点是能满足被保险人充分治疗的需求，但弊端非常明显，因为医疗机构为了获得更多的利润，常常提供过量的医疗服务，如加大药量、多进行医学检查、延长住院时间等。此外，我国医疗机构改进服务质量、提高服务效率的意识不强，导致整个医疗行业服务水平不高。按服务项目偿付很有可能发生的情况是：用高额的医疗费用维持低效率的服务，养活医疗机构的冗员；医疗机构把因管理不善而发生的成本转移给患者。我国医疗费用增长过快，与普遍采用的按项目偿付制度存在紧密联系。

2. 总额预算偿付制度

总额预算偿付是由医疗保险经办机构为每个定点医疗机构确定年度内对其偿付的总额度，实行费用封顶。根据这种制度，医疗机构从医疗保险经办机构取得年度内所有医疗费用，将这些资金用于即将向被保险人提供的一揽子医疗服务。这种制度设计的理由在于，通过预算固定年度内医疗保险基金的支出额度，使医疗保险基金不至于收不抵支，增强医疗保险费用支出的可控性。总额预算偿付制度能够刚性地控制医疗费用，在医疗保险费用控制较为成功的国家备受推崇。[1] 在该制度下，医疗机构收入多少不取决于服务量的多少，而是取决于总额度固定的情况下，医疗机构少花费多少或节省多少。相反，医疗机构增加服务量和延长病人的住院时间会使其利润减少，促使医疗机构提高服务效率，减少不必要的医疗服务。但是，该制度也有弊病。首先，总额预算的依据不易确定。现行做法有的是根据医疗保险基金的总量随意而定，造成拖欠医疗机构的费用；有的是按医疗机构的病床数量制定预算，导致医院盲目扩大规模；等等。其次，医疗机构为了节省费用，可能会提供不足服务，或者推诿重症病被保险人。在我国实行总额预算制的地区，目前出现了定点医院借口医疗保险经办机构预付的费用已经用完而拒收参保患者的事例，或者即便是收治，医疗服务质量也明显下降。[2] 因此，总额预算偿付制度虽然有利于节约医疗费用，但是对参保患者利益的潜在影响是巨大的。

3. 定额付费制度

定额付费是指养老保险经办机构按照固定的偿付标准如平均门诊人次

---

[1] Reinhard Busse, Annette Riesberg, *Health Care System in Transition：Germany*, Copenhagen, WHO Regional Office for Europe on Behalf of the European Observatory on Health Systems and Policies, 2004.

[2] 杨柳：《医院拒收参保病人的对策》，《卫生经济研究》2004 年第 12 期。

费用、次均住院费用标准、年住院率标准等给付医疗机构。付费的依据在于，同一种疾病的治疗方法多种多样，如治疗感冒，可以用打针、吃药的方式，也可以用针灸、刮痧的方式，而不同的治疗方法的费用一般是不同的；而且，不同的医疗机构、不同的医生，由于知识和技术掌握程度的差别，对于同一种疾病的治疗费用也是不同的。定额偿付的目的是节约医疗资源、降低医疗价格，可分为按人头定额偿付、按平均费用标准偿付、按病种费用偿付等制度。

（1）按人头定额偿付。该制度以被保险人为费用偿付计算单位，由医疗保险经办机构和医疗机构约定服务的被保险人的人数，并按照一定期限内的人均定额向医疗机构偿付。其理由在于，医疗保险职责在于通过医疗机构保障每一位被保险人的健康，这一目标需要医疗机构具体落实，因此医疗保险经办机构按照人均定额向医疗机构偿付费用，以保障每一位被保险人的健康。这种偿付制度能够促使医疗机构关心被保险人的人均医疗成本，注意医疗资源的合理使用，有利于医疗机构采取健康预防措施并降低医疗费用。根据近40篇研究报告结果，按人头定额偿付与按服务项目偿付制度相比，人均卫生费用下降10%~40%，住院率下降25%~45%，而门诊次数和平均住院天数几乎相同，所接受的预防服务甚至更多。[①] 其弊端是：第一，医疗机构可能在保持单元服务费用额度的基础上降低单元服务量，或推诿重症病被保险人；第二，医疗机构之间可能联合抬高门诊和住院人均费用，从而抬高次年医疗保险基金的给付标准。

（2）按平均费用标准偿付。依照该方式，对门诊医疗服务费用偿付一般以平均门诊人次费用为标准，对住院费用一般以日均住院费用和平均住院日数为标准。该制度的特点是偿付额与医疗机构提供的服务量有关。与按服务项目偿付制度不同，它统一了给付标准，并设置了费用限额。不足之处是，医疗机构可能会让被保险人一人就诊，而用数人病历，或者分解门诊或分解住院，以增加门诊或住院人次数量，从而增加总费用额度。

（3）按病种费用偿付。又称按诊断分类定额偿付（Diagnosis-Related-

---

① 易云霓：《国外医疗保险支付制度的发展趋势及对我国的启示》，《中国卫生经济》1994年第3期。

Groups, DRGs），指根据国际疾病分类法，先将住院病人疾病按诊断、年龄、性别等标准分为若干组，每组又根据疾病的轻重程度及有无并发症分为几个等级，再对每组各等级分别制定治疗费用偿付标准，该偿付标准类似于一般商品的价格。该制度的原理是把对某些疾病的治疗看作是相对独立的"服务商品"，并为该"服务商品"制定标准价格，无论医疗机构在治疗过程中如何诊断、如何治疗、采用何种技术，医疗保险经办机构均以该价格购买"疾病治疗"。因此，医疗机构的收入与每个病例及其诊断有关，而与治疗这一疾病的实际成本无关，是否赢利及赢利多少，取决于标准偿付额与实际产生的费用额之间的差额。这种偿付方式能够激励医疗机构为获得利润主动降低经营成本，尽量缩短住院天数，同时保证被保险人所购买的"治疗"合乎质量要求。

目前，许多国家都倾向于采用这种方式偿付住院医疗费用。如澳大利亚已建构了包含4300种疾病类型的标准价格数据库，提供最多包括7种并发症的疾病治疗标准价格。如果医师不按标准费用收费，多支出的医疗费用将由医院自行承担。美国实行该偿付制度五年后的总结报告表明，65岁以上老人的住院率每年下降2.5%，人均住院天数也从1982年的10.2天缩短为1987年的8.9天。① 但是该制度也存在一些问题：第一，在诊断界限不明时，医疗机构往往使诊断升级，即将轻病说成重病，实行小病大治；第二，对于可以门诊治疗的疾病，医生可能诱导病人接受住院治疗；第三，医疗机构为了获得更多收入，以分解住院的方式增加住院次数，使得治一例病人获得多次收费；第四，医疗机构采取敷衍措施，在减少服务投入量的同时制造疾病痊愈的假象，如决定让病人出院前让其服用大量抗生素等。②

4. 分值偿付制度

分值偿付指将每一项医疗服务赋予一定的分数，用医疗保险经办机构当年收缴的基金总额，除以某一定点医疗机构当年实际发生的分数总和，

---

① 易云霓：《国外医疗保险支付制度的发展趋势及对我国的启示》，《中国卫生经济》1994年第3期。

② 马进等：《韩国医疗服务支付方式改革对我国的启示》，《中国卫生经济》2004年第4期。

得出每一分数的价格，再用分数价格乘以该医疗机构当年实际发生的得分数量，即可得出医疗保险经办机构应拨给该定点医疗机构的费用。该偿付制度的指导思想是，既要防止总额预算制限制医疗服务提供数量，引起医疗服务质量低下、被保险人得不到应有保障，又要防止单纯按服务项目偿付可能导致的医疗总费用超出基金承受能力。根据该制度，医生提供服务量增加，则得分增加，但是相对应的分值会降低。因此，医疗机构提供服务数量的增加未必能带来收益的增加，但无论医生怎样提供服务，医疗保险经办机构需要偿付的费用总额不变。其不足之处在于：首先，尽管医疗机构多提供服务不一定能够获得更多的利润，但对每一家医疗机构而言，对它们最优的选择是多提供服务，因为谁抢在最前面谁就是最有利的，结果是过多的医疗服务可能损害被保险人的健康；其次，当各医疗机构提供的医疗服务过多，以至于所得收益难以弥补成本时，它们会选择拒绝继续收治病人，或敷衍病人，结果对医患双方都没有好处。

从以上可以看出，任何一种偿付制度都有其优势和不足，如果仅适用其中一种偿付制度恐怕不可能实现控制医疗费用的目的，因此医疗费用的偿付方式必定是综合的、多层次的。为了避免因服务不足而损及被保险人的利益，必须保证被保险人能够接受有质量的医疗服务，这是费用偿付制度最根本的前提，在此前提下才能尽力实现费用控制目标。虽然按服务项目偿付制度不利于控制医疗费用，但是这种制度的变种如各种定额付费制度、分值偿付制度能够在一定程度上保证被保险人所能享受的服务数量，是值得采用的偿付制度。总额预算制度由于刚性太强，很有可能引起服务量不足的问题，但它所具有的费用控制效果是最理想的。因此，我国未来要采取的费用偿付制度，必然是总额控制与服务数量保证兼顾的偿付制度。目前，一些地方采取"二次付费法"①，即在针对医疗机构资源消耗实施的定额预付的前提下，再针对医疗机构的效益和服务质量实施具有奖惩意义的二次付费，这种综合费用偿付方式是当前费用偿付改革的有益探索。

---

① 崔践：《论医疗保险支付方式的"二次付费"改革》，《中国卫生事业管理》1998 年第 2 期。

第六节　改革背景下的医疗保险制度发展

我国从新中国成立初期就建立了劳保医疗、合作医疗和公费医疗三大社会医疗保险制度类型，20 世纪 90 年代陆续对这几项制度进行了改革，目前以城镇职工基本医疗保险、城镇居民基本医疗保险和新型农村合作医疗为基本内容的新三大医疗保险制度日益成熟。尽管新的医保制度与原有的制度相比在效率上有所提升，然而新制度在价值取向和制度功能等方面存在退步之处，与医疗卫生事业的发展目标和公民的现实需求还存在不小的差距。根据新的社会条件和新一轮医药卫生体制改革的要求，我国有必要适时将基本医疗保险制度升级为健康保险制度。

一　我国社会医疗保险制度的本质及其功能评价

在国际上，称公民因健康（包括疾病）原因而对个人生活产生的风险为健康风险，为保障不至于因健康原因对个人生活产生不利影响，包括收入下降、健康修复支出等个人经济负担，国家或社会通过健康保险制度帮助个人熨平生活波动，这种制度被称为"健康保险"（health insurance）。健康保险制度是一种社会福利制度，该制度自 1883 年首次出现在德国以来，经历了 100 多年的演变，在价值取向和功能目标上逐渐进化。在制度产生的早期，该制度本质上是社会"医疗"保险，意在由国家和社会帮助被保险人分担医疗费用。随着社会的进步、物质条件的改善和福利国家的全面建立，"医疗"保险制度不断优化升级，表现为：一是制度保障的服务内容逐步丰富，实现了"核心医疗服务项目—核心和非核心医疗服务项目—与健康有直接关系的项目"三个阶段的发展；二是在费用偿付的范围上，实现了"医疗费用—医疗费用和与医疗服务有关的费用—医疗及健康相关费用—伴随医疗及健康问题而产生的费用"四个阶段的发展。从而，制度实现了"医疗保险"向"健康保险"的嬗变，制度功能由保基本到保一般的转化，价值由不完全福利向充分福利的跃升。

肇始于西方、盛行于各国的健康保险"health insurance"在我国被翻译为"医疗保险",同时我国习惯上将商业保险机构开办的与健康有关的险种称为"健康保险"。实际上,若从制度功能角度来看,我国的医疗保险与国际上通行的"健康保险"并不是一回事,既无其名,也不符其实。我国总体上没有"健康"保险,只有"医疗"保险。这是因为:第一,我国的"基本医疗保险"只保医疗服务,不保健康促进、疾病预防和康复等其他与健康有关的服务;第二,只保核心医疗服务,不保与医疗相关的服务;第三,只保医疗费用,不保因病招致的其他困难,如病假津贴。由此观之,我国的基本医疗保险制度无论是在保障范围、保障内容还是在保障力度方面,都与国际通行的国家法定的健康保险制度不同。健康保险的内涵和外延均大于医疗保险,我国所实行的医疗保险仅是健康保险制度的核心部分,在功能上仅仅分散了部分健康风险。

二 我国医疗保险制度改革发展的不足之处

福利水平逐渐提高是多数国家健康(医疗)保险制度发展的总体趋势。在过去的60多年当中,我国的医疗保险制度也一直处于调整之中,然而医保制度的改革和发展没有完全体现出上述规律,实质上的健康保险缩减成为医疗保险。

在历史上,我国曾建立了法定的健康保险制度,这种制度与《社会保障(最低标准)国际公约》的规定和一些制度成熟国家的相关制度较为类似。随着社会的发展和改革的推进,我国的制度设计与之渐行渐远。1951年制定的《中华人民共和国劳动保险条例》第13条规定了非常详细和全面的劳保医疗给付内容,包括病假工资和疾病津贴的衔接发放、医疗费的担负等。根据1952年颁布的《国家工作人员公费医疗预防实施办法》第5条,公费医疗保障受益人享受保护健康、预防疾病指导服务。另据1989年制定的《公费医疗管理办法》,进行短期疗养或康复治疗的医药费,以及公费医疗管理部门组织的各种体检、预防服药、接种费用等受公费医疗保障。由此观之,我国旧有的"医疗"保险制度在本质上具有"健康"保险制度的特征。

然而,制度运行过程中出现了医疗资源严重浪费、企业和国家经济负担过重的局面。制度建立后的历次改革，基本上都是以费用控制为导向的，在技术上体现为朝着缩小保险给付范围的方向迈进。进入市场经济发展阶段后，我国新确立的医疗保险制度更是以"保基本、广覆盖"为原则，而"广覆盖"并非指医保诊疗项目范围广，仅仅指对人群的覆盖面广；而"保基本"则是指将保险给付水平，包括用药范围、诊疗项目范围、服务设施范围和标准，锁定在必要的核心层次上，医保支付水平限于按比例分担部分医疗费用，同时医保基金也不再承担疾病补贴。

历史和现实证明，这种受费用控制单一目标牵制、以缩减医疗保险给付标准为导向的改革基本上没有达到预想的目标，反而在一定程度上偏离了医疗保险制度的根本价值。一方面，就费用控制目标实现状况来看，目前"看病贵"的问题依然没有得到根本性的解决，新医保较旧医保在控制费用方面没有显示出明显的制度效果。另一方面，新医保在保障项目上缩减了部分预防性项目，不仅没有体现防治一体化的要求，不利于减少患病可能性、控制医疗费用，而且降低了医疗保险制度的福利价值。任何真理都是有条件的，良好的医疗保险制度同样离不开支持条件。如果相关制度建设不能配套跟进，那么制度构建方向即便是锁定为"保基本"，也无助于实现制度目标，反而给各种反对改革的观点留下口实。我国曾建立的旧医保之所以难以为继，根本上不在于给付范围过大，而在于给付标准相对于时代条件显得过高、筹资渠道过窄、统筹管理层次太低、制度可操作性不强、医疗服务体制僵化、合同医疗服务监督机制失灵、对合同医疗机构的制约机制滞后、保险费用支付制度单一、违规责任缺乏等。这些问题都使得本质上为健康保险的旧有医疗保险制度百弊丛生。如果不中规中矩地改革、密不透风地构建制度，任何简单地寄希望于改弦易辙的改革都有可能事倍功半甚至失败。

三　我国将医疗保险升级为健康保险的必要性

基本医疗保险制度是我国社会保障、社会福利性制度的一个分支，如果从制度目标角度看，制度现实与之还有很大的差距。在促进福利的功能方面，"健康"保险在制度和功能上显然优于"医疗"保险。然而，我国究竟应坚持医疗保险制度模式还是有目的地逐步建立健康保险制度模式，这是我国社会保险制度发展的重要问题，也关系到公民健康权益的实现水平。我国选择何种制度模式、如何安排制度架构，既取决于国家的健康资源充足水平和社会的实际需要，也取决于价值判断和意愿选择。

中外健康保险制度发展的历史表明，没有哪个国家的健康保险制度的给付范围天然地"宽"或天然地"窄"，制度构建的决心和意志常常发挥关键作用。从应然角度来看，"健康"保险就是以保险机制保障"健康"和化解"健康问题"所带来的经济风险，而医疗保险的制度目标仅是化解因医疗所产生的经济风险，在保障公民健康权益方面，健康保险较医疗保险更为积极、全面，当然有必要将"医疗"保险升级为"健康"保险。在以往的改革中，一直存在过分夸大经济发展水平对于社会保险制度影响的思潮，这种思潮过分强调经济发展与社会保障的矛盾。实际上，二者的矛盾性不是主要方面，甚至二者可以通过制度调整实现相互适应。过去，我国的合作医疗及其配套的农村医疗卫生体系在经济发展水平低的条件下取得了举世瞩目的成绩；在国外，印度的"马尼堡医疗卡"制度、印度克拉拉邦的非正规经济就业者福利基金制度、塞内加尔的乡村健康保障组织参与的"微型保险"制度等，在实践中都发挥出了作用。因此，经济发展水平主要涉及健康保险给付水平是"高"还是"低"、给付形式的问题，而与"有"或"无"的问题基本无关，发展中国家同样可以发展为与其经济社会发展水平相适应的福利国家。

我国是否有必要将"医疗"保险升级为"健康"保险，还取决于思想观念的转变。以往我国经济发展模式是投资增长型和出口导向型的，相比之下国内消费对经济增长的拉动作用显得不足。在"以人为本"、"科学发展"的时代背景下，通过消费来拉动经济增长已经取得社会的共识，健康保险作为社会财富再分配的一种形式，不仅可以为消费经济增长作出贡献，而且最为重要的是，公民能够借此实实在在地分享经济发展的成果，经济和社会的发展能够切切实实地服务于人的需要，体现了经济发展的正确目的和价值。以何种方式来发展经济、怎样分配经济发展成果，这个问题是个观念问题和意愿问题。此外，我国已经成为世界第二大经济体，有能力投入巨资举办许多非基本需求的世界性项目，相比之下，能否为国民健康提供充分的保障，在经济上完全可以称之为微不足道的"小"问题。因此，鉴于我国已经不再是经济和卫生资源贫乏的国家，提供哪些健康保险给付、给付标准有多高，主要是个观念和意愿问题。

以往我国医疗保障改革的明显主线是"控制医疗费用"，然而，缩小给付范围仅仅是简单的低层面的技术问题。社会医学发展揭示出一条重要规律，即保持健康和预防疾病胜于病后治疗，这条规律也为德国等国家的健康保险制度所验证。有效的健康促进、疾病预防服务不仅能够在技术上防止小病发展成大病，避免更多的费用支出，而且最重要的是，促进健康、保持健康、预防疾病是医疗卫生事业的根本目的，这样的发展目的最符合伦理道德，也最具合法性。改革开放以来，中央的历次医疗卫生体制改革都强调"预防为主"的方针。《中共中央、国务院关于深化医药卫生体制改革的意见》指出：我国的医药卫生体制改革坚持预防为主的指导思想，坚持统筹兼顾，注重预防、治疗、康复三者相结合的原则；国家发展基本公共卫生服务，逐步向城乡居民统一提供疾病预防控制、妇幼保健、健康教育等基本公共卫生服务，"力争让群众少生病"。

在全民纳保的条件下，医疗保险具有经济杠杆和卫生资源配置"指挥棒"的功能，目前已经成为我国医疗资源配置的主要平台，对于医疗服务方向、卫生资源的利用结构和效率产生了影响。医疗保险对于预防性、康复性健康服务项目的支持，会有助于通过偿付链条的资金传递作用推动"预防为主"原则的落实。

此外，保险制度应从简单保障医疗费延伸至一体化保障医疗费和患病补贴，这是朝向健康保险制度改革的应有内容。原因有二。第一，对于有用人单位的参保人员，其患病期间的工资尚由用人单位支付，这对参保患者的生活起到保障作用；然而对于没有用人单位的其他各类基本医疗保险的参保人员而言，一旦生病则可能生活无着。第二，我国社会保险制度改革的主要原因之一，在于减轻、均衡企业负担，医保改革也不例外。而如果医保基金剔除病假补贴功能，则健康风险较大人群集中的企业会负担较重，医保制度仍没有完全实现为企业减困的目标。这两个问题若不能解决，那么保险制度的价值则最终归于有限。

基于以上分析可以认为，我国有能力、有必要将"医疗"保险升级为"健康"保险；在法律上，我国《宪法》第45条也为建立功能全面的健康保险制度奠定了法律基础。着眼于健康保险制度的本来价值，我国理想的健康保险制度不仅保障医疗服务，而且还应保障体检、康复等健康服务；不仅保障健康维护费用，还应当保障疾病津贴等相关风险费用。

| 第六章 |

失业保险法的制度创新

我国失业保险制度建立近30年来，在保障失业人员基本生活和促进再就业方面发挥了积极作用，为深化经济体制改革特别是促进企业改革，促进经济结构调整，实现劳动力资源的合理配置，维护社会稳定作出了重要贡献。随着市场经济体制的不断完善，经济结构调整和产业结构升级，以及经济全球化、工业现代化和新型城镇化带来的劳动力的调整和流动，特别是全面建成小康社会、实现中国梦的提出，推动实现更高质量就业目标的确定，对我国现行的失业保险制度提出了新的任务和要求。如何借鉴国际成功的做法，总结历史的经验教训，改革和完善我国现行的失业保险制度，就成为需要我们尽快作出解答的一个重要课题。

第一节　失业保险制度概述

一　失业保险制度的创立与发展

现代意义上的失业保险制度产生于20世纪初。1905～1907年三年间，先后有法国、挪威、丹麦等6个欧洲国家通过立法建立了财政补贴的、自愿参加的失业保险基金制度。国家强制性的失业保险制度则首建于1911年的英国，随后又有十几个欧洲国家相继建立了失业保险制度，大多为强制保险制度。20世纪30年代发生的横扫全球的经济大萧条和"二战"后出现的严重失业问题，再次推动了失业保险制度的建立。美国于1935年大危机后颁布《社会保障法》，在全国范围内实行失业保险制度，日本在"二战"结束后于1947年建立失业保险制度。到20世纪70年代末，建立失业保险或类似保护制度的国家有 40 余个，主要集中在欧美发达国家。

在计划经济时期，苏联和大多数东欧国家本来不存在失业问题，也就谈不上失业保险。自 20 世纪 90 年代初经济转型开始，随着大规模失业的出现和失业率持续攀升，俄罗斯及中东欧一些国家相继以西欧国家为蓝本建立了失业保险制度。

由于经济发展水平较低，发展中国家失业保险制度的发展进程一直非常缓慢。到 2013 年，在非洲最落后的 41 个国家中，只有 6 个国家有某种形式的失业津贴立法；在 27 个拉美国家中，只有 4 个建立了失业津贴制度；有 6 个东南亚国家或地区，即中国、泰国、韩国、越南、印尼和中国香港地区建立了某种形式的失业津贴制度。

到 2013 年，全世界共有 72 个国家和地区实行了失业保险制度，其中，29 个发达国家和地区全部实行了失业保险制度，建立了失业保险制度的转型国家有 23 个，而同期建立了失业保险的发展中国家只有 20 个。

二 失业保障制度的基本类型和模式

迄今为止，国际上的失业保障制度模式大体上可归纳为四种：强制性失业保险、自愿性失业补贴保障、混合型失业保障和救助性失业保障。

强制性失业保险模式最为广泛，经济合作与发展组织国家、欧美国家等采用的都是这一模式。此外，转型国家中除匈牙利、捷克外，发展中国家中除智利、突尼斯外，也实行强制失业保险制度。这种制度是由国家立法规定制度的覆盖范围，凡按规定应参加失业保险的企业和劳动者都必须无条件参加，是一种缴费型制度。

自愿性失业补贴保障模式是由工会失业保险基金构成，并由国家财政予以补贴的一种失业保护制度。目前实行这种制度的国家只有丹麦、瑞典和芬兰。

混合型失业保障模式是由失业保险制度和失业救助制度构成，多数是强制失业保险加失业救助制度，如德国、英国等。有的是自愿性失业补贴保险加失业救助制度，如芬兰、瑞典。关于混合型制度不同层次之间的关系，一般是接续性的，如在保险加救助制度中，失业者享受失业保险津贴期满后可转为享受失业救助。也有的是选择性的，如在芬兰和瑞典的制度中，失业人员可按本人条件享受失业保险制度或救助制度。

失业救助模式是一种无须雇员和雇主缴费、由国家财政全额拨款的为失业者提供现金补贴的失业保护制度。目前实行单一失业救助制度的国家主要是澳大利亚和新西兰。

总的来看，在迄今建立失业保护制度的国家中，绝大多数国家（80%以上）实行的是单一的强制性失业保险模式和失业保险加失业救助的混合型模式，只有少数国家实行的是单一失业救助模式或自愿性失业补贴保险加社会救助模式。

三　以发达国家为主的失业保险制度的主要特点

1. 制度的覆盖范围广泛，基本覆盖工薪雇员

发达国家基本实现了全日制雇员的全覆盖。在确定参保范围时，主要考虑以下几类因素：一是工作时间标准；二是收入标准；三是年龄标准；四是职业标准。

2. 雇主、雇员和政府共同负担费用

大多数国家实行三方负担原则，少数国家完全由雇主和雇员缴费，国家不负担。有的国家规定雇主缴费，政府补贴，雇员不缴费。

3. 费率高低不等，缴费基数有上下限规定

费率从1.2%到12%不等；有统一费率，也有分行业的差别费率；收入超过限额部分不缴费，也不计算失业津贴，以避免失业津贴水平差距过大，损害公平原则。一般国家只规定上限，也有的国家同时规定上下限。

4. 保障水平较高

失业津贴计发办法有两种：一是以失业者过去一段时间内平均工资的一定比例计发；二是按统一标准计发，并根据家庭状况和本人年龄有所差别，主要考虑家庭子女等的赡养问题。多数国家规定对失业津贴实行递减计发。

第二节　发达国家失业保险制度改革

一　发达国家失业保险制度面临的挑战和主要问题

失业保险制度建立 100 多年以来，西方国家从最初的工业化开始发展壮大，经济实力、人民的福利、就业保障、法制化程度和社会管理都达到高水平，失业保险制度无论从制度化程度还是保障程度看，都达到了很高的水平，进而形成制度刚性，抑制了失业人员求职和雇主用人的积极性。失业保险制度保障水平偏高和制度刚性主要表现在以下三个方面：一是按替代率衡量的失业津贴水平过高，失业津贴平均纯替代率为全国平均工资收入的 60% 以上；二是失业津贴支付期限较长，有的国家失业津贴加失业救济津贴的领取期限最长达 5 年，有的失业者宁可失业，享受失业津贴，也不愿意从事低薪工作；三是就业保护程度过高，降低了雇主用工的意愿。

总的来看，发达国家的失业保护水平较高，极易导致失业人员对国家福利制度的依赖，不愿意从事低薪工作，长期处于失业状态。而长期游离于劳动力市场之外又导致了技能退化，雇主更加不愿意雇用，长久下去失业人员被边缘化，导致严重的社会问题。

面对经济全球化的国际竞争、国内经济增长率持续低迷、劳动力供给不足情况下持续偏高的失业率问题，各国普遍希望通过降低失业保险的保护水平，来达到降低失业率的目的。基于上述认识，几乎所有经合组织国家在 20 世纪 90 年代都对失业保险制度进行了改革，主要是削减失业津贴制度所提供的保护水平，以期减少失业和增加就业。

二　发达国家失业保险制度改革和发展

1. 失业保险制度的基本理念发生变化

失业保险被认为是实现社会公民权的一项社会政策。对失业者而言，行使自己的社会权利，除了在经济上获得失业保险金之外，更为重要的是不能与社会脱节，防止发生"社会排斥"，即由于失业尤其是长期失业而被排除于主要的社会生活和工作环境，离群索居。社会政策关于公民社会权利行使的这一界定，为各国失业保险制度改革提供了充分的理论依据。因而，就业就是最好的社会政策，能够促进失业者再就业的制度是最好的失业保障制度，这些判断已经成为失业保险制度发展的价值原则而被国际社会广泛接受。

2. 改革的方向是使失业保险政策由消极变为积极

在上述理念的支持下，一些发达国家开始改革单一的失业保险制度，将改革的目标确定为在确保失业人员基本生活的前提下更大地发挥其促进就业的功能，并从制度设计和调整经费的使用两个方面来改革和完善失业保险制度。改革制度设计，主要是通过缩短失业保险金给付期限、严格享受条件、降低替代率、加大失业的成本等手段迫使失业人员努力寻找工作，尽快重新融入劳动力队伍。调整经费使用范围，主要是通过资助和鼓励企业减少裁员、加强公共就业服务等手段有效地扼制失业并积极地促进失业人员实现就业。此外，很多国家还十分重视发挥失业保险制度在经济结构调整过程中的作用，以平稳地度过调整期。

日本于1974年对失业保险制度进行了改革，将失业保险改为"雇用保险"。新的《雇用保险法》主要体现了两方面的内容：一是对失业人员提供必要的援助，以保证其基本生活和进行求职活动，实现再就业；二是为了预防失业，向员工提供培训机会，并抑制雇主解雇员工。主要措施有以下三项：一是，雇用安定事业，其目的是预防失业和加强雇用的安定性；二是，能力开发事业，其目的是提高劳动者技能以保持就业的稳定性；三是，雇用福利事业，其目的是为失业人员求职提供帮助，改善员工的工作环境以减少员工跳槽、离职的冲动。雇用保险制度实施40多年来，日本两次面临石油危机，数次日元大幅升值，经济全面衰退，但其失业率并没像其他发达国家那样大起大落，而是始终稳定在一个较低的水平，不能不说是雇用保险制度，特别是其中的雇用促进事业发挥了积极作用。

韩国在借鉴日本经验的基础上，在1993年建立失业保险时就称之为《就业保险法》。韩国的《就业保险法》与日本的《雇用保险法》内容十分相近，主要包括三个项目：一是失业救济；二是就业安置；三是职业能力开发。

加拿大1996年对失业保险制度进行改革,新措施主要包括严格失业金的给付条件,缩短给付时间,同时实行积极的劳动力市场政策,加大再就业方面的投入,以使失业人员尽快找到新的工作。新政策的具体目标有三个:降低现金津贴开支费用,拿出其中一部分用于促进再就业;降低对失业津贴的依赖程度,加强对寻找工作的刺激;扩大对非全日制雇员的覆盖。

经合组织和欧盟国家,在欧洲就业战略的框架内,实施激活劳动力市场的政策。一些国家准备在失业者与劳动力市场之间引入一种新型的"社会契约",即规定,在经过一个确定的失业津贴领取期后,政府应该向失业者提供一份正常工作或一项积极的劳动力市场措施。按照这种规定,青年人在领取失业津贴6个月后,成年人在12个月后,必须积极参加工作或职业培训。

3. 扩大失业保险覆盖面,更好地促进就业

韩国的《就业保险法》正式实施时,适用30人以上的企业,30人以下的企业自愿参加。1997年亚洲金融危机发生后,该法的适用范围扩大到10人以上企业。此举对韩国尽快摆脱金融危机的影响,稳定经济发挥了重要作用。

加拿大从1996年开始,扩大对非全日制雇员的覆盖。如用工作小时数代替工作周数作为确定资格条件的计量单位,目的是鼓励扩大对非全日制工人的覆盖面;享受津贴的最低资格期在高失业地区为工作420小时,在低失业地区要达到700小时。

4. 改革失业保险制度规定,强化对失业人员的培训和就业促进

德国在1997年规定:领取失业金的失业人员必须接受比失业前收入水平低的工作;过去从事技术工作的失业人员在找不到相应职位的情况下,必须接受相对简单的工作;没有家庭负担的失业人员,必须接受全国范围内的适当工作。匈牙利2003年规定,领取失业补贴180天后可以享受"找工作补贴",如果找到了新的工作(包括非全日制工作),可一次性领取尚未领取的失业金的剩余部分。

瑞典 1997 年规定，25 岁以下领取社会救助金的人员按照要求必须接受教育或培训，2000 年起，领取失业金和社会救助的失业人员在失业 27 个月后必须参加全日制激活性培训。英国 1998 年规定，青年人领取失业保险金 6 个月后必须参加激活培训，2001 年又规定 25 岁以上的失业人员领取失业保险金 18 个月后必须参加激活培训。匈牙利 1999 年规定，领取失业金的最长期限由 12 个月缩短到 9 个月，如果参加培训可以延长到 18 个月。

5. 强化各项积极促进就业的措施

第一，对提前就业者给予就业补助。如日本，失业者只要在给付期还剩一半以上的时间内找到可持续一年以上的工作，就可获得相当于 30～120 天的失业保险津贴作为就业补助。

第二，对愿意从事简单工作的失业者给予再就业津贴。为鼓励寻找工作，法国、瑞典等国规定，如失业者在领取失业津贴期间愿意从事比原工作待遇更低的工作，就可以在接受这份工作的同时继续领取失业津贴。但在这段时间内的每月工作时间不得超过 136 个小时，工资不得超过失业前工资的 70%，最长工作期限不得超过 18 个月。

第三，向失业者提供转业安置津贴。法国相关法律规定，因经济性裁员而失业并要求在 6 个月内再就业者，可不到就业中心登记求职和领取失业津贴，而是由失业保险管理机构发给转业安置津贴，其数额比失业津贴高，相当于原工资的 80%。如果在 6 个月后未能找到工作，则进行失业登记并开始领取失业津贴。

第四，实施创业计划。发达国家普遍通过创业计划的实施，为有足够能力和条件的失业者提供个人创办企业或自谋职业的机会，从而扩大了失业者的再就业渠道。

6. 加强公共就业服务

为帮助失业者尽快找到合适的工作，很多国家在职业指导和职业介绍方面作了大量工作，如加强劳动力市场信息网络建设，提高职业介绍机构人员的素质，改进职业介绍和职业指导工作方法，提高职业介绍机构的工作效率，等等。这项工作的资金来源除国家补贴外，也从失业基金中拿出一个适当比例。

7. 有效调控失业，鼓励企业减少裁员或限制企业裁员

一些国家的政府通过各种方式鼓励企业缩小裁员规模或限制企业裁员。

第一，为了鼓励企业减少裁员，美国有18个州向那些在订单不足的情况下，通过缩减工时减少裁员的企业提供短期补助。

第二，德国法律规定，下列几种原因引起的开工不足和雇员工资减少的情况可以获得政府提供的补偿：由于不可避免的经济原因造成停工；至少有1/3雇员的工作时间在4周内损失了1/10以上；已经在劳动局作了备案的停工。为减轻恶劣天气造成的停工对建筑业雇员的影响，政府规定在每年冬季施工期间，雇主可得到政府补贴或低息贷款用于在恶劣气候条件下必须使用的机器设备的花费，雇主也可以得到由于恶劣天气造成的加大施工费用的补助以及向工人发放附加工资的补贴。因气候恶劣引起停工而造成收入损失的雇员也可以得到收入补助。

除了鼓励企业减少裁员的措施外，一些国家还制定了限制企业裁员的规定。

第三，美国企业缴纳失业保险的费率根据企业裁员的情况而定，也就是实行经验费率。

8. 充分发挥失业保险制度在经济结构调整中的作用

随着经济一体化进程的加快，世界各国经济相互依赖的程度进一步加深，并进而导致全球范围内的经济结构调整。这种调整往往会对一个国家的劳动力结构产生不同程度的影响，进而引发结构性失业。为了将经济结构调整引发的结构性失业的影响降到最低程度，一些发达国家非常注意发挥失业保险制度的作用。

如2001~2003年，由于经济结构调整，美国有530万人离开了他们至少工作了3年的岗位（长期从业者），有610万人离开了工作不到3年的岗位（短期从业者）。两者合计，总数达1100多万，占美国全部就业人口（1.4亿）的近10%。

为了解决严重的结构性失业问题，政府启动了正常项目和应急机制。

按照法律规定，州政府有权延长失业保险金的支付时间，在失业保险基金收不抵支时，州政府可以向联邦借款。除失业保险一般项目外，2002～2005年，联邦政府还实施了临时延长失业补偿项目，失业人员如在2003年12月27日之前符合该项目的领取条件，领取失业保险金的期限可延长到2004年4月3日，航空业及相关行业可以延长到2005年1月1日。

三 国外失业保险制度改革对我国的启示

国外失业保险制度产生、发展、改革的过程给我们以深刻的启示。

1. 失业保险制度仍然是市场经济条件下解决失业问题并能够促进就业的一种较好的制度与政策选择

发达国家的实践表明，失业保险制度在保障失业人员及其家庭的基本生活、促进社会公平、缓和社会矛盾、维护社会稳定方面发挥了积极的作用。对失业保险制度进行改革，是要更好地完善制度，使失业保险制度在新形势下发挥更大的作用。20世纪90年代以来，23个转型国家普遍建立了失业保险制度，越来越多的发展中国家建立了失业保险制度，以保护失业者权益和维护社会稳定，促进经济可持续发展。国际劳工组织为泰国进行的一项可行性研究表明，建立一种津贴支付期为6个月、津贴水平为原工资50%的失业保险制度，所需缴费率在制度运作的头一年应为工资总额的2.5%，在运行7年后则可稳定下降至0.6%。这样一个费率能积累起大约相当于一年津贴开支的基金。所以，对于发展中国家来说，建立失业保护制度不仅是必要的，而且也是可能的。实践也已证明，在市场经济条件下，失业保险制度仍然是解决失业问题并能够促进就业的一种较好的机制与政策选择。

2. 立足国情，合理设计，使失业保险制度真正发挥效用

由于经济发展水平不高，我国可能出现失业保险金水平低、期限偏长、覆盖面小的问题，有可能导致失业保险制度不能有效发挥作用。中东欧转型国家就是前车之鉴。转型初期，这些国家的失业津贴期限曾长达1年以上。但随后几年大多缩短为3～6个月，且津贴期满后常常难以转入社会救助津贴。政府这样做的目的之一是促使失业者尽快返回劳动力市场，但找工作的困难和生活贫困却使更多的人进入非正规部门或者脱离劳动力市场。我国在进行失业保险制度改革时，必须吸取这些国家的经验教训，合理设计失业保险金水平、待遇期限、覆盖面等。

3. 合理确定失业保险待遇水平

发达国家由于失业津贴水平偏高，目前的改革趋势是降低失业津贴水平。我国则恰恰相反，是失业保险金水平过低。我们目前最重要的是，应根据国情，适当提高失业保险金水平。但是，在未来发展中，随着失业保险金水平的逐步提高，也应避免出现失业保险金水平过高的倾向。

4. 应尽可能扩大失业保险覆盖面

从国际经验看，无论是发达国家还是其他国家，失业保险覆盖面都是逐步扩大的。例如，英国作为世界上第一个建立强制性失业保险制度的国家，其制度在初期仅覆盖7个技术性行业约200万体力劳动者，因为当时认为这些人的就业地位最不稳定；而到20世纪40年代末，随着国家社会保障制度的全面改革，英国失业保险的覆盖面已达到2000万人，占所有各类工薪雇员的80%。韩国、加拿大、美国等国家，也逐步将非正规就业人员纳入失业保险。我国现行失业保险制度的实际覆盖面还不到城镇从业人员的一半，因此，需要研究如何将制度扩大到更多的劳动者。

5. 增强失业保险促进就业的功能

（1）通过改进制度设计促进就业。如缩短失业保险待遇享受期限、实行差别性的失业保险待遇等。目前我国失业保险的享受期限按照失业保险的累计缴费年限计算，最长可达24个月。目前世界各国享受失业保险金的期限大多在90天到1年，美国最长为26周，大约只有6个半月。给付期限的发展趋势是提高给付水平，适当缩短给付期限，以激励失业者尽快重新就业。我国失业保险制度最初是为国有企业改革服务的，给付期限也是考虑到这一目标而制定的。目前，国有企业已经历了大规模下岗分流，非国有企业和外资企业就业人数比例也大幅度增加。因此，如果再延续当初的给付期限规定，显然不适应形势的变化。这种长期限的失业保险给付政策不利于就业促进。因此，今后有必要向缩短给付期限转变。对于失业保险待遇的金额，可以实行逐月减少的办法，以更好地激励失业人员再就业。

（2）扩大失业保险基金的使用范围。进一步扩大失业保险基金的支出范围，将其用于职业培训、转岗培训、职业介绍补贴、求职补贴、再就业奖励与补贴、资助企业吸收失业人员等。

6. 应充分发挥失业保险制度在经济结构调整和应对突发经济社会发展中问题的作用

现代社会经济发展的历史表明，经济发展具有明显的周期性，在全球经济一体化的条件下，中国经济日益与世界经济融为一体。这意味着我们在分享世界经济发展成果的同时，也不可避免地会受到世界经济动荡带来的冲击。因为在经济全球化条件下，这些影响往往是超越国界的，经济结构调整也常常是全球性的。为了尽量减小世界经济动荡对我国经济发展和国民的影响，应当改革和完善失业保险制度，使之在经济衰退和重大打击出现时，真正起到"减震器"和"安全阀"的作用。

第三节 我国失业保险制度的改革与发展

一 我国失业保险制度的发展历程

1986年，为适应劳动制度改革和企业破产法的试行，国务院颁布了《国营企业职工待业保险暂行规定》，建立了我国失业保险制度的基本框架，标志着我国失业保险制度的正式建立。

为适应国有企业转换经营机制等深化改革的要求，在总结实践经验的基础上，1993年国务院颁布了《国有企业职工待业保险规定》，对制度进行了局部调整和完善。在这一阶段，失业保险制度的主要功用是：为国有企业转换经营机制、落实用人自主权创造条件；为推进劳动力市场就业机制的培育和发展创造条件。失业保险制度发挥作用的主要方式是为国有企业面临就业风险的人员提供基本生活保障，并帮助他们实现就业。

20世纪90年代中后期，我国确定建立社会主义市场经济体制，各项改革进一步深化，失业保险制度作为我国经济体制转轨时期的一项重要的社会保障制度，为我国大规模的经济结构和产业结构调整、为国有企业的深化改革提供保障。其发挥作用的主要形式是，为以促进再就业为目的的再就业工程提供资金支持，帮助失业人员再就业和企业富余人员的分流安置；增强筹资力度，将失业保险基金增加的部分作为国有企业下岗职工基本生活保障和再就业资金的重要部分，为确保国有企业下岗职工维持基本生活水平做出贡献。为此，1998 年，在中央、国务院下发的《关于切实做好国有企业下岗职工基本生活保障和再就业工作的通知》中，对失业保险的缴费机制和费率作了调整，由企业单方负担改为企业和职工个人共同负担，费率由 1% 提高到 3%。同时明确按照"三三制"的办法，从失业保险基金向再就业服务中心调剂资金。

1999 年初，国务院适时颁布了《失业保险条例》，一直沿用至今。现行失业保险制度的主要特点有以下六个。一是以保障失业人员基本生活和促进再就业为目的，在支出项目中包括这两个方面的内容，并且把有就业意愿和求职要求作为申领失业保险待遇的重要条件之一。二是将覆盖范围由原先的仅限于国有企业及其职工，扩大到城镇各类企业事业单位及其职工，并且把农民合同制工人也纳入覆盖范围。三是失业保险费由参保单位和职工个人共同负担，其中单位缴纳工资总额的 2%，职工缴纳本人工资的 1%（农民合同制工人本人不缴费）。四是将基金的统筹层次确定为在直辖市和设区的市实行全市统筹，增强基金调剂余缺的能力。五是规定失业保险金的标准，按照低于当地最低工资标准、高于城市居民最低生活保障标准的水平，由省级人民政府确定，待遇期限最长不得超过 24 个月。六是规范了基金管理和监督的办法，基金必须存入国有商业银行的财政专户，实行收支两条线管理和财政监督等制度。

这一时期的失业保险制度，是在我国经济体制和国有企业改革任务十分艰巨的情况下，按照建立与社会主义市场经济体制相适应的社会保障体系和就业机制的要求而设计的，体现了为深化改革中心任务服务的目的。从制度的整体设计及应发挥的功能来看，适应了当时形势的需要，是一个相对完善的制度，也为以后进一步完善制度和制度创新提供了法律依据。

二　我国失业保险制度的改革与完善

1999 年现行失业保险制度建立后，随着形势的发展变化，我国失业保险制度还经历了一系列改革发展。

1. 扩大失业保险支出范围

2006年1月，原劳动保障部和财政部下发了《关于适当扩大失业保险基金支出范围试点有关问题的通知》，明确自2006年1月起在北京、上海、江苏、浙江、福建、山东、广东7省市开展适当扩大失业保险基金支出范围试点。试点工作以失业保险基金统筹地区为单位。试点地区的失业保险基金可用于职业培训补贴、职业介绍补贴、社会保险补贴、岗位补贴和小额担保贷款贴息支出。在上述项目之外增设支出项目，北京市、上海市须经市人民政府批准，并报国务院备案。其他5省增设支出项目，须由省人民政府报请国务院批准后实施。试点时间暂定3年。随后，7省市制定了具体政策和办法，积极开展试点工作，有的还进一步扩大了基金支出的范围。如北京市将失业保险基金支出范围从试点政策规定的5个项目扩大到10个，增加了国有困难企业职工转岗培训补贴、高技能人才培训补贴和公共实训基地运行补贴、公益性就业组织专项补贴、高失业率地区就业专项补贴和劳动力市场信息系统建设运行维护补贴等5个项目。上海市在此5个项目外，增加了公共实训基地建设和维护、实施开业指导和服务等2个项目，并扩大了人员范围。

试点进一步发挥了失业保险制度促进再就业的功能，完善了就业与失业保险联动机制，为改革发展失业保险制度奠定了实践基础。除北京、上海外的5省强烈要求实行统一政策，授权省级人民政府决定扩大失业保险基金支出项目，为更好发挥失业保险促进就业作用提供政策支持；建立长效机制，在《社会保险法》中明确失业保险"保障生活、促进就业、预防失业"的功能作用，并尽快修订《失业保险条例》，推动失业保险制度实现可持续发展。

2. 完善失业保险稳定就业和预防失业的功能

为积极应对国际金融危机对我国就业的冲击，防止金融危机演化为就业危机，2008年12月，人力资源和社会保障部会同财政部、国家税务总局联合下发《关于采取积极措施减轻企业负担稳定就业局势有关问题的通知》（人社部发〔2008〕117号），明确了减轻企业负担、稳定就业局势的

"五缓四减三补贴"（缓缴五项社会保险，降低除养老保险外的四项社会保险费，用失业保险金和就业资金给予企业三项补贴，以支持企业稳定就业岗位不裁员）的援企稳岗政策，其中失业保险的"一缓一减两补贴"（阶段性降低失业保险费率，期限最长不超过12个月；允许困难企业在一定期限内缓缴失业保险费；用失业保险基金帮助困难企业稳定就业岗位，对采取在岗培训、轮班工作、协商薪酬等办法稳定员工队伍，并保证不裁员或少裁员的困难企业给予社会保险补贴和岗位补贴）是政策的主体。缓缴、补贴执行期为2009年之内，期限最长不超过6个月。2009年12月，三部门再次联合下发《关于进一步做好减轻企业负担稳定就业局势有关问题的通知》（人社部发〔2009〕175号），明确将117号文件政策执行期延长至2010年底。

2009年，全国失业保险实施援企稳岗"一缓一减两补贴"涉及资金近200亿元，其中：降低失业保险费率、缓缴失业保险费为企业减负近120亿元，涉及企业170多万户、职工6600多万人；全年使用失业保险基金支付社会保险补贴、岗位补贴等资金约80亿元，涉及困难企业2.5万户、职工740多万人。通过"降"、"缓"、"补"等措施的支持，一定程度上缓解了企业资金压力，有助于企业渡过难关；企业按照援企稳岗补贴政策要求，采取岗位培训、轮岗培训等办法，尽可能不裁员或少裁员，留住了企业发展所需技能人才，保住了几百万职工的饭碗；提振了企业信心，激发了企业和职工抵御风险、共克时艰的决心，也提升了企业的社会责任意识。

2014年11月，人力资源和社会保障部、财政部、国家发展和改革委员会、工业和信息化部四部委下发《关于失业保险支持企业稳定岗位有关问题的通知》（人社部发〔2014〕76号），要求在调整优化产业结构中更好地发挥失业保险预防失业、促进就业作用，激励企业承担稳定就业的社会责任。文件规定，对采取有效措施不裁员、少裁员，稳定就业岗位的企业，由失业保险基金给予稳定岗位补贴（以下简称"稳岗补贴"），补贴政策主要适用实施兼并重组企业、化解产能严重过剩企业、淘汰落后产能企业，以及经国务院批准的其他行业、企业。失业保险统筹地区实施稳岗补贴时，上年失业保险基金滚存结余必须具备一年以上支付能力。企业申请稳岗补贴时，其生产经营活动必须符合国家及所在区域产业结构调整政策和环保政策，依法参加失业保险并足额缴纳失业保险费，上年度未裁员或裁员率低于统筹地区城镇登记失业率。各地区对符合上述政策范围和基本条件的企业，在兼并重组、化解产能过剩以及淘汰落后产能期间，可按不超过该企业及其职工上年度实际缴纳失业保险费总额的50%给予稳岗补贴，所需资金从失业保险基金中列支。稳岗补贴主要用于职工生活补助、缴纳社会保险费、转岗培训、技能提升培训等相关支出。稳岗补贴的具体比例由省级人力资源和社会保障、财政部门确定。稳岗补贴政策执行到2020年底。在实际执行中，地方将省级人民政府批准的行业企业也纳入政策范围。

随着我国经济发展进入新常态，就业总量压力依然存在，结构性矛盾更加凸显，必须实施更加积极的就业政策，把创业和就业结合起来，为促进民生改善、经济结构调整和社会和谐稳定提供新动能。2015年4月，国务院发布《关于进一步做好新形势下就业创业工作的意见》（国发〔2015〕23号），提出要积极预防和有效调控失业风险。将失业保险基金支持企业稳岗政策实施范围由兼并重组企业、化解产能过剩企业、淘汰落后产能企业等三类企业扩大到所有符合条件的企业。

3. 降低失业保险费率

为了完善失业保险制度，建立健全失业保险费率动态调整机制，进一步减轻企业负担，促进就业稳定，人力资源和社会保障部、财政部于2015年2月联合下发《关于调整失业保险费率有关问题的通知》（人社部发〔2015〕24号），规定从2015年3月1日起，失业保险费率暂由现行条例规定的3%降至2%，单位和个人缴费的具体比例由各省、自治区、直辖市人民政府确定。各地降低失业保险费率要坚持"以支定收、收支基本平衡"的原则，要充分考虑提高失业保险待遇标准、促进失业人员再就业、落实失业保险稳岗补贴政策等因素对基金支付能力的影响，结合实际，认真测算，研究制定降低失业保险费率的具体方案。

2015年4月，国务院发布《关于进一步做好新形势下就业创业工作的意见》(国发〔2015〕23 号),进一步强调要落实调整失业保险费率政策,减轻企业和个人负担,稳定就业岗位。截至2015年第一季度,我国失业保险基金累计结余4500亿元,降低失业保险费率将使失业保险基金每年减收400亿元,落实三类企业失业保险稳岗补贴政策将使失业保险基金每年多支出500亿元。根据2015年5月19日全国就业创业工作电视电话会议精神,各地将在2个月内出台落实《关于进一步做好新形势下就业创业工作的意见》的具体实施方案,真正将失业保险预防失业、促进就业的功能落到实处。

三 我国失业保险制度的成效和问题

1. 我国失业保险制度的成效

通过总结失业保险制度的发展历程可以看出,我国失业保险制度在不同发展阶段都发挥了应有的重要作用。

在我国失业保险制度建立和发展之初,主要是促进了经济体制改革尤其是企业改革的顺利进行。20世纪80年代中期建立的失业保险制度,促进了国有企业用工制度的改革,保证了劳动合同制度的实施和推进,进而为后来市场就业机制的培育和建立奠定了基础,开掘了通道。1993年失业保险规定的实施,为国有企业大规模结构调整创造了条件,进一步推进了市场机制的建立。1999年《失业保险条例》的实施,为过渡时期的下岗职工基本生活保障制度向失业保险制度转变提供了可能。1998~2006年,失业保险基金累计向再就业服务中心调剂下岗职工基本生活保障资金269亿元,为实现"两个确保"和"并轨"的顺利进行提供了有力的支持。实践证明,在我国从计划经济向市场经济转轨的重要阶段,失业保险都发挥了重要的作用。如果没有从一开始就建立并随后逐步根据形势发展完善失业保险制度,我国的劳动合同制度就可能难以推行,国有企业用工制度就不可能改革,自主用工机制就不可能建立,国有企业改革将难以推进,市场经济体制的建立也就缺少了一个重要的保证条件。可以说,失业保险制度对实现我国从计划经济向市场经济的平稳转轨发挥了积极作用。

在失业保险制度的改革和完善阶段,我国失业保险制度主要是发挥了稳定就业、预防失业和促进就业的功能。2005年，我国体制转轨时期的下岗失业人员再就业问题基本得到解决，应新一轮积极就业政策的要求，失业保险制度着重强化了促进就业的功能，东部地区进行了扩大失业保险基金促进就业支出范围的试点，为全面落实积极就业政策提供了资金支持，完善了就业与失业保险联动机制，为改革发展失业保险制度奠定了实践基础。

在应对国际金融危机时期，我国失业保险制度主要发挥了失业保险稳定就业和预防失业的功能。2008年，国务院常务会议决定"扩大失业保险基金使用范围，帮扶困难企业稳定就业岗位"，出台了"五缓四减三补贴"的援企稳岗政策，阶段性降低失业保险费率，允许困难企业在一定期限内缓缴失业保险费，对采取在岗培训、轮班工作、协商薪酬等办法稳定员工队伍，并保证不裁员或少裁员的困难企业给予社会保险补贴和岗位补贴。2009年，全国失业保险实施援企稳岗"一缓一减两补贴"涉及资金近200亿元。失业保险应对危机、稳定就业初见成效。

在转变经济发展方式、深化经济结构调整时期，我国失业保险制度预防失业、促进就业的作用得到进一步发挥。2014年，四部委下发文件，对实施兼并重组企业、化解产能严重过剩企业、淘汰落后产能企业采取有效措施不裁员、少裁员、稳定就业岗位的，由失业保险基金按不超过该企业及其职工上年度实际缴纳失业保险费总额的50%给予稳岗补贴，主要用于职工生活补助、缴纳社会保险费、转岗培训、技能提升培训等相关支出，政策执行到2020年底。在经济新常态下，要把创业和就业结合起来，2015年国务院发文要求，将失业保险基金支持企业稳岗政策实施范围扩大到所有符合条件的企业，并降低失业保险费率，更好地促进就业、创业。

实践证明，由于失业保险制度能够根据各个时期经济社会发展的中心任务，适时进行调整和完善，使其在改革的进程中更好地发挥作用，才越来越有生命力。截至2014年底，我国失业保险参保人数达到16595万人，比《失业保险条例》颁布前的1998年底增加了8667万人。2014年失业保险基金收入达到1200亿元，基金支出245亿元，基金累计结存3991亿元。2014年全年共有207万人享受过不同期限的失业保险待遇。

2. 现阶段失业保险制度存在的主要问题

总体来看，现行失业保险制度运行平稳，基金实力明显增强，保障失业人员基本生活和促进其再就业的作用逐渐明显，制度的有效性进一步显现。但是，近几年来，由于形势发生了明显变化，失业保险制度的不适应性越来越凸显，迫切需要进一步改革完善。

我国经济发展进入新常态，从高速增长转向中高速增长，经济发展方式从规模速度型粗放增长转向质量效率型集约增长，经济结构从增量扩能为主转向调整存量、做优增量并存的深度调整，发展动力从传统增长点转向新的增长点。战略性新兴产业和服务业将起到更大的支撑作用，传统产业将向中高端迈进，将掀起大众创业、大众创新的时代潮流。我国经济增长减速，但就业总量压力依然存在，经济结构调整和产业转型升级进一步加快，就业结构性矛盾日益成为主要矛盾。产业转型升级会淘汰产能过剩行业的部分就业岗位，产生新的失业人员；劳动密集型行业也面临机器替代劳动的问题，被替代下来的普通工人将面临转岗转业问题。结构性失业问题很难在短期内解决，长期失业率会有所上升。在这种形势下，更加需要做好就业工作，完善失业保险制度，为产业转型升级、结构调整、大众创业提供保障。

"十三五"期间，我国处于新型城镇化的关键时期，党中央和国务院高度重视新型城镇化工作，出台了《国家新型城镇化规划》（2014－2020年），提出着重解决好农业转移人口落户城镇、城镇棚户区和城中村改造、中西部地区城镇化等问题，即"三个一亿人"问题。同时，规划明确了新型城镇化的发展目标——"常住人口城镇化率达到60%左右，户籍人口城镇化率达到45%左右，户籍人口城镇化率与常住人口城镇化率差距缩小2个百分点左右"。这对统筹城乡就业特别是基本公共服务均等化提出了更高要求，就业失业实名制登记将覆盖城乡常住人口，就业创业政策也需要实现均等化。失业保险制度也需要根据新型城镇化的总体部署不断改革完善。

在新的形势下，我国失业保险制度的问题主要体现为，《失业保险条例》的规定远远滞后于政策和实践，亟须加快新的《失业保险条例》的出台。在具体制度安排上，失业保险制度存在的问题主要有以下几个方面。

（1）失业保险基金支出科目不足，支出范围过窄

《失业保险条例》规定，失业保险基金只能用于失业人员领取失业保险金期间接受职业培训、职业介绍的补贴，以及国务院规定或者批准的与失业保险有关的其他费用。失业人员在没有领取失业保险金期间以及非失业人员都不能享受这两项补贴。除两项补贴之外，其他的就业促进措施不能由基金列支。企业安置就业和个人自谋职业的专项补助不允许支出。招用失业人员特别是就业困难人员的企业，实现特困失业人员就业托底安置的公益性就业组织，自谋职业的失业人员，不允许被给予社会保险补贴、岗位补贴和小额担保贷款贴息等专项补贴。

《失业保险条例》规定，基金不允许用于公共就业服务建设的支出。促进失业人员就业，急需完善劳动力市场调查统计体系，以及劳动力市场信息网络，通过数据汇总分类，分析失业人员状况，为制定有关政策提供依据；摸清失业人员底数，有效地支付失业保险待遇，促进失业人员再就业。而失业保险经办机构特别是基层经办机构的现有经费状况，无力支付失业人员档案保管费、公益性广告宣传费、劳动力市场调查统计、劳动力市场网络建设及运行维护方面的费用，在一定程度上影响了工作的开展。

《失业保险条例》中缺少支持企业促进就业、预防失业的支出项目。一些效益较好的企业落实安置就业的社会责任好，并且足额缴纳失业保险费，企业转产、职工转岗过程中又确需资金支持，而失业保险缺少预防失业的功能，对安置就业好的企业开展职工转业转岗培训无法给予资金支持，难以鼓励企业多承担安置就业的社会责任。

《失业保险条例》中缺少应急支出项目。失业保险制度应适应形势变化的要求，建立经济风险和自然灾害发生而影响就业局势时的应急机制，体现防范和控制经济风险和自然灾害时促进和稳定就业的能力，及时有效地化解失业人员急剧增加，享受失业保险待遇人数明显上升的风险，有效地维护社会稳定。但失业保险基金在正常支付项目之外没有设立应急项目，缺少应急机制。

(2) 失业保险待遇存在不合理之处

按照现行规定，我国失业保险金水平一般为最低工资的 60%～80%，与国际通行做法相比，我国的失业保险待遇水平偏低，失业保险待遇不到全国城镇居民人均可支配收入的 40%，医疗保障方面还实行单独的保障方法，没有与医疗保险衔接，且各地保障标准差距较大，对失业人员基本生活和基本需求的保障不够。享受待遇的期限偏长，这不利于促进失业人员再就业，还需合理确定。此外，国外普遍实行对失业人员特别是一些异地求职的失业人员，支付个人参加促进再就业活动必要费用的办法，如给予交通、误餐补助等。我国的失业保险制度缺少这样的安排。

(3) 现行制度难以适应地区间差异

现行制度采取政府集中制定政策，具体业务分散管理的方式，对地方的差异性考虑不足。各地经济发展水平差别较大，在失业保险基金管理方面实行地方管理，经济较发达地区基金大量结余，但在费率调整和基金使用项目上又没有足够的自主权，制约了这些地区失业保险促进再就业功能的进一步发挥。

(4) 现行制度覆盖面窄

现行制度主要为城镇和在城镇稳定的农村劳动者提供保护，未将在乡镇企业就业的劳动者纳入保障范围。同时，授权地方决定是否将有雇工的个体经济组织及其劳动者纳入保障范围，从实际情况看，不少地方考虑到管理难度，未将这一群体纳入保障范围。目前，我国城镇职工失业保险的覆盖率不足 50%。这既有制度设计方面的不足，也有工作实施方面的问题。

经过多年来的实践探索创新，目前，我国已具备改革发展失业保险制度的条件，失业保险具备了更加完善的组织、人才和管理条件，能够更好地为实施新制度和为受益对象提供精细化、标准化服务提供有效的组织保障；失业保险基金收入持续增长，能够为实施新制度、发挥好制度作用提供强有力的资金保障。

第四节 完善我国失业保险制度的基本思路

任何一项制度的建立和发展，都是与其生产力发展水平和经济社会结构相适应的。建立和完善我国失业保险制度，必须根据我国社会经济发展变化，适时调整失业保险制度的目标取向，赋予其新的功能。

一 改革完善我国失业保险制度的方向

1. 强化就业促进

失业保险既是社会保障体系的有机组成部分，更是就业工作的重要环节。从社会政策的视角看，就业才是最好的保障，能够促进失业者就业的制度才是最好的失业保险制度。一个有效的失业保险制度，应该是将积极的劳动力市场政策与消极的劳动力市场政策相结合，发挥其稳定就业和促进就业的功能，减轻失业保险制度的压力，形成促进就业与失业保险的良性循环。

从国际上失业保障制度的建立和发展轨迹来看，各国在失业保障制度方面一个突出的改革方向也正是变消极的生活保障为积极的促进再就业，以实现积极的就业保障。许多国家不仅工作重心逐步向这方面转移，而且在失业保险支出的分配上，注重失业保险促进就业功能的发挥。如通过降低失业金替代率、缩短失业保险金给付期限、提高享受失业保险金条件等手段迫使他们努力寻找工作，尽快融入劳动力市场；通过鼓励企业减少裁员、加强公共就业服务等手段有效地遏制失业并积极地促进再就业。

2. 强化失业预防

要积极应对社会失业风险，还需要加强失业预防。解决失业问题，不仅要加大促进就业的力度，还必须从失业的源头上进行必要的调控，减少失业人员的增量，稳定就业局势。要把控制失业率作为调控目标，结合扩大就业的政策措施，综合运用法律的、经济的和必要的行政手段对城镇失业的源头进行调控，把失业造成的影响控制在社会可承受的程度内，失业保险也应在失业预防方面发挥作用。因此，制度安排上要进行功能拓展，工作前移，对高失业风险的行业和人群提前介入，对可能由于暂时生产经营性困难导致裁员的企业采取扶持措施，帮助其渡过难关，促进其稳定就业，防患于未然。

因此，重构我国失业保险制度的功能，是要建立一个集失业预防、保障生活和促进就业三位一体的就业保障制度，改变过去单纯的失业救济，加强失业预防，在有效地保障失业人员基本生活的前提下，促进失业人员再就业，将社会失业水平控制在可以承受的范围内。这应是我们改革的方向和目标。

二 改革和完善我国失业保险制度的指导思想、目标任务和基本原则

1. 改革的指导思想

改革和完善我国失业保险制度的指导思想，就是要适应我国经济社会发展新形势和劳动力市场形势的变化，总结经验，吸收国际先进经验，从设立理念、基本原则、具体制度、管理体制等方面，改革和调整现行制度中不适应新形势的内容，立足当前，着眼长远，构建与全面建设小康社会、推动实现更高质量就业目标相适应的失业保险制度，保持制度有效地、可持续地发展。

2. 改革的目标

根据上述指导思想，我国的失业保险制度应是一个法律法规完善、覆盖范围广泛、资金渠道稳定、保障水平合理、管理手段科学、与其他制度有机衔接的，集预防失业、保障生活、促进就业功能为一体的就业保障制度，有效地将失业率控制在社会可承受的范围内，使失业人员都得到合理的基本生活保障，并参加到积极的就业准备中。

当前，改革和完善失业保险制度的目标任务：一是扩大失业保险制度的覆盖范围，增强失业保险为劳动者提供就业保障的功能；二是稳定资金来源，增强失业保险基金使用的灵活性，为失业保险制度功能的有效发挥创造条件；三是调整失业保险制度的具体规定，在完善为失业人员提供基本生活保障的同时，强化失业预防和稳定就业、促进失业人员就业、应对

突发失业事件以及调控失业的功能；四是完善失业保险基金监管，确保失业保险基金的有效和安全使用。

3. 改革的基本原则

一是坚持健全功能和有效发挥作用相结合的原则。从我国实际出发，在充分发挥失业保险保障基本生活功能的基础上，向就业导向型发展，进一步强化失业保险促进就业和预防失业的功能。与此同时，要围绕制度设定的功能目标，建立健全激励约束机制，完善操作办法，确保失业保险制度各项功能得到有效发挥，不断提高实施效果。

二是坚持广覆盖和可操作相结合的原则。为适应就业形势变化，既要体现城乡统筹就业的要求，不断扩大失业保险覆盖范围，将更多以工资收入为主要生活来源的劳动者纳入失业保障范围，化解失业风险，又要充分考虑管理和操作上的可行性，将与用人单位建立稳定劳动关系的劳动者纳入失业保险制度覆盖范围，使扩大覆盖面与实现可操作有机地结合起来。

三是坚持权利义务相对应的原则。强化用人单位和职工依法履行参保缴费义务，以及失业人员积极履行规定义务的意识，同时，失业保险也应当为其提供及时有效的服务，充分体现权利义务相对应的原则，增强制度吸引力。

四是坚持有效保障和防止福利化相结合的原则。失业保障水平的确定，既要充分考虑经济社会发展的实际，又要注意防止保障水平过高可能导致的福利化倾向，避免对就业产生负面影响。

五是坚持统一性与灵活性相结合的原则。充分考虑我国各地社会经济发展不平衡的特点，以及出现非正常情况的可能，在坚持基本政策统一的前提下，兼顾区域差别，考虑特殊情况，因地因时制宜，增强制度的灵活性和有效性。

六是动态调节机制原则。应该建立失业保险制度自身的一套调节机制，在保障水平、费率、基金支出项目和基金的调剂等方面，根据经济发展水平、就业状况、失业特点等进行调整，更好地发挥其保障生活和促进就业的功能。

三 改革和完善我国失业保险制度的基本思路和措施

1. 尽快修订出台新的《失业保险条例》

前期，我国已经在失业保险制度方面有一系列制度创新与突破，下一步，需要根据《社会保险法》确立的原则和修订《失业保险条例》，将这些应急措施制度化、规范化、法制化，使这些预防失业、促进就业的行之有效的政策成为失业保险制度的基本功能，通过降低工资、缩短工时、轮岗轮休等措施，尽量不裁员或少裁员，稳定职工队伍，并通过支持企业开展技能培训等办法，提高职工就业技能和企业竞争力，稳定并增加就业。

加快完善失业保险信息系统，完善检测失业保险运行的动态指标体系，这是完善管理机制的当务之急；提高经办机构的行为效能，保证财政经费；完善有效可行的监管机制，建立完善各项操作性规章制度，继续强化内部制度性约束，不断提高管理和监督的制度化要素含量；在继续维持现行中央和省级双重立法的失业保险体制条件下，进一步明确中央和省级管理机构的职责，实现全国统一制度，省级统筹。

2. 扩大失业保险覆盖范围

改进失业保险主要以就业相对稳定和以工资为主要收入来源的劳动者为对象的做法，从当前我国实际情况出发，逐步扩大失业保障范围，将所有企业就业人员全部纳入保障范围，将部分事业单位特别是那些通过市场机制招聘职工的单位纳入范围。

随着我国新型城镇化的稳步推进和劳动力市场流动性的增强，应将农业转移劳动力纳入城镇职工失业保险制度的覆盖范围，并将灵活就业人员纳入失业保险制度的覆盖范围，允许灵活就业人员的缴费年限连续计算，缴费待遇连续计发，增强其就业的安全性和稳定性。

3. 扩大失业保险基金支出范围

在失业保险财政专户增加预防失业和促进就业的支出科目及细科目。失业保险基金预防失业的支出科目包括困难企业职工生活补助、岗位补贴、缴纳社会保险费、转岗培训、技能提升培训等；失业保险基金促进就业的支出科目包括职业培训补贴、职业介绍补贴、小额担保贷款贴息、高技能人才培训补贴、公共实训基地运行补贴、公益性就业组织专项补贴、劳动力市场信息系统建设运行维护补贴、实施开业指导和服务等。允许各地根据实际情况增减相关支出项目。

4. 从制度上建立与促进就业的联动机制

在失业保险制度中建立促进就业的激励约束机制：严格申领条件，要求失业人员有义务参加求职活动，鼓励失业人员积极参加培训，早日就业；对不想就业的，没有正当理由自动离职的，可以保留其缴费时间，但不能发放失业保险金；对不参加求职活动的，也不能发放失业金；缩短领取失业金期限，引导其积极寻找工作，实现再就业；鼓励失业人员多种形式实现就业，对从事不稳定就业且收入低于最低工资标准的，给予岗位补贴；对提前就业者，给予就业补助，也可以保留领取时间。如果失业人员通过其他形式就业的，可以保留其失业保险金领取时间，维护其权利。对创业的，可以将其没有领取的失业保险金一次性支付，使其有更多资金投入创业，既解决自己的就业问题，也可以为其他劳动者提供就业机会。从制度上确立变失业者为求职者的理念，形成促进就业与失业保险的良性互动。

5. 建立根据物价水平相应调整失业保险待遇的机制，提高失业保险待遇水平

主要应考虑四方面因素：一是适当体现社会保险权利与义务基本对应的特点，履行义务多者应当享受更多的权利；二是鼓励失业者积极就业，避免对失业保险的依赖；三是针对特殊群体需求，提供有针对性的服务；四是与其他社会保障项目相衔接，使失业人员享受到更专业的服务。具体需采取以下措施。一是完善失业保险金调整办法。主要是改变目前与最低工资标准挂钩，在一个地区内实行统一标准的做法，实行按失业人员缴费工资一定比例确定其失业保险金标准，提高失业保险金总体水平，如此才能更好地体现权利义务相对应原则。二是解决失业人员参加医疗保险问题。改变目前由失业保险基金直接为失业者提供医疗补贴的办法，由基金为其代缴医疗保险费，使其继续享受医疗保险服务，以提高失业人员医疗保障水平，使失业人员享受更专业服务。三是对特殊失业群体给予必要支

持。主要是对年龄较大，享受失业保险待遇期满，仍难以就业的失业人员，继续为其提供失业保障，直到其退休，进入养老保险。这些人通常是长期失业者，年龄大，技能低，就业非常困难，为他们提供更长时间保障是必要的。四是建立应急机制。现行政策没有考虑到发生特殊情况时需要采取相应的特殊方法，也就是应对紧急情况的处理机制。出现全国性或区域性重大事件，造成就业压力增大，失业人员明显增加时，应采取相应的对策措施。如延长失业保险待遇期限，提高待遇标准，为失业者提供更高标准、更长时间的保障。

6. 提高基金统筹层次，明确失业保险关系转移接续等政策

近期目标是，全面实行市级统筹。长远目标是，逐步实现失业保险省级统筹。分期目标是：第一阶段，实行市级统筹和省级调剂；第二阶段，实行市级统筹，部分省级统筹；第三阶段，全面实行省级统筹。充分发挥失业保险的制度功能，确定失业保险基金统筹层次的出发点，同时也要考虑与财政管理体制的关系，以及地方的需求和可操作性。鉴于目前市级统筹尚不普遍，下一步主要是推行和完善市级统筹政策措施，逐步向省级统筹过渡。在提高统筹层次的同时，健全省级调剂金制度。未实行省级统筹的地区，必须建立失业保险调剂金，并明确征收比例和使用办法，解决目前少数地方省级调剂金作用有限的问题，增强保障能力。明确失业保险关系转移接续等政策，提高劳动者参保的积极性和失业保险的可及性。

| 第七章 |

工伤保险法的制度创新

第一节　工伤保险制度的起源和基本特征

一　工伤保险法的起源发展

工伤保险项目是社会保障各类型中历史最悠久、范围最广泛的。18世纪工业革命以来，随着工厂制度兴起，机器代替手工，事故发生的可能性骤增，加上机械化与化学的发展，不但工伤事故发生概率大，其影响范围也很广。工伤事故的发生，对劳动者个人而言意味着劳动能力暂时或永久、部分或全部丧失，从而影响劳动者本人及其家庭的生活；对雇主而言，可能造成原料、资金及生产工具等生产要素受到破坏；对社会经济的发展也会有障碍。因此，工伤事故的发生，不仅是个别资本的损失，也在总体经济上对国力造成侵害。[1] 为了解决类似问题，工伤保险应运而生。1884年7月，德国首次颁布《工伤保险法》，规定从1885年1月1日起实施。这是世界上第一部社会保险法。随后英国、法国、美国、日本等国也在法律、法规中规定了职业伤害赔偿原则，形成了雇主责任保险，即受害者或其遗属直接向雇主要求补偿，雇主（或雇主联合会）直接给他们支付津贴。到了第二次世界大战前后，工伤保险已经在世界很多国家普及，其普及率比养老、医疗、失业等保险高得多。此时，工伤保险的对象范围已不只是从事危险工作的人。在一些工业化国家，不仅包括从事经济活动的

---

[1] 叶静漪：《工伤保险范围的发展》，《新劳动》2003年第7期。

人,还包括从事非经济活动的人。比如,德国、日本、奥地利、丹麦、芬兰、挪威、瑞典和突尼斯等国已把个体经营者也包括进来。德国、法国、奥地利、卢森堡、挪威和瑞典在法规中则把学生和教师包括其中。有些国家还把红十字救援人员、义务消防人员、从事工会工作人员、协助警察工作人员、保卫国家安全人员、家庭雇工、家庭教师甚至保姆等因工作受到的伤害,均包括在工伤保险对象范围之内。①

我国工伤保险制度源于中华人民共和国成立初期,当时制定的《中华人民共和国劳动保险条例》及《劳动保险条例实施细则》等规定了工伤保险事故的范围包括"因工"和"因公"。1957年由卫生部制定和颁布的《职业病范围和职业病患者处理办法的规定》,首次在我国将职业病列入工伤保险范围,该规定1987年经卫生部、劳动人事部、财政部、全国总工会修订,列入了职业中毒、尘肺、物理因素职业病、职业性传染病、职业性皮肤病、职业性肿瘤和其他职业病等九类共99种职业病。1996年8月,原劳动部发布《企业职工工伤保险试行办法》,这是我国工伤保险方面最早的专门法律规范。2003年4月,国务院发布《工伤保险条例》(2004年1月1日实施)对工伤作了较为全面的规定。2010年10月,《社会保险法》获得通过,第四章专章规定了工伤保险,对工伤保险制度进行了完善。2010年12月,国务院公布《关于修改〈工伤保险条例〉的决定》,2011年1月1日起施行。工伤保险制度通过《社会保险法》的制定以及《工伤保险条例》的修订,不断进步和完善。

二 工伤保险制度的特征

工伤保险指劳动者因工作原因受到事故伤害或者患职业病获得医疗救助和经济补偿的一种社会保险。工伤保险具有下列特征。(1)采取无过错责任原则。只要事故或职业病不是劳动者故意行为所致,劳动者都可以享受工伤保险的保护,而且雇主是否有过错也不影响劳动者获得工伤赔偿。(2)雇主承担缴费义务。由于劳动者受到伤害是因工作原因造成的,换言

---

① 参见李丹《工伤保险的起源及在我国的发展》,http://www.hrblss.gov.cn。

之，工伤的风险主要来源于雇主，因此，劳动者不承担缴费义务，工伤保险费由雇主单独承担。（3）工伤须经专门机构认定。由于劳动者享受工伤待遇主要从工伤保险基金支出，因此，伤害是否为工伤以及工伤待遇水平通常需经专门的机构认定和支付。

三　工伤保险参保单位

2010年修订后的《工伤保险条例》第2条规定，中华人民共和国境内的企业、事业单位、社会团体、民办非企业单位、基金会、律师事务所、会计师事务所等组织和有雇工的个体工商户应当参加工伤保险，为本单位全部职工或者雇工缴纳工伤保险费。这样就把事业单位、社会团体、民办非企业单位、基金会、律师事务所、会计师事务所等组织也纳入参保范围，使工伤保险的参保单位几乎囊括国家机关以外的所有单位。

四　缴费责任和工伤保险基金构成

工伤保险由用人单位缴费，劳动者不缴费。用人单位缴纳工伤保险费的数额为本单位职工工资总额乘以单位缴费基准费率。国家根据不同行业的工伤风险程度确定行业的差别费率，并根据使用工伤保险基金、工伤发生率等情况在每个行业内确定费率档次。行业差别费率和行业内费率档次由国务院社会保险行政部门制定，报国务院批准后公布施行（《社会保险法》第34条）。用人单位应当按照本单位职工工资总额，根据社会保险经办机构确定的费率缴纳工伤保险费（《社会保险法》第35条）。《工伤保险条例》第7条规定，工伤保险基金由用人单位缴纳的工伤保险费、工伤保险基金利息和依法纳入工伤保险基金的其他资金构成。2010年修改的《工伤保险条例》将工伤保险基金的用途从工伤保险待遇、劳动能力鉴定扩大到工伤预防的宣传、培训等费用（第12条）。将工伤保险基金的用途扩大到工伤的预防是必要的，工伤的预防、治疗和赔偿同等重要。但应当对工伤预防的宣传、培训等具体化，防止工伤保险基金被不当使用。

第二节 工伤的认定及其范围

一 认定工伤的条件

工伤是指劳动者因工作原因受到事故伤害或者患职业病。因此,"工作原因"就成为判断事故伤害是否为工伤的基本标准。《社会保险法》和《工伤保险条例》并没有明确何为"工作原因",而是采用列举加排除的方式来确认工伤的范围。

从国外的理论看,判断"工作原因",主要看伤害是否发生于"工作过程"中。例如,在美国,根据大部分州法的规定,工伤的成立必须满足四个条件:(1)存在人身伤害(personal injury),一些州将精神上的伤害排除在外;(2)伤害因事故(accident)而发生,一些州将长期形成的伤害而不是创伤性的(traumatic)事故导致的伤害排除在外;(3)伤害因工作而产生(arise out of employment),也即伤害的来源与工作有关;(4)伤害发生于工作过程之中(course of employment),即伤害发生在雇主场所以及工作时间之内。[①] 随着工伤赔偿法的发展,工伤成立的要件也发生了变化,前三个要件出现缓和的趋势。首先,许多法院也判决精神伤害属于工伤。其次,工伤认定中对"事故"的要求也越来越宽松。最初,工伤赔偿主要适用于"意外事故"(unexpected accidents),现在工伤扩大到那些非意外事故导致的"意外结果"(unexpected result)。例如,工人在常规性的举重工作中后背受伤,尽管举重是一项经常性的任务,并非意外事件,但后背受伤仍可作为"意外结果"被认定为工伤。美国一些州甚至已经完全放弃了"事故"这一要求。再次,工伤认定中因果关系(causal relationship)呈现弱化的趋势。例如,随着判例的发展,工作无须是伤害发生的起因(cause),只要工作促进(contribute)或加剧(aggravate)了伤害的发生,工伤就可以成立。例如,雇员举起某一重物导致椎间盘破裂,雇主

---

① Steven Willborn, Stewart Schwab, John F. Burton, J. R., *Employment Law: Cases and Materials*, LexisNexis, 2007, p. 903.

不能以雇员先前存在缺陷,健康人举起该重物不会发生伤害行为作为抗辩事由。[①] 因此,随着前三个要件的缓和,"工作过程"成为工伤认定的主要标准。相应地,认定某一活动是否属于工作过程也成为工伤认定的主要任务。

二 应当认定为工伤的情形

依据《工伤保险条例》第14条的规定,应当认定为工伤的情形包括:(1) 在工作时间和工作场所内,因工作原因受到事故伤害的;(2) 工作时间前后在工作场所内,从事与工作有关的预备性或者收尾性工作受到事故伤害的;(3) 在工作时间和工作场所内,因履行工作职责受到暴力等意外伤害的;(4) 患职业病的;(5) 因工外出期间,由于工作原因受到伤害或者发生事故下落不明的;(6) 在上下班途中,受到非本人主要责任的交通事故或者城市轨道交通、客运轮渡、火车事故伤害的;(7) 法律、行政法规规定应当认定为工伤的其他情形。

从《工伤保险条例》的规定看,我国对工伤主要采用"三工"标准,即"工作时间"、"工作场所"和"工作原因",核心是"工作原因"。在上述《工伤保险条例》规定的应当认定为工伤的几种情形中,第1种情形属于典型的工伤,第3种情形也是因工作原因造成的,只是事故来源于外界而不是工作本身,第5种情形属于工作地点和工作时间的延伸,且因工作原因造成的伤害。因此,以上几种情形属于较明显的因工作原因造成的伤害,认定为工伤无可争议。第2种情形,在工作时间前后在工作场所内从事与工作有关的预备性或收尾性工作受到事故伤害的,严格说来也属于工作时间内发生的伤害,认定为工伤是非常必要的。第4种情形,职业病是指企业、事业单位和个体经济组织的劳动者在职业活动中,因接触粉尘、放射性物质和其他有毒、有害物质等因素而引起的疾病(《职业病防治法》第2条),属于在工作时间和工作地点因工作原因而产生的疾病,也符合"三工"原则。

[①] Benjamin W. Wolkinson, Richard N. Block, *Employment Law: The Workplace Rights of Employees and Employers*, Blackwell, 1996, pp. 212–213.

上下班途中受到事故伤害严格说来并不符合"工作时间"和"工作地点"的要求，但上下班途中受到事故伤害和工作具有一定的关联性，因此，是否将上下班途中受到的伤害纳入工伤，具有一定的政策性。比如，日本1973年《劳动者事故补偿保险法》（Workers' Accident Compensation Insurance Law）修订之前，劳动者在上下班途中受伤，因为受伤不是在工作过程中，所以不属于工伤。然而，由于上下班途中的风险增加，政府认为有必要为上下班受伤者提供和在工作中受伤者同样的保护，因此上下班途中受伤被纳入1973年《劳动者事故补偿保险法》里。① 美国更强调工伤发生于"工作过程"，上下班途中发生的事故通常不被认定为工伤。在判例中，雇员在"准备出发"以及往返于工作场所途中因事故受到的伤害通常无法主张工伤赔偿，即使雇主为雇员提供了交通补助，雇员也不能主张工伤赔偿。只有当雇员确实进入雇主的工作场所，雇员才可以主张工伤赔偿。②

2010年修改后的《工伤保险条例》将上下班的工伤范围扩大到"在上下班途中，受到非本人主要责任的交通事故或者城市轨道交通、客运轮渡、火车事故伤害的"（第14条），即扩大了上下班途中的工伤认定范围，将上下班途中的机动车和非机动车事故伤害，以及城市轨道交通、客运轮渡、火车事故伤害都纳入了工伤认定范围，同时对事故作了"非本人主要责任"的限定。修改后的条例扩大了工伤的范围值得肯定，不过工伤的前提是"非本人主要责任"，这意味着如果本人在交通事故中负有主要责任，即使受伤了也不能算工伤，似乎对遭受伤害的职工过于严苛。

三　视同工伤的情形

根据《工伤保险条例》第15条的规定，职工有下列情形之一的，视同工伤：（1）在工作时间和工作岗位，突发疾病死亡或者在48小时之内经抢救无效死亡的；（2）在抢险救灾等维护国家利益、公共利益活动中受

---

① Takashi Araki, *Labor and Employment Law in Japan*, The Japan Institute of Labor, 2002, p.129.
② Mark A. Rothstein, Charles B. Craver, Elinor P. Schroeder, Elaine W. Shoben, *Employment Law*, West, 2005, p.611.

到伤害的；（3）职工原在军队服役，因战、因公负伤致残，已取得革命伤残军人证，到用人单位后旧伤复发的。这些规定带有明显的政策性，和工伤的本义有所偏离。

"在工作时间和工作岗位，突发疾病死亡或者在 48 小时之内经抢救无效死亡的"视同工伤的规定过于僵化。雇员在工作时间和工作岗位突发疾病死亡或经抢救无效死亡，应视其死亡的原因而定，不宜一概认定为工伤。如果工作是突发疾病死亡的原因之一或者工作使雇员的身体条件受到影响，即死亡与工作相关时，雇主应承担工伤赔偿责任。如果死亡与工作毫无相关，例如，雇员自身存在先天疾病，雇员的工作时间很短，工作并不是导致其发病死亡的原因或者工作并不会导致其发病的可能性提高时，则不应将雇员突发疾病死亡视为工伤。比如，日本将"过劳死"即工作过程中突发心脑疾病也纳入工伤，但前提是必须有证据证明在疾病发生前劳动者工作负担繁重。例如，2001 年 12 月，厚生劳动省发布了一项行政指导纲要，疾病发生前的 1 个月内劳动者加班 100 个小时以上，或疾病发生前的 6 个月劳动者平均月加班 80 小时以上的，其疾病即推定为因工作导致的疾病。① 因此，在工作时间和工作岗位伤亡的，应考虑其与工作的关联程度，不宜不问原因，一概认定为工伤。《工伤保险条例》第 15 条第 1 款"在 48 小时之内经抢救无效死亡"的时间限制也过于僵化。

将抢险救灾等维护国家利益、公共利益活动中受到的伤害都认定为工伤，虽然有利于鼓励该类行为，但这些行为与雇主工作缺乏关联性，让雇主承担工伤赔偿责任使雇主承担了工作之外的其他风险，而这些风险是雇主所无法控制的。而且"维护国家利益、公共利益活动"概念很不确定，范围宽泛，雇主的风险很大。因此，《工伤保险条例》第 15 条的规定虽有利于保护劳动者，但和工伤的本义有所偏离，有进一步探讨的必要。

四 不认定为工伤的情形

按照《社会保险法》第 37 条的规定，不认定为工伤的情形包括四种：

---

① Takashi Araki, *Labor and Employment Law in Japan*, The Japan Institute of Labor, 2002, pp. 126 – 127.

(1) 故意犯罪；(2) 醉酒或者吸毒；(3) 自残或者自杀；(4) 法律、行政法规规定的其他情形。把违反治安管理伤亡的，纳入工伤范围，符合工伤责任无过错的原则，是一大进步，值得肯定。区分故意犯罪和过失犯罪，把过失犯罪造成伤亡的，也纳入工伤范围是必要的。因为，工伤认定并不以遭受工伤的劳动者有过错为前提。而且，工伤往往对职工的健康、生命甚至其家属造成严重影响，特别是在造成伤残的场合，如果工伤保险不提供保护，将会严重影响职工的健康以及本人和家庭日后的生活，因此，将过失犯罪造成的伤亡纳入工伤具有合理性。2010 年修改后的《工伤保险条例》和《社会保险法》的规定一致。

当然，我国对工伤范围的排除也有进一步探讨的余地。由于醉酒导致的伤害不认定为工伤，但如果醉酒与工作相关，是否应认定为工伤？例如，雇主由于工作需要要求雇员喝酒或者强烈建议雇员喝酒，雇员因此遭受伤亡的，完全禁止其主张工伤赔偿也不尽合理。"自残或自杀"是否应一概排除在工伤赔偿范围之外？根据美国的判例，由于和工作相关的长期压力、焦虑或者失望导致的精神问题都可能受到工伤的保护。[①] 在日本，近年来"过劳自杀"或由于过劳引起的自杀受到关注。以前大多数自杀案件包括那些由于过度工作引起沮丧进而引起的自杀案件，被认为是劳动者的故意行为导致，因此不受工伤赔偿保护。1996 年以后，有几个基层法院推翻了这种行政决定。这些法院认定，死者的精神状态非常不稳定，以致不能抵抗结束其生命的冲动，因此这样的自杀不能认为是故意的。依据 1999 年行政机关的指导纲要，由于工作任务造成的精神压力引起的精神不正常所导致的自杀，被认为在此情形下劳动者的正常判断已经遭受严重损害，也是工作所致。[②]

因此，如果自残或者自杀是由于工作相关的创伤导致了精神错乱和失去自我控制而自杀或自残的，应当认定为工伤。因为，此时劳动者的行为已无法由其控制，劳动者的行为不属于完全的故意行为。如果自杀或自残

---

① 361 Mich. 577, 106 N. W. 2d 105 (1960).
② Takashi Araki, *Labor and Employment Law in Japan*, The Japan Institute of Labor, 2002, pp. 126 – 127.

是完全故意的，则不应认定为工伤。对于自杀或自残行为不应一律否认其受工伤保护，尤其随着许多工作岗位工作压力越来越大，由于工作的原因导致精神障碍或自杀自残的现象越来越多，立法不应完全排除此类行为受工伤保护。

综上，工伤的基本判断标准是"三工"，工伤的基本内涵是因"工作原因"造成的伤害。由于"工作原因"是一个弹性概念，对工伤范围的认定又具有一定的公共性和政策性，根据劳动者面临的风险以及国家劳工保护政策的变化，法律或者判例对工伤的范围也会不断调整。

第三节 工伤保险赔偿程序

按照《工伤保险条例》的规定，职工发生事故伤害或者按照职业病防治法规定被诊断、鉴定为职业病，所在单位应当自事故伤害发生之日或者被诊断、鉴定为职业病之日起30日内，向统筹地区劳动保障行政部门提出工伤认定申请。遇有特殊情况，经报劳动保障行政部门同意，申请时限可以适当延长。用人单位未按前款规定提出工伤认定申请的，工伤职工或者其直系亲属、工会组织在事故伤害发生之日或者被诊断、鉴定为职业病之日起1年内，可以直接向用人单位所在地统筹地区劳动保障行政部门提出工伤认定申请。职工发生工伤，经治疗伤情相对稳定后存在残疾、影响劳动能力的，应当进行劳动能力鉴定。[①] 工伤认定以及劳动能力鉴定完毕后，劳动者方可申请工伤待遇。

2010年《工伤保险条例》简化了工伤赔付程序，主要修改了三处。一是增加了工伤认定简易程序，规定对事实清楚、权利义务明确的工伤认定申请，应当在15日内作出工伤认定决定（第20条）；二是明确了再次鉴定和复查鉴定的时限按照初次鉴定的时限执行（第29条）；三是取消了行政复议前置程序，规定发生工伤争议的，包括工伤认定申请、工伤认定结论、工伤保险待遇、单位缴费费率等事项的争议，有关单位或者个人可以

---

① 劳动能力鉴定是指劳动功能障碍程度和生活自理障碍程度的等级鉴定。

依法申请行政复议，也可以直接依法向人民法院提起行政诉讼（第55条）。尽管如此，由于工伤赔偿环节过多，涉及机构较多，当事人从申请工伤认定开始，可能要经过劳动关系确认、工伤认定结论、劳动能力鉴定、工伤保险待遇确定等复杂而烦琐的程序，影响了劳动者及时获得工伤赔偿。

因此，工伤赔付程序还有进一步完善的空间。为了简化程序，应当强化劳动保障行政部门对劳动关系认定的职责以及用人单位等的协助义务。劳动关系的认定并非只能通过劳动仲裁和法院诉讼。事实上，目前的劳动仲裁机构在性质上属于劳动保障部门的内部机构，工伤认定机构也是劳动保障部门的内部机构，二者都属于劳动保障部门的机构，工伤认定机构完全可以对劳动关系进行确认，避免当事人在确认劳动关系的环节上消耗大量时间。

此外，按照《工伤保险条例》第19条规定，"劳动保障行政部门受理工伤认定申请后，根据审核需要可以对事故伤害进行调查核实"，今后应该在立法上进一步明确劳动保障部门调查核实的职责，包括对劳动关系的确认。劳动保障部门应发挥能动性，主动对事故伤害进行调查，包括事故发生的时间、地点、原因以及伤害程度。因为一旦发生工伤，许多用人单位由于未参保等原因往往不愿主动申请工伤认定，而劳动者遭受工伤后往往难以提供有力证据证明工伤的事实。因此，劳动行政部门应主动承担调查职责，减轻劳动者的证明义务。同时，为了便于工伤行政部门及时介入，应该规定用人单位对工伤发生的报告义务。

第四节　工伤保险待遇

一　工伤保险待遇的承担主体和赔付范围

当职工的伤害被认定为工伤后，就可以获得工伤保险待遇的赔偿。根据《社会保险法》和《工伤保险条例》规定，职工因工伤可以从工伤保险基金获得部分待遇，因工伤产生的部分费用由用人单位承担，这种规定颇具中国特色。通常国外在工伤的成文法中只规定工伤保险基金的支付义务，并不规定用人单位的支付义务。当然，我国的立法模式也有其自身的优势。由用人单位承担部分费用的依据在于，如果工伤发生后的一切损失皆由工伤保险基金支付，用人单位可能不注重工伤的日常预防，不重视安全生产，因为工伤发生后，雇主只要参保了就无须承担赔偿责任。另一方面，如果工伤发生后，用人单位即使参保了仍需支付大量的赔偿，将会损害用人单位参保的积极性，也不符合工伤保险制度分散和降低用人单位风险的目的。因此，职工发生工伤后，由工伤保险基金和用人单位共同承担适当的赔偿责任是合理的。

关于工伤待遇，从境外的情形看，其范围大致相当。例如，美国大部分州的工伤待遇包括医疗补偿（medical benefits）、伤残补偿（disability benefits）、死亡补偿（death benefits）。① 在日本，根据《劳动者事故补偿保险法》，工伤保险待遇包括医疗补偿、工伤治疗期间的福利补偿、伤残补偿、遗属补偿、丧葬费、伤病补偿津贴、护理补偿等。② 当然计算标准和各项赔偿的数额有所差异。在我国台湾地区，遭受工伤的职工可以获得医疗给付、伤病给付，医疗给付主要是治疗的费用，伤病给付主要补偿因工伤无法工作的工资损失；造成残疾的，可以领取一次性的残疾补偿费；造成死亡的，发给丧葬津贴和遗嘱津贴。③ 工伤的赔偿项目是大致相同的。

《社会保险法》对保险待遇作了调整，增加了工伤保险基金的支付范围，减轻了用人单位的赔付责任。《社会保险法》将职工住院治疗工伤的住院伙食补助费以及工伤职工到统筹地区以外就医的交通食宿费改为由工伤保险基金支付。同时将终止或者解除合同时应当享受的一次性医疗救助金改为由工伤保险基金支付（第38条）。因此，按照《社会保险法》规定，因工伤发生的下列费用，由用人单位支付：（1）医疗工伤期间的工资福利；（2）五、六级伤残职工按月领取的伤残津贴；（3）终止或者解除合同时，应当享受的一次性伤残就业补助金（《工伤保险法》第39条）。可

---

① Mark A. Rothstein, Charles B. Craver, Elinor P. Schroeder, Elaine W. Shoben, *Employment Law*, West, 2005, pp. 672 – 689.
② Takashi Araki, *Labor and Employment Law in Japan*, The Japan Institute of Labor, 2002, pp. 128 – 129.
③ 黄越钦：《劳动法新论》（修订三版），翰芦图书出版公司，2006，第517~518页。

以看出，用人单位对伤残职工需要承担的义务依然较重，特别是五、六级伤残职工的伤残津贴以及五至十级伤残职工的一次性伤残就业补助金的负担仍然较重。考虑到目前我国工伤保险基金的收支和结余水平，可以进一步增加工伤保险基金的支付范围，减轻用人单位的负担。基金的结余也为提高工伤保险待遇提供了空间。2010年修订的《工伤保险条例》提高了部分工伤待遇的水平。目前部分统筹地区的一次性工亡补助金标准过低，2010年修订的《工伤保险条例》将一次性工亡补助金标准由原来的48个月至60个月的统筹地区上年度职工月平均工资，调整为上一年度全国城镇居民可支配收入的20倍，实现了全国的统一，符合公平原则。

同时，为了避免工亡职工与伤残职工待遇相差过大，根据工伤保险基金的承受能力，修订的《工伤保险条例》在提高一次性工亡补助金标准的同时，也适当提高了一次性伤残补助金标准：一至四级伤残职工增加3个月的本人工资，五至六级增加2个月的本人工资，七至十级增加1个月的本人工资。《工伤保险条例》修改前从工伤保险基金按伤残等级支付一次性伤残补助金的标准为：一、二、三、四级伤残分别为24、22、20、18个月的本人工资；五、六级伤残分别为16、14个月的本人工资；七、八、九、十级伤残分别为12、10、8、6个月的本人工资（第33～35条）。2010年《工伤保险条例》修改后的标准为：一、二、三、四级伤残分别为27、25、23、21个月的本人工资（第35条）；五、六级伤残分别为18、16个月的本人工资（第36条）；七、八、九、十级伤残分别为13、11、9、7个月的本人工资（第37条）。

二 停止支付工伤保险待遇的情形

根据2003年《工伤保险条例》规定，停止享受工伤保险待遇的情形包括：(1) 丧失享受待遇条件的；(2) 拒不接受劳动能力鉴定的；(3) 拒绝治疗的；(4) 被判刑正在收监执行的。《社会保险法》和修订后的《工伤保险条例》将第四种情形删除，换言之，被判刑正在收监执行的也可以获得工伤待遇（《社会保险法》第40条）。这一规定是一种进步，因为犯罪的职工遭受的伤害可以被认定为工伤，自然其工伤保险待遇也不应被排除，被判刑正在收监执行的，不影响其本人享受工伤保险待遇。

三 工伤保险待遇和侵权赔偿的关系

关于侵权赔偿和工伤保险赔偿的关系，《社会保险法》和《工伤保险条例》规定得并不明确。按照 2003 年最高人民法院公布的《关于审理人身损害赔偿案件适用法律若干问题的解释》第 12 条规定，依法应当参加工伤保险统筹的用人单位的劳动者，因工伤事故遭受人身损害，劳动者或者其近亲属向人民法院起诉请求用人单位承担民事赔偿责任的，告知其按《工伤保险条例》的规定处理。按照《社会保险法》规定，职工所在用人单位未依法缴纳工伤保险费，发生工伤事故的，由用人单位支付工伤保险待遇（第 41 条），也说明了用人单位仅负有支付工伤保险待遇的责任。根据以上规定，遭受工伤的劳动者可依据《社会保险法》和《工伤保险条例》规定的待遇获得赔偿，对于《社会保险法》和《工伤保险条例》未规定的赔偿项目，劳动者不能依照侵权法或民法的规定获得赔偿，即用工伤保险待遇取代侵权赔偿。这种规定具有一定的合理性，也存在一定的不足。劳动者只能获得工伤保险待遇限制了用人单位的责任，使用人单位的责任减轻，符合工伤保险制度设立的目的；同时，由于我国《社会保险法》和《工伤保险条例》也规定了用人单位承担一部分的赔偿责任，即便劳动者不能依照侵权法获得赔偿，用人单位也并非可以完全免责，劳动者依然可以从用人单位获得一定的补偿。用工伤保险待遇取代侵权赔偿的不足之处在于，劳动者无法获得《工伤保险法》和《工伤保险条例》规定的工伤保险待遇之外的其他赔偿项目，例如精神损害赔偿。有些国家允许劳动者在工伤保险赔偿之外依据民法的规定主张其他赔偿。例如，在日本，工伤保险未予赔偿的损失，劳动者可以提起民事责任赔偿的诉讼。劳动者可以以雇主违反照顾劳动者安全和卫生的合同义务为由提起诉讼。因此，与其他国家不同，在日本，劳动者既可以主张法定的工伤保险待遇赔偿，也可以依据民事责任主张法定的工伤保险待遇未覆盖的其他损失。①

---

① Takashi Araki, *Labor and Employment Law in Japan*, The Japan Institute of Labor, 2002, pp. 130 – 131.

工伤保险制度的目的在于分散雇主的风险，通过一种较为便利的方式使雇员获得补偿，因此工伤保险制度和侵权责任具有一定的替代功能，应通过提高工伤保险待遇水平，使工伤保险待遇和侵权赔偿的数额接近，使劳动者通过工伤保险程序即可获得充分的赔偿，这样既便利劳动者，避免劳动者通过工伤的行政程序和侵权的诉讼程序两种程序获得赔偿，也有利于减少雇主的风险，节约司法资源。

关于第三人的原因造成工伤的，2003年最高人民法院公布的《关于审理人身损害赔偿案件适用法律若干问题的解释》规定，因用人单位以外的第三人侵权造成劳动者人身损害，赔偿权利人请求第三人承担民事赔偿责任的，人民法院应予支持。该解释只是允许劳动者向第三人主张侵权损害赔偿，但究竟是劳动者可以同时获得工伤保险待遇和第三人侵权赔偿，还是只能选择其中之一，条文并没有给出清晰答案。有学者将其解释为"兼得模式"，主张"如果劳动者遭受工伤，是由于第三人的侵权行为造成，第三人不能免除民事赔偿责任。例如职工因工出差遭遇交通事故，工伤职工虽依法享受工伤保险待遇，但对交通肇事负有责任的第三人仍应当承担民事责任"。[①] 也有学者认为，对这一规定的正确理解应该是选择模式，即在有第三人加害行为的场合，权利人可以选择请求工伤保险给付，也可以选择普通人身损害赔偿，此时发生两种请求权的竞合。[②]

《社会保险法》对由于第三人的原因造成工伤的情形作了规定。该法第42条规定："由于第三人的原因造成工伤，第三人不支付工伤医疗费用或者无法确定第三人的，由工伤保险基金先行支付。工伤保险基金先行支付后，有权向第三人追偿。"该条规定仍存在诸多疑问。第一，由于第三人的原因造成的工伤，如果职工参保了，该职工自然有权利获得工伤保险待遇，工伤保险基金也有支付的义务，并不存在"先行支付"的问题。从该条文字的表述看，似乎表明工伤保险基金并无支付的义务，只是一种

[①] 陈现杰：《〈最高人民法院关于审理人身损害赔偿案件适用法律若干问题的解释〉的若干理论与实务问题解析》，《法律适用》2004年第2期。

[②] 张新宝：《工伤保险赔偿请求权与普通人身损害赔偿请求权的关系》，《中国法学》2007年第2期。

"垫付"义务,这是不符合工伤保险法理的。第二,工伤职工是否既可以获得第三人的侵权赔偿也可以获得工伤保险赔偿?从该条款的规定看,职工对于医疗费用不能获得重复赔偿,因为工伤保险基金支付医疗费用后,可以向第三人追偿,即第三人应该向工伤保险基金赔付,劳动者自然无法从第三人获得赔偿。但该条仅涉及工伤医疗费用,工伤医疗费用之外的其他工伤保险待遇例如伤残补助金(残疾赔偿金)、误工费、护理费等其他待遇,职工是否可以获得双重赔偿,立法并未明确。因此,《社会保险法》并没有解决由于第三人的原因造成工伤的处理方式,这不能不说是一大遗憾,具体的处理方式仍待司法解释或行政机关的行政解释加以明确。

从法理上讲,由于第三人的原因造成工伤的,在实体规则上应该确立三个原则。第一,受害劳动者享有向第三人起诉和向工伤保险机构主张工伤保险待遇的权利。劳动者在工作过程中因第三人的侵权而受到伤害,根据责任基础,可以获得工伤保险待遇也可以向第三人主张侵权赔偿责任,工伤职工的程序权利不应被剥夺。第二,受害劳动者不能获得重复赔偿。允许劳动者同时获得工伤赔偿和第三人侵权赔偿的做法并不妥当,原因有三。一是,双重赔偿使受害人由于同一伤害获得了重复的赔偿。虽然生命或者健康是无价的,但损失是可以计算并确定的,双重赔偿并不合理。二是,如果由于第三人的原因遭受工伤的劳动者可以获得双重赔偿,而劳动者在非由第三人侵权造成工伤的情况下只能获得单一的工伤赔偿,对后者显然不公。三是,被害人就同一损害获得双份补偿,对于个人而言,系属一种"锦上添花"之待遇,对社会资源及有限之保险基金而言,则属浪费。① 从比较法角度看,德国、美国和日本均不允许工伤职工获得重复的赔偿。第三,工伤保险机构支付工伤保险赔偿后享有代位权。为了防止受害劳动者获得重复赔偿,一些国家赋予工伤保险机构代位权。在德国,工伤保险机构可以代位行使侵权救济,向侵权的第三方提起诉讼。② 在美国,尽管州法的规定各不相同,但"工伤保险机构获得雇员对导致工伤发生的

---

① 王泽鉴:《民法学说与判例研究》(第3册),中国政法大学出版社,1998,第304页。
② 感谢德国哥廷根大学劳动法研究所所长 Rudiger Krause 教授在2010年4月对此问题提供的宝贵意见。

第三人提起诉讼的权利通常是获得普通法和大部分州工伤保险成文法的保护"。① 在日本，第三者责任上的民事损害赔偿与工伤保险补偿之间，类推适用民法中的"法定代位"制度，即工伤保险在给付范围内享有对第三人的代位求偿权。② 因此，我国应该进一步明确工伤保险机构赔付后可以向第三人追偿，并规定具体的追偿程序。

四　单位未缴费的职工工伤赔偿责任

如果用人单位没有为职工参保，职工发生工伤如何处理，是一个重要的理论和实践问题。2003 年《工伤保险条例》第 60 条规定：用人单位应当参加工伤保险而未参加的，由劳动保障行政部门责令改正；未参加工伤保险期间用人单位职工发生工伤的，由该用人单位按照本条例规定的工伤保险待遇项目和标准支付费用。在用人单位未参保的情形下，遭受工伤的职工只能向用人单位寻求赔偿，而实践中许多用人单位拒绝或无力赔偿，使得劳动者无法及时获得赔偿，影响了工伤的及时救治。工伤保险属于强制的社会保险，国家有责任要求用人单位参保。用人单位未参加工伤保险，自身存在过错，劳动行政部门没有尽到监管的义务，也有失职，却由劳动者承担不利的后果，对劳动者殊为不公。有些国家，例如日本，在雇主没有参保的情形下，遭受工伤的劳动者依然可以从工伤保险基金获得工伤保险待遇，政府有权在事后要求雇主支付保险费，并可以要求雇主支付全部或部分保险待遇。③ 这种立法例值得我国借鉴。

为了改变由于用人单位未为职工参保而导致职工难以获得工伤待遇的不合理情形，《社会保险法》第 41 条规定，职工所在用人单位未依法缴纳工伤保险费，发生工伤事故的，由用人单位支付工伤保险待遇。用人单位不支付的，从工伤保险基金中先行支付。从工伤保险基金中先行支付的工

---

① Gray L. Wickert, *Workers' Compensation Subrogation*, Fourth Edition, Juris Publishing, Inc. 2009, p. 6.
② 魏倩、叶静漪：《工伤保险赔偿制度的若干法律问题研究——与日本劳灾保险补偿制度之比较》，载《社会安全、社会建设与社会法——中国法学会社会法学研究会 2010 年年会论文集（下）》，上海，2010，第 612 页。
③ Takashi Araki, *Labor and Employment Law in Japan*, The Japan Institute of Labor, 2002, p. 125.

伤保险待遇应当由用人单位偿还。用人单位不偿还的，社会保险经办机构可以依法追偿。这一规定相比《工伤保险条例》是一个巨大的进步。该规定使职工在用人单位不支付工伤保险待遇时可以从工伤保险基金中获得赔偿，有利于工伤职工获得及时救济。但相关程序需要进一步明确，特别是如何判断"用人单位不支付"。由于工伤赔偿事关职工的生命和健康，且用人单位未参保，劳动行政部门也存在监管漏洞，因此应本着有利于职工的原则，工伤保险基金支付应当及时。劳动保障部门支付工伤保险待遇后，由其承担向用人单位追缴工伤保险费和已经支付的工伤保险待遇的职责。

关于先行支付的条件，2011年《社会保险基金先行支付暂行办法》第6条作了规定。职工所在用人单位未依法缴纳工伤保险费，发生工伤事故的，用人单位应当采取措施及时救治，并按照规定的工伤保险待遇项目和标准支付费用。职工被认定为工伤后，有下列情形之一的，职工或者其近亲属可以持工伤认定决定书和有关材料向社会保险经办机构书面申请先行支付工伤保险待遇：（1）用人单位被依法吊销营业执照或者撤销登记、备案的；（2）用人单位拒绝支付全部或者部分费用的；（3）依法经仲裁、诉讼后仍不能获得工伤保险待遇，法院出具中止执行文书的；（4）职工认为用人单位不支付的其他情形。

同时，按照《社会保险法》第86条的规定，用人单位未按时足额缴纳社会保险费的，由社会保险费征收机构责令限期缴纳或者补足，并自欠缴之日起，征收滞纳金；逾期仍不缴纳的，由有关行政部门处欠缴数额一倍以上三倍以下罚款。对用人单位欠缴工伤保险费的情形进行行政处罚，也可以督促用人单位为职工参保。

| 第八章 |

生育保险法的制度创新

——基于德国、瑞典和中国生育产假立法实践

生育产假（maternity leave）制度最早于1878年在德国建立。① 其后，基于不同立法体制的生育产假制度陆续在各国建立。在国际层面上，国际劳工组织通过三个生育保护公约建立起生育产假国际标准。生育产假国家立法和国际标准的实施，为保护母亲和新生儿健康以及为新生儿母亲提供工作保障起到了极大的促进作用。② 目前世界各国大都建立了生育产假制度，其中相当数量国家基于产假制度创建了父亲陪护假（paternity leave）和父母育儿假（parental leave）制度，对生育产假制度进行创新发展，显著提高了生育保护水平，并推动了男女两性在有偿工作中的机会平等和无偿家务劳动中的责任分担。研究这些制度创新有助于了解生育保护在全球范围内的发展趋势，并为完善和有效实施中国生育保护法律制度提供启示意义。

鉴于德国和瑞典分别首创产假和父亲陪护假制度，本章以德国、瑞典和中国为例，侧重研究这三个国家在生育保护领域的制度创新。产假制度是生育保护的最重要内容，也是建立父亲陪护假和父母育儿假制度的基础，因此，本章第一节首先简要介绍产假制度；第二节探析父亲陪护假；第三节研究父母育儿假制度；第四节探究生育产假制度创新的背景原因；

---

① 参见 Gustav Adolf & Herbert Buchner, Mutterschutzgesetz, at 66 – 67（4th ed. 1976）(stating that maternity leave was provided as early as 1878 in Germany), CF: Mona L. Schuchmann, "The Family and Medical Leave Act of 1993: A Comparative Analysis with Germany",（1995）20 *Journal of Corporation Law* 332, p. 334。

② ILO, 2009, Gender Equality at the Heart of Decent Work, Report VI, International Labour Conference, 98th Session (Geneva), p. 45。

第五节提出对我国的启示意义。

第一节　产假制度

产假是指女职工在分娩前后的一段时间内依法享有的有工作保障的休假，由新生儿母亲专属享有。在许多国家，产假包括产前假和产后假。目前世界上绝大多数国家都建立了产假制度，其目的是保护母亲和新生儿健康，以及为新生儿母亲提供工作保障。截至 2010 年，全球实行产假制度的国家已有 167 个，除澳大利亚[①]、莱索托、巴布亚新几内亚、斯威士兰和美国实行无薪产假制度外，其他国家均实行带薪产假制度。[②] 根据国际劳工组织 2000 年《生育保护公约》（以下简称"第 183 号公约"）规定，生育妇女有权享有不少于 14 周的产假，[③] 产假期间津贴标准不得低于该妇女原先收入或是为计算津贴而加以考虑的收入的三分之二。[④] 以下分别介绍德国、瑞典和中国的产假制度。

一　德国产假制度

从历史视角看，德国是最早实行产假制度的国家。1878 年德国开始实行无薪产假制度，期限为产后 3 周，[⑤] 其主要目的是为由于工业革命而大量涌入劳动力市场的妇女提供保护，以避免在生育期间过度劳累并确保正常怀孕和生产健康婴儿。[⑥] 其后随着社会经济的发展，德国多次修订相关产假法律以调整产假期限和津贴标准。比如，1927 年德国批准国际劳工组织

[①] 2009 年，澳大利亚政府宣布将实行 18 周的带薪产假制度，产假津贴为国家最低工资待遇水平，该制度从 2011 年开始实行。

[②] 参见 Ida Öun and Gloria Pardo Trujillo, *Maternity at Work: A Review of National Legislation, Findings from the ILO's Conditions of Work and Employment Database* (Geneva, ILO, 2010), second edition, Introduction, p. 17。

[③] 2000 年《生育保护公约》（第 183 号）第 4 条。

[④] 2000 年《生育保护公约》（第 183 号）第 6 条。

[⑤] 参见 Mona L. Schuchmann, "The Family and Medical Leave Act of 1993: A Comparative Analysis with Germany", (1995) 20 *Journal of Corporation Law* 332, p. 335。

[⑥] 参见 Mona L. Schuchmann, "The Family and Medical Leave Act of 1993: A Comparative Analysis with Germany", (1995) 20 *Journal of Corporation Law* 332, p. 334。

1919年《生育保护公约》（以下简称"第3号公约"）后，修改其国内法律赋予生育女职工享有12周的产假（产前6周，产后6周，产后假为强制性休假），其目的是与该公约规定的产假期限保持一致。① 再比如，为了加强对生育女职工的保护，1965年德国将产后强制性休假延长至8周。② 依据德国现行法律规定，③ 所有与雇主建立雇佣关系的妇女，包括在家工作挣工资的妇女和与这些妇女享有同样权利的妇女（women in an employment relationship, including female home workers and those with the same legal rights as home workers），都享有产假。④ 产假期限为14周，其中产前6周，产后8周（多胞胎生育或早产的情况下产后12周），产后休假为强制性休假。在产假期间，德国所有的就业妇女和登记为失业人员的妇女有权享有产假津贴，⑤ 津贴标准为女职工产假前3个月平均净工资的100%。⑥ 不过，德国法律规定生育女职工享有产假和产假津贴必须满足特定资格要求，如怀孕女职工通知其雇主的义务和提供由医生或助产士出具的预产期证明的义务。

除此之外，参加法定健康保险计划的妇女在怀孕和分娩后还享有以下医疗津贴：（1）医疗护理和助产士护理，如确定是否怀孕的必要医疗检查、常规检查和助产士护理；（2）使用药物和绷带进行治疗；（3）住院分娩；（4）家庭护理；（5）家庭帮助。医疗津贴通过法定健康保险计划予以支付。⑦

---

① 1919年《生育保护公约》（第3号）第3条规定，生育妇女有权享有12周的产假。
② 李西霞：《生育假制度比较研究：德国、荷兰和中国》，载李西霞、丽狄娅·R.芭斯塔·弗莱纳主编《妇女社会权利的保护：国际法与国内法的视角》，社会科学文献出版社，2013，第181~182页。
③ 在德国现行法律体系中，规范生育保护制度的法律包括：德国1952年《生育保护法》（Maternity Protection Act）和2009年3月17日通过的对该法的修正案；2007年《德国父母金及父母休假法》（Parental Allowance and Parental Leave Act）和2009年3月28日通过的对该法的修正案；1911年《国民保险条例》（National Insurance Regulation）和2009年3月17日通过的对该条例的修正案；2006年《全民平等待遇法》（General Act on Equal Treatment）和2009年2月5日通过的对该法的修正案。参见http：//www.ilo.org/dyn/travail/travmain.section Report1？p_lang=en&p_countries=DE&p_sc_id=2000&p_year=2009&p_structure=3，最后访问时间：2010年2月2日。
④ Maternity Protection Act §1.
⑤ Maternity Protection Act §13 (1) (2), National Insurance Regulation §200 (1).
⑥ National Insurance Regulation §200 (2), Maternity Protection Act §13 (1), 14 (1).
⑦ http：//www.ilo.org/dyn/travail/travmain.section Report1？p_lang=en&p_countries=DE&p_sc_id=2000&p_year=2009&p_structure=3，最后访问时间：2010年2月2日。

二 瑞典产假制度

瑞典是世界上最早实施生育保护制度的国家之一，1937年开始实行产假制度。① 瑞典现行法律规定，② 不论职工工龄长短，所有女职工都有权享有产假。③ 产假期限为14周，产前7周，产后7周。④ 与德国的规定类似，瑞典法律也规定了强制性产假期限，不过瑞典规定的强制性产假期限仅有2周时间（产后）。⑤ 瑞典法律规定生育女职工享有产假和产假津贴必须满足告知义务，即在休假两个月前通知其雇主的义务。产假津贴标准为女职工正常工资收入的80%。⑥

在瑞典，妇女在怀孕期间和分娩后享有以下医疗服务和医疗津贴：（1）产前护理；（2）住院分娩；（3）产后护理；（4）如果工作环境对怀孕有医疗风险，怀孕妇女享有在预产期的2个月前开始休产假的权利。医疗津贴通过社会保险基金支付。

三 中国产假制度

自新中国成立，中国政府一直高度重视妇女权益保护，其中一项重要

---

① Arielle Horman Grill, "The Myth of Unpaid Family Leave: Can the United States Implement a Paid Leave Policy on the Swedish Model?" (Winter 1996) 17 (Issue 2) *Comparative Labor Law Journal*, p. 374.

② 规范瑞典生育保护制度的现行法律包括：1995年《父母休假法》（Parental Leave Act）及2006年对该法的修正案；1962年《公共保险法》（Public Insurance Act）及2005年对该法的修正案；1977年《工作环境法》（Work Environment Act）及2005年对该法的修正案；1993年《国家职业安全与健康委员会关于尊重潜水作业的条例》（第57号）（Regulations No. 57 of the National Board of Occupational Safety and Health Respecting Diving Work）及2000年对该法的修正案；2009年《歧视法》（Discrimination Act）、2002年《禁止歧视兼职职工和签订固定期限劳动合同职工法》（Act prohibiting discrimination against part-time workers and employees with a fixed-term contract）。参见 http://www.ilo.org/dyn/travail/travmain.section Report1? p_lang = en&p_countries = DE&p_sc_id = 2000&p_year = 2009&p_structure = 3，最后访问时间：2010年2月3日。

③ Parental Leave Act § 3.

④ Parental Leave Act § 4.

⑤ Parental Leave Act § 4.

⑥ 参见 Ida Öun and Gloria Pardo Trujillo, *Maternity at work: A review of national legislation, Findings from the ILO's Conditions of Work and Employment Database* (Geneva, ILO, 2010), second edition, p. 99。

措施就是建立和实施生育保护制度,这不仅有效地保障了生育妇女健康,而且极大地促进了男女平等就业。中国生育保护制度建立于20世纪50年代初,此后通过不断颁发和实施新的法律法规,逐步发展和完善了中国生育保护制度。① 依据2011年《社会保险法》、2012年《女职工劳动保护特别规定》以及其他现行法律规定,② 中华人民共和国境内的国家机关、企业、事业单位、社会团体、个体经济组织以及其他社会组织等用人单位的女职工,③ 有权享有98天产假,其中产前可以休假15天;如难产,增加产假15天;如生育多胞胎的,每多生育一个婴儿,增加产假15天。女职工怀孕未满4个月流产的,有权享有15天产假;怀孕满4个月流产的,享有42天产假。④ 女职工产假期间的产假津贴,对已经参加生育保险的,按照用人单位上年度职工月平均工资的标准由生育保险基金支付;对未参加生育保险的,按照女职工产假前工资的标准由所在单位支付。⑤

除此之外,女职工生育有权享有以下生育医疗津贴:怀孕和生育的检查费、接生费、手术费、住院费和药费。对已经参加生育保险的,医疗津贴由生育保险基金支付;对未参加生育保险的,医疗津贴由用人单位支付。⑥

四 德国、瑞典和中国产假制度的保护水平

上述分析显示,德国、瑞典和中国三个国家法律规定的产假期限均

---

① 参见潘锦棠主编《社会保障通论》,山东人民出版社,2012,第254~261页。
② 我国有关生育保护的相关规定主要包含在以下法律、行政法规和地方性法规中:1992年《中华人民共和国妇女权益保障法》(2005年修正)、1995年《劳动法》、2002年《人口与计划生育法》、2011年《社会保险法》、2012年《女职工劳动保护特别规定》、原劳动部1988年和1995年《关于女职工生育待遇问题的若干通知》和《企业职工生育保险试行办法》,以及各省制定的生育保险地方性法规和政府规章。目前,北京、上海、广东、山东、重庆、江苏、海南、福建、湖南、吉林、安徽、河南、新疆、西藏等省份分别由省级人民政府或省人民代表大会常务委员会制定生育保险条例。其他省份关于生育保险的规定则主要由当地的劳动厅等部门作出。参见丁雯雯编著《生育保险法律应用指南》,法律出版社,2011,第5页。
③ 2012年《女职工劳动保护特别规定》第2条。
④ 2012年《女职工劳动保护特别规定》第7条。
⑤ 2012年《女职工劳动保护特别规定》第8条。
⑥ 2012年《女职工劳动保护特别规定》第8条。

为14周，符合第183号公约关于产假期限的国际标准。然而，对产假期间女职工权利的保护却存在较大差异，主要体现在以下三个方面。第一，享有产假的主体范围不同。德国和瑞典以是否就业为标准，为就业女职工提供产假；而中国则仅为国家机关、企业、事业单位、社会团体、个体经济组织以及其他社会组织等用人单位的女职工提供产假，灵活就业人员和失业人员仅在广东和上海等少数省份被纳入生育保护范围。[①] 第二，关于产假津贴标准，第183号公约规定产假期间产假津贴的数额不得低于该妇女原先收入或是为计算津贴而加以考虑的收入的三分之二，德国和瑞典都已符合国际标准。德国产假津贴标准为女职工产假前3个月平均净工资的100%，瑞典产假津贴标准为女职工正常工资收入的80%。在中国由于生育女职工工资收入总额中，基本工资部分仅占工资总收入的50%左右，因而即便女职工在产假期间按工资的100%申领产假津贴，在扣除各种津贴和奖金后，其收入水平也会降低很多，[②] 因此在中国产假制度下产假津贴是否达到第183号公约要求的标准，有待进一步研究。第三，德国和瑞典的生育女职工除了享有产假津贴外，还享有育儿假津贴（这将在后文进行讨论），这种制度安排为生育女职工提供了很好的生育保护待遇和就业保障等措施，使得生育女职工更有经济能力也更有可能利用法律规定的休假时间养育婴幼儿。[③] 这表明，我国对女职工生育保护的适用范围和产假津贴待遇均与德国和瑞典有一定的差距，应该从制度上加以完善。

第二节　基于产假制度创建父亲陪护假制度

基于产假制度创建父亲陪护假制度是对产假制度的重大制度创新。父亲陪护假是指新生儿父亲在孩子出生时专属享有的一项法定权利，一般为

[①] 蒋永萍：《社会性别视角下的生育保险制度改革与完善》，《妇女研究论丛》2013年第1期。
[②] 蒋永萍：《社会性别视角下的生育保险制度改革与完善》，《妇女研究论丛》2013年第1期。
[③] Arielle Horman Grill, "The Myth of Unpaid Family Leave: Can the United States Implement a Paid Leave Policy on the Swedish Model?" (Winter 1996) 17 (Issue 2) *Comparative Labor Law Journal*, pp. 377–378.

带薪休假，时间较短。在国际层面，国际劳工组织对父亲陪护假没有建立国际标准，甚至没有提出任何建议。不过，截至 2010 年，至少已有 49 个国家实行父亲陪护假制度，① 为父亲提供时间和经济能力以照顾生育妻子和新生儿，以促进家庭性别平等和保护儿童利益。瑞典是世界上最早建立父亲陪护假制度的国家；中国绝大多数省份的计划生育条例中规定的生育护理假虽然是作为对实行晚育和独生子女家庭的奖励政策，② 但在客观上起到了父亲陪护假的作用；德国目前尚未建立父亲陪护假制度。本节着重探讨瑞典和中国的父亲陪护假和生育护理假制度。

一 瑞典父亲陪护假制度

创建父亲陪护假制度是瑞典对产假制度的重大发展。20 世纪 60 年代，随着妇女运动的第二次浪潮在欧洲大陆的波及和兴起，妇女主张在公共和私人领域、工作和家庭领域享有男女平等的呼声日益高涨。70 年代以后，妇女就业率进一步提高，要求改革产假制度的舆论压力也进一步增大。在此情形下，瑞典顺应变革的政治呼声，于 1974 年率先在全球开始实施父亲陪护假制度，这是自产假制度建立后首次以法律形式承认父亲在照顾婴幼儿方面的作用，其目的在于鼓励男性尽早进入抚育婴幼儿的家庭角色并力求实现家庭角色的性别平等。③ 之后，其他国家纷纷仿效，建立父亲陪护假制度支持父亲帮忙照顾生育妻子和新生儿。④ 瑞典现行法律规定，不论职工工龄长短，所有男职工都享有父亲陪护假。⑤ 父亲陪护假的期限为 10

---

① 参见 Ida Öun and Gloria Pardo Trujillo, *Maternity at work: A Review of National Legislation, Findings from the ILO's Conditions of Work and Employment Database* (Geneva, ILO, 2010), second edition, Executive Summary。
② 参见唐芳《从奖励到权利——生育护理假的正当性论证》，《中华女子学院学报》2012 年第 1 期。
③ Margaret O'Brien, "Fathers, Parental Leave Policies, and Infant Quality of Life: International Perspectives and Policy Impact", (2009) 624 *The Annals of the American Academy of Political and Social Science* 190, pp. 190 – 191.
④ Nancy E. Dowd, "Envisioning Work and Family: A Critical Perspective on International Models", (1989) 26 *Harvard Journal on Legislation* 311, pp. 324 – 326.
⑤ Parental Leave Act § 3.

天,① 津贴标准为职工正常工资收入的 80%。② 不过,父亲陪护假必须与母亲产假同期,在新生儿出生后 60 天内使用。

二 中国生育护理假制度

如前所述,从严格意义上讲,中国尚未建立起父亲陪护假制度。然而,《中华人民共和国人口与计划生育法》(以下简称《计划生育法》)却创设了生育假。③ 该法第 25 条规定:"公民晚婚晚育,可以获得延长婚假、生育假的奖励或者其他福利待遇。"依据该条款规定,我国绝大多数省份(除西藏自治区和吉林省外)在其计划生育条例中都规定了"生育护理假"作为对实行晚育④或计划生育政策的一种奖励。⑤ 生育护理假的天数在各省份并不相同,最短的为上海 3 天,最长的为河南 1 个月,其他省为 10 天至 15 天不等。⑥ 然而,由于生育护理假期间的津贴支付尚未得到有效解决,因此该项政策的实施仍存在一定障碍。⑦ 从各省份的相关规定看,享有生育护理假需要满足相应的资格要求:或是符合晚育的资格要求,这种情形最多;或是领取"独生子女证"(如宁夏、海南、湖南、广东和安徽);或是同时满足晚育和领取"独生子女证"的资格要求(如福建和辽宁)。⑧ 也就是说,生育护理假仅适用于实行晚育和独生子女的家庭,排除了未实行

---

① Public Insurance Act §Ch. 4, §10 and 12.
② http://www.ilo.org/dyn/travail/travmain.section Report1? p_lang = en&p_structure = 3&p_sc_id = 2000&p_countries = DE&p_countries = SE,最后访问时间:2015 年 3 月 15 日。
③ 《中华人民共和国人口与计划生育法》所规定的生育假,在地方立法中多被称为"生育护理假"。
④ 晚育,指的是适当推迟初育年龄。所谓初育年龄,是妇女婚后生育第一个子女的年龄。按照中国计划生育政策规定,妇女 22 岁后结婚为晚婚,属鼓励范围,25 岁后生育属晚育,也属于鼓励范围。平均生育年龄越晚,两代人间隔越长。在平均预期寿命相同的情况下,生育的人口数目就会少些,而有利于控制人口增长。参见侯文若、孔泾源主编《社会保险》,中国人民大学出版社,2002,第 419 页。
⑤ 参见唐芳《从奖励到权利——生育护理假的正当性论证》,《中华女子学院学报》2012 年第 1 期。
⑥ 参见唐芳《从奖励到权利——生育护理假的正当性论证》,《中华女子学院学报》2012 年第 1 期。
⑦ 蒋永萍:《社会性别视角下的生育保险制度改革与完善》,《妇女研究论丛》2013 年第 1 期。
⑧ 参见唐芳《从奖励到权利——生育护理假的正当性论证》,《中华女子学院学报》2012 年第 1 期。

晚育的家庭和合法生育二胎的家庭等，因此不具有普遍适用性，从本质上讲它不是一项法定权利。尽管如此，我国地方立法中规定的生育护理假在某种程度上也是一种制度创新，它在客观上起到了父亲陪护假的作用，与瑞典的父亲陪护假在目的方面有异曲同工之处，都是为了使男性进入照顾妻子和抚育婴幼儿的家庭角色，为父亲提供时间保证和可能的经济能力。

第三节　基于产假制度创建父母育儿假制度

基于产假制度创建父母育儿假制度是对产假制度的另一制度创新，从而使单一的产假制度发展为由产假、父亲陪护假和父母育儿假构成的生育假制度。① 父母育儿假是指在母亲休完产假后或父亲休完陪护假后，由父母两人共同享有或其中一人享有的一段较长时间的休假，用来照顾和抚育婴幼儿，② 其目的在于促进女性就业和男女两性在工作领域的机会平等和对家庭责任的共同分担。父母育儿假制度的建立进一步加强了新生儿父亲在家务劳动和抚育婴幼儿方面的责任，同时显示出对男女平等和儿童利益的高度关注。然而，国际劳工组织既没有建立父母育儿假国际标准，也没有提出任何建议。

一　瑞典父母育儿假制度

如前所述，20世纪60年代末期和70年代早期，随着西方社会妇女运动的高涨，女性在劳动力市场中的参与率明显提高，妇女普遍要求在社会经济领域和家庭生活中享有与男性平等的权利。作为回应妇女运动的要

---

① 此处"生育假"一词与我国《计划生育法》中第25条规定的"生育假"有不同的含义。它是指与妇女生育相关的各种休假的统称，具体包括产假、父亲陪护假和父母育儿假，这种术语的使用方法相对来说已被国际学界普遍接受。参见 Rebecca Ray, Janet C. Gornick and John Schmitt, "Who Cares? Assessing Generosity and Gender Equality in Parental Leave Policy Designs in 21 Countries", (2010) 20 (3) *Journal of European Social Policy* 196, p. 209。此处需要说明的是本章不涉及收养子女假。
② Margaret O'Brien, "Fathers, Parental Leave Policies, and Infant Quality of Life: International Perspectives and Policy Impact", (2009) 624 *The Annals of the American Academy of Political and Social Science* 190, p. 193；另参见 Sakiko Tanaka, "Parental Leave and Child Health across OECD Countries", (2005) 115 (February) *The Economic Journal* F7, pp. F7 – F8。

求,瑞典率先改革产假制度,于 1974 年创建父亲陪护假制度,之后于 1976 年建立父母育儿假制度,从制度上保证妇女的经济独立和男性抚育婴幼儿的家庭角色,以及儿童福利最大化。① 至此,瑞典建立起由产假、父亲陪护假和父母育儿假构成的生育假制度。

瑞典现行法律规定,父亲享有与母亲同样的育儿假权利并享有育儿津贴。具体地说,在孩子满 8 岁前,父母有权享有共计 480 天的育儿假,其中母亲和父亲各自专属享有 60 天,其余 360 天由父母共同享有,自主安排。② 但是,享有育儿假必须满足法律规定的资格要求,在孩子出生前为现在的雇主连续工作时间已满 6 个月,或在过去两年内为现在的雇主工作时间累积已满 12 个月。③

父母育儿假津贴标准的计算依据是父母双方休假天数的累加之和,总计为 480 个日历天。津贴标准是父母正常工资净收入的 80%,支付期限为 390 天;其余 90 天的津贴标准为每天 60 瑞典克朗。④ 如果父母双方共同监护孩子,则父母任何一方都有权单独享有 60 天的津贴待遇,其余 360 天的津贴待遇可由父母自主分配;如果父亲或母亲单独监护孩子,父亲或母亲有权单独享有 480 天的全部津贴待遇。但是,父亲或母亲享有育儿津贴必须满足特定的资格要求:在孩子出生前与雇主建立雇佣关系达到连续 240 天并已参加社会保险。如果未能满足该资格要求,新生儿父母亲也有权享有育儿津贴,待遇标准为每天 180 瑞典克朗(2006 年),支付期限为 390 天;其余 90 天的津贴标准为每天 60 瑞典克朗。⑤

从上述分析可以看出,瑞典创建父母育儿假强化了男性在家庭中的作

---

① Margaret O'Brien, "Fathers, Parental Leave Policies, and Infant Quality of Life: International Perspectives and Policy Impact",(2009)624 *The Annals of the American Academy of Political and Social Science* 190, p. 192。

② 王向贤:《社会政策如何构建父职?——对瑞典、美国和中国的比较》,《妇女研究论丛》2014 年第 2 期。

③ Ida Öun and Gloria Pardo Trujillo, *Maternity at work: A Review of National Legislation, Findings from the ILO's Conditions of Work and Employment Database* (Geneva, ILO, 2010), second edition, p. 51。

④ http://www.ilo.org/dyn/travail/travmain.section Report1? p_lang = en&p_structure = 3&p_sc_id = 2000&p_countries = DE&p_countries = SE,最后访问时间:2015 年 3 月 20 日。

⑤ http://www.ilo.org/dyn/travail/travmain.section Report1? p_lang = en&p_structure = 3&p_sc_id = 2000&p_countries = DE&p_countries = SE,最后访问时间:2015 年 3 月 20 日。

用,力求实现家庭角色的性别平等,使父亲和母亲在家庭和工作方面享有平等的机会并分担同样的责任,支持职工平衡工作和家庭关系,促进妇女就业并改善妇女在劳动力市场的状况。此外,瑞典通过立法规定父母育儿假,为新生儿父母提供必要的时间照顾孩子;通过立法为新生儿父母提供育儿假津贴,使他们有经济能力使用育儿假。由此,当新生儿父母在职场工作和家庭生活发生冲突时,就可以把儿童利益放在第一位。[1] 这一制度创新对其他国家建立父母育儿假制度起到了引领作用,2010 年,实行父母育儿假制度的国家已达到 49 个左右。[2]

二 德国父母育儿假制度

德国通过立法实行父母育儿假制度与来自国际层面的影响和国内舆论压力密切相关。在国际层面上,瑞典 1976 年建立父母育儿假制度是一个重要的影响因素。在德国国内,1985 年德国批准《消除对妇女一切形式歧视公约》后,致力于履行该公约关于"教养子女是父母的共同责任"义务。[3] 此外,一直以来德国高度重视儿童的早期教育和发展。他们认为,儿童的早期教育和发展对其一生的发展非常重要,因此应该通过立法保障父母在平衡职场工作和家庭生活方面有更大的选择空间,使父亲或母亲在儿童的早期教育和发展阶段有时间和精力照顾儿童。这些来自国际层面的影响和国内舆论的压力,促使德国对其产假制度进行改革。1986 年,德国通过《联邦育儿津贴法》,开始实施父母育儿假制度,赋予作为雇员的父亲享有育儿假的权利,在法律上承认父亲在照顾婴幼儿方面的作用,同时也使得父母育儿假在抚育婴幼儿方面成为一个更为重要的工具。[4]

---

[1] Mona L. Schuchmann, "The Family and Medical Leave Act of 1993: A Comparative Analysis with Germany", (1995) 20 *Journal of Corporation Law* 332, p. 346.
[2] 参见 Ida Öun and Gloria Pardo Trujillo, *Maternity at Work: A Review of National Legislation, Findings from the ILO's Conditions of Work and Employment Database* (Geneva, ILO, 2010), second edition, Executive Summary。
[3] 《消除对妇女一切形式歧视公约》序言和第 5 条。
[4] Jan Ondrich, C. Katharina Spiess, Qing Yang, "Barefoot and in a German Kitchen: Federal Parental Leave and Benefit Policy and the Return to Work after Childbirth in Germany", (1996) 3 *Journal of Population Economics* 247, p. 250.

德国于1986年实施父母育儿假制度后,曾对父母育儿假享有的权利资格、育儿假期限和育儿假津贴标准进行过一系列改革。① 现行父母育儿假制度于2007年开始实施。根据该制度,父母育儿假为14个月,其中包括专属于父亲享有的2个月假期。在此期间,父母育儿假津贴标准为平均月工资收入的67%,但最高不得超过每月1800欧元。② 父母育儿假津贴的支付由国家承担。

综上,德国早在1878年工业革命时期就为保护母亲和新生儿健康首创产假制度,在100多年后的1986年又紧随瑞典较早地建立父母育儿假制度,由此建立了由产假和育儿假组成的生育假制度。在此过程中,德国逐渐放弃其固有的"男主外女主内"家庭主义观念和对传统劳动性别分工的支持,多次调整生育假政策目标,鼓励妇女就业,③ 促进职场和家庭中的性别平等,以使职工能够兼顾工作和家庭生活,关注儿童福祉。

第四节 生育产假制度创新发展的背景原因

综上所述,父亲陪护假和父母育儿假制度的建立极大地提高了对生育妇女的保护水平,不仅有效地保护母亲和新生儿的健康并为新生儿母亲提供工作保障,而且鼓励男性尽早进入抚育婴幼儿的家庭角色并力求实现家庭角色的性别平等,以支持职工平衡工作和家庭关系,促进妇女就业并改善妇女在劳动力市场的状况。生育保护法制度创新的背景原因主要有以下三个方面。

一 来自国际层面的影响是瑞典和德国制度创新的一个主要诱因

有学者研究发现,来自国际层面的影响往往是促使相关国家立法修改

---

① 李西霞:《生育假制度比较研究:德国、荷兰和中国》,载李西霞、丽狄娅·R. 芭斯塔·弗莱纳主编《妇女社会权利的保护:国际法与国内法的视角》,社会科学文献出版社,2013,第184~187页。
② Jane Lewis, *Work-Family Balance, Gender and Policy*, Cheltenham: Edward Elgar, 2009, p. 127.
③ Jane Lewis, *Work-Family Balance, Gender and Policy*, Cheltenham: Edward Elgar, 2009, p. 127.

的一个主要诱因,比如超国家组织和民族国家的关系对于世界各国政策的变化及其实施有着越来越大的影响力。① 这尤其体现在生育保护法的制度创新方面。如前所述,瑞典首创父亲陪护假和父母育儿假与顺应西方社会妇女运动的第二次浪潮的政治诉求密不可分。与妇女运动第一次浪潮要求的选举权不同,妇女运动第二次浪潮对经济参与的要求以及对"公共领域"和"私人领域"的划分,打破了传统父权社会对两性社会角色的界定与规范。② 因此,可以说父亲陪护假和父母育儿假的建立是为了符合国际社会的进步趋势。而德国建立父母育儿假则是由于受到瑞典立法的影响和履行《消除对妇女一切形式歧视公约》关于"养育子女是男女和整个社会的共同责任"的义务。再比如我国 2012 年 4 月 18 日颁发《女职工劳动保护特别规定》,将女职工产假期限延长到 98 天,这一立法规定反映出第 183 号公约③对我国的影响,尽管我国至今还没有批准该生育保护公约。因此,我们应该积极对待这种发展趋势并谨慎对待国际影响这一事实。

二 瑞典和德国家庭政策的变化是其立法修改的现实需求

德国和瑞典实施产假制度后,为生育妇女提供了较高的产假津贴标准,其目的主要侧重于保护母亲和新生儿健康并为女职工提供就业保障。然而,产假制度却在相当长的时间内一直起着抑制妇女就业驱使妇女留在家中养育婴幼儿的作用。因为产假制度在构建上是基于传统的男主外女主内家庭模式,对母亲角色持较为保守态度。

20 世纪 70 年代,随着女性参与劳动力市场的广度和深度日渐加大,支持生育女职工平衡工作和家庭关系,改善她们在劳动力市场的就业状况成为瑞典和德国家庭政策的关注重点。为促进男女平等,鼓励男性尽早进

---

① 参见 Janine A. Parry, Family Leave Policies, Examining Choice and Contingency in Industrialized Nations, *NWSA Journal*, Vol. 13, No. 3, Gender and Social Policy: Local to Global (Autumn 2001), p. 74。

② 刘梅君:《"两性工作平等法"与"母性保护"——立法之意义、理据及法条释疑》,载《变革中的就业环境与社会保障》,中国劳动社会保障出版社,2003,第 273 页。

③ 2000 年《生育保护公约》(第 183 号)第 4 条规定,生育妇女有权享有不少于 14 周的产假。

入抚育婴幼儿的家庭角色并力求实现家庭角色的性别平等,使父亲和母亲在家庭和工作方面享有平等的机会并分担同样的责任,瑞典对产假制度作出重大发展,创建父亲陪护假和父母育儿假,把育儿假政策视为实现男女机会平等和加强非歧视原则的一个重要途径,在育儿假制度中设计由父亲专属享有的休假期限和育儿津贴以保障父母育儿假政策中的性别平等。这表明全社会对社会性别、养育子女和工作的看法已经发生了根本性的转变:父亲和母亲被认为都有责任照顾年幼子女,政府和雇主有责任协助父母平衡好家庭和工作关系。这种态度的变化反映出家庭政策理念的重大变化,父亲和母亲在照顾年幼子女方面负有同等的责任。

三 瑞典和德国进行制度创新的目的之一是保护儿童利益

社会学、心理学和教育学研究结果表明,父亲对于儿童发展具有非常重要的作用,父亲不再仅仅是家庭的经济支柱,而且还包括对孩子的认知和早期教育。[①] 瑞典和德国非常重视儿童的早期教育和发展,认为儿童的早期教育和发展对其一生非常重要,因此通过立法保障父母在平衡职场工作和家庭生活方面有更大的选择空间,使父亲或母亲在儿童的早期教育和发展阶段有时间和精力照顾儿童,当新生儿父母在职场工作和家庭生活发生冲突时,就可以把儿童利益放在第一位。这也是创建父亲陪护假和父母育儿假制度的目的之一,即从制度上保证妇女的经济独立和男性抚育婴幼儿的家庭角色,以及儿童福利最大化。

第五节 生育产假制度创新发展对中国的启示

综合所述,德国和瑞典顺应经济社会发展趋势,改革生育保护政策,创建父亲陪护假和父母育儿假制度,展示了生育保护法律制度的创新发展,体现了政策目的和立法理念的变化发展。我国自新中国成立以来坚持男女平等原则,女性就业率一直处于较高水平,如2010年中国18~64岁

[①] 参见唐芳《从奖励到权利——生育护理假的正当性论证》,《中华女子学院学报》2012年第1期。

女性就业率为 71.1%,① 这表明大部分妇女从事与男性同样的职场工作,但同时母亲承担主要的家庭和育儿责任的传统理念却一直没有改变,这使得我国生育保护制度的建构和实施都存在一定的障碍。鉴于此,笔者认为应从以下方面完善我国的生育保护法律制度。

一 提升生育保护的立法价值取向

"法律本身不只是一个规则体系,在规则体系的背后是一个特殊的价值追求,法律对价值所作的选择、排列和保护,可以在一定程度上减少价值的混乱……"。② 因此,在生育保护法律制度建设中,"应当像关注法律规范和法律制度的生成渊源一样去关注法律所追求的价值目标"。③ 虽然在不同历史发展阶段德国和瑞典生育保护的立法价值各不相同,现阶段德国和瑞典作为地处西欧的发达国家,在生育保护法中都纳入以下价值目的:保护母亲和新生儿健康以及为新生儿母亲提供工作保障;鼓励男性尽早进入抚育婴幼儿的家庭角色并力求实现家庭角色的性别平等,以实现男女两性在职场工作中的机会平等和家务劳动中的责任分担;保护儿童利益。

我国生育保护的立法目的,值得深思和检审。第一,从历史的视角看,我国历次生育保护立法目的中一直没有纳入婴幼儿健康和早期教育因素,④ 这不得不说是一个缺憾。优生优育是国家的基本国策,女职工在生

---

① 杨慧:《社会性别视角下"80 后"就业率及其影响因素分析》,《中国青年研究》2013 年第 7 期。
② 〔美〕E. 博登海默《法理学——法律哲学与法律方法》,邓正来译,中国政法大学出版社,1999,第 193 页。
③ 〔美〕E. 博登海默《法理学——法律哲学与法律方法》,邓正来译,中国政法大学出版社,1999,第 193 页。
④ 1951 年《劳动保险条例》第 1 条规定,"为了保护工人职员的健康,减轻其生活中的困难";1988 年《女职工劳动保护规定》第 1 条规定,"为维护女职工的合法权益,减少和解决女职工在劳动和工作中因生理特点造成的特殊困难,保护其健康,以利于社会主义现代化建设";1994 年《企业职工生育保险试行办法》第 1 条规定,"为了维护企业女职工的合法权益,保障她们在生育期间得到必要的经济补偿和医疗保健,均衡企业间生育保险费用的负担";2011 年《社会保险法》第 1 条规定,"为了规范社会保险关系,维护公民参与社会保险和享受社会保险待遇的合法途径,使公民共享发展成果,促进社会和谐稳定";2012 年《女职工劳动保护特别规定》第 1 条规定,"为了减少和解决女职工在劳动中因生理特点造成的特殊困难,保护女职工健康"。

育期间能否得到适当的休息和护理,关系到女职工自身和孩子的身心健康及儿童身体发育成长,关涉民族繁荣延续和国民素质提高,是一项保证劳动力扩大再生产的社会性事业。生育保护作为优生优育的前提条件之一应该纳入儿童利益因素。第二,生育保险关涉女性权益和性别平等,德国和瑞典通过单独立法来实现其特定的生育保护目的。《社会保险法》作为我国的基本法律,将生育保险的立法目的与其他社会保险的立法目的相提并论,没有体现出对女性生育期间权益的特殊保护。第三,我国生育保护没有纳入家庭角色的性别平等因素,忽略父亲的家庭责任,不利于消除就业性别歧视。[①] 第四,我国生育保护适用范围有待扩大,应为包括灵活就业人员和失业人员在内的所有生育妇女提供保护。

二 加强反生育歧视的制度建设

如前所述,我国已在多部法律法规中规定反歧视和生育女职工就业保障,但由于这些法律规定中只是含有反对性别歧视的含义,没有明确规定性别歧视的概念,因而对属于性别歧视的生育歧视的认定和法律救济均存在不确定因素,难以充分保障生育女职工权利。而现实中怀孕和生育歧视现象林林总总,给女性求职和职业带来巨大挑战。由于歧视的原因是多方面的,因此,应借鉴瑞典和德国的立法经验,在法律上明确规定基于性别的歧视,重构和完善我国反生育歧视制度。

三 建立父亲陪护假制度

前述分析显示,父亲陪护假(瑞典)和父母育儿假(瑞典和德国)设计由父亲专属享有的休假期限和育儿津贴,以保障父母育儿假政策中的性别平等并加强非歧视原则。反观我国现行的产假制度,强调母亲在家庭中养育婴幼儿的传统责任,客观上把家庭中的不平等延伸到社会公共领域,同时过多的休假和严苛的劳动禁忌加重了用人单位对女职工的歧视和排斥,阻碍男女平等就业的实现。因此应通过立法确立男性在照顾妻子和抚

---

① 蒋永萍:《社会性别视角下的生育保险制度改革与完善》,《妇女研究论丛》2013年第1期。

育婴幼儿中的家庭责任并实现家庭角色的性别平等。鉴于目前《计划生育法》和绝大多数省份的计划生育条例都对男性护理假作出规定,基于此建议先行建立父亲陪护假制度,其可行性有以下四个方面。第一,宪法依据。依据我国《宪法》第48条关于"妇女在政治的、经济的、文化的、社会的和家庭的生活等各方面享有同男子平等的权利"的规定,在生育保护领域确立父亲享有生育假权利以实现家庭角色的性别平等是男女平等原则的应有之义,因此男女平等原则是建立父亲生育假的宪法依据。第二,中国于1980年11月4日批准《消除对妇女一切形式歧视公约》,因而应履行该国际公约中规定的"养育子女是男女和整个社会的共同责任"[①] 义务,通过建立父亲陪护假制度确认父亲承担养育婴幼儿的责任。第三,法律基础和实践依据。我国国家层面立法和地方相关立法实践为建立父亲生育假提供了法律基础和实践依据。《人口与计划生育法》第25条规定,公民晚育,可以获得生育假的奖励。依据该条款规定,我国绝大多数省份在其计划生育条例中都规定了"生育护理假"作为对实行晚育或计划生育政策的一种奖励,并积累了相应的制度实践经验。第四,在具体的制度构建路径上,可遵循以下思路。首先,建议修改国家层面立法《人口与计划生育法》第25条相关规定,通过立法程序确立父亲享有生育假法定权利,由此弥补我国立法中父亲生育假的缺位。其次,建议在作为《社会保险法》的配套法规《生育保险办法》中,将父亲生育假纳入生育保险待遇范围,并对父亲生育假的天数和津贴标准作出统一规定。依据我国各省份现行的生育护理假的天数来看,建议陪护假天数14~20天为宜,父亲陪护假期间的津贴标准可依据现行的产假津贴标准计发。

---

① 《消除对妇女一切形式歧视公约》序言。

| 第九章 |

社会保险福利化的制度创新

第一节 社会福利概述

社会福利有广义和狭义之分。广义的社会福利是指政府为全体社会成员创建有助于提高生活质量的物质文化环境，提供各种社会性津贴、公共基础设施和社会服务以不断增进国民整体福利水平，主要包括文教、公共卫生娱乐、市政建设、家庭津贴、教育津贴、住房津贴等。狭义的社会福利指政府和社会向老人、儿童、残疾人等弱势群体提供必要的社会援助，以提高他们的生活水准和自立能力，主要包括老人、妇女、儿童和残疾人福利等。

一 由社会保险到社会福利研究范式的转换

在一些发达国家，以贝弗里奇计划的实施为标志，社会保险出现了显著的福利化趋势，这就是福利国家的诞生。因此，研究国外社会保障法的实践必然涉及典型国家和地区的社会福利制度。在全球化视野下，传统的社会保障划分模式可以因标准不同而有所差异，但基本上主要依据保障功能、保障内容、保障方式等微观层面的制度特征，尚未深入社会经济政治结构的层次，这就是模式划分的不足之处。[1] 因此，要想比较透彻地了解国外社会保障法的实施制度，就不得不论及它们各自的社会保障制度及其

---

[1] 林闽钢：《社会保障国际比较》，科学出版社，2007，第20~26页。

为什么会选择不同发展路径的深层思想原因。目前，由考斯塔·艾斯平－安德森最早提出来的"福利体制"分析框架在社会政策中受到广泛重视。其优于福利模式划分之处在于：福利体制体现了社会保障制度结构受福利国家路径依赖限制的规律；其包含了社会保障对社会经济等运行形式制度性影响的内涵。

福利体制分析框架所采用的分类方法主要以体现福利水平的非商品化（de-commodity）程度和福利分层化（stratification）效果为依据。"非商品化"是指个人福利相对地既独立于其收入，又不受其购买力影响的保障程度。艾斯平－安德森认为，社会权利扩展得越宽泛，非商品化程度就越高；若社会权利受到限制，非商品化程度也就低一些。非商品化因子的主要成分有资格标准和资格限制、收入替代和资格授权的范围。① 福利的"分层化"也是福利体制划分的另一个重要标准。虽然不同福利国家的规模和广泛性可能相同，但福利体制对社会阶层结构的影响却大相径庭。②

二 福利体制概论

根据艾斯平－安德森福利体制分析框架，可以把福利国家理解为一种支持社会公民权的概念，并会延伸为"非商品化"和福利的分层化效果。依据这两个标准可以将福利资本主义分为三种福利体制：自由主义体制（liberal regime）、保守主义体制（conservative regime）和社会民主主义体制（social democratic regime）。

1. 自由主义福利体制

自由主义福利体制的主要代表国家有美国、加拿大和澳大利亚，即盎格鲁－撒克逊国家群体。在该福利体制中，居支配地位的是社会救助、少量"普救式"的转移支付或者作用有限的社会保险计划。主要提供给那些收入较低、依靠国家救助的被保护者，通常是工人阶层。在这一体制中，

---

① 〔丹〕艾斯平－安德森：《福利资本主义的三个世界》，郑秉文译，法律出版社，2003，第52～53页。
② 〔丹〕艾斯平－安德森：《福利资本主义的三个世界》，郑秉文译，法律出版社，2003，第80～81页。

社会变革进程受到传统的自由主义劳动道德准则的严重束缚。福利的极限等价于以福利取代工作的选择的边际倾向，因而资格条件十分苛刻而且带有羞辱性，给付数额极为有限。譬如美国早期反对国家养老金制度的思想与中产阶级坚守自己对命运负责的固有信念是一致的。他们认为懒惰和道德败坏才会导致贫困。直到20世纪30年代的经济危机才使人们对这一旧观念产生了动摇。与此同时，国家运用消极和积极手段促使市场机制发挥作用：消极手段只保障最低限度的给付，积极手段则对私人部门福利计划予以补贴。① 从观念上来讲，人们普遍相信社会福利不应降低工作热情。盎格鲁-撒克逊国家强调个人在市场的权利，寻求市场解决的方式，并且认为国家的介入越少越好。从政府、国家和家庭三维关系来看，此类国家是以市场为核心，家庭与国家角色均是边际性的；社会凝聚形成的主要方式是个人式的，即个人在市场得到福利与服务，其非商品化的程度是很小的。

2. 保守主义福利体制

保守主义福利体制主要包括历史上的合作主义国家和家长式威权主义国家，如意大利、德国、奥地利和法国。这种制度类型的特点是享有社会权利的资格以工作业绩为计算基础，即以参与劳动市场和社会保险缴费记录为前提条件，带有保险的精算性质。总体来讲，其社会权利是根据不同国家所能提供的非商品化程度和不同的保险精算程度而产生变化的，即取决于一个人的工作和参保年限、过去的表现与现在的给付之间的关联程度。② 因此，在此制度下，劳动力中度非商品化，力求保护既定的阶级分化。在这些国家中，社会福利已经成为公民权的一部分，但天主教政党的存续、传统的权威结构以及合作主义的安排对其仍有很大影响。在家庭和性别分工中，宗教和传统信念仍旧占据主导地位。在对待社会福利的态度上，国家一方面希望取代市场成为福利供应者（如提供基础公共年金以及以社会保险方式提供职业附加给付），另一方面又赋予家庭承担福利的责

---

① 〔丹〕艾斯平-安德森：《福利资本主义的三个世界》，郑秉文译，法律出版社，2003，第29页。
② 郑秉文：《"福利模式"比较研究与福利改革实证分析》，《学术界》2005年第3期。

任，让家庭取代国家提供各种服务。只是在家庭服务无能为力时，国家才提供辅助性的福利和服务，极大化家庭主义所扮演的福利服务功能。在保守主义福利体制中，政府、家庭和市场三者关系如下：家庭角色最为重要，国家扮演辅助性角色，而市场只是边际性的。社会团结依赖家庭主义和国家主义而形成。

3. 社会民主主义福利体制

社会民主主义福利体制只存在于斯堪的纳维亚国家，如瑞典、挪威和丹麦等国。这种福利制度还被称为"人民福利"模式。这种福利体制源于贝弗里奇的普遍公民权原则。福利资格的确认主要取决于公民资格或者长期居住资格。与前两种制度相比，它寻求相当水平的甚至能够满足新中产阶级品位的平等标准的服务和给付。该体制排斥工人阶级和中产阶级之间的二元分化局面，力图追求平等以保障工人能够分享中产阶级所享有的权利。因此，这种制度的非商品化程度最强，社会福利项目高度制度化，给付最为慷慨，分层化水平最低。人们常常称之为"福利橱窗"。[①] 从社会保障体制形成的政治动因来看，在这些国家中，左翼劳工组织与小农广泛联盟所形成的压力确保了政府对充分就业和全民性给付的承诺；加上中产阶级与劳工阶级的利益，使社会主义福利政策具有明显的再分配性质；最后，社会民主主义福利体制还强调去家庭化，也使得个人能拓展其独立能力。在去家庭化的观念下，政府提供大量的社会服务和工作机会来满足家庭以及妇女的需求。从政府、家庭和市场的角色定位来看，这一类型的国家是以国家的角色为核心，家庭与市场角色是边际性的；社会团结是通过福利国家所提供的普遍的福利和服务来达成的。[②]

第二节　福利体制之比较（一）

任何一个国家社会保障制度的产生、发展、运行和变革都一定会受到本国传统理念的深刻影响，进而形成独具风格的自身特色。下面分别介绍

[①] 郑秉文：《"福利模式"比较研究与福利改革实证分析》，《学术界》2005年第3期。
[②] 林闽钢：《社会保障国际比较》，科学出版社，2007，第35页。

一下西方发达国家的三种具有代表性的福利体制。

一 自由主义福利体制

由于自由主义福利体制具有非商品化和分层化的特征,因此该体制的国家福利主要为贫穷者提供残补式的安全网。强调个人在市场的权利,注重以市场解决的方式,认为国家的干预越少越好。因此,采取此类型的国家强调的是以经济补助、有限支付转移或社会保险为主的社会政策。现分别介绍美国和加拿大这两个比较典型的国家。

(一) 美国的社会保障制度

美国的社会保障制度起步较晚,直到 20 世纪 30 年代经济大萧条时期才开始建立。1935 年 8 月,罗斯福总统颁布《社会保障法》(Social Security Act),其内容以失业保险、养老保险和社会救济为主,该法为美国社会保障制度确立了基本框架。

1. 美国社会保障制度的理念基础

(1) 崇尚个人奋斗的文化传统。美国是一个移民国家,早期的定居者主要是为了逃避欧洲的封建与宗教迫害而抵达北美大陆的,大多数为卡尔文教徒,崇尚克勤克俭,厌恶懒惰,强调个人奋斗。因而从一开始,美国社会就形成了一种提倡个人奋斗的传统,认为贫困只是因个人的懒惰和无能造成的,而不是社会的责任。所以早期的福利事业只是被当作一种济贫措施。① 尽管英美这两个以盎格鲁－撒克逊民族为主体的国家,都提倡个人主义和个人奋斗,都以个人主义作为各自文化的核心,都有着相似的价值观和历史文化传统,但两国在国民构成、自然资源和历史进程等方面的差异,导致英国采用了"从摇篮到坟墓"的全方位救济的社会福利制度,而美国则更加崇尚个人主义,提倡个人奋斗,其社会保障制度的覆盖面要窄得多,更具有针对性。

(2) 自由放任和社会达尔文主义。美国社会保障制度建立的初期深受

---

① 张桂琳等:《七国社会保障制度研究》,中国政法大学出版社,2005,第 109 页。

自由放任和社会达尔文思想影响，其观点是：社会的不幸和贫困不可避免，造成贫困的责任不在社会而在个人，因为新社会给每个人提供了成功的平等机会，应尽量减少公共救济。这一时期社会保障的主要形式是自愿捐助和民间团体救济。

（3）新自由主义思想。新自由主义经济学家崇尚小政府大社会。他们从强化市场自由、弱化政府职能入手，否定福利国家的福利政策。他们要求政府进行一系列改革，降低福利标准，缩小福利保障范围，减少政府支出，主张通过减税来减轻企业负担，放松管制，加快私有化，促进经济发展。其对美国社会保障制度的影响在于它对参与社会保障持否定态度，要求分散国家管理风险，将权利和财务下放至地方政府。同时主张转变政府在社会保障中的职能，用选择性社保替代全面的社保模式，强调混合式社保模式，极力推行志愿主义，突出市场和职业福利的作用，推行社会保障产业化、社会保险商业化、社会服务社会化。①

2. 美国社会保障制度的主要内容

经过60多年的发展与完善，美国社会保障已经形成多样化和比较全面的体系，保障项目达300多个。其社会保障制度体系由社会福利（social welfare）和社会保险（social insurance）两大块构成。

美国的社会福利是指一系列针对低收入阶层和贫困的社会成员提供救助的项目，它作为以商业保险为主的美国社会保险的补充，已成为美国社会保障制度的重要组成部分。美国的社会福利按照发放形式可分为"现金福利"和"非现金福利"两类。前者主要包括对未成年子女家庭的援助（aids to the families with dependent children，AFDC）和补充性保障收入（supplemental security income，SSI）两个项目。后者主要由医疗救助（medicaid）、食品券（food stamp）、儿童营养（child nutrition programs）、教育项目（education）、就业培训计划（employment and job training）和住房援助（housing assistance）组成。

美国的社会保险将权利和义务的对等原则始终贯穿于制度设计之中，

---

① 林闽钢：《社会保障国际比较》，科学出版社，2007，第48页。

作为政府主导的社会政策，它主要有以下特点：首先，强制要求符合条件的社会成员参加；其次，社会保险受益取决于其为制度缴纳的供款；最后，制度的受益者必须满足一定条件才可以获得社会保险给付。美国社会保险计划包括养老、医疗、失业和工伤等项目。其中，老年、残疾、遗属保险由联邦政府负责，保险范围是从事有收入工作的人员，包括独立劳动者。资金来源有工资税、信托基金投资利息、社会保障收入税和联邦政府补贴。其给付条件极其严格，有资格领取社会保险金的被保险人主要有三类，即完全被保险人、当期被保险人和伤残被保险人。医疗保险由政府主导的老年医疗照顾（medicare）和私营的商业医疗保险构成。前者包括强制性的住院保险和非强制性的补充医疗保险两部分。私营的商业医疗保险在美国国民医疗保障中占据主导地位。除了65岁以上老年人和丧失劳动能力的残疾人享受老年医疗保险、合乎条件的低收入贫困户享受医疗救助外，其他公民只能参加私营的商业医疗保险或者自己负担医疗费用。[①] 失业保险是由联邦政府和州政府共同举办的，具体由州政府负责管理，覆盖97%的工资收入者。其目的在于补偿职工因失业而造成的收入损失。失业保险金的主要来源是雇主缴纳的失业保险税。工伤保险主要由各州通过保险公司组织实施，联邦财政部给予补贴，它是保障范围比较广的一种社会保险。

3. 美国社会保障制度的特点及存在的问题

同欧洲国家的社会保障制度相比，美国的社会保障制度有不同特点。从社会保障的项目和水平上看，其具有多层次、低水平的特征。在管理与运作方式上，具有多元化特性，即除了联邦政府、州、地方政府之外，还有公司、社团等非政府组织。在资金筹措方面，体现出多渠道性，而且受惠待遇也不平衡，这是由州和企业经济实力的差异以及多贡献多受益这一保障原则所导致的。20世纪90年代以来，美国社会保障制度面临下列困境。（1）社会保障支出增长过快造成财政负担过重。美国的社会保障制度由政府和商业保险共同承担，尽管如此，其支出依然增长过快。社会保障

---

① 姜守明、耿亮：《西方社会保障制度概论》，科学出版社，2002，第156页。

项目的财政支出在国民生产总值和联邦总财政支出中都占很大比重。(2) 人口老龄化问题给社会保障制度的功能发挥带来巨大阻力。(3) 福利依赖也在美国造成竞争观念、家庭观念和道德观念淡薄的后果。(4) 医疗费用高涨是美国社会保障制度面临的一个严重问题。美国的医疗保险呈现一个恶性循环，即医疗费用越高涨，个人和企业越难以承受，从而使得保险金额越增长。(5) 社保机构繁杂，管理费用开支巨大。

4. 美国社会保障的制度革新

针对上述困境，20 世纪 70 年代以来，历届政府对社会保障制度进行了诸多改革。在养老保险方面，尼克松政府从减少开支和调整机制两个方面进行改革。里根政府通过了一项养老保险拯救法案，试图通过暂时冻结某些福利项目，提高工薪税，逐步提高退休年龄，鼓励劳动者参加企业补充养老保险和个人储蓄养老来减轻政府压力。布什政府继续里根的这一改革思路，以市场化为改革的基本方向，尽量削减开支，实现由保障向工作的转变。克林顿政府于 1994 年成立了社会保障咨询委员会，负责为社会保险制度改革提供方案。该政府主要围绕对整个社会保障费用的调整、工作取代福利的社保政策以及有关教育和住房问题进行了改革。2001 年小布什宣布成立"加强社会保障总统委员会"，在年底，该委员会提交了《加强社会保障，造福美国国民》的报告。这次改革的核心是养老金改革，内容是将社会保障部分私有化，建立自愿性的个人退休金账户，且个人可将账户资金投资于特定项目。①

美国是一个实行多元化医疗保险制度的国家，以商业医疗保险为主。1965 年美国国会通过了老年人医疗保险法案，建立了老年照顾（medicare）计划，之后又建立了医疗补助（medicaid）计划，为一些低收入者提供医疗保险，但该计划只覆盖了 10% 的非老龄人口。1973 年，尼克松政府在各地建立了健康维护组织（health maintenance organization）。只要成员定期缴纳保险金，看病时就不用付费。里根—布什共和党政府主要是减少联邦政府对医疗事业的干预，充分发挥市场作用以此达到降低费用、提高效率的

---

① 杨玲：《美国、瑞典社会保障制度比较研究》，武汉大学出版社，2006，第 141 页。

目的。克林顿上台后，于 1993 年向国会提交了健康维护改革法案，主张由联邦、州和地方政府、雇主和雇员共同承担全国统一的医疗保险新体制，但由于受到国会和美国医疗协会等的严重阻挠，最终遭到国会的否决。1995 年共和党又提出另一套改革方案，计划缩减 2700 亿美元的医疗照顾和 1800 亿美元的医疗补助开支以减缓医疗费用的增长速度，结果受到多方强烈反对而宣告失败。

美国的医疗体制陈弊已久，其费用过高，对企业、政府和个人都是一个沉重负担。2009 年，美国人均医疗费用支出达到 8160 美金，占 GDP 总量的 17.6%；而 OECD 国家、英国和日本是 2000 美金左右。美国商业医疗保险主要是雇主缴费，这样一来，美国企业负担越来越重，增加了企业生产成本，并削弱了竞争力从而阻碍了经济发展。美国有些经济学家甚至认为，通用等国际性公司破产重组的真正原因不是经济危机而是医疗成本危机，即高昂的保费导致企业产品成本大幅提高，利润空间进一步降低。另外，近些年商业保险公司为了控制费用支出和赢利，出现了很多拒保和削减赔付现象，使得公众医疗保障水平下降。自 2009 年 1 月 20 日奥巴马宣誓就任总统以来，医疗改革就成了他的施政重点。医疗保险改革法案最终于 2010 年 3 月 21 日晚以 219 票比 212 票的微弱优势在国会众议院闯关通过，随后在 3 月 23 日，奥巴马签署历史性的医疗改革法案。其主要内容如下。(1) 每一名美国公民必须投保，否则将面临每年至少 695 美元的罚款。这一规定将于 2014 年生效。(2) 雇用超过 50 名员工的企业必须向员工提供医保，否则政府将对其处以罚金。(3) 子女可以享用父母的医保服务至 26 岁。(4) 保险企业不得在投保人患病后单方面终止保险合同，不得对投保人的终身保险赔付金额设置上限。投保人如因过往病史遭拒保，可申请医疗补助。2014 年后，任何保险企业不得以投保人过往病史为由拒绝其参险或收取高额保费。(5) 政府建立专门机构监督和评估保险企业的保险费率调整，有权否决不合理的保费上调方案。医改法案实施后，将让全美大约 3200 万没有医保的人获保，使医保覆盖率从 85% 升至 95%，距离全民医保只有一步之遥。在实施后第一个 10 年内将使美国政府预算赤字减少 1000 亿美元，在第二个 10 年内减少约 1 万亿美元。在社会福利方面，奥巴马政府批准了社会福利改革法案,这标志着恢复了福利制度,为人们提供了第二次就业机会,并且将福利制度视为一种生活方式。

通过简要论述美国社会保障制度的改革措施和思路,我们可以看到其改革的主导理念依然不变:社会保障的目标主要是防止贫困的加剧而非提高普通民众的生活水平;减少贫困的动力在于个人的努力而非政府的扶助。因此,可以预见未来美国社会保障的改革仍然会坚持多元化社保机制、分散化社保风险、鼓励社保市场化进而提高社保制度经济效应的一贯路径。[1]

(二)加拿大的社会保障制度

1. 制度理念、原则及其历史沿革

同邻国美国通过"独立战争"走上独立国家的道路不同,加拿大是经由渐进的和平方式,通过自上而下的谈判、磋商和改革逐步实现统一和自治的。英国上下两院于1867年春通过了英属北美法案——《加拿大宪法》。魁北克省、安大略省、新斯科舍省、新不伦瑞克省根据英属北美法案实行联合,组成统一的联邦国家,定名为"加拿大自治领"。[2]

社会保障在此时仍被认为是地方政府和私人的事情,归各省自主管理。社会问题在当时被认为是个人行为的直接结果,贫穷是个人软弱和无力照顾自己的失败表现。当时社保奉行如下四原则。第一是剩余性原则。社会救济应是剩余性的——只救济无法自救的人,且政府只在社会自愿团体、慈善机构和教会等难以发挥作用时才给予有限的补助。第二是选择性原则。社会救济只针对特定的人群,包括老人、孤儿、精神病人和残疾人。若健康的失业者申请公共救济,他就会被强制工作,以此换取救济金。[3] 第三是条件原则。救济是有条件的,申请人应该履行公民的义务,对那些不服从的人可以予以惩罚。第四是"劣等处置"原则。救济在数量

---

[1] 杨玲:《美国、瑞典社会保障制度比较研究》,武汉大学出版社,2006,第151页。
[2] 阮西湖、王丽芝:《加拿大与加拿大人》,中国社会科学出版社,1990,第10页。
[3] Guest D., *The Emergence of Social Security in Canada*, University of British Columbia Press, 1991, p.37.

上应是最少的，不是适宜的或平均的。任何人获得的救济都应该低于最低工资标准，从而避免破坏人们工作的积极性，造成人们依赖福利而不愿工作的消极现象。

19世纪中后期，加拿大社会各个方面经历了市场经济所带来的变化和冲击，此时的社会结构也发生了分化，失业不可避免地发生了。于是，"自由放任"和个人主义的理念受到了社会公正和对整个群体利益的关心的观念之挑战。① 到了20世纪30年代经济萧条的十年期间，随着成千上万的人失去工作，加拿大人越发相信失业和贫穷不是个人问题，而是由社会和经济造成的。从"二战"结束至70年代初期，加拿大初步建立了包括失业保险、住院医疗保险、残疾人社会计划、老年年金和退休保险计划以及家庭收入维护计划在内的较为完备的社会保障制度。随后20多年，同其他福利国家一样，加拿大也出现了福利危机，即财政危机。对此，加拿大政府通过采取缩减社会福利计划和整合多种社会保障资源两种方式来改革社保制度，以此改变政府在社保计划中的一统天下的角色。

2. 加拿大社会保障制度的主要内容

加拿大的社会保障制度主要包括养老保险、医疗保险、就业保险以及公共救助计划。加拿大实行联邦政府、省（地区）政府和市政府三级行政体制。自1993年改组成立人力资源开发部以来，该部门统一管理除医疗保险以外的各项社会保险，负责制定法案，规定保险的基本标准和条件，具体事宜则由省自行规定。

（1）养老保险。加拿大养老保险分为三个层次。第一个层次为老年收入保障计划，其资金来源于国家税收，主要有三项支出。第一项是老年保障金（old age security, OAS）。受益者是全体国民，条件是年龄达到65岁且年满18岁以后在加拿大居住满10年以上。第二项是收入保障补贴（guaranteed income supplement, GIS）。这主要针对一部分老年人。它通过立法授权政府对老年保障计划提供补充，以确保所有的老年人能从各种渠道得到一个最低的收入总额。第三项是配偶或鳏寡补助金（spouse's allowance, widowed

---

① Guest D., *The Emergence of Social Security in Canada*, University of British Columbia Press, 1991, p. 37.

spouse's allowance)。该政策是在 1975 年出台的，它规定当配偶一方年龄达到 65 岁，而另一方的年龄在 60~65 岁时，配偶津贴可使这对夫妻得到的收入与双方都满 65 岁的夫妻达到同样水准。第二个层次是退休金计划（Canada pension plan，简称 CPP，养老金计划）。这项保障费用来自雇主和雇员的缴费。政府规定凡年满 18 岁已参加工作的雇员须缴纳工资收入的 2.95% 的退休金作为将来退休的福利，雇主也缴纳同样比例的费用。自谋职业者全部由个人缴纳。第三个层次为私人养老金（private pensions）。私人养老计划的常见形式是企业年金计划或补充养老保险计划，它通常以团体保险的形式出现，即企业为合乎条件的员工统一建立一项计划，由雇主选择保险公司，然后同雇员签订投保协议，双方缴费。另外一种形式就是没有企业年金计划的人要么参加国家为他们提供的类似年金的储蓄计划，要么自己投保，即建立一个个人养老金计划。

（2）医疗保险。加拿大实施全民健康保险制度，全体公民公平地享有医疗保障。每位国民都享有广泛的住院服务保险和医生门诊服务保险，个人直接支出的医疗费用很低，个人不会因医疗费用支出而降低生活水准。医疗保险制度由住院保险（hospitalization insurance）和医疗保健（medical care）两项公共福利计划组成。1984 年国会通过的《加拿大卫生法》包括全民、全面、便利、转移和公共管理等五项主要原则。其医疗保障制度以公费医疗为主，由私人医院和医生提供医疗服务。医疗保险总开支的 68.7% 左右由各级政府负责，大约 31.3% 的费用来源于私人或独立医疗保险计划，或就医者直接掏腰包。[①]

（3）就业保险。加拿大政府在 1940 年首次颁布《失业保险法》，1995 年修订更名为《就业保险法》。这一保险项目是与员工在失业期间所失去的那部分收入相对应的一个险种。其覆盖范围原则上涵盖了加拿大的所有受雇者，包括 65 岁以上仍然受雇于他人的老人，也包括兼职工作者。但自我雇佣者被排除在外，因为加拿大政府认为自我雇佣者可以在自己利益实现最大化时放弃他们的事业，可以控制自己失业与否。

---

① 林闽钢：《社会保障国际比较》，科学出版社，2007，第 69 页。

（4）公共救助计划。公共救助计划是加拿大最早的社保形式之一，它是政府负责筹资和管理的一个主要收入分配计划。通过以家计调查为基础的社会救助计划也是自由主义福利体制国家的一个悠久传统。加拿大秉承地方自治传统，其公共救助计划由各省负责。公共救助水平不是固定的，它通常是一个由家庭生活必需品和服务的价格所计算出来的结果。

综上所述，加拿大社会保障制度具有结构合理、运行规范、需求满足程度充分、资源利用效率高、开支水平适中的特点，因而对经济发展、社会和谐起到了促进作用，在世界上为加拿大赢得了和平安宁的美誉。

3. 加拿大社会保障制度的困境与革新

加拿大的社会保障总体上是比较完备的，但仍面临一些问题。首先是妇女保障问题。在加拿大，无论是政府、学术界还是妇女组织，都意识到社会保障尤其是劳动保障中仍存在不平等——加拿大这个福利国家是被高度社会性别化了的，因男女在社会中的不同经历，使一个表面看来是性别中立的社会保障系统对男女产生了不同影响。社会保障领域内的不平等实质上是劳动力市场不平等的复制和强化。由于妇女在正式部门全日制就业的比例较低，在私人部门就业的机会也较少，加之传统的社会分工导致妇女在劳动保障中处于不利地位。其次，医疗保障因卫生费支出持续增长、医疗保险制度缺乏竞争和利益约束以及卫生资源分配不当而面临诸多难题。而且，人口老龄化问题也为社保制度发挥作用带来了阻力。老龄化的加剧带来了赡养老年人费用的增加和劳动适龄人口物质负担的加重。提前退休的流行更加重了养老保险的负担，相对全面的社会保障也加重了政府的财政负担，降低了国家对经济的调控能力，进而对经济发展产生了负面效应。

为此，20世纪80年代以来，加拿大政府开始对社保制度进行相应调整和改革。譬如80年代初期的特鲁多政府开始削减社会福利项目。1988年保守党政府上台后很快开始了削减社会支出的行动。在医疗保健领域，通过改变财政拨款制度、与美国缔结《自由贸易协定》为社会福利计划带来了一股"市场精神"，为医疗保健私有化铺平了道路。在保守党执政期间，联邦政府逐步将老年保障年金降低到一般中等收入水平，减少并最终取消家庭补贴，缩减失业保险的人员范围和标准。① 自由党领袖克雷蒂安执政后，继续调整和压缩社会福利开支。人力资源发展部在《社会保障考察报告》中提出，改革加拿大社保制度尤其要改革失业保险和联邦政府对各省保健、高等教育和福利的补助。1996 年，加拿大联邦政府的保健和社会福利部被取消，有关全国社会保障（失业和养老保险）和医疗保健方面的事务由新组建的人力资源开发部和卫生保健部分别负责。进入 21 世纪以后，马丁联邦政府确定了加拿大医疗卫生体系改革的关键问题。2004 年 9 月的省长会议一致同意了一个旨在加强医疗卫生的《十年计划》。该计划的目的在于保持改革关键领域的动力，以便市民获得各自所需的医疗卫生服务，推进最新医疗技术的实践应用，加大医疗人力资源开发，确保医疗人力的供给。

二 保守主义福利体制

保守主义福利体制的特点是享有社会权利的资格以工作业绩为计算基础，即以参加劳动市场和社会保障缴费记录为前提。主要有德国、法国、奥地利、意大利等欧洲大陆国家。在这些国家，市场化和商品化的自由主义原则从未占过上风，私人保险和职业补充保险从未担当过主角，公民的社会权利从未受过质疑。传统的家庭关系在社保制度中处于重要地位。在这些国家，合作主义几乎完全取代市场而成为福利提供者的国家工具之一，而国家主要是维护社会阶级和地位的差别，保护既定阶级分化现状，再分配对社会权利的阶级归属和社会分层几乎没有什么影响。这种福利类型与蒂特马斯的三分法的工作能力—成绩模型极其相似。该模型认为社会福利设施被赋予显著角色——充当经济的附属品，应该论功行赏，按个人的优点、工作表现和生产力来满足其社会需要。② 艾斯平 - 安德森也承认保守主义福利体制类型正是对蒂特马斯类型的划分的反映，但他认为不存在单一类型的福利国家，每个国家都是制度的混合体，只是某个类型占据

---

① 周晓虹：《全球中产阶级报告》，社会科学文献出版社，2005，第 173 页。
② 〔英〕R. M. 蒂特马斯：《社会政策十讲》，江少康译，商务印书馆（香港），1991，第 18 ~ 19 页。

了主导地位而已。

(一) 德国的社会保障制度

德国社会保障立法始于19世纪末的帝国时代。1881年11月德皇威廉一世颁布《黄金诏书》，提出工人因患病、事故、伤残和年老而出现经济困难时应得到保障，他们有权得到救济，工人保障应由工人自行管理。由此开始了社会保障制度的建立和完善。1883年颁布了《医疗保险法》，1884年颁布了《工伤事故保险法》，1889年颁布了《劳工老年残疾保险法》。1911年上述三部社会保险法被合并为《帝国保障法》，并颁布了《职工保险法》，1927年出台了《职业介绍法》和《失业保险法》，1938年颁布了《手工艺者养老法》，社会保障制度得到进一步发展。"二战"后，随着经济的发展，德国的社会保障制度得到飞速发展。1957年实施了《农民老年救济法》，1969年颁布了《劳动促进法》，1983年通过了《文艺工作者社会保险法》，1988年颁布了《健康改革法》，1989年颁布了《1992年养老金改革法》。两德统一以后，于1995年开始增加了社会护理保险。①

1. 德国社会保障制度的主要内容

经过100多年的发展历程，德国逐渐建立了一个完整的、内容广泛的社保体系。这一社保体系由两大部分组成。第一部分是为全体居民提供保障的、以社会保险为主体的保障体系，包括社会保险、社会照顾、社会救济、家庭与教育补贴、促进住房与财产补贴等，它以缴纳保险费为基础提供服务。社会保险是德国社保制度的核心。第二部分是为特殊人群提供帮助的补偿和救济体系，这是德国社保制度的必要补充。

(1) 医疗保险。德国的医疗保险是主要围绕疾病诊治和健康恢复而对个人及其家属实行的一种保险。最早的医疗保险法是1883年的《劳工疾病保险法》，较晚的是1994年的《长期护理法》。② 其覆盖范围达到全国总人口的90%以上。资金来源主要是投保人缴纳的保险费。医保机构向投保

---

① 史探径:《社会保障法研究》，法律出版社，2000，第403~404页。
② 邵芬:《欧盟诸国社会保障制度研究》，云南大学出版社，2003，第105页。

人提供四大类型的服务,即咨询性服务、治疗性服务、病休补贴和生育补贴。① 其管理机构为:联邦劳动和社会部负责一般监督管理;联邦保险协会负责监督联邦健康保险;各州保险协会负责在各州实施疾病与生育法规;疾病基金会通常按地方组织或企业行业组织负责管理保险费和补助金。基金会由受保人和雇主选出代表管理,在全国和州一级建立联合会。

(2)养老保险。德国养老保险制度的建立历史居世界之首,首次立法是1889年的《劳工老年残疾保险法》。现行立法为1911年的《帝国保险法》、1973年的《老年、伤残、死亡保险法》。② 养老保险的主要任务是促进工作能力的恢复、养老金和相关补助的支付、为退休者支付医疗保险费以及相关的咨询和解释。它由法定养老保险、企业补充养老保险和私人养老保险三支柱组成。法定养老保险具有强制性,全德有90%以上的成年人参加,缴费率按照现收现付制一年一定,经费来源于雇员、雇主和国家,其中雇员的缴纳占主要部分。德国养老保险制度遵循三原则:一是保障生活标准;二是养老金与工资、缴费挂钩;三是养老金支付动态原则,即养老金和领取养老金的资格根据每年的工资和物价变化作相应调整。

(3)促进就业与失业保险。德国失业保险首次立法于1927年的《职业介绍和失业保险法》,现行立法为1969年的《促进就业法》。其任务主要是促进职业培训和转行培训,为劳动力市场的结构性、政策性变化提供财政援助,为停工者、失业者、短工者和由于天气原因中断工作者提供替代性工资,并对未来的就业状况作出预测。因此,"德国的就业与失业保险已由传统意义上的以失业救济为主要内容的失业保险转向以职业培训和保障工作岗位为主体内容的新型保障制度"。③ 它是强制性的保险,资金来源于雇主和雇员缴纳的保险费,同时国家根据就业促进法给予财政补贴,并弥补亏空。失业待遇是多种多样的,首先是发放失业保险金,并支付有关职业培训费,其次是支付旨在维持和创造就业岗位的费用。

(4)工伤保险。工伤保险首次立法于1884年颁布的《工伤事故保险

---

① 丁易:《德国社会保障制度及其改革》,《中国工业经济》1998年第6期。
② 邵芬:《欧盟诸国社会保障制度研究》,云南大学出版社,2003,第99页。
③ 郑功成:《社会保障学》,商务印书馆,2000,第277页。

法》和1925年的《职业病法》,现行立法为1963年的《工伤保险法》。德国工伤保险实行由半私营性保险公司经营的强制性保险制度,承办工伤保险的机构主要有工商业同业合作社、农业同业合作社和公立保险机构等。其主要目的在于防止工伤事故和职业病,组织事故现场急救,帮助工伤事故受害者恢复就业能力,减轻事故后果并为受害者本人及其近亲属提供经济补偿。

(5) 护理保险。护理保险是德国一种较新的保险制度。它自1995年开始实施,主要目的在于保障老年人及病残人员在需要护理时给予保障的权利。

(6) 社会补偿和社会救济。除上述5类保险之外,德国还有独立于社会保险制度之外的社会补偿和社会救济体系。社会补偿,也称社会照顾,是指公民在遭受健康损害时,由国家提供补偿的一种社会保障制度。该种制度源于公民为国家或者社会履行自愿或者非自愿的身体健康冒险义务,譬如因战争致残,此时应由国家全额补偿。社会救济则是为那些无法通过其他社会保险项目或从第三方获得帮助的生活困难者提供的一种生活补助。

2. 德国社会保障制度的特点

(1) 国家立法和社会管理相结合。在德国,"法治国"观念深入人心。在社会保障立法方面更是如此。通常政府把立法当作推行社会政策的主要手段,每项保险项目都有立法根据。在法律起草中,负责机关经常通过"社会政策谈论会"形式在各个利益集团之间进行协商。另外还专门成立社会法院来审理社会保险和促进就业等相关的案件。此外德国社会保障制度还突出自治原则,也就是在各类承办社会保险的机构中分设代表大会和董事会,负责保险承办机构的财政和人事事务。

(2) 社保体制覆盖面广,保障程度高。法定养老、医疗保险均覆盖了总人口的90%,1995年新引入的护理保险按照护理保险跟从医疗保险原则强制所有参加医疗保险的人员都要参加,其中家属享受免费附带保险。德国标准养老金的工资替代率已从65%提高到了70%;失业保险涵盖失业补贴、失业救济、短工津贴、就业培训和求职费用等;社会救济则既给日常生活补助，又提供特殊状况照顾。

（3）保险的强制性和机构的多元性。德国社会保险体制具有浓厚的强制性，这在横向国际比较中极为明显。另外，无论从内容上还是形式上，德国都没有统一的保险，这充分体现了机构的多样性原则。譬如在社会保险经费筹集上，体现了以社会为主、国家为辅，强调个人责任的负担原则。

（4）社会保险体系完备，制度的稳定与发展相结合。迄今为止，德国已经建立了养老、医疗、工伤、失业、护理五大保险。尽管其社会保险制度多经修订和完善，但其基本原则和制度框架保持稳定，在改革中较好协调了稳定与发展之间的关系。①

3. 德国社会保障制度的问题与改革

近几十年来，德国几大保险制度出现了一些新问题，因收支不平衡、财政支出缺口加大，加之经济发展缓慢、经济不景气进一步引发了财政危机。2002 年社会保险领域养老保险缺少 60 亿欧元，医疗保险缺少 24 亿欧元，沉重的社保支出成为德国财政甩不掉的包袱。其制度困境主要表现为：社保预算支出占国民收入的比重上升较快，政府财政负担过重；医疗保障的服务范围过宽，医疗费用开支过大，缺乏约束机制；人口老龄化进一步加剧，养老保险支出急剧增加，养老金代际转移面临严重困难；保险机构林立，法律文件浩繁，官僚化严重；社保在一定程度上抑制了职工积极性的发挥；两德统一后现有社保制度更加捉襟见肘。

为摆脱上述困难，德国政府从 20 世纪 70 年代就对社保制度开始了改革。其主要手段有以下五个。（1）控制社会福利开支，使之低于经济的增长，力争保持在占国民生产总值的 30% 左右。（2）为控制医疗费用的上涨，德国于 1989 年颁布《卫生改革法》，并采取了一系列革新措施。（3）增加养老保险投保金率，提高领取养老金的年龄，严格控制提前退休，以减轻养老保险的压力。（4）调整社保制度财务供给结构，增加社保制度可供支配的社会资金，探索多层次、多渠道的收入来源模式。（5）鼓励发展私人保

---

① 赵立新：《德国日本社会保障法研究》，知识产权出版社，2008，第 46~48 页。

险，使之作为社会保险的补充。

（二）法国社会保障制度

法国是一个国家干预型市场经济国家，有着较完善的社保制度体系。20世纪初首次立法，经过百年的发展和完善，"二战"后逐渐形成了一套法制完备、覆盖面广的现代社保制度体系，在世界社保制度中独具特色。

1. 法国社会保障制度建立的背景

法国社保体系源于各种行会组织的互助机构。这些互助机构在法国大革命时期就已出现。长期以来，它们在防御疾病、养老风险方面发挥着重要作用。"二战"后国家统筹了这些互助机构，逐步建立了法国社会保障制度。目前这些互助机构已成为新体制的重要合作伙伴，在社保体系中发挥着不可替代的重要作用。法国社保制度的立法思想深受德国俾斯麦社保思想、英国贝弗里奇报告和凯恩斯理论的影响，并在一定程度上继承了以行业性互助为基础的全国性互助的思想。在实践中，其早期主要是为了解决社会贫困问题，构建稳定的社会环境；在近代则是为了应对工人运动，缓和社会矛盾，以立法手段替代镇压手段瓦解工人组织来实施社保制度的。另外，从19世纪六七十年代开始，同其他国家一样，国民意识到贫困的主要原因除了济贫法强调的个人道德堕落外，还有普遍的经济因素，如失业和低工资等。因此，国家应当采取措施，尽量防止和减少社会问题。

2. 法国社会保障制度的主要内容

法国社保制度比较复杂，由总数多达422种不同的社会福利制度构成。它可以分为普及社保体系和特殊社保体系两类。普及社保体系是整个社保体制的主体，涉及占劳动人口大多数的私人企业和部门的工薪人员，基金主要来源于公司、企业以及工薪人员缴纳的社会福利费。特殊社保体系的对象是国家公务员和公共部门的工薪人员，基金主要来源于国家拨款和工薪人员缴纳的社会福利费。

（1）养老保险。首次立法于1910年，以后相继立法于1945年、1967年、1971年、1975年和1980年。法国养老保险在其各个险种中是最大的，也是最复杂的。现已形成多级（基础级、补充级和复合补充级）养老保障体系。适用范围主要为受雇人员,基金来源于雇主和雇员的缴纳。享受养老金的基本条件是年满65岁。养老保险的支付项目包括养老金、伤残抚恤金和遗属抚恤金。①

(2) 疾病和生育保险。法国疾病和生育保险的首次立法为1928年的《疾病保险法》,现行立法为1945年、1967年、1974年和1978年的《疾病和生育保险法》。它实行社会保险制度,并以现金补助和医疗补助的方式来实现。该保险适用于受雇人员,基金来源于受保人缴纳收入的6.8%,养老金领取者缴纳养老金的1.4%和私营年金的2.4%;失业者缴纳有保障的最低收入的2%、失业救济金的培训津贴的1%。享受条件为:疾病现金补助须在患病前3个月内受雇200小时,或领取最低工资6个月。延续疾病补助须在丧失能力前的保险12个月内受雇800小时,或病前12个月刚自愿失业。②

(3) 失业保险。首次立法为1905年的《失业保险法》,现行立法有1967年的《劳资失业保险协议》、1972年的《收入保障法》、1974年的《农业保险法》和1984年的《失业保险法》。法国失业保险实行强制保险和政府基金双重制度。

该保险仅限于受雇人员,基金来源于雇员和雇主缴纳的社会保险税。现行失业保险制度只实行属于社会保险范围的基本补贴、初次就业补贴和属于社会援助范围的社会保障权利补贴和团结补贴。

(4) 工伤保险。首次立法于1898年,现行立法为1927年的《农业保险法》和1946年的《工伤保险法》。

它主要适用于受雇人员、职业教育学生和某些社会服务组织的非领薪成员。基金由雇主承担。

(5) 家庭补贴。法国的家庭补贴最初是企业对本企业多子女的职工的一种工资补贴,后来扩展为强制性保险项目,最早的立法为1932年的《家属津贴法》。目前家庭补贴项目主要有普遍性补贴、生育补贴和特殊补

---

① 林闽钢:《社会保障国际比较》,科学出版社,2007,第97页。
② 林闽钢:《社会保障国际比较》,科学出版社,2007,第99页。

贴等几种形式。①

法国社会保障制度的主要特征有以下四个。第一，社保制度完备而复杂，覆盖面广。第二，社保制度管理有序，社会化程度高。法国社保制度的运作具有高度的自主性。在国家资助和调控下，通过全国、大区和省三级机构进行社会化经营和分散化管理。根据社会最低标准和分摊金缴纳数额来确定个人受益比例。第三，社保制度"主体制度"和"补充制度"并行。例如，法国除实行统一的养老保险外，各个行业还实行特殊的养老保险制度。第四，社保制度的运行以完备的法律为基石和根据。

3. 法国社会保障制度的困境与革新

尽管让法国人引以为荣的社会保障制度在保障中下层民众基本生活条件、改善人们健康状况、缓和劳资冲突、维持社会稳定等方面发挥了不可忽视的作用，但是这种福利制度是建立在经济持续增长基础上的。20世纪80年代以来，与其他西欧国家一样，法国也出现了社会消费下降、生产过剩、经济发展停滞、失业问题日益严重现象。原有的社会保障制度的弊端逐渐显现。首先，社会保险支出日益攀升，已由1949年占国内生产总值的12%达到了现今的40%以上，医疗保险浪费极其严重。其次，社会福利负担过重，这就无形中增加了企业的劳动成本，影响乃至削弱了法国在国际上的竞争力。高福利以高税收为基础，福利越高，税收越重。再次，高福利制度间接导致高失业率，并滋生了懒惰现象，进而形成恶性循环。随着经济全球化的深入，法国社会保障制度的弊端越发暴露无遗，与此同时，新的社会经济环境和就业方式为其福利制度改革提供了便利。

为革除福利弊病，法国政府进行了一系列改革，主要措施有三个。（1）加强国家对社会保险基金库的管理和控制。1996年通过修订宪法扩大国民议会审议社会保障制度及其财政状况的权力，由议会和专职人员组成社会保险监察委员会监督有关协议的执行。另外也推出一系列法令，全面加强国家的主导作用。同时政府还重组了基金库领导班子，决定基金库理事会重新实行"劳资均等主义"，进一步加强对基金库的领导。（2）深化

---

① 吕学静：《各国社会保障制度》，经济管理出版社，2001，第202~203页。

医疗行业改革。由于医疗保险体制覆盖面最大，因而开支也最大。其普及社保体系的巨大财政赤字大部分要归咎于医疗保险。为此法国政府在1996年出台的"控制城市医疗费用"的法令中，提出了一套详尽而完整的计划。(3) 广开社会保险基金来源，努力填补预算亏空。主要措施有增设新税种、扩大缴费基数、提高医疗保险分摊金、改革家庭补助金制度以及改革特殊退休制度。①

第三节　福利体制之比较（二）

福利国家不是社会民主主义的专利，但社会民主主义却是福利国家的积极倡导者和主要建设者，福利制度的探索与社会民主主义的兴起密切相关。社会民主主义福利体制国家以斯堪的纳维亚国家瑞典、挪威、丹麦、芬兰和老牌资本主义国家英国为典范，它们以"高税收、高福利"而成为当今"福利型"社会保障制度的缩影。这些国家的社保制度建立得比较早，社保范围和内容十分广泛，涉及"从摇篮到坟墓"各个阶段的、全方位的社会保障。

一　社会民主主义福利体制

（一）社会民主主义福利体制概述

社会民主主义福利体制缘于贝弗里奇的普遍的公民权原则，资格的确认几乎与个人需求程度或工作表现无关，而主要取决于公民资格或者长期居住资格。这种福利体制不像前两种那样只满足于最低需求的平等，而是寻求能够满足新中产阶级品位的平等标准的服务和给付，因而这种制度非商品化程度最强，给付最为慷慨，又被称为"人民福利"模式。究其原因，乃"人民福利"的理念和社会民主主义思想深深扎根于这些国家。社会民主主义思想排斥国家和市场，反对工人阶级和资产阶级的二元分化局面，力求追求平等以保证工人能够分享境况较佳的中产阶级所享有的权

---

① 王燕阁：《法国社会保障情况》，《国际信息资料》1996年第6期。

利,因而也常被称为福利资本主义的"福利橱窗"。① 社会民主主义福利体制的非商品化程度最高,这与这些国家中的合作主义因素高度相关。另外在社会民主主义国家中,由于私人部门的福利市场相对发展不足,国家慷慨的福利供给可满足不同阶层的需要,因而这种人民福利的国家模式使得传统的工人阶级和新中产阶级都从中受益,使阶级之间的联盟更加紧密。"二战"后,为了应对低通胀率和高失业率,北欧各国被迫进行福利体制的再商品化改革。20世纪90年代以来,绝大多数欧洲国家对失业保障制度进行改革,其核心内容可概括为:削减给付水平,缩短给付时间,严格给付条件。北欧福利国家特色几乎变得面目全非。尽管如此,作为最后的安全网,北欧大多数社会民主主义福利国家还是基本上保护了诸如卫生、教育、收入保障措施和养老制度等公共物品的提供。总之,社会民主主义福利国家有较高的就业率、较高的女性劳动参与率、较高的税率、较高的工会组织率和较大的社会支出规模。社会安全体系以相当慷慨的社会服务为主,存在低度的所得不均与工资差异。②

(二) 瑞典社会保障制度

瑞典是世界上建立社会保障体系较早的国家之一(见表9－1),是公认的"福利国家的典范"。它以社会保障制度的高水平性和全面性而著称于世,人均社保支出居全球之冠。但这种高税费、高福利也给自身经济和社会发展带来了压力,促使国家一直对社保制度进行调整和改革。

表9－1 欧盟十国社会保障立法时间表

单位:年

国家	比利时	丹麦	德国	法国	爱尔兰	意大利	卢森堡	荷兰	瑞典	英国
医疗保险	1944	1892	1883	1930	1911	1928	1901	1941	1931	1911
养老保险	1900	1891	1889	1910	1908	1918	1911	1913	1913	1911
失业保险	1924	1907	1927	1940	1911	1919	1921	1984	1934	1911

资料来源:Social Security Program Throughout the World, SSA, 1999.

① 郑秉文:《"福利模式"比较研究与福利改革实证分析》,《学术界》2005年第3期。
② 林闽钢:《社会保障国际比较》,科学出版社,2007,第112~114页。

1. 瑞典社保制度产生的基础

瑞典有济贫的社会救助传统。中世纪，瑞典就存在着个人、社团和政府实施的低水平的社会救济措施。当时社会保障的雏形是由天主教会承担的具有慈善性质的济贫工作。但瑞典真正意义上的社保制度形成于20世纪30年代至"二战"之间。在此期间，瑞典为其社保制度找到了理论基础和现实条件。首先，30年代的斯德哥尔摩经济学派和英国的凯恩斯在《就业、利息和货币通论》中提出理论，要求国家干预经济生活。这一时期的美国罗斯福新政和德国社会党的崛起以及国家统治经济政策的实施，从实践方面为瑞典提供了借鉴。于是当时的执政党积极采取国家干预经济生活的政策，大力开展公共工程活动和制订庞大的社会保障计划。其次，优越的自然资源和条件为经济的发展提供了必要的物质条件。瑞典丰富的木材和矿产资源使得瑞典的经济发展后劲十足。再次，19世纪中期的工业化和20世纪初经济的强劲发展为政府实施社保制度奠定了必要条件。最后，瑞典国内政治局面稳定，政策具有连贯性，国内民族单一，没有民族矛盾，对外奉行不结盟的中立政策，使得它免受两次世界大战的灾难。

瑞典的执政党——社会民主党长期以来实行向社会保障倾斜的政策，把提高和完善全民的社会保障水平视为重要的执政目标之一。其建立并实行自由社会民主主义的经济制度，即政治上实行民主制度，经济上实行国有化、福利国家和市场经济相结合的经济制度。这是以民主社会主义为理论基础的。具体表现为：在政府和市场关系上认为国家对公民的福祉承担重要责任，政府就是要为社会中有需要的个人提供资金和服务，只有如此才能维护社会公平。市场有重要作用，但其副作用也不容忽视，因此必须加以限制并进行规范。在社会福利方面，认为社会福利是以国家经济繁荣为目的的投资，它可以充当刺激消费和生产的手段，因而主张实行全面的社会保障计划。在价值取向上推崇自由、平等、博爱。

2. 瑞典社会保障制度的主要内容

瑞典实行"从摇篮到坟墓"的社会福利制度，其最大的特点就是强制性的社会化，人人参与统一的社会保障系统，并享受国家统一提供的各种社会保障。瑞典社会保障制度主要包括社会保险、社会福利和医疗保障三方面。其中社会保险主要包括退休与养老保险、工伤保险和失业保险；社会福利主要由社会津贴和社会救助构成；医疗保障面向所有瑞典居民，它与经济状况和地位无关。

（1）养老保险。瑞典于 1935 年通过《国民年金保险法》，1948 年实施《全国退休法》，1959 年增加了国民补充年金保险，1976 年和 1990 年先后实施部分年金和遗属年金制度。1999 年进行了养老金体制改革，建立了一套多层次、多支柱的养老保险模式，将担子分担在政府和企业身上。它由基本养老金、辅助养老金和部分养老金构成。凡在瑞典居住 3 年以上，不论是瑞典公民还是外国侨民，也不管退休前收入状况如何，年满 65 岁就有资格享受基本养老金。基本养老金包括老年年金、伤残年金、遗属年金、儿童年金、妻子津贴等内容。资金来源于雇主缴费和政府财政拨款。辅助养老金，也称"收入关联年金"，自 1960 年开始实施，目的在于建立一个能够反映过去技能、劳动和收入等方面差异的"补充"部分。它是对基本养老金的补充，资金完全来自雇主为雇员建立的年金基金。享受全额辅助养老金必须满足下列条件：退休前必须由雇主为其缴纳 30 年的社会保险费，独立劳动者必须投保，投保不足者，每少缴 1 年，减发退休金的 1/30。基本养老金和辅助养老金两项总和相当于雇员退休前平均工资的 2/3 左右。部分养老金是对 60～64 岁的投保职工因工作时间缩短、收入减少而给予的补偿。其支付比例同因工作时间而造成收入减少的程度相关，一般不会少于减少收入的 50%。部分养老金的基金由雇主和独立劳动者的缴费以及基金的利息收入构成。

（2）工伤保险。瑞典工伤保险首次立法于 1901 年，现行立法是 1976 年制定的，通过公营保险公司实行强制保险。其适用范围包括所有雇员、独立劳动者、为雇主到国外工作一年以上的瑞典公民、外国雇主派遣到瑞典工作一年以上的非瑞典公民。资金来源于雇主缴费，为工薪总额的 0.9%。雇员个人不用缴费，政府为工伤保险提供现金补贴。瑞典的工伤保险主要涉及医疗费、疾病津贴、终身年金和抚恤金四个部分。

（3）失业保险。瑞典的失业保险首次立法于 1934 年。现行失业保险制度以 1997 年 5 月的《失业保险法案》、《失业保险基金法案》为法律依据。瑞典的失业保险以政府基本津贴和自愿参加相结合的原则来运行。失业者享受失业保险待遇，分失业津贴和失业救助两种，失业期间可领取失业救济金，失业者还享受就业培训、工作信息等服务。

（4）社会福利。瑞典的社会福利实施范围非常广泛，目的在于增进全体国民的生活质量，按照实施对象不同主要可分为属于社会津贴的儿童福利、家庭福利、劳工福利、残疾人福利、老年福利和属于社会救助的失业救助、残疾人救助。

（5）医疗保障。瑞典的医疗保障可分为两部分：一部分是为弥补发生疾病、生育等事件时，人们暂时丧失劳动能力而造成收入中断，由国民保险提供收入支持；另一部分是为了满足对医疗服务的需求，由政府提供几乎免费的国民卫生保健服务。瑞典的医疗保障制度涵盖范围非常广，其健康保险面向全体国民和外籍居民提供医疗服务，16岁以下未成年人则随父母参加保险。项目也非常广泛，包括病假津贴、诊断治疗及药费、健康咨询、住院，甚至与看病相关的交通费也都属于受保范围。其医疗保险主要包括医疗保证和医疗现金补贴。其中，医疗保证对全体国民和外籍居民提供医疗服务和医药保证；医疗现金补贴由瑞典社会局给那些因生病、怀孕、照顾儿童的职工提供，以补偿职工损失的工薪收入。它主要包括病休津贴和家长津贴。

3. 瑞典社会保障制度的特点

瑞典全民性的保险和广泛而又优厚的补贴制度使得其社保制度为它赢得了"福利国家橱窗"的美誉。其社保制度具有以下明显特点。

（1）社会保障覆盖面宽，内容全面，福利水平高。凡在瑞典工作和居住的公民，不论国籍如何，都可享受同样的福利。其社保项目包括养老、医疗、教育、住房补贴、家庭补贴等，涉及社会生活的方方面面，是一种"从摇篮到坟墓"的全方位的社会保障。瑞典的社保水平很高，人均社保支出居全球之冠。

（2）主要采取现收现付制。国民基本保险和由政府支付的补充保障项目基本上采取现收现付制，这一制度的实质是以收定支，基本不留积累。这是由其发达的经济水平和宽松的经济环境所决定的。

（3）充分体现了公平和效率的统一原则。瑞典社保制度的高覆盖率体现了公平原则，它对所有人都提供基本的保障；同时，一些保障项目的给付水平与前期的收入相关，这在一定程度上体现了效率原则。但相比之下，公平更占优先地位。

（4）雇主和自雇者是社保费缴纳的主体，社保支出的主体是政府。瑞典的基本保障项目和补充保障项目投保的保费主要由雇主承担，雇员基本上不缴纳保费。瑞典的社保事务统一由国家社会保障委员会进行管理，地方各级政府也都成立专门的社保机构，形成一个从中央到地方的专门网络。在费用支出方面，中央政府主要负责基本保险，地方政府负担服务保障支出。①

（5）社保体制主要体现出福利性。在瑞典，由社保机构提供给人们的保障水平与全社会的收入水平有关，与个人的贡献率关系不很大，受保人所享受的福利基本相同。根据联合国开发计划署公布的历年《人类发展报告》，瑞典的基尼系数排在工业化国家的前列，属于世界上收入差距最小的国家之一，其人类发展指数居于经合组织成员国前列。

4. 瑞典社会保险制度的问题与改革趋势

20世纪70年代以后，福利国家开始出现危机。瑞典的社会福利制度因经济、政治以及自身问题使得瑞典模式成为"瑞典病"。首先，经济危机带来政治变动。由石油危机所导致的世界经济危机给瑞典经济带来了沉重打击，其经济增长明显慢于其他经合组织成员国的平均发展水平。随之而来的是其政治一致性逐渐动摇，非社会主义政党联合起来要求回归市场经济轨道，减少政府干预，降低公共开支，降低税率，限制社保水平。其次，高福利、高保障是以高税收为基础的。②虽然高福利具有一定的收入再分配效应，有利于缩小贫富差距，增加社会安定，但是高税收同时也存在固有问题：高福利、高税收导致公共开支巨额增长，挤占投资资金，使

---

① 穆怀中：《发展中国家社会保障制度的建立和完善》，人民出版社，2007，第67页。
② 瑞典是世界上税率最高的国家。1991年全国征收的各种税收占国内生产总值的60%，而欧共体12国平均只占40%。瑞典长期实行个人累进税制，职员平均所得税率为收入的40%，高收入阶层则高达80%。参见许飞琼《瑞典公务员养老制度及其特色》，《中国公务员》2000年第7期。

生产率下降；社保支出的增加使国库入不敷出，财政赤字迅速扩大；政府为弥补财政赤字，只得通过举债和大量发行货币来解决问题，进而导致通货膨胀；福利开支和工资水平的提高超过生产率的提高，使得劳动力成本上升，增加了企业成本，影响了商品的国际竞争力。

20 世纪 70 年代末 80 年代初，瑞典开始对高福利的社会保障制度进行改革，其总体趋势是调整、改革社会保障的基本结构和政策，而不仅限于技术上面的小改小动。其主要措施包括以下两点。

（1）社会保障的私营化。在现行的"福利型"社保制度中政府是管理和经营的主体，其支出水平的不断提高必将加重政府的沉重负担。私营化的社保机制不仅从经济上减轻政府的压力，而且可以增强居民的参与意识和主人翁责任感。具体措施有：提高个人的社保缴费率，增加个人在政府原来的强制性支出中的比例；限制强制性公共基金，发展自愿性个人账户基金，以求在多层次的社保结构中减轻政府财政负担；在医疗保障方面引进竞争机制，激活医疗保健市场，在政府的宏观调控和监督下，不断规范市场。

（2）养老金的调整不再仅仅根据工资和其他经济因素的变化进行，而只是随消费指数进行调整，以保证养老金不贬值。1999 年实行新的养老金制度，取消了过去 60 岁以后可以退休并领取部分养老金的制度，取而代之的是灵活的退休年龄；另外也对养老金来源进行了改革，以前全靠雇主支付，改革后则由雇主和雇员双方按照工资的 9.25% 平等摊派。[①] 雇员在职期间所缴纳的费用对其退休后的待遇产生直接影响，高工资、高缴费且缴费时间长的人比低收入、缴费时间短的人享受的退休待遇要高。

（三）英国的社会保障制度

英国是西方发达国家社会保障法律制度的发源地，也是世界上最早宣布建成"福利国家"的国家。其社会保障制度是一个巨大的、覆盖全体社会成员的社保网络，具有明显的特征：内容几乎涉及个人与家庭经济生活

---

① 〔丹〕艾斯平－安德森：《转变中的福利国家》，周晓亮译，重庆出版社，2003，第 63 页。

的一切方面；范围覆盖全体社会成员，人人拥有享受社会保障收益的权利；领域遍及人生各个阶段；体系包括各种保险、补助和救济等，社会保障措施名目繁多、应有尽有。这使得英国国民的生、老、病、死、伤、残、孤、寡都有保障。由此英国建立了所谓的"从摇篮到坟墓"的完整的国家福利型的社保制度。

1. 英国社会保障制度建立的基础

（1）历史悠久的济贫传统。英国有着慈善济贫的传统，早在中世纪，教会举办的慈善救济在当时社会救济中就扮演着十分重要的角色。到了16世纪行会组织、商人和个人也参与到慈善救济事业中来。但是随着圈地运动下农业人口流向城市，传统的土地保障、行会组织保障和教会慈善救济逐渐没落了。为了缓和社会矛盾和防止社会动乱，1531年亨利八世颁布了第一部由政府救济贫民的法案，惩罚那些身体健全但不愿寻找工作者，对确实没有工作能力而又品行端正者给予乞讨资格。[①] 1601年伊丽莎白一世颁布了世界上第一部《济贫法》（The Poor Law），意味着社会保障由临时性走向制度化，从随意性走向法律化，标志着西方社保制度的初步形成。但其内容具有明显的局限性：认为政府济贫是统治者的恩惠，强调对不劳动者的惩罚，忽略了对需求者的帮助。其理论依据就是新教关于贫穷是个人的罪恶的教义。在传统观念中，英国人一直认为"贫困是由于懒惰、浪费和放纵等性格缺陷造成的。这些性格缺陷如果自己愿意，是可以改正的"。[②]

（2）新济贫法制度时代。到了19世纪上半叶，随着工业革命的进一步深入发展，英国再次面临严重的社会问题。1834年，英国议会通过了新的《济贫法》（The Poor Law Amendment），它规定停止向有劳动能力的贫民发放救济金，强迫他们回到习艺所劳作。该法律将保障公民生存规定为社会应负的义务，认为救济是一项积极的福利措施而不是消极的行为，这

---

① Lipson, *The Economic History of England*, London, Adam & Charles Black, 1949, pp. 342 – 344.

② Berthoud, R. Brown, J. C. and Copper S., *Poverty and the Development of Anti-Poverty Policy in the United Kingdom*, Heineman, 1981, pp. 7 – 8.

不失为社会的一大进步。但是其缺陷很多，主要表现在对济贫对象的惩戒方面，即领取救济金的人必须接受三个条件：丧失个人尊严，被认为不体面；丧失个人自由，必须禁闭在习艺所；丧失政治自由，取消选举权。

（3）福利国家的成型。随着英国工业化进程的推进、贫困问题的加剧和社会问题的复杂化，《新济贫法》已经失去意义，于是英国政府陆续出台了一系列有关社会保险和福利资助的法律法规。此时英国剑桥学派的庇古的《福利经济学》提出通过"收入的均等化"达到增大社会福利的目的，从而为英国福利国家的建立提供了理论基础。1936年凯恩斯发表了《就业、利息和货币通论》，主张国家干预经济，成为"二战"后英国发展福利制度的重要依据。1942年伦敦经济学院院长威廉·亨利·贝弗里奇在其《贝弗里奇报告——社会保障及相关服务》中提出的三原则，为1945年工党上台执政颁布一系列以国民保险为核心的法案提供了重要依据。这三原则的内容为：在计划未来时应参照过去经验，但不受过去经验的局限；社会保障是消灭贫困的有效武器，而贫困、疾病、愚昧、肮脏、懒惰五种社会病还是重建新社会的障碍；建立社会保障制度，有赖于政府和个人的合作。① 于是1945年的《家庭津贴法》，1946年的《国民保险法》、《国民工伤保险法》和《国民健康服务法》以及1948年的《国民救助法》既标志着济贫法的终结和社会救助制度的正式建立，也标志着福利国家基本框架的形成。

2. 英国社会保障制度的主要内容

英国社会保障的具体内容和品种很多，按照其性质可以分为三大子体系，即社会保险、社会救助和专项津贴。

（1）社会保险。英国的养老保险制度由国家养老金计划和私人养老金计划构成。国家养老金计划包括对全体符合条件的纳税人提供的国家基本养老金和对雇员提供的与收入相关联的国家第二养老金，两者都采用现收现付制。国家基本养老金计划覆盖工作人口3760万人和退休人员1170万人，基本达到全民覆盖，有400万人参加国家第二养老金计划。2008年英

---

① 〔英〕贝弗里奇：《贝弗里奇报告——社会保险和相关服务》，劳动和社会保障部社会保险研究所组织翻译，中国劳动出版社，2008，第2~3页。

国养老保险国家养老金支出890亿英镑，占GDP的6%。其中国家基本养老金支出770亿英镑。私人养老保险包括职业养老保险和个人养老保险。这两种养老保险采取市场运作的模式，约有960万人参加了职业养老金计划，700万人参加了个人养老金计划。在英国，国家养老金仅保证职工退休后的基本生活需要或者说最低生活需要，更高的退休待遇主要是依靠私人养老金来满足。

国家养老金计划主要分国家基本养老金和国家第二养老金。国家基本养老金计划以强制性、费率统一和全民覆盖为特征。每位符合领取条件的退休人员都可得到等额的基础年金，所需资金由国家财政、雇主和雇员强制性缴费共同负担。国家第二养老金是国家提供的与收入关联的一项国家基本养老金附加额。1975年社会保险法案推出，2002年4月6日以前，称国家收入关联计划（通常称SERPS），该计划要求全部工薪雇员必须参加，且有最低收入的限制。其自动加入条件是，受雇工作人员收入超过国家基本养老金缴费规定的下限（Lower Earning Limits）。年收入低于一定的数额，就没有资格参加收入关联养老金计划。为应对日益严峻的收入不平等问题，政府在2002年开始实施国家第二养老金计划（通称S2P）作为SERPS的替代政策，致力于为中低等收入者、特殊职业者和带有终身疾病或残疾的人提供更加优厚的补充养老保险。

英国的私人养老金包括由公司或雇主机构提供的职业养老金计划和由保险公司或其他金融中介机构提供的个人养老金计划。①职业养老金。是由雇主向雇员提供的补充养老金，又称职业年金。包括待遇确定型（earnings related）、缴费确定型（contributions based）两种类型。企业自愿建立职业年金计划，除了税收优惠因素外，还出于为留住人才的竞争性考虑。②个人养老金计划。它是一种由个人从选定的保险公司参加的DC型计划（此种与职业年金的DC型计划相比，是合同式的）。这种计划可以是自愿选择投资的股票债券，如无选择将有默认的选项。英国法律规定，没有为雇员提供职业年金计划的雇主必须与一家或多家保险公司达成协议，使其雇员能够参加这样的计划。雇主将为选择参加这些计划的雇员代扣应缴费用并向保险公司缴纳。同时，个人也可不经雇主而直接参加保险公司提供的 DC 型计划。这类计划的税收规定与职业年金计划类似，但不受养老金监管局监管，而受金融服务管理局（Financial Services Authority，FSA）监管。且也有一个保护系统，以防止保险公司破产。①

英国的失业保险首次立法于 1911 年，现行立法是 1992 年的社会保障法。其最大特点是强制性，要求除自雇者、缴纳减额保险费的已婚妇女和遗孀，所有周收入在 62 英镑以上的雇员必须参加失业保险制度。资金由雇主、雇员和政府三方承担，政府另外还承担收入调查津贴的全部费用。

医疗保险首次立法于 1911 年，现行立法为 1946 年的国民保健制度和 1975 年的社会保障法。其主要项目是发放疾病和生育补助金。保障对象是周收入在 46 英镑以上的雇员和交足保险费的独立劳动者，交费办法同养老保险。政府承担国民保健费的 85%。

英国现行工伤保险办法颁布于 1975 年。其事务由卫生与社会保障部负责。卫生与社会保障部的地方办事机构负责具体管理工伤保险费用和工伤保险待遇支付。它的覆盖范围为除了自雇者之外的所有就业者，对于事故风险高的矿工另有单独的附加补贴制度。英国没有单独的工伤保险基金。工伤保险待遇由社会保险基金支付。社会保险基金来源于雇主、雇员和政府三方。工伤保险待遇包括七方面内容：工伤残疾津贴、长期护理补助、特殊护理补贴、医疗补助、收入降低补贴、退休补贴、遗属抚恤金。

（2）社会救助。社会救助也称收入限定性补助（Means-tested benefit），是对那些工薪收入和其他收入无法维持生活的家庭给予的一种最低生活保障补助，因而是对低收入者的一种补偿，所以，限定性补助不管受补助人是否曾缴纳了多少国民保险捐，其目的在于保证人们的基本生活水平。社会救助的主要项目有：基本收入维持（Income Support）、负所得税（Tax Credit）、住房补助（Housing Benefit）和社会基金（Social Fund）。

（3）专项津贴。又称偶发性津贴（Contingent Benefit）。专项津贴的核发不考虑受益人是否缴纳过国民保险捐，即与国民保险捐无关，也不看受益人的收入水平和经济状况如何，而是决定于受益人是否符合专项津贴所

---

① 参见中英养老合作项目资料汇编之《英国养老金制度考察报告》，http://www.docin.com/p1131765424.html。

规定的项目内容。与救济以收入水平和经济状况为标准不同，专项津贴以达到特定的社会目标如保护儿童和扶助残疾人等为标准，有些类似于社会优待。专项津贴的项目较多，主要有：儿童津贴、残疾人津贴、疾病照顾津贴、工伤津贴、法定产妇津贴和法定疾病津贴等。

3. 英国社会保障制度的特点

（1）体系完整，覆盖面广，与福利制度相联系。英国的社会保障涉及人民生活的方方面面，形成保险、救助和津贴三个大类。除此之外，尚有许多具体内容，表现在实物如贫困家庭子女就学午餐，或某些间接性财政补贴如儿童、青少年和老年人乘坐公共交通的免费或低价优惠，或以健康和教育的方式提供给广大人民如免费医疗和免费教育等。总体上看，英国社会保障与社会福利制度密切相关，与教育、医疗和收入分配制度密切相关。

（2）分类合理，体现不同功能。就社会保障本身看，三类分工明确：社会保险与社会成员的就业联在一起，其受益与其缴费完成情况结合，未缴费者无权享受，缴费多者多享受，体现了权利与义务的对等关系；社会救助属社会的无条件帮助，直接与受益人的收入水平联系，而与保险缴费无关，救助完全体现了人类的道德要求，也是人权保障的具体内容；专项津贴应当属于社会关爱范畴，是国民对于特殊人民的优待，体现了社会的精神文明。

（3）财政负担繁重，福利刚性明显。同欧洲其他国家特别是北欧国家一样，英国的社会保障和社会福利也给政府财政背上了沉重的包袱，1997年政府用于社会保障的支出占 GDP 的比例尽管已经比前几年有所下降，但仍达到 26.5%，1996 年社会保障占财政支出的 32%（不包括教育和健康服务）。①

4. 英国社会保障制度的问题和改革思路

自 20 世纪 70 年代石油危机爆发，英国经济发展速度开始放缓，人口老龄化趋势也在逐步加剧。高福利的社保制度在这种情形下面临许多问

---

① 丛树海：《英国社会保障制度框架和运行效果分析》，《财政研究》2001 年第 6 期。

题。首先，福利支出居高不下，财政负担沉重，譬如英国 1980 年的社会福利支出占国内生产总值的 16.7%，到了 2005 年其社会福利支出占国内生产总值的比重上升到了 21.3%，高于经合组织国家平均水平的 20.6%。[①] 其次，社会保障制度一方面助长了公民懒惰思想，造成新的社会不公，另一方面也无法解决社会贫富悬殊问题；高福利需要高税收支撑，而高税收主要由雇主和国家承担，社保缴费制度最终导致企业成本上升，影响产品国际竞争力，也抑制了工人积极工作和创新精神。再次，社保机构臃肿，办事效率低下，仅机构运行一项就耗费了国家巨额财政开支。针对上述问题，英国政府开始对社保制度进行改革。

（1）养老金制度改革。英国养老金制度改革基本上是按照适当降低待遇、津贴水平，减少支出规模和调整养老保险制度运行的机制，适当减轻政府责任，增加个人义务，鼓励私营部门提供养老保险服务的方向进行的。具体措施有三。

第一，提高退休年龄。提高退休年龄主要分两步走：一是提高女性的退休年龄，从 2010 年起分阶段实施，到 2020 年达到 65 岁，实现男女退休年龄相同；二是 2024~2046 年男女退休年龄将分阶段从 65 岁增加到 68 岁。这在一定程度上能弥补国家养老金的缺口。对个人来说，延长工作年限，可以为养老获得更多的储蓄。

第二，扩大国家养老金的享受范围，提高国家养老金占退休收入的比重问题。主要表现为以下三点。①让更多的妇女和看护者将有资格领取国家基本养老金和国家第二养老金，同时规定将获得全额国家基本养老金所需的缴费年限减少为 30 年，这两项都将提高国家养老金的享受范围。②改革国家养老金调整机制。从 2012 年开始国家养老金的调整将不仅与物价水平挂钩，同时不低于工资增长率。③调整国家第二养老金计划。从 2012 年起，国家第二养老金计划将在固定额度的基础上增长。作为过渡，与收入相关的要素将继续存在，但 2030 年前将逐步取消，为各类低收入群体加入国家第二养老金提供更多便利，充分体现其对国家基本养老金的补充作

[①] 参见经合组织网站 http://stats.oecd.org/index.aspx，最后访问日期：2010 年 4 月 30 日。

用，以加大对中低收入者的支持。

第三，关于发挥私人养老金作用，建立"国家养老金储蓄计划"的问题。为改变劳动者目前养老金储蓄参与程度不高的现状，英国政府于2012年实施"国家养老金储蓄计划"，即引入全国统一管理的个人账户，将使新雇员（22岁以上且不足退休年龄，年收入超过5000英镑的人）自动加入全国的养老金储蓄计划。个人有权选择退出，但每三年将再次纳入，个人也有权选择再次退出。计划成员需至少缴纳缴费比例为3%的养老金份额，国家鼓励更高的缴费，雇主应至少缴纳缴费比例为4%的份额，另有1%来自税收减免。原来的职业年金缴费水平为雇主、雇员自行确定，而这个储蓄计划则约束了缴费下限。所有缴费将转入个人账户并进行投资。同时，这一计划对年度管理费作了限制，最高为0.3%。[①]

(2) 医疗保险。为了解决国民健康服务体系整体供应能力不足、医疗机构的效率不尽如人意、医护人员的工作积极性有待提高等问题，英国从20世纪90年代起即持续不断地进行医疗保险体制改革。以1999年通过的《健康法案》作为分水岭，英国的医疗保险体制改革大致可分为两个阶段，即20世纪90年代的"试验阶段"和进入21世纪后的"推进阶段"。20世纪90年代，英国政府主要致力于增加医保资金投入，改善医保服务的供应效率。这一时期采取的主要改革措施有：通过加大对医疗保险体系的财政投入，使英国医疗保险开支占英国国内生产总值的比例从1990年的6%上升到2001年的7.6%；将许多由政府医疗卫生主管部门直接管理、由国家财政负担其绝大部分开支的公立医院，转变为受地方市政当局监督、节制，拥有自主经营权的非营利性公益机构；允许医疗保险的被保险人自由选择医院就诊；提高医生收入，同时要求医生接受更为严格的监督；允许外国医药供应商进入英国药品市场竞争。

1999年《健康法案》经英国国会通过后，英国的医疗保险体制改革即进入推进阶段。这一时期的主要改革措施包括以下内容。①通过合同管理方式，将身份为自我雇佣者的全科医生融入国民医疗服务体系之中，从而

---

① 参见中英养老合作项目资料汇编之《英国养老金制度考察报告》，http://www.docin.com/p1131765424.html。

大大强化了全科医生的医疗服务提供者职能。如前所述,全科医生是英国国民健康服务体系的基础。②增强英国医疗保险体系提供非住院医疗服务的能力。③加强对医护质量的检测、评估,加强对医疗机构的监控。①

(3) 失业保险。英国失业保险制度改革的原则就是要求有劳动能力的人自己养活自己。为了鼓励失业者积极寻找工作,英国于 1996 年将以前实行的失业救济和收入补贴合并为找工作补助。找工作补助是对年龄在领取养老金年龄以下的每周能够工作至少 40 小时的积极找工作者提供的补助。对一些特殊人群,则根据个人情况减少工作量。② 英国的失业保险制度管理机构对能工作的人员提供帮助,稳定他们的就业状态。主要通过多种形式为求职者提供免费服务,对雇主提供发布用工信息的服务,对长期失业者提供特殊的帮助和服务,最终达到促进失业者再就业的目标。

二 东亚模式的典范——新加坡的社会保障制度

1. 新加坡社会保障制度的理念基础

任何国家的社会保障制度都是基于本国特定的政治、经济、文化的基础并以一定的理念为指导的。新加坡社保制度亦不例外。20 世纪 50 年代,一个由华人、马来人、印度人等组成的移民社会,经济十分落后,工人失业,住房紧张,没有必要的社保体系。当时国家正处于经济发展初期,尚无雄厚的经济实力提供高水平的社会保障。新加坡政府也认为过分的社会福利不利于竞争,会让民众产生依赖政府的观念,而应当倡导"自立自强、自力更生,立足于依靠自己和自己的家庭来解决自身保障问题"。正是基于这一理念,新加坡政府在考察欧美国家和香港地区社保制度的基础上,结合自身国情,建立了独具特色的社保体系。简而言之,新加坡的社会保障制度是以自立自强、效率优先、兼顾公平,家族为根、社会为本的价值理念构建起来的。像大多数西方国家一样,新加坡的社保制度也是由社会保险和社会福利两部分组成的。其中,社会保险是由国家强制实施个人储蓄的中央公积金制度(central provident fund)构成,这是新加坡社会

---

① http://www.gdmib.com/zcfg/tszsx/yingguo/2009 - 08 - 12/2788.php。
② 林闽钢:《社会保障国际比较》,科学出版社,2007,第 151 页。

保障体系的主体；社会福利是指政府对无法维持最低生活水平的成员给予救济，着眼点在于培育人的素质能力，这是社保体系的辅助部分。新加坡的社保制度是以公积金制度为核心并逐渐扩展其内容而发展起来的。

2. 新加坡社会保障制度的主要内容

1953年制定了十分简单的《中央公积金法》，1955年设立了中央公积金局。1965年新加坡独立以后，在中央公积金体制下逐步推出了17种社会保障计划。现已形成一种从管理体制到运行方式的完整体系，涵盖养老、医疗、工作、住房、教育、家庭保障等多方面内容，实现了"自我养老、居者有其屋、疾病有所医、人人有保障"的根本宗旨。新加坡公积金分为普通账户、特别账户和医疗储蓄账户三个账户。普通账户的存款在中央公积金局指导下由雇员自行支配，可用于购置房屋、获批准的投资、保险、教育和转拨款项以及填补父母退休账户；特别账户可用作晚年养老和应急之用，以及投资于和退休相关的金融产品；医疗储蓄账户的存款可用作住院和医药方面的费用。雇主和雇员都必须按照雇员月薪的一定比例缴纳公积金，按月存到雇员账户里。

（1）养老保险。新加坡养老保险制度是依靠其中央公积金制度来实现的，这是其社保模式最富特色之处。它主要是完全积累制，是通过强制储蓄的手段来实现对职工本人的自我保障制度。新加坡政府规定，雇员年满55岁后，个人账户结构由普通账户、医疗储蓄账户和特别账户转变为退休账户和医疗储蓄账户。雇员年满60岁且在个人退休账户须保留一笔法定最低存款的前提下，可以按月领取养老金。新加坡政府规定从1995年起，雇员在55岁领取公积金存款时，最低存款是4万新元，以后每年增加5000新元，到2006年达到9万新元。最低存款的半数必须是现金存款以确保雇员退休时每月都有收入，另外一半可用抵押产业的方式来替代。只有这样才能保障在基本生活费不断上升的情况下，其雇员在退休后的若干年保持基本的生活水平。

（2）医疗保险。新加坡的医疗保障制度可分为强制医疗储蓄、社会医疗保险、社会医疗救助三个部分，各部分均由政府机构管理实施。主要是在政府的主导下，实行保健储蓄、健保双全、增值健保双全计划和保健基金计划，由政府提供一定的医疗津贴，以确保本国国民均能享有良好的医疗保健服务。保健储蓄计划是新加坡中央公积金制度中主要的医疗保障计划，1984年4月推出，并设立了会员的保健储蓄账户。该计划允许会员动用公积金的保健储蓄账户的存款，支付会员个人或直系家庭成员的医疗费用。在保健储蓄计划下，公积金会员每月须把部分的公积金存进保健储蓄账户。1992年，还推出自雇人员保健储蓄计划，它规定凡年收入在2400新元以上的自雇人员须缴纳其净收入中的固定比例的款项作为保健储蓄。据统计，每年有超过22万名会员动用其保健储蓄账户的存款支付医疗费。健保双全计划是一项大病医疗保险计划，1990年7月实施，它允许会员以公积金保健储蓄账户的存款投保，确保会员有能力支付重病治疗和长期住院的费用。如会员不参与此项医疗保险，每年将从保健储蓄账户的存款中自动扣除作为保费支出，大约有87%的公积金会员参加投保。这样，会员可以索取每年高达2万新元而终身不超过8万新元的医疗费。到2006年7月，参与健保双全计划的人数高达275万人，占新加坡人口的76.5%，大约有9成的工作人士投保健保双全或动用保健储蓄支付医疗保险。增值健保双全计划是为会员拟住高级病房支付大笔医疗费用而设置的。它有A计划和B计划，可供公积金会员选择，其保额比健保双全计划要高。保健基金计划是政府为贫穷的国民所设立的一项医疗基金，它是在保健储蓄和健保双全均无法提供保障的情况下的最后一道"医疗安全网"。它是由政府设立的一项捐赠基金。政府把捐赠基金的利息分配给公立医疗机构，以补偿那些无力支付医疗费的穷人。目前，该保健基金约有8亿新元。2001年，共有15.68万人申请到保健基金的援助，其中99%的申请者从中受惠。①

(3) 住房保障。新加坡之所以在短短数十年内成功地解决了住房短缺问题，并且完成了住房由量到质的提升，主要归功于新加坡以住房公积金制度和"居者有其屋"计划为两大支柱的福利型住房制度。中央公积金局为会员提供的住房保障是通过公共住屋计划（public housing scheme）和住

---

① 穆怀中：《发展中国家社会保障制度的建立和完善》，人民出版社，2007，第118页。

宅地产计划（residential properties scheme）实现的。公共住屋计划用来资助会员向建屋发展局购买政府住屋，同时也资助老的政府住屋住户更换新住屋，而在住宅地产计划下会员可动用他们的公积金储蓄购买私人房地产用来居住或出租。

（4）家庭保障。公积金提供的家庭保障计划包括家属保障计划和家庭保障计划，其目的是当受保的公积金会员在遇到意外、终身残疾或死亡，因没有付清住房贷款而使他们及其家属失去住房时，能为他们和家属提供一笔款项，协助他们渡过最初几年的难关。

（5）就业保障制度。新加坡政府长期以来把鼓励就业、扶助就业、确保就业作为基本国策，全力推进招商引资、发展经济、培训劳动力、提高劳动者素质，以此来降低失业率。具体措施如下。①注重职业培训。新加坡20世纪80年代初开始倡导大规模群众性训练计划，对职工进行广泛的再教育、再训练。以设立工人基本教育课程为方式，发动各行各业以及社会团体参加这项计划，鼓励他们开办各种学习和训练班。多层次、多类别的学习、培训形式，既保证了职业技术教育的广泛性，也保证了教育与经济发展的协调性与适应性。②推出职业再造计划，力促全民就业。职业再造计划是在新加坡全国职业总会的积极推动下，于2005年3月由劳、资、政三方联手推出的一项就业促进计划。该计划通过改善现有工作岗位的职业形象和工作条件来增加这些工作对新加坡人的吸引力，从而协助面临失业威胁的新加坡人继续受雇或重新受雇。职业再造计划一经推出，就取得明显的成效。

3. 新加坡中央公积金制度的特色和存在的问题

（1）强制性的储蓄型社会保险。新加坡立法强制推行全民公积金制度，规定所有公民都要参加公积金储蓄，从自己的劳务收入中拿出一定比例存入个人公积金储蓄账户，供家庭保障和投资理财之用。高度的强制性要求雇主和雇员参加，使全体雇员都为自己的养老、医疗、住房、教育等积累了基金，降低了政府的社会福利开支。这种制度实际上是以强制性储蓄的形式进行社会保障资金的积累，称得上是一种强制储蓄、完全积累型社会保险模式。

(2) "效率优先、机会平等"的价值取向。新加坡社保制度是按照效率优先、机会平等的价值理念设计的。这种取向是由其社会现实所决定、由政治精英深刻认识并务实地作出的选择。

(3) 强调自我责任，注重家庭本位的儒家传统。新加坡政府立足于社会成员自我保障，以不给政府增加负担为原则。从保障资金的来源上强调个人对自己的福利保障要承担足够的责任，通过强制储蓄而使人民积攒足够资金，以解决自己的住房、医疗及养老等切身问题。政府立足于社会成员的自我保障，有所为有所不为，积极介入，但不包办代替，在以政府责任为主的传统社会保障中强调更多的个人责任。此外，新加坡政府十分重视家庭的作用，强调以家庭为中心维护社会稳定和经济发展。这是因为，一方面，政府认为福利国家的社保制度会削弱家庭功能，使个人失去家庭责任感，忽视传统道德；另一方面，在一个华人血统占总人口75.45%的移民社会中，华人的社会习惯和文化价值在整个新加坡民族中起着举足轻重的作用，儒家文化中的家族、家庭本位主义给新加坡打上了深刻烙印。为此，政府在制定政策时必须加以考虑。①

尽管新加坡中央公积金制度在维护社会稳定、保障民众福利和促进经济发展方面起着重要作用，但其本身也有一些问题：由于中央公积金主要来源于雇员和雇主的缴纳，这在一定程度上加重了企业负担，使得雇主无力为雇员提供企业补充保险；中央公积金制度作为个人储蓄积累制度，并不具有社会再分配功能。当出现个人风险时，会员之间无法互济互助；随着老龄社会的到来，如何保证积存的公积金的保值增值，这也是新加坡政府面临的一个重要问题。

三 拉美模式的典范——智利的社会保障制度

拉美是西半球较早建立社保制度的地区之一，按照建立时间的先后顺序，可把它们分为三个组别。第一组是先行国家，包括智利、乌拉圭、阿根廷和巴西。这些国家由于深受俾斯麦社保模式的影响，建立了属于保守

---

① 穆怀中：《发展中国家社会保障制度的建立和完善》，人民出版社，2007，第127页。

主义的福利模式。其特点就是社保资格与就业相关联。在实践中，拉美国家又呈现出了条块分割、碎片化分布、缺乏统一性的特点。第二组是"二战"后建立社保制度的国家，包括哥伦比亚、哥斯达黎加、墨西哥、巴拉圭、秘鲁、委内瑞拉等国家。这些国家社保制度因受贝弗里奇思想影响而具有社会民主主义体制的特征，其强调社保的普享性。这两组都把非正规部门的就业人口排除在外。第三组则是 20 世纪五六十年代才建立社保制度的中美洲国家。

进入 20 世纪 80 年代，拉美地区爆发了经济危机，面对沉重的债务负担和财政危机，大多数拉美国家开始以新自由主义政策对经济和社会体制进行改革。其社保体制在经济全球化和人口老龄化的冲击下被迫进行改革。1981 年智利率先进行养老金私有化改革，后来作为私有化、市场化和个人资本化的社保制度样板的"智利模式"被拉美各国纷纷仿效。拉美国家的社保改革主要涉及养老、医疗和社会救助三个领域。

1. 养老金制度的改革

1980 年，智利颁布《养老保险法》，该法规定于 1981 年开始实施新型的养老保险制度，将原有的社会统筹、现收现付的社会保险制度改为以个人资本积累账户和养老保险基金进入金融市场并由私营金融机构运营管理的新制度。主要内容有：统一设定缴费率，建立个人账户和私营机构管理基金；投保人可自由选择养老基金管理公司（pension fund administrators），并能够自由转换。20 世纪 90 年代以来，受"智利模式"影响，拉美国家掀起了新一轮养老金制度改革浪潮，至今进行养老金制度改革的国家有 11 个：秘鲁（1993）、哥伦比亚（1994）、阿根廷（1994）、乌拉圭（1996）、墨西哥（1997）、玻利维亚（1997）、萨尔瓦多（1998）、哥斯达黎加（2000）、多米尼加（2003）、尼加拉瓜和厄瓜多尔（2004）。总体而言，拉美国家的改革模式有替代式、并行式和混合式三种。其中，智利、玻利维亚、萨尔瓦多、多米尼加和尼加拉瓜属于实行"替代式"的国家，其特点是不再运行原有的现收现付体制（有过渡期安排），改革后所有新就业的参保人员都加入私营的积累制养老金计划。实行"并行式"的只有秘鲁和哥伦比亚。其特点是，一方面继续实施原来的现收现付体制，但缩小了规模；另一方面建立了新的私营管理的积累制养老金计划，新参保的雇员可自由选择新旧制度。实行"混合制"模式的国家有阿根廷、乌拉圭、哥斯达黎加和厄瓜多尔。其特点是，保留原有的现收现付体制养老金计划，由其提供基础养老金，同时建立私营管理的积累制计划作为第二支柱（强制性参保），提供辅助性的养老金。①

2. 医疗制度改革

智利在改革养老金制度的同时，也对医疗保险制度逐步进行改革。它首先从医疗制度改革入手，合并了全国医疗服务局和全国职工医疗服务局，建立了统一的全国医疗服务制度；其次把公立医院的管理职责下放给所属的各市政府，实行医疗保险机构的部分私有化，成立了私营医疗保险公司。传统上拉美国家的医疗制度是以国家提供的公共保障计划为主，其覆盖面窄，服务质量差，财政负担重。20 世纪 80 年代以来的医疗改革主要集中在下列几个方面：将医疗设施的控制权、医疗设备和服务人员下放到地方政府，通过医疗服务分散化减轻国家的财政负担；引入私营医疗保险计划，提高医疗服务效率和竞争意识，增加个人医疗服务的选择；扩展医疗保障的覆盖面和降低医疗服务成本。

3. 社会救助改革

在传统福利体制下，拉美国家的社会救助项目非常有限，在福利体系中处于边缘地位。20 世纪 80 年代以来，随着拉美国家"新自由主义"福利体制的改革转型，社会救助政策成为福利制度的重要内容，许多国家开始建立以个人保障为主体、辅之以社会救助网络的社保制度框架。其社会救助政策主要适用于贫困家庭、妇女、儿童、老年人、残疾人、失业者等群体。主要救助计划包括直接的现金转移支付、教育培训补贴、卫生保健津贴、食品补贴、儿童津贴、养老救济金等项目。譬如智利的社会救助制度有救助对象的资格认定，包括养老救济金、统一家庭津贴、生活用水补贴、失业救助、住房补贴等在内的救助计划和非政府组织救助三个方面。

90 年代以后，不少拉美国家社会救助政策改革的一个趋势是把救助资

---

① 房连泉：《"智利模式"流行拉美二十五年》，《拉丁美洲研究》2008 年第 2 期。

格与个人就业、教育培训等人力资源政策结合起来,其目的在于激励贫困者加入劳动力市场,提高他们自身的教育水平和健康状况,以达到消除贫困的目标。总体上说,改革的成效是明显的,主要体现在提高了经济效率。与此同时也显现了局限性:养老保险方面,改革后参保人数不断下降,退休金收入差距拉大;医疗服务方面,私营部门的参与使医疗资源集中到了社会上层,造成医疗费用攀升,公共医疗服务质量下滑;社会救助方面表现为财政支出满足不了社会需求。① 这些会进一步加剧社会分化和拉大贫富差距。

---

① 房连泉:《"智利模式"流行拉美二十五年》,《拉丁美洲研究》2008年第2期。

| 第十章 |

社会保险基金征管的制度创新

社会保险费的筹集和管理工作,是社会保障体系的物质基础和关键环节,也是社会保障制度得以实施的前提条件。随着我国经济的发展,参保主体日益多元化,参保对象成分更加复杂,社会保险费征缴和管理难度日益增大,原有的征缴政策、征缴和管理机制面临着一系列新的挑战。建立科学合理的社会保险费筹集和管理体制,保证社保资金稳定可持续增长,对于深化社会保障制度改革,完善社会保障体系具有十分重要的意义。

第一节 社会保险费征缴的制度创新

一 现行征缴制度存在的主要问题

随着人口老龄化的加快,社会保障资金筹集已成为一个世界性难题。支出刚性增长,资金筹集不足,无论是福利国家还是转型国家,均面临日益严重的基金财务危机,并直接引发了世界范围内的社会保障制度改革的浪潮。20世纪90年代以来,随着市场经济体制改革的需要,我国对社会保险的筹资模式进行了改革,养老保险制度确立了社会统筹与个人账户相结合的部分积累模式。到2014年底,我国基本养老参保人数达到8.4亿(其中职工养老保险3.4亿,居民养老保险5亿),基本医疗参保人数5.9亿,失业参保人数1.7亿,工伤参保人数2亿,生育参保人数1.7亿。[1] 在取得成绩的同时,也必须认识到,我国社会保险费征缴法规和制度还存在

---

[1] 《社保费率将这样降低》,《人民日报》2015年1月24日,第4版。

许多薄弱环节。

1. 法律保障严重不足

我国社会保险费的征缴仍缺乏有效的法律和行政执法保障，难以形成良好的法制化环境，在一定程度上影响了社会保障资金的筹集和使用，导致在征缴力度上明显偏弱，企业少缴、欠缴社会保险费的情况比较普遍。据统计，1998～2006 年，我国企业养老保险欠费每年分别为 286 亿元、365 亿元、358 亿元、380 亿元、440 亿元、431 亿元、428 亿元、432 亿元和 436 亿元。[①] 同时，社保基金征收机构的权威性不足，缺乏有效的约束手段，一些企业往往采取各种手法，达到少缴费或不缴费的目的，影响了社会保障制度功能的发挥。

2. 法律执行较为随意

社会保险执法中的随意性突出表现在滞纳金征收上。滞纳金具有法定性、强制性和惩罚性的特点，但在实践中，各地征缴的随意性、差别性较大：有的只收本金，不收滞纳金；有的只加收养老保险费的滞纳金，不加收失业、医疗等保险费的滞纳金；有的该加收的没收，不该加收的反而收了。

3. 征缴主体未能统一

按照现行法律法规，社会保险费的征收机构可以是税务机关，也可以是社会保险经办机构，造成目前全国范围内征缴主体不统一，各地根据自身情况制定具体政策，征缴方式五花八门，缺乏应有的规范，至今未能开展全国范围的、标准统一的征缴执法大检查。此外，由于社会保险登记与申报费额的核定必须由社会保险经办机构负责，致使由税务机关征收的地区征管权责出现分离，不利于社会保险费的足额征缴。

4. 费用缴纳缺乏统筹

社会保险的统筹层次，决定着这一制度的统一性、公平性与互济性程度，也直接反映制度运行的管理本位与责任本位。

目前，我国社会保险的覆盖面和统筹层级都有待进一步提高，地区分

---

① 林泳伽：《关于我国社会保险费改税的探讨》，《山西财政税务专科学校学报》2010 年第 1 期。

割统筹导致了不同地区的养老保险实际缴费负担畸重畸轻、收缴标准差别很大,各项社会保险费的缴纳缺乏全国统一的转续办法,造成就业者异地续保衔接困难,限制了劳动力的跨区域流动,损害了制度公平与市场竞争的公平。以2011年为例,广东省企业实际缴费率仅为5.9%,而甘肃省实际缴费率竟然高达24.5%。① 地区分割统筹还导致了不同地区养老保险基金收支余缺分化,扭曲了统账结合模式,间接导致了当前的所谓基金缺口与个人账户空账问题。如果不尽快改变这种状况,社会统筹基金年度收支预算平衡、个人账户基金实账积累并有偿运营、国家财政均衡负担的目标将无从实现。

上述问题不但增大了社会保险费的征缴难度,也影响了参保对象的缴费积极性,导致征缴矛盾升级,同时也加剧了社会保险的区域性差异,造成新的不平等现象。纵观各国社会保障制度改革的历程,资金征缴的效率都是关系改革成败的关键。进入新世纪以来,随着我国人口老龄化问题日趋严重,研究社会保障资金征收效率,寻求稳定、高效、便捷的征缴机制,显得十分重要和迫切。

二 创新社会保险费费率制度

1. 降低社会保险费费率

我国现行缴费费率制度缺乏科学依据,没有经过严谨的科学测算,也没有区分不同的主体特性,单位负担较重已经是一个不争的事实。目前,养老保险的费率为工薪总额的28%,其中单位缴纳工薪总额的20%,个人缴纳工薪收入的8%;失业保险为工薪总额的3%,其中单位缴纳工薪总额的2%,个人缴纳工薪收入的1%;医疗保险为8%,其中单位缴纳工薪总额的6%,个人缴纳工薪收入的2%。三项汇总为工薪总额的39%,其中单位缴纳占工薪总额的28%,个人缴纳占工薪收入的11%。按照"五险"计算,单位缴费占工薪总额的比例高达49.7%。根据国际劳工组织的研究,社会保障缴费率不能超过工资的25%。② 我国过高的缴费比例大大增

---

① 郑功成:《尽快实现职工养老保险全国统筹》,《人民日报》2014年1月17日。
② 张彪等:《社会保险费筹集和征缴问题研究》,《理论建设》2009年第4期。

加了企业成本，挤占了企业的利润空间，超出了很多企业的承受能力。在发达的欧美国家，单位养老保险费比例都较低。目前，美国的养老金单位缴费率是 7.5%，英国是 12.2%，加拿大只有 4.3%，德国是 9.75% 并规定所有劳动者月收入 8700 马克以上部分不缴纳法定养老保险税。[①]

为此，应改革完善缴费费率制度，增强其设计的科学性，不能因当前的收支平衡一味追求缴费规模的扩大。同时，要对不同参保人群的收入来源和支出状况进行深度调研和分析，确定不同的标准，确保缴费水平与参保人的经济能力相适应，适当降低参保人负担，提高参保人履行缴费义务的积极性。社保总缴费费率以降到企业负担不超过工资总额的 25%、个人负担不超过工资总额的 10% 为宜。同时，要采取一定的措施，鼓励用人单位持续缴费，如对五险同时参保的，可以根据各单位按时缴费记录和基金结余情况，给予一定数额或比例的奖励。对工伤保险、医疗保险和失业保险，可以对出险少或不出险的单位给予降低费率的奖励，如对两年内没有发生工伤事故的缴费单位，可以在以后的年度降低费率 0.5 或 1 个百分点，以奖励其参保和工伤预防的成绩，使用人单位感受到"参保有好处，缴费不出险更有好处"。

2. 公平社会保险费负担

我国现行社会保险费缴费基数是以职工工资总额为主要依据，辅之以当地平均工资来计算的。这种制度安排造成不同地区、不同行业、不同所有制企业的社会保险缴费负担不均衡，劳动密集型和资本、技术及管理密集型企业之间缴费负担不均，同一参保体制下先改制企业职工与后改制企业职工的缴费负担不均衡，造成了企业之间负担不公，不能适应我国经济发展的现状。例如，劳动密集型企业的缴费水平明显高于资金和技术密集型企业，抑制了劳动密集型如生产、建筑施工企业和一些能吸纳大量就业人员的服务性企业的生存发展，造成劳动密集型和资本、技术及管理密集型企业之间缴费负担严重不均，使前者在市场竞争中处于不利地位。此外，一些高收入行业仍采取当地平均工资的标准进行缴费，借此逃避责

[①] 李一鸣等：《影响社会保险费征缴的制度因素浅析》，《山东人力资源和社会保障》2010 年第 5 期。

任，明显有失公平。例如，媒体曾经披露，国泰君安证券公司2008年的薪酬及福利费用达32亿元，以正式员工3554人计算，平均每个员工获得的总收入接近100万元，而其社会保险费却仍按当地平均工资水平进行缴纳。① 为此，必须科学设定各类社会保险费的缴费基数，针对目前的不合理问题，研究制订新的计征标准。比如，可考虑单位缴费按本单位"全部收入总额"的一定比例计征，职工个人以本人"工资收入"为缴费依据，以有效解决企业缴费负担不均的问题。此外，我国现行的社会保险费缴费标准未考虑参保人的实际生活支出情况。低收入人群与高收入人群相比，获得收入的能力相差很大，而缴费负担却基本相当，应允许低收入群体在收入中进行合理的抵扣，如未成年孩子的基本生活费、赡养的不能自理或无收入年迈老人的基本生活费等，确保参保人的生活得到基本保障，使缴费水平与其收入水平更好地相适应。

3. 为灵活就业人员缴费提供便捷

我国灵活就业人员在劳动人口中的比例越来越高。2005年底，国务院发布文件，统一了灵活就业人员的缴费政策和标准，即从2006年1月1日起，灵活就业人员按当地职工平均工资的100%作为缴费工资基数，费率为20%，其中8%计入个人账户，12%纳入社会统筹。但这一缴费标准对灵活就业人员来说明显过高，增加了灵活就业人员的缴费压力。调查发现，灵活就业人员大部分在民营和私营企业就业，大部分的工资收入低于当地职工平均工资水平，却要按平均工资的20%进行缴费，本该企业从剩余价值中为他们缴纳社保费，而要灵活就业人员从个人工资收入中额外缴纳12%，大大超出了其缴费能力。他们既要承担社会统筹部分，又要承担个人部分，显然有失公平。据测算，很多地方一个灵活就业人员一年需交6000多元，如果加上医疗保险费将超过8000元，这对就业能力弱、工资水平低的灵活就业人员而言确实难以承受。② 因此，应降低灵活就业人员养老保险缴费费率，将个体工商户与灵活就业人员区别对待，制定不同的缴费政策。个体工商户可以按20%的费率缴费，而灵活就业人员应享受企

---

① 张丽云：《完善社会保险费征缴体制的四点建议》，《企业家天地》2009年第3期。
② 邓沛琦等：《养老社会保险费负担公平性问题探析》，《当代经济》2010年第1期。

业职工 8% 的个人缴费费率政策，其他部分宜通过社会统筹进行调剂，不应该从其工资收入中扣除。

4. 强化保险费缴纳约束机制

当前，网络销售等新经营业态不断涌现，劳务派遣、劳务外包等新用人方式层出不穷，灵活就业的形式越来越多，社会保险费征缴的难度越来越大，为此必须严肃社会保险费征缴的处罚制度。受各种因素影响，对欠缴社会保险费的单位征收滞纳金执行效果不佳，一些地方"加征滞纳金"走了样，有的随意打折扣，有的干脆放弃当期缴费。本来为增加收费而设计的滞纳金制度，反而限制和阻碍了收费。因此，应尽快按《社会保险法》"用人单位不按期缴纳或者少缴社会保险费的，由有关主管部门责令限期补缴欠缴数额，并自欠缴之日起，按日加收万分之五的滞纳金"的标准严格执行滞纳金政策。同时，对欠缴社会保险费的个人也严格执行滞纳金制度，不管是个人还是单位，只要参保，只要有欠费，就要统一按规定缴纳滞纳金，督促个人履行应尽义务。

三 创新社会保险费征缴体制

1. 我国社会保险费征缴体制的演变历程

新中国成立后，我国社会保险制度经历了从无到有、不断完善的过程，社保费征缴体制大体经历了三个发展阶段。

（1）银行代扣劳动保险金阶段（20 世纪 50 年代初至 20 世纪 80 年代初）。1951 年《中华人民共和国劳动保险条例》颁布，标志着我国社会保险制度的起步，这个阶段劳动保险费的征缴由银行负责代扣。

（2）社会保险经办机构征缴阶段（20 世纪 80 年代初至 20 世纪 90 年代中期）。根据计划经济体制向市场经济体制转轨的需要，1984 年，无锡等部分地区开始试行国有企业职工退休费用社会统筹，建立工人养老保险基金，实行企业支付与个人缴费相结合的方式，由银行负责代扣存入专户。从 1986 年起，国家开始逐步建立统一的企业职工养老保险制度和失业保险制度，社会保险费用由国家、单位、个人共同负担。社会保险费的征收、管理和支付工作，全部由劳动部门设立的社会保险经办机构负责。

(3) 社保部门、税务部门共同征缴阶段（20世纪90年代中期至今）。为适应经济社会发展变化的要求，1995年国务院下发《关于深化企业职工基本养老保险制度改革的通知》，规定我国实行社会统筹和个人账户相结合的养老保险模式。失业保险制度改革进一步加快，覆盖范围扩大到国有、集体、私营、个体、外资及事业单位的所有职工。医疗保险制度全面启动，工伤、生育保险试点逐步扩大。1995年前后，武汉、宁波两地最先将企业和事业单位应缴纳的养老保险费交由税务机关征收。1998年初，财政部、原劳动部、中国人民银行和国家税务总局联合下发《企业职工基本养老保险基金实行收支两条线管理暂行规定》（财社字〔1998〕6号），认可基本养老保险费由税务机关代征，浙江、云南、安徽、重庆等省市在全省（市）范围内先后实行由税务机关征收社会保险费办法。为了进一步加大社会保险费征收力度，1999年初，国务院颁布《社会保险费征缴暂行条例》（第259号令），明确规定"社会保险费的征收机构由省、自治区、直辖市人民政府规定，可以由税务机关征收，也可以由劳动保障行政部门按照国务院规定设立的社会保险经办机构征收"。

2."双重征缴"制度现状

目前，31个省份及新疆兵团、5个计划单列市共37个征收地区的征缴情况是：社会保险费全部由社保部门征收的有北京、天津、山西、吉林、上海、江西、山东、河南、湖南、广西、四川、贵州、西藏、宁夏、新疆15个省份，新疆兵团和大连、深圳、青岛3个计划单列市，占全国征收地区的51.4%；社会保险费全部由税务部门征收的有安徽省和宁波、厦门2个计划单列市，占全国征收地区的8.1%；社会保险费依险种或市县的不同，既有社保部门征收，也有税务部门征收的有河北、辽宁、黑龙江、江苏、浙江、福建、广东、陕西、甘肃、青海、重庆、内蒙古、湖北、云南、海南15个省份，占征收地区的40.5%。

现有社会保险费"双重征缴"体制的形成有其历史原因，这种二元征收体制存在管理不顺等诸多问题，损害了我国社会保险制度的统一性、完整性及权威性。社会保险费征缴体制的创新，关键是要尽快结束征收主体的二元格局和"双轨制"。在未来征缴体制选择上，是采用由社保部门统一征缴的"分征"模式，还是采用由税务部门统一征缴的"代征"模式，理论界和实务界存在较为激烈的争论。① 也有人主张推进社会保险"费改税"，由税务部门征缴独立的社会保险税，其依据主要是税务部门征缴力度大、征收效率高。对此，必须进行科学分析、正确决策。

3. 改革征缴体制的方向

目前，我国社会保险体系中最主要的养老保险制度和医疗保险制度都是实行"统账结合"的制度模式，本质上是一种救济与储蓄相结合的部分积累制的保险制度。由于个人账户具有私有属性，如果个人账户缴费部分以税收方式征收，将使其性质发生严重扭曲。因此，我国现有的社会保险制度模式决定了社会保险费的征收体制只能采取有偿、对称的征缴方式，不宜采用纳税方式，不能简单地将社会保险费征收体制从整个制度体系中割裂开来，由税务部门征收。

从国际惯例来看，凡是在社会保险制度中引入个人账户的国家，都是由社保经办机构来征缴社会保险费。最近十几年来世界主要国家社会保障制度改革的潮流也不是费改税，而是税改费。② 从我国的实践来看，已实行地税部门征收社会保险费的地区，出现了诸多因责任不清、主体不明、界限混淆等原因导致的矛盾和问题。一是容易出现税务部门"重税轻费、先税后费"问题。有些地方由税务部门征缴后，征缴率反而下降。二是与统账结合的制度模式不相适应，割裂了社保经办事务的统一性。尤其是无法有效解决个人账户的衔接管理问题，在记录个人账户时，个人缴费和单位划入部分难以及时匹配，给个人账户管理、退休待遇计发及社保关系转移等后续工作带来隐患，也不利于为参保单位和职工提供更好的服务。三是征缴成本较高，实际工作成本远高于社保经办机构。四是增大了部门之间的协调成本，税务与社保部门在对账、记录个人账户、衔接待遇、关系转移等方面协调难度较大，增加了全社会保险事务的管理难度。五是难以承受大量非公经济从业人员尤其是灵活就业人员参保的巨大压力，这部分人就业形式灵活多样，难以由税务部门征收，即使在实行税务征收的地

---

① 张雷：《社会保险费征收体制的效率比较分析》，《社会保障研究》2010 年第 1 期。
② 彭珊：《社会保险费征收管理体制之浅谈》，《中国经贸导刊》2010 年第 1 期。

区,也基本上还是由社保经办机构征收,如辽宁、江苏、浙江、重庆等省份。正因为这些问题,有些地方出现了征费主体选择的反复,贵阳、长沙等试行过税务征缴的地区都又改回了由社保经办机构征缴。总之,社保部门单一征缴模式有利于保持社保制度本身的完整性,有利于社保覆盖面的扩大、成本的降低和效率的提高。因此,改革的方向是,尽快走出部门利益之争的误区,在全国范围内明确社会保险经办机构征收社会保险费的主体地位,以理顺社会保险费的征缴体制。

四 创新社会保险费征缴机制

高效的社会保障基金征缴机制是保证社保资金稳定可持续增长的重要手段。我国现有的征缴机制需要进一步创新和完善。

1. 加快推进法制建设

我国在社会保险费筹资方式、征缴管理等方面立法层次低,约束力小,操作性差,造成实际征缴工作缺乏相应的法律保障,难以形成法制化的社保缴费环境。为此,要建立和完善有关社会保险政策法规体系,加快社会保险立法进程,加快实施《社会保险法》,清理规范现行各项社会保险政策规定,尽快颁布与该法相配套的一系列条例,制定覆盖社会保险费征缴全过程的规范和细则,使所有环节都有法可依、有法能依、执法有据、执法有力,保证社会保险资金足额征缴和安全有效运营。同时,尽快修改《社会保险费征缴暂行条例》,补正缺陷,提高位阶,使之上升为《社会保险费征缴法》,除明确社保基金征缴条件、标准、比例外,还要细化征缴方法,规定监管稽核方法和违法责任等。

2. 不断完善工作机制

首先,要推进社会保险费征缴的规范化、标准化建设,节约运行成本。其次,建立健全相关机构,充实工作人员,不断提高干部队伍素质,逐步形成一支素质优良、业务能力强、知识结构合理的社保费专业征缴和管理人才队伍,不断提高社保费征管的质量和效率。再次,要主动为缴费人员服务,积极推广邮寄、互联网等多种申报方式,克服灵活就业人员参保难、管理难、征缴难等一系列难题。

3. 积极提高信息化程度

要借鉴部分试点地区的经验,加快实现社保费信息资源共享,大力开展与财政、银行、税务等部门和单位的数据联网工作,实现不同部门、不同地区之间的系统兼容和资源共享。同时,建立各部门间固定的联席会议制度,定期交流、探讨和解决征管中的难点和问题。总之,要充分利用信息化手段,对缴费人进行建档管理,对企业用工情况、缴费基数、缴费时间等进行全面监督,提高各类社保费统计数据的准确性、真实性,尽快形成全国统一的社会保障网络体系,使社会保障各部门之间信息传递更快捷、更方便,切实保证社会保险费足额到位,提高社会保险费征缴效率。

五 创新社会保险费统筹方式

1. 推进城乡统筹

我国一直实行城乡有别的社会保障政策。长期以来,社保体系建设重心在城市,重点是城市居民,公共财政支出用于农村的比重偏低,导致农村居民基本生活、医疗、养老等保障水平相对较低,强化了城乡之间收入和机会的不平等现象,抑制了农村市场的消费需求,未能充分发挥出应有的调节收入差距的功能,不能满足应对农村人口老龄化问题的需要。历史欠账和现实问题共同决定了构建更加公平合理的社会保障体系重点在农村,关键是补偿农民。面对严峻形势,应把握未来10年我国应对人口老龄化的重要机遇期,按照公平、效率和普惠原则,立足国情、兼顾差异,循序渐进地构建城乡统筹的社会保障体系,促进社保政策重点向农村和老、少、边、穷、后发地区倾斜,向困难地区倾斜,推动农民福利改善和城乡社会融合。

为此,应加快农村社会保障立法进程,多渠道、多形式筹措农村社会保障资金。要根据轻重缓急,以社会救助中的最低生活保障、医疗保险中的大病统筹保险、养老保险中的基本养老三项政策为重点,尽快实现制度层次的城乡统一。社会救助中的住房救助、教育救助、医疗救助等,医疗保险中的门诊或小病医疗,养老保险中的职业养老金以及失业保险、工伤保险、生育保险,暂时可以保留一定的城乡差异,但要尽快实现全国转移接续。经济发达地区应尽快全面完成城乡统筹，较发达地区要加快提高农村低保待遇标准，实现新型农村养老保险全覆盖。同时，提高基本养老、大病医疗的筹资水平和给付水平，在农村老龄化高位运行期到来之前完成城乡统筹，实现基本社会保障国民普惠，并对欠发达地区实行倾斜政策，加大财政转移支付和补贴力度。

2. 整合保险种类

根据现有规定，我国不同人群适用不同的保险制度。在养老保险方面，职工基本养老保险制度覆盖企业、企业化管理的事业单位和民办非企业单位以及城镇个体劳动者和灵活就业人员；实行单位保障的退休保障制度覆盖国家机关、事业单位中的正式在编职工；农村社会养老保险制度覆盖农村居民。在医疗保险方面，农民是"新农合"，城镇居民是居民医疗保险，城镇职工是职工医疗保险，公务员和参公管理人员是公费医疗。这种多轨制的社保制度造成了不同人群之间保障水平的较大差异，例如1990年企业离休、退休人员人均离退休费相当于事业和机关单位离休、退休人员人均离退休费的88%和82%；而到了2005年，该比例分别下降为53%和47%，即目前机关、事业单位的养老金水平远高于企业养老金水平。[①]同时，"碎片化"的制度设计导致不同制度之间难以衔接，增加了管理成本和转移接续成本，成为劳动力合理流动的障碍。随着就业多样化和人口流动性的增强，不同制度间的衔接变得十分迫切。为此，必须将整合社会保险制度尽快提上议事日程，建立一体化的社会保险运营管理模式。

3. 统筹"五险"征缴

当前，我国养老、医疗、失业、工伤和生育"五险"的保险费处于分散征缴状态，分别由社会保险事业处、劳动就业服务处、医疗保险中心负责，经办不集中、管理不统一的现状，导致运作机制不协调，核算方法不一致，存在重复工作、协调性差等弊端，影响了各险种扩面征缴工作的衔接，资源平台、网络信息无法共享，造成了人、财、物力资源的严重浪费。建立"五险"征缴统一的信息平台和工作机制迫在眉睫。

---

① 《养老"并轨"难在哪儿》，《人民日报》2011年5月19日。

第二节　社会保险基金管理的制度创新

社会保险基金是社会保险制度的物质基础，关系到广大人民群众的切身利益。近年来，涉及社保基金的案件时有发生，造成了恶劣的社会影响。同时，受国际、国内经济波动的影响，社保基金的投资收益率呈现出较大的起伏，备受社会关注。社会保险基金监管和运营是一项复杂的社会系统工程，涉及的内容、方法、手段、技术非常广泛。当前，我国正处于经济体制转轨时期，面对人口老龄化加速的形势以及日益高涨的社会保障需求，社会保险基金的管理制度必须立足国情，从我国社保基金监管的客观需要出发，综合考虑政治、经济和社会因素，体现制度的连续性、创新性、规范性和可操作性，合理设计监管模式，确保基金安全高效运作。

一　现行制度存在的主要问题

目前，我国社会保险基金规模不断扩大。截至2014年底，全国社保基金滚存结余达到50408.76亿元。[①] 这一方面表明我国社会保障的能力在增强，另一方面也给社保基金的风险控制及监管提出了更高要求。当前，我国社保基金在管理中还存在一些较为突出的问题，主要表现在以下方面。

1. **监管立法滞后**

目前，我国尚未形成完整的社会保险基金监管法律、法规体系，现有的社保基金监管法规和条例内容不够全面，有些已经过时。同时，在基金监管方式上，过分偏重行政手段，影响了有关制度的严肃性、权威性。而且，在行政监管过程中，存在官僚主义倾向和效率低下现象。

2. **基金监管机制尚未理顺**

在社会保险基金监管机制上，存在严重的"条块分割"现象，不同部门的管理权限存在重叠交叉，推诿扯皮、政出多门和各自为政的现象时有发生。有关立法往往具有明显的局部利益色彩，同时各地区、各部门从自

[①] 《关于2014年中央和地方预算执行情况与2015年中央和地方预算草案的报告》，《人民日报》2015年3月18日。

身利益出发，使政府法规制度难以实施到位，使基金监管在一定程度上处于分散无序状态，难以形成合力，导致监管职能弱化，个别挪用、挤占社保基金的违规甚至犯罪行为难以得到及时纠正和惩处。

3. 法规执行较为混乱

社会保险基金涉及征收、管理、运营、支付多个环节，监管的难度越来越大，任务越来越重，目前还缺乏专业监管部门对社会保险基金实施有效的管理和检查。政府对社会保险基金的筹集和使用缺乏监控，资金使用过程中也缺乏安全意识和保值增值责任，挤占、挪用、浪费情况比较严重。一些地方政府将社保基金看作地方性资金，常常采取各种变通方法，挪用基金作财政支出或进行违规投资，养老、医疗和失业等保险基金之间相互临时透支、挪用的现象也一定程度存在。

4. 基金投资渠道过于单一

当前，我国社保基金的投资运营体制尚不健全。由于缺乏统一的社保基金投资运营机构，难以对社保基金投资作出科学的规划，也缺乏专业人才规避社保基金投资领域中的各种风险，加上我国资本市场的发展尚不完善，致使基金投资渠道过于单一。按现行《全国社会保障基金投资管理暂行办法》规定，基金对企业债券和金融债券投资比例不得高于10%，大量的银行存款与国债投资使社保基金的投资回报率偏低，难以抵御通货膨胀的侵蚀。以浙江宁波市为例，市级统筹区基本养老保险基金定期存款比例达到85%以上，但2005~2011年基金年平均收益率仅为1.5%，低于同期通胀率1.52个百分点，7年时间仅1年跑赢了CPI，累计"缩水率"超过10%。[①] 在未来经济发展不确定性增加、老龄化高峰即将来临的背景下，如何确保社保基金保值增值将是当前和今后较长时期内社保体系建设不可回避的课题。

可以预见，未来我国经济增速将会进入新常态，这对社保基金的运营管理体制提出了新的挑战。因此，必须积极探索和创新社保基金运营管理体制，以适应日益重要的社保基金管理的需要。

---

① 《完善社保基金保值增值机制》，《人民日报》2013年3月20日。

二 创新社保基金监管模式

从世界范围看,各国在社会保险基金监管上根据本国政治、经济、文化不同,采取了不同的模式,但是也有一些监管内容、方式和手段具有普遍性。借鉴世界各国特别是发达国家社保基金监管的经验,结合我国基金监管中存在的实际问题,选择科学合理的基金监管模式,是促进我国社会保障制度体系健康、稳定、和谐发展的重要制度支撑。

1. 政府主导型监管模式分类

由于社会保险的强制性和福利性特点,世界各国在社会保险基金监管上大都选择了政府主导的模式,即政府在社会保险基金管理中扮演主要角色,社会保险费的征收、管理、发放等环节主要由政府部门直接负责。这一模式具体又分为以下类型。[1]

(1) 社会保险收支纳入政府总预算。在政府承担型社会保险模式中,各项社会保险收支纳入政府总预算管理,全面反映收支状况。征收的社会保险税(费)成为国家财政收入的一部分,完全纳入政府总预算,所有的社会保险资金均从国家财政收入中来,由国家全力承担。这种类型中,社会保险具有高福利性,保障供给充足,但容易导致个人激励不足和财政负担加重。比如,英国以政府名义征集的各种税(费)都上缴国库由财政部统一分配,政府负担的社会保险费用约占全部社会保险费用的1/3。加拿大除工伤保险由各省劳工补偿局征收外,养老、失业保险金等均由税务部门征收,社会保险缴费全部纳入财政预算,现收现付,不搞积累,是该国第四大税(费)种和政府收入的主要来源,财政每年以相当规模的一般性税收补助社会保险支出。

(2) 独立预算或复式预算。社会保险预算在政府预算中单独体现,以区别于政府其他方面的税收和预算。雇主和雇员的社会保障税收或缴费是社会保险基金的主要来源,不足部分由国家补贴。为了体现社会保险基金的收支及财政补贴情况,社会保险基金预算与政府经常性预算收支分开。

---

[1] 许大年等:《我国社保基金管理模式选择》,《中国财政》2008年第10期。

如美国采取独立预算的形式，社会保障税是政府财政收入中仅次于个人所得税的第二大税源，由财政部所属的国内税务局征收，缴入国库，专款专用。日本采取复式预算形式，财政预算分为一般会计预算和特别会计预算，政府管理的社会保险基金预算在特别会计预算中反映，其中由财政负担的费用则由一般会计预算支出后，与社会保险部门负责征收的各项保险费一起，作为特别会计的收入进行统一核算。

（3）不纳入政府预算。在强制个人储蓄型的社会保险模式中，基金收支不纳入政府预算。这种模式虽然激励效应显著，但互济性小，在实现社会保障的公平性目标方面效果较差。如新加坡的中央公积金制度，由雇主和雇员共同缴纳，缴费率比较高，达到工资总额的40%，中央公积金局隶属于劳工部，依法独立操作，负责中央公积金的收缴和支付，接受劳工部的监督和管理。

2. 完善我国社保基金监管制度

我国的国情特点，决定了必须采取政府主导型社保基金监管模式。现行社会保险基金监管体系既保留了我国传统社会保险基金管理制度的痕迹，又体现了适应新时期新形势变化的改革成果。从监管组织体系上看，我国已建立了相对完善的社会保障行政监管机构，初步形成了以劳动和社会保障部门行政监管为主，财政监管、社会监督等相互配合的社会保险基金监管模式，在中央层面涉及人力资源和社会保障部、财政部、国家税务总局、中国人民银行、中国银行业监督管理委员会等多个机构。未来，我国可重点从以下方面创新和完善社保基金监管的法律和制度框架。

（1）健全社保基金监管的法律规范。作为保障国民生活的重要公共基金，各国都高度重视社保基金监管的法制建设，以确保基金的安全管理与运营。社会保障法制萌芽于英国1601年的《济贫法》，诞生于德国1883年的《疾病保险法》，成熟于美国1935年的《社会保障法案》。[①] 这些法律都明确地规定了社会保险基金监管的性质和具体内容。以美国为例，其社会保障制度已走过100多年的历史，有关养老金的立法、监管及形式一直

---

① 巴曙松：《论社保基金监管体制的改进》，《经济》2010年第9期。

随着现实环境的变化而不断地变化。1935 年，美国通过《社会保障法案》，初步建立了社会保障体系，确立了联邦社会保障计划的管理结构，监管组织以财政部和独立的社会保障局为主，劳动部配合。但是，对作为第二支柱的私有养老计划几乎没有任何管制，完全放任自流。1974 年，国会通过《雇员退休收入保障法》（The Employee Retirement Income Security Act），确定联邦劳动部为私有养老计划管理部门，财政部等起配合作用，形成与联邦社会保障计划不同的监管结构。通过社会立法，美国已建立起较为完备的社会保障体系。

社会保障制度包括社会保险、社会救助、社会福利、社会优抚和补偿等，其中社会保险是核心组成部分。社会保险基金监管的法律体系一般包括三个方面。[①] ①宪法。这是社会保险基金监管法律体系中最高的一个层面。在许多国家宪法中，明确规定享受社会保障待遇是国家赋予每个公民的基本权利，从而间接地规定了社会保险基金监管的地位和作用。如美国、英国、日本等国现行宪法中都明确规定了公民所享有的社会保险权益。②社会保险法。所规定的内容比宪法更加明确具体，更具有操作性，是关于社会保险的专门法律和基本法律。许多国家都颁布了社会保险法，明确规定社会保险基金监管的性质、具体内容等。如英国 1911 年的《国民保险法》和美国 1935 年的《社会保障法案》，都是综合性的社会保障法律，确立了英、美两国的社会保障体制。③社会保险基金管理法。这是社会保险基金监管中最具有操作性的一类法律法规，一般会详细而具体地规定社会保险基金监管机构的设置、监管的主要内容以及监管体系的建立等。社会保险基金管理法的制定和实施必须以社会保险法为基础。大多数国家都制定和颁布了社会保险基金管理方面的法律法规，如社会保险基金收支法和社会保险基金投资法等。

我国全国人大十届二次会议通过的《中华人民共和国宪法修正案》增加了"国家建立健全同经济发展水平相适应的社会保障制度"的条款，使社会保险作为国家的基本经济制度有了最高层次的法律保障。但我国关于

---

① 巴曙松等：《社保基金监管的现状、问题与建议》，《当代经济科学》2007 年第 5 期。

社会保险基金监管的规定还分散在若干"决定"、"办法"中,未有专门的社会保险基金管理监督法。社会保险基金管理监督法既是社会保险基金监管的依据,也是社会保险基金监管的行为规范。因此,应从我国社保基金监管的客观要求出发,尽快对基金监督的工作方式和工作方法作出制度性规定,从法制上完善基金运行的各环节,实现社保基金依法规范管理。

(2)形成社保基金监管的完整体系。完善社保基金监督管理体系,主要是形成社保基金在管理机制上的监督制约关系。从国际社保基金监管组织结构的发展趋势和我国现实国情考虑,当前宜进一步完善多种监管方式相结合的多层次、全方位的制衡式监管模式,建立一个多权分离、各行其职、各负其责、相互制约的社保基金监督约束机制。

首先,完善专业化的基金管理机构。建立专门的基金管理机构有利于提高基金管理决策的科学性、民主性和透明度,在社会保险制度比较健全的国家,普遍建立了社会保险基金的专门管理机构,如英国的职业养老保险委员会、荷兰的社会保险委员会、澳大利亚的保险与养老金管理委员会等。我国已在2000年8月成立了全国社会保障基金理事会,作为国务院直属事业单位,负责管理全国社会保险基金(由中央财政拨入资金、国有股减持或转持所获资金和股权资产、经国务院批准以其他方式筹集的资金及其投资收益构成)和试点省份委托管理的个人账户基金。2010年末,其管理基金资产总额达8566.90亿元。① 社保基金理事会成立以来,不仅运营中央级资金,还接受部分省份委托运营地方资金,年均投资收益率达到8.4%。建议今后进一步发挥全国社会保障基金理事会的管理优势,进一步扩大全国社会保障基金理事会运营地方基金范围,统一由各省级政府出面,根据资金结余额的一定比例委托理事会进行集中投资运作,切实提高社保基金的收益率。

其次,充分发挥行政监督机构的作用。合理界定社会保障部门、财政部门、税务部门、社保基金理事会等各行政主体的工作职责,加强各主体之间的协调和配合,建立行之有效的行政监督和协调机制,各行政监督主

---

① 《全国社会保障基金理事会基金年度报告(2010年度)》,《中国金融》2011年第11期。

体在各自的职责范围内协同做好社保基金的监管工作,协同配合,齐抓共管,从不同角度维护基金安全。社会保障部门是社会保险基金监管的主体,负责对社保基金运营的全过程进行全方位的监督;财政部门负责对社保基金的财务制度进行专业监管,包括决定储备基金的管理,对中央以及地方社保基金予以财务监察,审查预算拨款的使用情况等;审计部门负责对社保基金的资金管理及使用情况进行事后的监督检查;税务、人民银行国库部门负责社保基金的具体收支核算业务,为相关部门提供详细社保收支信息。

再次,建立社保基金的社会监督机制。吸引社会公众参与社会保险基金的管理和监督,是国际上社保基金监管的成功经验。美国的四个社会保险基金管理委员会中均有精通保险或精算的公众代表,实施监督是其重要职能之一。不少国家还聘请外部的精算、审计专家对社会保险基金的运营管理进行监督,促使基金管理、运营机构进一步改进服务,提高效率,做到防微杜渐。同时,充分发挥各级人民代表大会及其常务委员会对社保基金的监督作用,各级人大应把社保基金的收支和管理列入审议议程,及时听取和审议社会保险基金预算编制、执行、调整情况和决算报告,充分发挥其监督职能。作为国家最高权力机关和立法机关,全国人民代表大会可设立"劳动与社会保障委员会",以加强对整个社保基金的立法监督。还可考虑在县级以上政府成立由政府部门代表、企业代表、职工代表和有关专家组成的社保基金监督委员会,统筹、协调、指导该行政区域内的社保基金监督工作。

最后,加强对社保基金的司法监督。作为最严厉的监管制度安排,司法监督是指通过司法系统对社会保险基金的运行行使特殊的监管职责,以及时处理社会成员与社会保险机构之间的争议,惩罚社会保险工作人员及其他相关人员的严重违法行为。这种形式的监督主要体现在对有关社会保险基金争议的最后解决以及对有关当事人刑事责任的追究上。司法部门监督职责的安排应体现于各相关制度规范及法律法规中。

(3)完善社保基金审计监督机制。当前,我国对社保基金的审计监督还远未完善。应尽快完善基金的审计监督机制，提高审计监督工作的针对性和有效性。要根据资金来源和流向层层监督，保证社保基金安全。同时，强化基金内部监督，通过独立的审计机构，对各项与基金收支过程有关的业务、会计资料的真实性进行事前、事中和事后审计，以及时发现问题并进行纠正。在监管内容上，包括基金预、决算制度，基金收支会计核算制度，结余基金保值增值制度，与财政、地税部门定期对账制度，基金支出审核制度等，做到基金收支规范化和程序化。要重点审查社保基金财务制度和会计制度的执行情况，把对社保基金财务、会计制度执行情况的真实性作为审计监督重点，审查保险基金是否按规定及时足额存入财政专户，是否按规定在国有商业银行开户，收入户、支出户和财政专户是否账账相符、账实相符。审计结束后，要建档立卷，对存在的问题进行跟踪检查，督促整改。对那些敷衍塞责的部门和单位，要通过制度安排，追究相关人员的责任，以确保审计决定和审计意见得到落实，保证社保基金安全有效运行。此外，要注重发挥专业机构的审计监督作用，定期通过会计、审计、精算和风险评级等中介机构对基金的运营予以专业化评价，降低社会公众和基金管理机构之间的信息不对称现象，既能最大程度化解基金风险，也有利于基金管理机构内控制度的完善。最后，要强化内部监管，建立内部监管体系。建立内部控制制度，主要是实施审核、支付分家，会计、出纳分立，根据每一项业务的风险点，对关键部门、环节和岗位，建立明确的责任制度，形成有效的制约机制，指导经办机构整理、优化经办流程，建立约束机制，为加强基金管理和监督打好基础。

三　创新社保基金投资运营机制

社保基金是一种长期性后备基金，其未来支出具有刚性增长的特点。因此，社保基金的投资和运营，是社保基金管理工作中具有根本意义的工作。社会保险基金投资，是指将其资金一部分投入资本市场，实行市场化运作，一般侧重于安全性较高的投资品种，在充分分散风险的基础上，提高投资收益率，同时为资本市场提供长期、稳定的资金。由于社保基金的特殊性，各国都把投资安全放在首位，对投资品种、投资比例都有严格限制。我国社保基金实际投资组合收益率较低，投资效果较差。考虑到通货膨胀及工资水平上涨等因素，社保基金投资收益有的年份甚至为负值。为此，可从以下方面创新社保基金投资运营机制。

1. 建立专业投资机构

国际上社保基金投资运营主要有两种模式。一种是由政府部门直接负责，如新加坡。这种模式管理简单，政策执行灵活，但收益率低，缺乏透明度。另一种是由专业基金管理公司负责运营管理，政府不直接干预，只负责监管。这种模式收益高、透明度强，但风险相对较大。

对我国来说，采用后一种模式更为可行，即将社会保险基金保值增值的任务交给专业的投资机构，行政部门以监督者与委托人的身份进行监督和管理，把严格的监督和高效的操作有机结合起来。比如，由市场化的基金管理公司负责社保基金的投资运营，让精通基金运行、保险精算、风险管理、财务核算等的各种人才参与基金的管理和运作，提高投资收益，降低投资风险。政府主要对基金的安全性、最低收益率作出规定。随着资本市场和基金管理机构的日趋成熟，可以逐步放宽对投资方向、比例的限制，为基金公司创造更大的运营空间，以实现基金的保值增值。

2. 构筑有效监管框架

对社保基金投资运营的监管包括对投资机构的准入监管和投资运营的实时监管。前者是指对基金运营机构的从业资格进行严格审查，当该机构不能履行其义务时，应撤销其运营资格；后者是防范社保基金风险的关键，包括检查基金运营机构的财务状况、运营记录、会议记录等，以及定期检查基金公司的收益率是否达到预期的回报率。

为了有效分散投资风险，确保资金安全，对基金的投资对象、投资品种、投资比例都要有严格的限制，以确保在控制风险的前提下提高投资收益，这也是国外社保基金投资的普遍做法。德国养老基金的资产组合中，证券、房地产和外国资产的比例分别不能超过20%、5%和4%；法国补充性养老基金的资产中必须有50%投资于政府债券；美国联邦社保基金只能投资于美国政府对其本息均予以担保的有价证券，不允许进入股票市场、委托投资以及房地产市场等。① 我国在社会保障体制改革之初，对社保基金仍应进行严格的运营监管，即运营机构要经过监管机构批准，其业务要受到严密监督，基金的投资组合必须符合规定，严格控制投资风险高或流动性差的资产。

严格监管也会产生社保基金市场竞争不够充分、监管难以适应金融市场的迅速变化等负面影响。当今发达国家大都开始实行审慎性监管模式，在这种监管模式下，监督机构较少干预基金的日常活动，只有在当事人提出要求或基金出现问题时才介入，监管机构在很大程度上依靠审计、精算等中介组织对基金运营进行监督。其主要特点是，强调基金管理者对基金持有人的诚信义务和基金管理的透明度，鼓励竞争，防止基金管理者操控市场和避免投资组合趋同。随着我国资本市场的不断完善，我国社保基金的监管应逐步转变为审慎性监管，规范基金市场参与者行为，加强市场自律，提高基金营运透明度，待基金管理走向成熟后，逐步放松直至取消市场准入限制。

3. 拓宽基金投资渠道

社保基金投资必须遵循安全性和效益性。安全性是社保基金投资的前提，这是由社保基金的性质所决定的。不少国家为此采取了许多措施，分散投资风险，使基金投资运营在总体上保持相对安全。但是，仅有安全是不够的，如果没有效益也就失去了投资的意义。在通货膨胀情况下，如果银行存款利率低于通货膨胀率，社保基金就可能出现缩水，使其收益性无法实现。国外在运用这两个准则时，一般都在安全性前提下追求效益性，但也为了提高效益适当增加对风险的承受程度。美国、智利等国的经验表明，随着本国资本市场的发展，养老基金的投资限制可以逐步放宽，社保基金因此可以不断寻找新的投资领域。② 我国社保基金也应扩大投资渠道，采取分散化、多元化的投资策略，适当扩大资本市场投资，参与安全系数高但投资周期较长的基本建设类投资，改变基金资产结构单一、缺乏抵御通货膨胀能力等现状，在确保基金能够按时支付的前提下，实现闲置资金

---

① 孙可娜：《基于社保基金监管的理论探讨与制度构建》，《城市》2009 年第 7 期。
② 冉萍：《社保基金投资的国际比较及对我国运营的借鉴》，《经济问题探索》2008 年第 1 期。

最小化而投资收益最大化。

还可以考虑探索海外投资。由于各个国家市场之间的关联程度不同，通过海外投资可以有效提高收益，降低风险。比利时、爱尔兰和英国都将其社保基金30%的资产投资于国外。智利和阿根廷的养老基金投资也通过投资国家的多元化，获得了较高收益。随着我国社会保障体制改革的深入和各方面条件的成熟，应进行适当比例的国际投资。由于我国缺乏海外投资与利用指数化投资、风险投资等新型投资工具的经验，可以适当允许国外投资公司参与社保基金运营，最大限度地提高社保基金的收益率，实现基金保值增值。此外，还应对各类社保基金实行差别化投资政策。我国社保基金可分为统筹基金、个人账户基金、补充保险基金和全国社会保险基金四大类，各类基金具有不同的特点，对其投资渠道应采取差别化政策。

4. 创新基金投资工具

社保基金的投资工具就是社保基金投资的对象，是实现社保基金投资运营安全和收益的载体。不同投资工具面临的风险不同，对社保基金的安全性和收益性影响也不同。目前，我国社保基金的投资工具主要是定期存款和政府债券，只有一小部分通过委托进入资本市场进行股票投资。今后，我国社保基金所采用的投资工具，要逐步从安全性较高的政府债券向外延伸，购买一些公司债券和选择大型公司股票进行投资。在具备一定的投资经验后，还可以选择一些实业项目。为此，要积极探索新的社保基金投资工具，使投资既保证社保基金的安全性，又保证其收益性。

四　创新社保基金运营管理方式

要不断创新我国社保基金的运营管理方式，使社保基金的管理方式与我国部分积累制的社会保险制度相适应，与社会保险基金的管理模式相结合，与社会保险基金投资运营机制相匹配。

1. 加强基金运营信息披露

社保基金运营直接关系到人们的切身利益，公开披露信息是加强对社保基金管理、规范社保基金运作的重要手段。为此，要建立和完善严格的社保基金信息披露制度，提高基金管理透明度，推动基金监督的多元化。

社保基金管理机构应将反映社保基金财务状况和经营成果的信息公布于众，定期向社会发布基金收支情况、投资状况、收益情况以及其他财务数据，赋予社保基金所有人必要的知情权与监督权，使大多数利益相关者都能及时得到和利用关于社保基金的财务信息，使社保基金发放、收支结余等情况保持高度透明，并接受百姓的经常性监督。同时，要确保信息披露内容的真实性、准确性和完整性。

2. 建立基金使用预算制度

社会保险基金筹集和使用具有明显的公共财政效应，将其纳入政府预算，有利于政府财政职能的完善和有效发挥。因此，应在借鉴国外经验的基础上，建立具有中国特色的社会保险基金预算制度。根据目前情况，在编制完整的社会保障预算条件成熟之前，可借鉴日本的经验，采取复式预算形式，把社会保险基金预算作为复式预算的一部分，将其与政府公共预算和国有资本经营预算并列。

3. 创新基金绩效考评机制

要合理设计基金管理部门的绩效考评机制，建立符合中国国情的考核标准，推进基金管理绩效评估制度化、法制化。社保基金管理部门绩效考评主体应多元化，既包括主管部门，也包括专业中介机构和受益人，考评内容应从社保基金管理目标出发，灵活设计指标体系，选取具体、合理、便于操作和量化的指标。为保证评估结果的科学性，可以采用多种评估方式，如内部评估与外部评估相结合，公开评估与封闭评估相结合，评估结果要与管理部门的绩效管理相结合，与领导人员、直接责任人员任用奖惩相结合。

4. 完善基金运营核算制度

要减少中间环节，简化收支流程，比照财政国库集中支付模式，做到基金收入直达入库、基金支出直达最终收款人。同时，建立劳动就业和社会保险一体化信息平台，将参保单位基础信息、应缴纳社会保险费、应享受社会保险待遇、实际缴纳社会保险费、实际享受社会保险待遇、欠费等信息在社保、财政、人民银行等部门实现共享，通过信息共享，实现信息资源利用最大化，减少手工操作工作量和业务差错，降低收支成本。此外，通过信息化、网络化建设，可以真正建立起对社保基金事前、事中、事后的全面、动态、实时监管机制，提高社保基金管理水平。

5. 配置充足的基金监管资源

为适应现有社保基金规模不断增长的需要，必须补充现有的监管资源。目前，我国社保基金监管在人员和经费方面，都亟须加强，每年五项社保基金的收支规模超过 2 万亿元，但监管机构人员编制明显不足，缺乏相应的办公经费，监督力量薄弱。据粗略统计，全国只有约 1/2 的省份的劳动和社会保障厅（局）设立了基金监督处，编制 3～4 名，另外 1/2 的省厅都未设立专门的监督机构，只配备 1～2 名专兼职人员，多数与其他处室合设，与当前监管工作的需要不匹配。① 应借鉴国外先进经验，加紧培训高素质复合型基金监管人才，为提高社保基金的运营效益，逐步与国际接轨打下基础。

五 创新社保基金统筹机制

我国社会保险基金的统筹层次较低，即使是已实行养老保险省级统筹的地区，大多采取的也是省级调剂金模式。以职工基本养老保险为例，目前仍处于地区分割统筹状态的，仅有北京、上海、天津、重庆、陕西、青海、西藏等 7 地实现了基本养老保险基金省级统收统支；绝大多数省份还停留在建立省级、地市级调剂金阶段，个别省份还未建立省级调剂金制度。

这种分散化、碎片化的社保基金管理现状，造成基金管理层次增多，地方政府对基金违规干预的机会增加，使基金的安全性存在巨大风险，也成为近年来社保案频发的一个主要原因。同时，统筹层次过低严重影响了劳动力的合理流动，导致劳动人口异地转移时社保关系接续困难，退休人员异地居住难以享受社保待遇，地区间、行业间的社保待遇差距明显，使农民工等弱势群体参保意愿降低、退保现象严重。尽快提高社会保险统筹层次，实现养老保险、医疗保险的全国统筹，是完善我国社会保险制度的

---

① 巴曙松：《论社保基金监管体制的改进》，《经济》2010 年第 9 期。

重要任务。

首先，要完善省级统筹的制度设计。依据2007年劳动和社会保障部《关于推进企业职工基本养老保险省级统筹有关问题的通知》的要求，尽快达到"六统一"，即统一基本养老保险制度，统一基本养老保险缴费，统一基本养老保险待遇，统一基本养老保险基金使用，统一省级基金预算，统一基本养老保险业务规程。目前，很多省份实行的调剂金制度人为因素很多，不能客观地解决省内各地区之间的收支不平衡问题，应尽快向完全统筹过渡。

当然，最终解决各省份之间养老保险负担轻重不均、养老保险待遇参差不齐的问题，依赖于尽快推行全国养老保险基金的统筹。在目前全国统筹尚难以实现的情况下，应积极推进养老保险基金的全国调剂金制度，以在一定程度上缓解全国养老保险制度的不平衡现状，为将来的全国统筹打下坚实的基础。为此，要制定全国统一的社会保险转续办法，对于统筹部分可以根据各地区的工资标准，制定转移系数，由国家层面进行基金余缺的调剂。对养老金待遇和地区经济发展水平均较低、抚养费比较高的地方，中央应划出较多养老保险调剂金，以缓解这些地方的养老金支付压力。对于完成基金预算情况较好，对养老保险全国调剂金贡献大的地方，在调剂金下拨时应体现一定的激励功能，以调动其上缴养老保险基金的积极性。

除养老保险外，我国现有医疗保险基金统筹也基本处于市县级层次，各地区医疗保险政策在保险费征缴比例、偿付标准等方面都不统一，导致基金风险较大，应尽快实行省级统筹，以提高抗风险能力。为此，要加快建立全国医疗保险网络系统，建立医保信息系统和异地就医结算平台，制定不同保险制度之间参保权益管理措施和转移接续办法，明确流动人口及异地退休安置人员医疗保险关系转移的条件、统筹基金转移标准、异地接受管理办法、医疗费报销标准、基金补偿机制等，建立跨统筹区域的医疗保险关系转移接续基金调剂机制。

第三编

社会保险法的未来展望

| 第十一章 |

护理保险法的未来发展

随着人口出生率下降和平均寿命提高，世界主要发达国家和部分发展中国家已经步入老龄化社会。我国也在1999年进入老龄化国家行列，2008年65岁以上老年人口达到1.1亿，占世界老年人口的23%。[1] 目前，我国正处于快速老龄化阶段，预计到2035年，65岁以上人口将占总人口的20%。[2] 由于长期以来实施计划生育政策，导致家庭结构日趋小型化。同时，社会竞争日趋激烈，年轻人生活压力加大，无暇照顾老人，家庭养老看护功能日益削弱。为了解决老年人的医疗护理困难，缓解老年贫困，维护社会稳定，亟须建立一套适合中国国情的长期护理保险体系，以满足日益增长的护理需求。

第一节 护理保险法在国外的发展

20世纪80年代，美国开始实施商业性质的护理保险制度。1995年德国开始实施强制性长期护理保险，2000年日本建立了长期护理保险体系，将长期护理保险纳入社会保险范畴。面对人口老龄化的严峻形势，我国应借鉴国外经验，尽快建立长期护理保险体系。

一 护理保险的基本概念

护理保险是一种适应老龄化社会发展趋势的保险产品，目的是化解老

---

[1] 李鑫：《发展长期护理保险完善我国社会保障体系探讨》，《现代商贸工业》2010年第15期。
[2] 乔利剑：《大力发展长期护理保险完善社会保障体系》，《中国医疗保险》2009年第2期。

年人因发生高额的护理费用而带来的生活风险,已成为许多国家最重要的险种之一。护理保险在我国处于起步阶段,许多人对护理保险还不甚了解,以下就从护理保险的基本概念着手,围绕护理保险的定义、模式和责任范围进行阐述。

1. 护理保险的定义

长期护理保险（Long-Term Care Insurance, LTCI）,是指为那些因年老、疾病或伤残导致丧失日常生活能力而需要被长期照顾的人提供护理费用或者护理服务的保险。[①] 它是由国家制定护理保险法律,通过社会化筹资方式,在较长的一段时期内,针对患有慢性疾病或处于生理、心理伤残状态导致生活不能自理的老年人,对其因长期的康复和支持护理或在家中接受他人护理时支付的各种费用给予补偿的一种健康保险。

2. 护理保险的模式

长期护理保险依据出资责任承担主体不同,可以分为两种不同模式。（1）商业险模式。经营主体是商业保险公司,个人和家庭是承担长期照料保险出资的主要责任人,政府在个人无力承担出资责任时,承担补充出资责任。这种模式以美国为典型代表。（2）强制险模式。以政府为管理主体,由法律强制实施,保险出资责任由国家、企业和个人分担或者由国家和个人分担。强制险模式属于社会保险的范畴,以德国和日本为代表。

3. 护理保险的责任范围

护理保险的责任范围包括三种护理类型,涵盖了被保险人在任何场所（除医院急病治疗外）接受的各种个人护理,分别是专业护理、日常家庭护理和中级家庭护理。专业护理由医生负责,提供具有治疗性质的护理服务,如诊断、康复等;日常家庭护理由非医疗机构提供,解决日常生活问题,如协助洗澡、穿衣等;中级家庭护理介于两者之间,看护对象是不需要医护人员全日看护的病人,看护时间较专业护理时间长。

二 国外长期护理保险制度的发展现状

由于建立了切实可行的护理保险制度,美国、德国、日本等国家在很

---

① 黎建飞、侯海军:《构建我国老年护理保险制度研究》,《保险研究》2009 年第 11 期。

大程度上解决了老年人的护理问题，对于缓解老年贫困和维护社会稳定起到了极大的促进作用。

（一）国外护理保险法的建立和发展

20世纪80年代初期，护理保险首先在美国出现，随后在其他国家相继出现。1986年，以色列政府率先推出法定护理保险制度，开创了社会护理保险立法的先河；1991年，英国出售了第一份长期护理保险。之后，奥地利在1995年、德国在1995年、荷兰在1998年、日本在2000年、法国在2002年、韩国在2007年都相继建立了长期护理保险制度。这些国家实行的长期护理保险制度，是在人口老龄化的背景下出台的，[①] 目的是化解老年人长期护理负担等生活风险。

德国和日本的长期护理保险属于强制性保险范畴，经过十几年的运行磨合，逐渐完善了各项制度，极大地缓解了老龄化压力，为大多数国民提供了良好的保障。在德国，长期护理保险已成为社会保险的第5支柱，养老方式由家庭养老向社会养老转变，除公务员等少数国民外，几乎全体国民都被纳入法定护理保险体系。据估计，德国60岁以上的人口将从2005年的850万上升至2030年的2850万，74岁的老年人中有23%生活不能自理，需要社会提供护理服务，这些老年人有72%住在家里，只有28%生活在养老院中。[②] 而80岁以上高龄老人的生活一般无法完全自理，增加了未来社会对护理的需求。截至2009年，德国每月有超过216万人口享受护理保险带来的各项服务，其中约145万人享受住宅护理，71万人享受住院护理。[③] 可见，德国的长期护理保险制度对老年人群起到了极大的帮扶作用。

日本由于出生率降低，平均寿命延长，老龄化形势非常严峻。65岁以上人口快速增长，从1960年的5.7%[④]上升至2009年的22.7%，[⑤] 预计

---

① 戴卫东：《长期护理保险——化解残疾人生活风险》，《社会保障研究》2008年第8期。
② 刘源、赵晶晶：《德国的医疗保险和护理保险》，《保险研究》2008年第3期。
③ 许娴：《德国2008年护理保险改革的特征与内容》，《中华护理杂志》2009年第8期。
④ 张天明等：《日本介护保险》，吉见弘译，中国劳动社会保障出版社，2009，第2页。
⑤ 方炀等：《浅析日本的介护理保险制度》，《国际经济》2011年第1期。

2050 年将达到 39.6%。① 早在 1995 年，日本政府就提出"关于创设护理保险制度"的议案，经过 3 年的讨论后，于 1997 年通过表决，2000 年正式实施。当年，共计 290 万人申请护理服务，认定批复率约为 95%，初步达到政府的预期目标。② 日本的长期护理保险与医疗保险、年金保险、劳灾保险、失业保险共同构成社会保障体系，全国 40 岁以上人口均被纳入护理保险范畴。像德国一样，日本在实施强制性护理保险制度时，也出现了一些不尽如人意的情况，主要是运行过程中产生了不公平现象，在一定程度上导致公信力丧失。

美国于 1965 年通过建立医疗计划法案，之后出现了疗养院保险，是长期护理保险的早期形态。80 年代中后期，保险公司开始支付基本护理和家庭护理费用，这个计划就逐渐演变成现在的长期护理保险。美国长期护理保险的经营主体是商业保险公司，属于商业保险的经营范畴。商业保险公司开发护理保险产品，投保人通过购买保险的方式自愿参加。美国长期护理保险有较大的灵活性，例如购买保单的年龄可由 18 岁到 99 岁，给付期限可由 1 年到终身不等，缴费方式可采用趸缴、10 年缴清、缴至 65 岁退休等方式，可把保单改为缴清保险或展期保险等。美国护理保险的筹资方式主要是投保人缴纳保险费，保费的多少与被保险人的年龄、最高给付额、给付期和等待期等因素密切相关。一般是按照被保险人投保时的年龄采用年均费率收取保险费，但各家保险公司所制定的费率并不统一。长期护理保险通常采用现金给付方式补偿，随着"管理式医疗"（Managed Care）模式的建立和发展，实物（护理服务）补偿的方式也逐步增加。目前，美国护理保险产品已成为社会保险的重要补充部分，发挥着社会减震器的作用。当然，美国长期护理保险在运营中也存在一些问题，例如高风险和高赔付。由于发展时间较短，在定价方面缺乏经验数据的支持，护理保险制度同样面临严峻的考验。

（二）发达国家护理保险制度简析

美国、德国和日本是目前世界上长期护理保险发展较有特色和经验的

---

① 田香兰：《日本护理保险法与老年人护理保障》，《现代预防医学》2009 年第 13 期。
② 方炀等：《浅析日本的介护护理保险制度》，《国际经济》2011 年第 1 期。

国家，其中以德国和日本的强制性长期护理保险制度最为典型。美国采用的长期护理保险制度不同于德国和日本，属于商业保险范畴。

1. 德国

德国是社会保险较为发达的国家之一，也是第一个以社会立法的形式实施社会保险的国家。1994 年，德国颁布《护理保险法》（1995 年 1 月 1 日正式实施），使之成为继养老保险、医疗保险、工伤保险和失业保险四大险种之后的第五大支柱险种，并逐渐形成了住宅护理和住院护理两大类别。护理保险以团结互助、自我管理、实物和货币给付相结合为原则，已由单一的"处置"服务转向"契约"服务。2008 年，德国对护理保险制度进行改革，主要是提高护理保险运营主体的资本实力，增加护理保险给付金额，引进亲情护理措施，加强服务质量监督，降低护理保险成本，对社会稳定发挥了十分重要的作用。

（1）护理保险制度的主要内容。德国法律规定"护理保险跟从医疗保险的原则"，即所有医疗保险的投保人都要参加护理保险。护理保险逐步实施，分两个阶段进行。第一阶段，1995 年 1 月 1 日开始缴纳保险费，4 月 1 日提供与家庭医疗有关的保险给付和服务；第二阶段，1995 年 6 月 1 日开始提供与规定医疗有关的保险给付和服务。

关于护理保险对象。全国 90% 的国民都被纳入法定护理保险体系，只有国家官员、法官和职业军人除外，他们有专门人员负责并承担有关费用。除了德国公民，所有在境内工作的外籍人员也必须参加护理保险。每个参加法定医疗保险的人必须在法定医疗机构参加护理保险，购买私人保险的人也必须参加一项护理保险。据统计，2006 年德国参加法定护理保险的人数为 7137 万人，占人口总数的 92%；参加私人护理保险的人数为 848 万人，占人口总数的 7%。享受护理保险者 181 余万人，其中 2/3 是 75 岁以上的老年人，基本实现了全覆盖。[①]

关于护理服务申请流程。为了节约卫生资源，提高工作效率，需要评估投保人的护理服务等级，以确定护理费用偿付方式与偿付比例。评估机

---

① 吴贵明等：《德日长期护理保险模式及其启示》，《护理学杂志》2010 年第 23 期。

构是从事医疗保险的医疗服务机构（MDK）。[1] 德国护理服务评估程序比较规范。首先，个人提出申请，相关部门入户调查；其次，护士根据护理要求的判定程序考察投保人的身体和精神自理程度并提交报告；最后，由相关部门审定标准。

关于护理级别与护理内容。护理保险待遇依据需要护理的程度来提供。德国护理保险服务共分为住宅自行护理、住宅门诊护理和医院住院护理三大类。根据《社会法典》中的"护理必要性"原则，服务内容是与身体相关的、需要帮助的各类活动，主要指个人饮食、卫生、日常行动等方面。护理服务按照需求强度分为三个等级，此外还有比第三级护理强度更大的极高强度护理。为了进一步提高护理保险服务，2008年增加了亲人护理措施。只要雇员的亲人有护理需要，雇员就可获得10天以内的护理假期；如果雇员所在企业拥有15个以上员工，该雇员就有权享有6个月的护理假期。雇员在护理假期无须工作，雇主也不用支付工资。护理假期内雇员同样属于社会保险的保障范畴，享有同样的社会保险服务。

关于保险费率的确定。1995年1月1日开始缴纳护理保险费，按照个人税前工资计算，费率为1%。[2] 凡是在家或福利机构被护理的人员，每月每人可从保险公司得到最高2100马克的补助；有亲属承担护理的人员，可得到1200马克的补助。[3] 从1996年7月1日起，费率定为1.7%，一半由雇员支付，一半由雇主支付。2008年改革后，保险费率由1.7%上升至1.95%（无子女者为2.2%），[4] 投保人的家庭成员如果满足医疗保险中家庭联保的规定，允许免费投保。失业人员的保费由劳工局支付，退休人员的保费由退休人员和养老保险机构共同负担，以法定养老金和其他收入作为筹资计算基础。为了从容应对老年社会，德国政府希望逐渐提高雇员和雇主的缴费比例，2030年缴费比例将达到2.4%，以确保护理服务质量。[5]

关于保险金给付。医院住院护理、住宅门诊护理、住宅自行护理给付

---

[1] 何林广等：《德国强制性长期护理保险概述及启示》，《软科学》2006年第5期。
[2] 戴卫东：《德国护理保险介绍》，《中华护理杂志》2007年第1期。
[3] 蒋光辉：《德国开展护理保险》，《卫生经济研究》1994年第2期。
[4] 吴贵明：《德日长期护理保险模式及其启示》，《护理学杂志》2010年第23期。
[5] 何林广等：《德国强制性长期护理保险概述及启示》，《软科学》2006年第5期。

比例分别为 50.6%、14.1% 和 23.5%，其中货币给付 79%、实物给付 21%。支付内容的 95% 为护理待遇支出，5% 为管理费用，不同护理等级享受差异性固定补偿金。2008 年改革后，德国政府加大了经费投入，以确保护理保险的服务质量。2015 年起，将实施每 3 年为 1 个周期的待遇指数化调整。

（2）护理保险制度特点。2008 年，德国实行护理保险制度改革。新的护理保险制度能保障德国维持和发展较高的福利水平，同时更好地满足投保人的护理需求。其护理保险制度的主要特征如下。第一，社会互助与个人自助相结合。社会保险体系的责任主体是国家成立的自治性社会组织，即社会保险机构负责社会保险事务。保险费用由个人、雇主和国家三方共同负担，其中个人与雇主承担总费用的 2/3，国家财政解决 1/3 的费用。目前，政府正在尝试进一步减少国家与雇主的负担，使个人在资金筹集中发挥更大的作用。第二，收支盈亏决定保险费率。所有的投保人与整个护理保险运营体系密切相关，一旦运营出现亏空，政府将运用提高保险费率的手段，由所有的投保人负责弥补以实现收支平衡。2008 年，保险费率从 1.7% 上升到 1.95%，为提高和改善护理质量提供了强大的资金支持。第三，保险给付体现社会公平。法律规定了统一固定的保险费率，但每个人税前工资的高低不等造成了实际缴纳的保险费用的差异。收入高的人比收入低的人缴纳了更多的保险费用，享受的护理服务却是一样的。这项原则不仅保证了社会公平，也起到了维护社会稳定的作用。第四，注重护理保险管理水平。德国医院护理管理组织极为严密，医院设立护理院长或护理部主任，依次还有护士长、高级护士、注册护士、助理护士 4 个级别。其护理管理系统十分先进，各科室护理信息通过局域网连接，护理院长通过此系统不仅能够审阅各科室护理信息，还能开通电视监控系统观察各病区护理工作量、护士主动程度、护理人力配备情况等。同时，政府通过严密的审核制度，可以向护理机构反馈信息，协助它们改进服务质量。

2. 日本

近年来，日本已步入老龄化社会。截至 2007 年，日本以 65 岁老龄人为主的"老龄家庭"达到 1006 万户，占家庭总数的 21%，比 1980 年增长了近 8 倍。2010 年，卧床和痴呆的老年人为 390 万人，预计 2025 年将达到 520 万人。[1] 为了解决老年人长期护理的难题，1997 年 12 月日本政府制定了《护理保险法》，2000 年 4 月正式实施。护理保险法对传统社会保障制度进行改革，服务供给方式由政府主导型向社会化契约型转变，以解决老龄社会的棘手问题。由于护理费用居高不下，2006 年 4 月政府对护理保险制度进行修订，注入"预防疾病、维护健康"的理念，强化居家护理指导，设立"地区综合援助中心"，建立地区护理和福利给付金制度，以提高老年人的生活水平。

（1）护理保险制度的主要内容。1995 年，日本政府提出"关于创设护理保险制度"的议案，2000 年 4 月 1 日正式施行。该制度是日本继医疗保险、年金保险、劳灾保险、失业保险后通过的第 5 项社会保险制度，目的是解决老年护理难题，遏制日趋严重的医疗财政赤字。

关于护理保险对象。《护理保险法》规定，以市町村及都道县府和医疗保险机构作为保险人。护理保险的对象是 40 岁以上的所有日本公民，保险对象依据年龄分为两类。分别是第 1 号与第 2 号被保险人。第 1 号被保险人是指 65 岁及以上的老年人，第 2 号被保险人是加入医疗保险的 40～64 岁的公民。2006 年护理保险制度覆盖率为总人口的 54.5%，40 岁以上人群的覆盖率是 97.3%。其中第 1 号被保险人有 2676.3 万人，占总人口的 21.1%；第 2 号被保险人有 4239 万人，占总人口的 33.4%。[2]

关于护理申请与认定程序。被保险人需要护理时，可以提出申请，经护理认定审查会确认后，即可享受不同等级的护理服务。具体步骤为如下。①被保险人或家属向居住地政府（市、县、村政府）提出申请。②社会保险调查员入户调查，对申请人的身心状况进行检查。调查结果归纳为现状调查、基本调查和特殊事项三方面。其中基本调查共计 85 项，包括四肢麻痹的评定、精神状态、行为能力、日常生活能力、特殊医疗需求等。[3] 调查员将调查信息输入计算机，并据此推算护理所需时间和等级。③访问

---

[1] 张玉玲：《日本护理保险——老年人的福祉》，《中国保险报》2010 年 5 月 26 日。
[2] 吴贵明等：《德日长期护理保险模式及其启示》，《护理学杂志》2010 年第 23 期。
[3] 张天明等：《日本介护保险》，吉见弘译，中国劳动社会保障出版社，2009，第 47 页。

调查结果将和医生意见书一起上交,由医疗、保健与福利专家组成护理认定审查会,进行是否需要护理的审查以及判定护理的程度。④在判定结果的基础上进行认定,30 天内告知结果。原则上每隔 6 个月必须重新接受一次专家认定。

关于护理级别与护理内容。护理等级分为需要援助类和需要护理类。需要援助类属于最低级别,分为需要援助一级和需要援助二级;需要护理类根据护理程度的轻重又分为五个级别。① 护理给付服务的主要内容由直接护理、社会福利与医疗保健等综合指标组成。护理给付服务分为三个类别,分别是居家护理服务、设施护理服务和社区贴紧型服务。居家护理服务指居家生活时需要支援者或需要护理者,以便提供必要的护理服务。设施护理服务分为三类,主要收养对象是:65 岁以上病残老人或痴呆症患者;卧病在床,丧失独立生活能力的老人;60 岁以上有独立生活能力又不能与家人同住的老人。社区贴紧型服务主要是指夜间应对型上门护理、小规模多功能型居家护理、痴呆症应对型日托护理、痴呆症应对型共同生活护理、社区贴紧型特定设施、护理老人福利设施入住者生活护理。

关于资金来源。日本护理保险制度中要求被保险人缴纳全部护理费用的 10%,其余 90% 由护理保险承担。护理保险采用强制保险的方式,按照一定比例缴纳保险费,保费的缴纳比例一半来自被保险人缴纳的保险费,一半来自国家、都道县府、市町村,三级政府按照 2∶1∶1 提供补贴。②

关于费用负担。根据相关规定,第 1 号被保险人负担保险费总额的 17%,保险费直接从养老金中扣除;第 2 号被保险人负担保险费总额的 33%,保险费与医疗保险费同时缴纳。缴费依据国家规定的费率计算,给付则根据个人身体实际情况和护理需求不同确定。给付方式采用实物(护理服务)给付为主,现金给付为辅。2006 年实施《护理保险法(修正案)》后,为了节省给付保险金额度,居家护理服务和设施护理服务所需

---

① 陈竞:《日本护理保险制度的修订与非营利组织的养老参与》,《人口学刊》2009 年第 2 期。
② 宋世斌:《我国医疗保障体系的债务风险及可持续评估》,经济管理出版社,2009,第 37 页。

的费用出现了 5%~10% 的涨幅。①

（2）护理保险制度的特点。2006 年《护理保险法（修正案）》的关键是重视"预防"阶段和防止保险费超额给付。新的《护理保险法》能够回避以往存在的不合理之处，更能充分发挥社会稳定的优势作用。其护理保险制度的主要特征如下。第一，减轻国家负担，强化家庭关系。护理保险制度将保障的重心由偏重福利设施转向居家模式，减少了建设福利设施的费用。同时还合并了"老人福利制度"和"老人医疗保健制度"，不仅提高了工作效率，还能减轻国家财政负担，实现了从财政无偿负担到社会保险有偿契约的质的飞跃。通过加强居家服务，也能增进家人之间的精神交流，提高老年人的生活质量。第二，发挥民间力量，体现市场竞争。日本 2006 年对《护理保险法》进行修订，将社区保健的服务主体转移到政府以外的民间。其核心是建立一个市场化的服务利用者与提供者之间对等、对话的选择利用机制。民间私营企业的参与引进了市场竞争机制，激发了社会潜力，不仅能降低服务成本、扩大服务内容，还能进一步提高服务质量。第三，强调预防在先，居家护理。2006 年实施《护理保险法（修正案）》的关键是重视"预防"阶段，引入预防在先、护理在后的理念。这是缓解护理需求压力的有效途径，对其延迟进入护理阶段具有实质性意义。通过大力推广预防工作，不仅能减轻被保险人的经济负担，还能减少对护理机构的需求。

3. 美国

美国的长期护理保险是承保被保险人在医院或家中因接受各种个人护理服务而发生的相关护理费用的险种。随着人口老龄化的增长，美国越来越多老人的日常生活需要家庭护理或其他形式的帮助。目前，大约 2/3（约 1 亿）的 65 岁及以上老龄人口需要某种形式的长期护理，其中 1/5 的人需要护理的时间是 2~5 年，1/5 的人需要护理的时间超过 5 年。② 因此，美国长期护理保险市场增长很快，有些地区甚至占领了约 30%的人身保险市场份额，成为美国健康保险市场上最为重要的产品之一。尽管各个保险

---

① 陈竞：《日本护理保险制度的修订与非营利组织的养老参与》，《人口学刊》2009 年第 2 期。
② 彭荣：《国内外长期护理保险研究评述》，《合作经济与科技》2009 年第 1 期。

公司销售的各种长期护理保险不尽相同，但主要条款基本一致。

（1）护理保险制度的主要内容。美国的长期护理保险由商业保险公司承保，以特殊商品的形式存在。投保人可自由参保，供求关系完全由市场调节，体现了灵活性、多样性的特点，能满足不同层次人群的各种需求。

关于投保年龄和保险缴费。保险公司将投保时的年龄限制在 50～70 岁，根据其年龄和实际需求将承保期分为三个年龄段。投保时年龄与保险费、最高给付额、给付期、等待期、医疗状况和病史等因素密切相关。投保时年龄越低，则费率越低；年龄越大，最高给付额越高，给付期越长，等待期越短，有病史等保险费就越高。美国各保险公司所制定的长期护理保险费率并不统一，但原则基本一致，通常都是依据被保险人投保时的年龄，采用年均费率计算保险费。保险费的核定不仅要考虑被保险人的年龄，还要考虑其他相关条件，例如被保险人所选择给付期、等待期和保险责任范围等，夫妇双方同时投保还可给予优惠。被保险人一旦投保，保险公司就不能随意撤销保单，即使被保险人的健康状况发生了变化也要履行保单责任，保险公司可以在保单更新时采取提高保险费率的方式，此后被保险人同样能享受和其他被保险人一样的待遇。

关于保险责任范围。美国长期护理保险承保被保险人在任何场所（除医院急病治疗外）因接受各种个人护理服务而发生的护理费用。它具有多种形式的保险责任，能够充分满足被保险人的各种需求。保险责任范围包括三种护理类型，分别是专业家庭护理、日常家庭护理和中级家庭护理。此外，一部分保单还具有其他可选择的条款，以便满足投保人的各种需求，例如提供成年人白天护理、家庭健康护理和高龄老人需要的其他帮助等。

关于承保方式。美国长期护理保险承保形式较为灵活，既可以独立签发，也可以终身寿险保单的批单形式签发，既可以单独承保个人，也可以团体承保。被保险人在以个人身份投保时，保险公司通常要对投保人进行风险选择，从被保险人的年龄、医疗状况以及病史等方面进行考量，考量过程完全依据投保人的陈述和医院出具的健康状况证明，不需要进行体检。对于健康情况较差的人保险公司拒绝承保，这使得个人投保的要求高于团体投保。

关于保险金的支付。美国长期护理保险主要有两种承保方式，分别是独立签发的护理保单和终身寿险的批单签发。由于承保方式不同，所签订保单中的保险金支付方式也存在差异。年缴保费会随着承保方式、年龄、保险金给付额、等待期的不同而变化。独立签发的护理保单保险人在支付保险时允许被保险人在最高支付额、支付期和等待期三种方式中选择一种。①最高支付额。美国长期护理保险通常规定每日支付限额，即被保险人的日护理费用不得超过固定的额度。也有保单规定整个支付期内的支付限额和日支付限额，如果日支付限额累计达到整个支付期的总限额，则保单责任自行终止。如保单规定在5年给付期内总限额为182500美元，每年按365天计算，即同时规定了日给付额（最高为100美元）。① ②支付期。保险公司提供1年、几年或终身等不同给付期供被保险人自由选择，投保人通常选择2~4年给付期，少数人会选择终身给付。保险公司依据被保险人选择的给付期限承担支付责任。③等待期。选择保单时通常必须选择等待期，等待期从被保险人接受承保期内护理服务之日开始。等待期的长短和保险公司履行给付责任密切相关，只有过了等待期，保险公司才对被保险人支出的护理费用履行给付责任。等待期越长，保费越低，目的是消除投保人的小额索赔，减少保险公司的工作量。终身寿险批单签发的长期护理保单，在获得护理保险给付之前必须至少已生效一年。护理保险通常的给付方式是按月给付，从终身寿险保额中相应扣减应给付的金额，当寿险保额累计扣减达到50%时，保险公司停止支付，余下的寿险保额部分在长期护理保险到期时给付被保险人。

（2）护理保险制度的特点。美国长期护理保险保单中有三个很重要的条款，分别是"通货膨胀"条款、"不没收价值"条款和"保证可续保性"条款。前者是为了应对通货膨胀，后两者是为了给购买保险或决定撤单的被保险人提供保障。在护理保险的管理方面，通过市场竞争控制护理费用，达到有效控制业务风险的目的。其主要特点是如下。①保单长期有效，确保投保人利益。只要被保险人按时缴纳保费，保单就不能被取消，

---

① 周芳：《美国的长期护理保险及其对我国的借鉴》，《保险》2008年第8期。

即使保险公司停止销售此种保单也不能免责。被保险人可以续保到特定年龄甚至终身续保，续保时保险人可以提高被保险人的保费，但不可针对个别情况进行调整。这一保护措施有利于投保后身体健康状况发生变化的被保险人，但保险公司的风险也会随之加大。②"不没收价值"条款弥补撤单损失。由于护理保险承保时间较长，因此具有储蓄功能，若干年后会出现一定的现金价值积累。如果被保险人提出撤销现存保单，则保险公司必须向其提供"不没收价值"的选择权。③抵御通货膨胀威胁。美国一直存在通货膨胀，未来长期护理保险的给付可能无法支持不断上涨的护理费用。为了应对通货膨胀，抵御安养院逐年攀升的成本，美国各保险公司通常设计了能够抵御通货膨胀的条款。一种是在保单中规定根据通货膨胀的指数，给付额可以有每年3%~5%的增长率，另一种是赋予被保险人定期购买额外保险的权利，且不需要再提供健康证明。这两种方法虽然可以起到抵御通货膨胀的作用，但不是两全之策。首先它会大幅度提高被保险人的年缴费额，而且在被保险人达到某个年龄或投保缴费满一定时期后，就不能再采用，因为实际运行时会发生被保险人因无力支付保费而致使保单失效的情况。为了规避风险，保险公司只能采取以上策略保障业务正常进行。④通过市场竞争控制护理费用。由于被保险人能够自由购买护理保险产品，为了吸引更多的投保人，各保险公司制定了多种保险服务，采用不同的筹资方式与保险提供方式，致使各保险机构之间的竞争不断加剧，使与之合作的医疗机构降低服务费用，这不仅能减少保险费用，而且能有效控制业务风险。市场竞争使被保险人成为直接受益者，能充分享受到质优价廉的护理服务。

三 两种制度模式的比较分析

目前，各国实行的护理保险制度主要分为强制险和商业险两种模式，这两种模式在灵活性、公正性和风险性方面各有优劣。通过比较研究，可以了解强制性护理保险和商业性护理保险的共同点和差异，以期为发展中国特色的护理保险模式提供借鉴。

1. 两种制度模式共同的优点

（1）重视在家护理。家庭护理服务是患者最容易接受的方式，使老年人不出户就能享受护理服务，不仅体现了以人为本的服务理念，促进疾病的康复，还能避免因入住医院和护理机构带来的高昂费用问题。（2）提供专业化服务。强制性护理保险和商业护理保险模式均注重专业化服务，建立了较为完善的护理服务保障体系，包括培养高素质的护理人员，建立各种专业化护理机构，提供专业化护理服务。服务内容涵盖医疗护理、精神护理和生活护理等方面，服务时间可以达到24小时不间断，对有需求的老年人提供多渠道全方位的护理服务。（3）护理等级决定给付数量。长期护理保险涉及的内容十分广泛，被保险人的护理需求也各不相同。因此有必要对老年人护理需求的类型和等级进行界定，以确认护理服务的给付数量，实现服务资源的有效利用，达到社会资源的合理配置。（4）重视实物（护理服务）给付方式。与现金给付方式相比，实物给付更能适应被保险人的各种护理需求，能最大限度发挥护理实效，也能节省总体护理费用。

2. 两种制度模式各自的不足

（1）商业护理保险模式的不足。首先，承受能力有限，致使保险覆盖率不高。由于承受能力有限，越来越多的美国人未购买任何健康保险，其中包括长期护理保险。美国人口调查局资料显示，2004年美国约有4350万人（占总人口的14.9%）没有健康险，2005年达到4480万人（占总人口15.3%）。① 即使已购买护理保险产品的人，由于收入水平不同，他们享有长期护理服务的保障也不同。其次，长期护理费用不断攀升成为负担。由于老年人口越来越多，技术进步使得人口期望寿命不断提高，美国长期护理保险制度出现护理费用连年上涨的情况，此费用已成为住院费用增长的巨大驱动器，极大地加重了个人和保险公司的负担。例如2005年政府和居民个人在长期护理上的支出超过200亿美元，比上年多了约65亿美元。1998~2007年护士之家的护理费用增长了70%，而家庭护理的费用则增长了近100%。② 同时，商业保险市场道德风险及信息不对称现象严重，使得保险公司较难控制护理费用，致使保险公司和个人的负担日益加重。最后，护理服务覆盖深度和广度难以拓展。美国长期护理保险的深度和广度

---

① 荆涛：《建立适合中国国情的长期护理保险制度模式》，《保险研究》2010年第4期。
② 彭荣：《国内外长期护理保险研究评述》，《合作经济与科技》2009年第1期。

难以拓展，主要原因有三个方面：第一是保险产品的定价高，使收入水平较低的人望而却步；第二是保障较低，保险条款缺乏吸引力，被保险人不仅很难购买到适合自身经济条件与身体状况的产品，还担心理赔过程是否公正；第三，无法预测将来需要长期护理的实际情况，很难就此作出准确的判断来选购合适的产品。

（2）强制护理保险模式的不足。德国和日本采用了社会保险模式，并通过国家法律强制实施，较大程度上解决了全社会共同面临的老年护理问题，实现了老年护理事业的社会化。对于实施中存在的问题，日本在2006年对护理保险进行了新的修订，目的是促进护理服务供给的市场化和契约化，适度发挥竞争机制的作用，提高服务质量，减少资源浪费，但仍存在一些不足之处。首先，加重了地方财政负担。护理保险制度的建立是为了减轻中央财政的压力，但是增加了地方财政的压力。2002年日本共同通讯社的调查显示，日本全国有426个保险者（市町村）因护理保险基金财政不平衡向安定基金借贷，占保险者总数的15%，是2001年的5.3倍。其中冲绳县的借贷率最高，借贷总额高达29亿日元。① 究其原因主要有三点：①在老龄化社会持续发展的背景下，护理保险制度采用现收现付的运作模式，致使原本财政来源不足的地方政府雪上加霜；②市町村为了照顾当地居民的感情，将保险费用核定过低，导致护理保险基金出现赤字；③居家护理服务和机构护理服务的利用率均超过预期，同时护理服务的成本较高，对地方财政造成较大压力。其次，护理审定与支付程序中存在不公正现象。在护理级别审定过程中，虽然调查员会遵循严格的操作程序，由于老年人的身体状况变化比较大，调查员也很难作出准确的判断，这就使得护理级别的审定工作容易出现偏差。在确定被保险人的护理服务级别和护理内容时，可能出现应该接受服务的对象未能享受此种权利，而不需要特别护理的人却获得了过多服务的现象。同时，调查人员的业务水平和判断能力的差异也在一定程度上影响审定结果。而且，在支付程序中也有不公平现象，保险金的支付与缴费金额及时间无关，完全依据被保险人的健康状

---

① 仝利民等：《日本护理保险的制度效应分析》，《人口学刊》2010年第1期。

况进行赔付，赔付标准通常按照护理的平均水平，对于要求高度护理的老人，也会发生不足额不到位的情况。最后，护理机构和人员缺乏，制约护理保险的发展。老年人护理机构数量不足，很多应转入养老机构的老年人被迫滞留在医院，造成不必要的医疗费用支出。2007年日本厚生劳动省的数据显示，全国共有老龄护理机构5892所，定员412807人，入住率高达98.1%。[1] 日本长期护理保险对护理人员的要求较高，提供的待遇很低，超过60%的地区出现了服务人员短缺的现象。2008年护理服务人员平均工资只有1230日元/小时，远低于1830日元/小时的社会平均工资，属于日本全行业最低工资水平。由于工资低，劳动强度大，很多服务人员被迫离开护理岗位，1年内离职率高达39%。虽然2009年政府将护理报酬提高了3%，但这只是杯水车薪，仍然不能解决待遇过低的现实问题。事实上，护理人员缺乏在一定程度上制约了护理保险事业的发展。

第二节 护理保险法在中国的展望

随着银色浪潮席卷我国，老年人的护理问题日益凸显。作为健康保险重要组成部分的长期护理保险，不仅能给个人和家庭提供经济支持与专业护理服务，使他们从容面对困扰已久的护理问题，还能给保险公司、护理机构带来商机，同时提供更多的就业岗位与发展机会。为此，我们应借鉴德国、日本、美国等国家建立长期护理保险制度的经验，探索适合我国国情的老年护理模式，以应对老龄化带来的养老护理危机。

一 我国发展长期护理保险的必要性

我国在1999年即已步入老龄化国家行列。与世界上其他国家相比，我国人口老龄化基数大、增幅快，老龄化压力更为明显。由于医疗技术水平的提高，我国老年人口平均寿命也在不断延长，而在经济条件尚不发达的社会条件下，传统模式的护理服务很难得到保障，老年人的护理问题已成

---

[1] 方炀等：《浅析日本的介护护理保险制度》，《国际经济》2011年第1期。

为迫切需要解决的社会问题。

1. 人口老龄化导致护理需求增长

根据国际社会保障协会和联合国的标准,60 岁以上的人口占总人口的 10% 以上,或 65 岁以上的人口占总人口的 7% 以上,便被称为老龄化社会。① 2000 年,我国第五次人口普查结果显示,全国 60 岁以上的老年人口达到 1.3 亿,占总人口的 10.41%,其中 65 岁以上人口为 8811 万人,占 6.96%。② 这些数据标志着我国正式进入老龄化社会。尽管我国老龄化时间迟于发达国家,但老龄化速度却快于世界平均水平。全球最早进入老龄化社会的国家是法国,从成年型社会转变为老年型社会经过了漫长的 115 年,瑞典、美国、英国分别用了 85 年、66 年和 45 年,而我国仅用了 18 年。根据联合国统计预测,1950~2000 年世界老年人口增长 176%,中国老年人口增长 217%;2000~2025 年世界老年人口增长 90%,中国老年人口增长 111%。③ 据专家预测,到 2050 年,我国 60 岁以上人口总数将达到 4 亿左右,占总人口比重将超过 25%,中国将迅速成为高度老龄化国家。

2. 家庭结构缩小导致护理需求增长

随着我国经济发展与人口结构的变化,原有居家养老的家庭护理模式不断受到冲击。传统上老人的照顾责任都是由家庭来承担的,由于家庭结构不断缩小,这种家庭护理模式目前难以维系。一直以来,我国家庭户均人口不断下降,从新中国成立前的 5.9 人降至 1973 年的 4.81 人,1990 年降到 3.97 人,2003 年继续降至 3.38 人。短短几十年间,我国已经由原来的传统联合家庭向直系家庭转变,继而又向核心家庭转变。而且,由 4 位老人、1 对夫妻和 1 个孩子构成的"421"家庭已经成为一种普遍的家庭结构,这种"421"的家庭模式将会给家庭养老造成巨大的压力。目前,普通家庭中的夫妇不仅要赡养 4 位老人,同时还要抚养 1 个孩子。作为社会中坚力量的中年人,承担着照顾年迈的父母和年幼的孩子的双重责任。随

---

① 荣幸:《长期护理保险的发展前景分析》,《中国保险报》2010 年第 2 期。
② 王慧:《长期护理保险的必然选择——保险与护理的双重专业化经营》,《经济师》2007 年第 2 期。
③ 荆涛:《对我国发展老年长期护理保险的探讨》,《中国老年学杂志》2007 年第 2 期。

着预期寿命增加,"621"甚至"821"结构的家庭模式也不少见。许多低龄老人本身就是被照顾的对象,但也必须照顾自己的高龄父母。由于照顾力不从心,这类家庭中25%的孙子、孙女不得不加入照料者的行列。巨大的生活成本、激烈的生存竞争和新型生活方式的出现,导致城市独生子女的父母进入老年后,生活照料问题将成为家庭养老的难点。

在家庭模式日趋小型化的同时,空巢家庭也在不断增加。在城市,由于子女外出工作,"空巢"家庭(即老年人单独居住)在城市平均达到30%,个别大中城市甚至超过50%。2010年,我国城市老年家庭中的"空巢率"将达到80%。① 空巢家庭在农村尤为明显。由于城市化进程加快,20世纪八九十年代以后,大量农村年轻人口涌入城市打工,产生了许多只有老人和儿童的留守家庭。2007年人口普查数据显示,我国农村老年人口8557万人,占全国老年人口的65.82%。② 农村老年人不仅没有享受养老和护理服务,还要抚养儿童并承担一定的生产劳动,他们承受着前所未有的精神和经济压力,这种现象进一步加剧了老人的身体衰老和疾病化程度。传统的家庭护理功能逐渐削弱,这些老人正处于脆弱的家庭养老危机之下。

3. 医疗护理保障体系尚不成熟

现阶段的老年护理事业需要不断完善,它不仅与我国提出的社会保障目标存在一定差距,与世界发达国家相比,在医护质量、保障范围、发展水平上仍然相差甚远。主要体现在两个方面。

第一,社会医疗保险保障不足。目前,我国城市实施的是城镇居民基本医疗保险,未能实现全民医保,一部分老年人处于体制保障之外,他们没有享受到普通医疗费用保障,更无法享受长期护理费用保障;而另一部分参加基本医疗保险的老人,不仅要自己负担很大比例的医疗费用,由于"封顶线"的限制,超出规定的部分同样没有保障。在农村,新型农村合作医疗制度虽然给广大农民带来了切实利益,但不能解决根本问题。养老仍要依靠积蓄和子女的资助,一旦遭遇重大疾病,高额的医疗费用会使一

---

① 王慧:《长期护理保险的必然选择——保险与护理的双重专业化经营》,《经济师》2007年第2期。
② 黎建飞等:《构建我国老年护理保险制度研究》,《保险研究》2009年第11期。

些农民因病致贫和因病返贫。

第二，护理服务体系尚不健全。长期护理体系主要有四种不同的护理模式，分别是医院护理、社区服务、家庭护理以及社会养老机构等综合护理。医院护理比较正规，护理设施较为完善；社区服务具有广泛性与综合性，围绕公共卫生、初级保健、康复保健和临终关怀等方面进行；家庭护理是我国最普遍的护理模式，以配偶和子女护理、雇工护理为主。现阶段，我国老年人的护理模式仍然沿袭居家养老的方式，以家庭护理为主、社会养老机构护理为辅。但是，在"421"模式的小型户家庭背景下，家庭护理已日益力不从心，而社会养老机构与专业护理人员严重不足，加剧了老年护理的社会矛盾。

二 我国开展长期护理保险可能面临的问题

在我国，长期护理保险面临巨大的潜在需求，也存在一些困难和挑战。这些问题主要包括长期护理保险意识薄弱、保险公司缺乏技术和经验、护理机构严重缺失、护理费用偏高等。高额的保险费与薄弱的护理保险意识是影响公众购买护理保险最重要的两个难题，养儿防老的传统观念使一部分家庭很难接受护理保险，高额保费又使部分公众望而却步。

1. 长期护理保险意识薄弱

在我国，养儿防老的观念沿袭已久，这种观念深刻地影响着人们对养老方式的选择。很多父母希望年老有病时或生活不能自理时，子女能够在家中陪伴并照料，认为这样他们才能老有所依，幸福地度过晚年生活，因此对于社会养老持排斥态度，子女也担心把父母送入养老机构被认为是不孝行为。因此，在传统观念的制约下，家庭养老一直占据主导地位。长期护理保险的出现打破了传统观念，短时间内很难让人接受。同时，许多保险公司对健康保险的发展缺乏信心，不愿涉足老年护理保险领域。目前，商业健康保险市场还没有形成良好的发展机制，虽然市场潜力巨大，由于保险公司缺乏精算数据以及风险控制能力等，加上宏观配套政策不到位、经营环境欠佳，部分健康险种赔付率居高不下。因此，保险公司逐渐丧失信心，对健康保险中较复杂的长期护理保险，更是较少涉足。由于公众和保险机构均存在意识误区，长期护理保险开发迟缓。

2. 保险公司缺乏技术和经验

相对于发达国家而言，我国长期护理保险还处于萌芽状态，几乎是一片空白。我国于 2005 年 4 月建立第一家专业化健康保险公司——中国人民健康保险股份有限公司，并于 2006 年 6 月推出"全无忧长期护理个人健康保险"。① 这是我国第一款商业性质的长期护理保险，至今已推出近 30 个条款，市场份额达到 95% 以上。② 之后，还有国泰人寿保险公司推出的"国泰康宁"长期看护健康保险，太平洋人寿保险公司开发的"太平盛世"附加老年护理费保险和信诚人寿的"挚爱一生"附加女性保障长期护理保险。这些护理保险的出现无疑是件令人兴奋的事情，但与国外老年护理保险相比仍有较大差距。在内容上，也仅在规定的年龄后定期给付投保人一定数额的保险金作为护费，并没有给老年人提供直接受益的护理服务。表 11-1 是平安、友邦、国泰保险公司几种产品的对比，从中可以看出各家保险公司护理保险产品的特色与差异。③

表 11-1 国内长期护理保险产品对比

	产品	投保年龄	缴费和领取方式	产品特色
平安	钟爱一生	0~55 周岁	四种年金领取时间（50、55、60、65 周岁）；两种年金额领取期限（年领、月领）	最少可领 20 年，可领至百岁；年金每 3 年递增领取；保单分红；特别附加重大疾病提前给付
友邦	金福	18~59 周岁	七种缴费方式；两种年金领取时间（55、60 周岁）；两种年金领取期限（年领、月领）	年金领取前积累的增值红利在约定领取当年一次性给付，此后每年发放现金红利
国泰	康宁长期看护险	18~55 周岁	10 年或 20 年缴费	确诊后一次性发放保额的 12%，然后每半年领取保额的 8% 作为长期护理康复保健金，保费豁免功能

---

① 王慧：《长期护理保险的必然选择——保险与护理的双重专业化经营》，《经济师》2007 年第 2 期。
② 谢柳：《养老——期待加快发展护理保险》，《中国保险报》2011 年 2 月 24 日。
③ 张洪烨等：《国外长期护理保险对我国健康保险市场的启示》，《金融广角》2006 年第 5 期。

长期护理保险在我国出现时间较短，无论是保险公司内部管理因素还是中国经济发展的外部条件，都在一定程度上影响护理保险的发展。首先，从内部管理层面看，基础数据及人才较为匮乏，风险控制技术滞后。除了控制道德风险外，产品的开发需要大量统计数据作支持。由于缺乏充足详尽的数据资料，费率的制定难以掌控。同时，在核保、费用、理赔调查、风险控制及后期风险跟踪等各个环节经验不足，有待完善。其次，外部经营环境较差，既无科学可行的护理程度评定标准，也没有形成规模的护理机构和护理人员提供服务，护理服务专业化程度低，有效供给严重不足。这些在一定程度上制约了长期护理保险产品的开发和创新。

3. 护理机构严重缺失

尽管居家养老目前仍占据主导地位，不可否认，机构养老是未来的发展趋势。只有在专业养老机构生活的老年人，才能享受到更全面、更专业的护理服务。但是，目前能够提供老年护理的专门机构寥寥无几，虽然各大城市配备了疗养院等机构，但只限于社会福利范畴，入住的老年人只能享受最基本的养老保障，商业性质的养老服务机构和长期护理保险机制仍处于萌芽状态。据统计，目前我国养老机构的床位数量只占老年人口数量的0.84%，即平均每1000位老人才有8张床位。2006年，全国城市福利机构只有417.9万张床位，农村只有89.5万张，而同期老年人已达到1亿，[①] 比例严重失调。

4. 护理费用偏高

长期护理服务消耗大量人力、物力，需要大量资金支持。现阶段，我国仍处于社会主义初级阶段，缺乏广泛的物质基础，护理费用完全由政府承担并不现实，对于未富先老的中国家庭来说也是个沉重的经济负担。目前，护理费用普遍偏高，资金严重缺位。按照生活依赖程度，老年护理可分为3类，即完全依赖护理、大部分依赖护理和部分护理依赖。即使是护理费用最低的部分依赖护理，所需的年均护理费用也在5000元以上，全国3000万生活不能完全自理的老年人的护理费用至少要1500亿元。[②] 同时，

[①] 黎建飞等：《构建我国老年护理保险制度研究》，《保险研究》2009年第11期。
[②] 黎建飞等：《构建我国老年护理保险制度研究》，《保险研究》2009年第11期。

不断攀升的护理费用加剧了各方负担。以 2000 年上海为例，老年公寓全天护理平均每人每月 1200 元左右。政府和医院联合办的专业护理院全天护理平均每人每月 720 元左右。① 目前，费用已经远远超过这个标准。随着老年人口增多，长期护理市场需求在不断增加，各项费用也在不断上涨，已经严重超出很多家庭的承受能力，也给政府的财政支出带来了巨大的压力。

三 我国发展长期护理保险的对策

面对发展长期护理保险中的困难和问题，我国政府和保险公司任重而道远。长期护理保险经营体系由三类不同主体构成，分别是专业经营主体、中介管理主体和护理服务提供主体。只有三类主体共同努力，协同作战，才能实现护理资源的优化组合。笔者认为，要科学合理地构建具有中国特色的护理保险体系，应从以下方面入手。

1. 加大宣传力度，增强民众及保险公司的意识

由于我国公众及企业雇主、雇员保险意识比较淡薄，保险公司在产品研发过程中也存在认识偏差，间接造成买卖双方的认识矛盾，严重阻碍了护理保险事业的发展。

（1）加大护理保险宣传力度，增强公众参保意识。由于受到"养儿防老"等传统思想束缚，人们普遍选择居家养老的护理模式，对近年出现的商业性质的长期护理保险缺乏热情。我们应该从思想意识着手，化解公众对于长期护理保险的偏见和误区。尤其是老年人群，他们的保险意识非常薄弱，总是一味地把希望寄托在政府和子女身上。同时，还要积极扭转其他家庭成员的思维方式，让他们接受长期护理保险与传统观念并不矛盾的观点，认识到为老人选择一个专业化的养老机构才是明智的选择。这样不仅能够缓解下一代的生存压力，对他们因忙碌而造成的照料不周提供补偿，还能让老人接受更加专业的护理服务，从而提高老人的生活品质。

（2）增强雇主及雇员购买长期护理保险的意识。对于雇主而言，购买

---

① 王慧：《长期护理保险的必然选择——保险与护理的双重专业化经营》，《经济师》2007 年第 2 期。

长期护理保险是应尽的义务，此举既可以帮助员工解决自身后顾之忧，又可减少员工因照顾家人而消耗的时间和精力，从而增强员工的工作热情与动力。目前，企业雇员的自我保障意识较差，很少有人运用法律武器维护自身合法权益。应该让他们意识到购买护理保险既是福利也是权利，要充分预见退休后接受长期护理服务的风险，提前计划才是明智之举。

（3）提升保险公司"健康保险"理念，开创社会效益与经济效益双赢局面。尽管健康保险市场存在巨大潜力，但是由于保险公司缺乏经营管理经验，因而造成部分险种赔付率较高甚至出现亏损的局面，从而对长期护理保险失去信心。保险公司不应该被暂时的困难所困扰，应该珍惜老龄化背景下护理模式转变时的良好机遇，重视健康管理在实际生活中的应用，以改善和提高被保险人健康状况为目的。保险公司可采用健康教育、健康咨询、预防保健、医疗服务网络、健康指导等多种手段，以实现促进健康、预防疾病的目的。

同时，保险公司应尽快建立一套长期发展的良性机制，从销售、核保、核赔、护理服务提供等几个方面进行建构，逐步建立专业化的风险评估、管理和干预体系，以科学高效的职能管理，达到规避风险、提升效益的终极目标。在产品开发过程中，要重点关注以下方面的职能设置，例如销售风险控制、智能核保、定价管理、客户风险预警、定点护理机构管理、数据分析、服务费用成本控制等，以便及时发现问题，调整方向，尽快开创双赢局面。

2. 专业经营主体的对策

我国目前的护理保险是由商业保险公司经营，作为专业经营主体的保险公司，不仅要实现企业赢利，还承担着为民造福的重大社会责任。如何实现社会效益和经济效益的双赢，是保险公司目前面临的较大的难题。应该加强长期护理保险产品的开发，既要借鉴国外先进经验，也要结合我国实际，不仅要在保险基金构成、保险条款规定、护理服务提供等方面进行科学研发，也要注重专业保险人才培养。要依托专业经营模式、先进风险管理手段，在兼顾疾病、身故等多种保障的基础上，为被保险人提供周到细致的长期护理保障。

（1）重视产品开发，严控经营风险。我国的中青年人群普遍关注理财产品，具有储蓄或投资性质的健康险险种更容易被他们接受。他们购买保险的目的是解决退休后的养老问题，若干年后才可能需要护理服务，长期护理保险因此兼具了储蓄和保险的双重功能。保险公司也可以考虑随账户余额的变化增加保险金，或者在被保险人意外死亡时一次性支付保险金，这样会吸引更多的中青年人群参保。购买护理保险的人越多，就越能够获得大量保费，然后可将保费再投入护理机构，参与护理资源兴建与改造，完善后的护理设施必将吸引更多的投保人，进而形成良性循环发展机制。

（2）满足实物给付（护理服务）需求，实现护理保险的全面保障。保险公司在开发产品的同时，也需要销售服务理念。应充分考虑老年人独特的消费特点，打造以诚信和爱心为核心的品牌。可以借鉴国外"管理式看护"的经验，在给老年人提供"保险金"补偿的基础上，增加"护理服务"和"护理信息"等内容，实现对被保险人的全面保障。

目前，长期护理保险仅仅是提供资金支持，被保险人尚未享受到直接的"实物给付"。因此，应该大力提倡实物给付的服务方式，这种方式不仅能够避免道德风险的发生，还能节省开支，为老年人提供更加专业化、多样化的服务。商业保险公司若能将护理保险与养老设施、养老服务紧密结合，同时整合市场资源，开发与养老金、养老护理、医疗服务相结合的较为全面的保险内容，前景将十分可观。

（3）理顺业务操作系统，增加健康管理服务，提高风险管理技术。长期护理保险产品相对于寿险、医疗保险等普通人身保险具有特殊性，涉及面较广（涉及投保人、被保险人、医院、护理机构），不仅需要了解被保险人的投保年龄、过往病史、伤残情况，还要确定护理费用额度、保障年限、给付期限、缴费方式、领取时间等。因此，要依托新型经营模式，充分展现专业保险公司经营的优势和产品特色，以被保险人为中心，销售风险控制技术含量较高、保障层次全面丰富、有鲜明健康管理服务特色的护理保险产品。

依据业务操作流程，严格规范签约—履约—合同终结这三个阶段的审核要求。签约时应该重点核定被保险人是不是身心健全的个人，是否具有适保性。在履约过程中应注重"预防为主、减少疾病"的理念,向被保险人提供预防保健、健康教育、医疗指导等附加值,以减少被保险人患病的概率,还能有效降低医疗赔付水平。如果老人不愿意在护理中心生活,可以采取家庭护理的形式。长期护理保险能够充分发挥家庭护理的作用,节约社会开支,减轻家庭护理负担,体现家务劳动的社会价值,也能维护老人的尊严,体现人文关怀。保险公司要积极与医院合作,建立利益共享机制,控制信息不对称带来的弊端,获得更为全面的历史数据和统计资料,更合理地确定护理等级,形成共同开发长期护理保险的合作关系。一旦被保险人身体出现意外需要长期护理服务时,保险公司应快速出击,在确保被保险人真实情况的基础上及时理赔,理赔时要重点核定被保险人的身体状况是否满足合同条款中约定的给付条件,在被保险人身故时及时支付剩余保险金。由此,保险公司可以在理顺业务操作系统的同时开发具有长期护理保险特色的项目,在增加健康管理服务的同时更好地控制风险。

(4) 加快保险公司专业人才的培养。由于我国长期护理保险起步较晚,精算数据较为缺乏,又不能单纯照搬国外标准,当务之急是要制定出一套符合我国国情的标准规范,以满足我国老年人群的特殊需求。保险公司应该加强人才的培养力度,为长期护理保险的经营管理提供必要的组织和技术条件。首先要加快精算人员的培养,尤其是精通医学领域知识的复合型精算人才。其次要建立职业培训机制,针对长期护理保险不同于普通寿险和健康险的特殊要求,加强核保与理赔人员的业务培训,使他们尽快掌握核保与理赔要领,及时应对护理保险对保险公司理赔管理能力的挑战。

3. 中介管理主体的对策

长期护理保险作为社会保障体系的补充,能更好地解决老年人"老有所养,病有所医"的难题。因此,政府作为管理主体,应努力创造一个有利于长期护理保险健康有序发展的外部环境。

(1) 制定规章制度,实行第三方评估。由于起步较晚,长期护理保险在我国仍处于萌芽状态,相关立法和规章制度并不健全,这在一定程度上阻碍了长期护理保险的发展。相关部门应与卫生部门或保险监督部门协同作战，颁布与长期护理评估要求、护理服务质量控制等有关的规范性文件，为全面普及长期护理保险铺平道路。例如，德国通过《联邦照料法》、《负担平衡法》、《联邦补偿法》等法规，颁布并实施了被保险人的资料审查制度、护理津贴制度、护理人员培训考核进修制度、护理服务质量检查制度等。我国也可以从护理服务入手，完善相关法规，例如护理机构的准入制度、护理标准、护理服务质量的监管制度、护理人员的教育培训制度等，力求从制度层面起到约束和间接推动作用。由于医疗机构对疾病判定的主观性和医疗护理标准的难以量化性，道德风险很难防范，从而给被保险人或保险公司造成损失。最好设立权威的第三方评估机构，由该机构完成护理保险条件与护理级别的审定与调查任务，对利益双方形成权力制衡和监督，以确保规章制度的有效实施。

（2）发挥政府的支持作用。长期护理保险在我国属于新兴险种，需要国家大力扶持。在出台规章制度之外，国家可给予包括促进合作、开放市场、税收优惠在内的多项支持。首先，在社会效益方面，政府可以通过行政力量推进保险公司与医疗护理机构的合作，建立利益共享机制。同时，开放长期护理保险市场，允许经营主体有序竞争，借此优化保险公司的设计理念，提高护理机构的服务水平。其次，鼓励开发团体护理保险。较之比较昂贵的个人护理保险，团体护理保险不仅能够降低员工自己对长期护理费用的承担，还能增强员工与企业的凝聚力，使员工更加满足地投入工作。最后，税收优惠。可以考虑从企业会计政策方面给予支持，将保险费用支出在税前进行抵扣或支出，从企业经营和管理角度出发，既能将不确定的风险损失转化为固定的财务支出，又能为国家和个人减轻负担，同时兼顾个人、集体与国家三方利益。

4. 护理服务提供主体的对策

作为护理服务提供主体的护理机构和护理人员，承担着长期护理服务的实施者角色，如果没有他们的辛勤劳动，护理保险就无从附着。卫生部门应制定相应措施，加快培育我国的护理产业市场，培养高素质的专业护理人员，建立完善的配套护理体系。

首先，大力发展护理机构，完善护理保险产业链。由于专业护理机构和护理人员严重缺乏，处于下游的产业链难以形成。卫生部门和保险公司应尽快搭建经营平台，与护理机构通力合作，共同探索风险共担、利益共享的管理模式。为此，可以借鉴美国的经验，发展多层次护理机构，提供在院和在家等多种类型的服务方式，逐步建立多样化、高质量的护理机构。例如，在城市建立以社区为主的老年护理机构，可以依托社区医院和街道卫生所［包括基于社区医院的老年护理院、基于卫生院的老年护理院以及其他一级老年护理院、二级医院中的老年护理床位（病区）、三级医院中的老年护理床位等］。① 同时，强化家庭护理服务，建立社区与医院的合作服务关系，完善不同服务水平和层次的护理机构。在广大的农村，可以基层卫生所为基础，建立老年护理机构，提供基本护理服务。

其次，重视护理人才培养，提高医疗护理的整体水平。一方面，加强护理人员在职培训，聘请护理专家进行专业护理培训，设立科学合理的岗位层次结构，严格区分、安排掌握不同技能与级别的护理人员上岗，使其能够充分发挥自身特长，以满足不同护理服务项目和等级的需求。另一方面，扩大高等护理和研究生教育招生人数，培养高素质的护理人才，为长期护理保险事业培养生力军和后备力量。

四 建立适合中国国情的护理保险模式

我国仍处于社会主义初级阶段，经济尚不发达，法律法规还不完善，因此，我国建设中的长期护理保险制度很难一步到位。应依据中国国情，同时借鉴日本、德国和美国的成功经验，逐步建立适合我国经济发展水平的护理保险模式。通过对长期护理保险的现状与问题进行分析，笔者认为，具有中国特色的护理保险模式应该分三个阶段完成。当然，每个阶段需要一定时间的磨合与转化，不可运用行政手段实行"一刀切"政策，也不可割裂每个阶段的联系，应在全体公民的护理保险意识提高的基础上，最终水到渠成地实现全民强制性的长期护理保险。

1. 第一阶段：商业性质的护理保险模式

我国的经济现状决定了第一阶段的商业护理保险模式。目前，我国经

---

① 王岩梅等：《我国实行长期护理保险的可行性分析》，《中国护理杂志》2007 年第 10 期。

济发展水平很不平衡，城乡之间、地区之间存在较大差异。例如，2007 年城镇居民家庭人均纯收入为 13786 元，而农村居民家庭人均纯收入为 4140 元，前者是后者的 3.33 倍。以北京和山西为例，2007 年北京市人均消费水平是 18911 元，山西是 5525 元，北京是山西的 3.42 倍，可见差异之大。① 即使是同一地区，不同所有制形式与不同行业人群之间的收入差距也较大，比如外资企业与国有企业、电信行业、石化行业与传统的纺织行业。由于商业长期护理保险的保费较高，普通家庭很难接受，应针对中产阶级家庭设计销售护理保险，可在经济发达的大中城市和高收入人群先行推广。同时，也要意识到商业模式的弊端，因为更多的低收入家庭被排除在商业护理保险之外，违背了人人平等的社会主义制度。因此，在商业护理保险平稳运行之后，应尽快寻找合适的契机与结合点，逐渐过渡到商业护理保险与社会基本护理保险相结合的模式。

2. 第二阶段：商业护理保险与社会基本护理保险相结合的模式

在商业护理保险被社会认可的基础上，应逐步提高政府、公民、企业和雇员的意识，参考基本医疗保险的方法，迅速普及护理保险。综合考虑我国生产力发展水平，覆盖所有的企事业单位及其员工，体现低水平、广覆盖的发展方针。保险基金的筹集主要由企事业单位和个人负担，政府给予适当补贴，实行社会统筹和个人账户相结合的管理模式，基金支出设置"起付线"和"封顶线"。合理的起付线和封顶线可以抑制一部分参保人的护理需求，降低护理费用的支付。对于护理费用高于起付线而低于封顶线的费用补偿，也不能实行全额赔付，而应当确定一个合理的补偿比例，让参保人适当负担部分护理费用，避免人为的卫生资源利用过度和浪费现象的出现。"封顶线"以上部分的费用可以通过商业长期护理保险进行补充。该模式既可以满足大部分人群的长期护理保险需求，又可通过购买商业长期护理保险满足富裕人群对高层次服务的需求，进一步巩固长期护理保险在公众心目中的地位，为下一步强制性护理保险模式的实施打好基础。

3. 第三阶段：强制性护理保险模式

在我国经济达到发达国家水平时，可以将强制性护理保险模式提上议

---

① 荆涛：《建立适合中国国情的长期护理保险制度模式》，《保险研究》2010 年第 4 期。

事日程。这种高层次的政府强制实行的全民长期护理保险模式，由国家、地方政府和个人共同承担。可借鉴日本的经验，由国家承担 50% 左右的资金，地方政府承担一部分资金，个人缴纳一小部分资金（可由雇主和雇员共同承担），共同融资。为了避免滥用医疗资源等道德风险，可以设定一个免赔额并制定护理等级。值得注意的是，强制性护理保险模式必须以良好的经济基础为前提，只有在公民素质全面提高、护理资源充沛、法律制度完善的条件下才能够上升到这一阶段，否则可能出现低成本利用医疗资源引发的道德风险，使政府财政支出不断攀升，甚至导致入不敷出的情况。长期护理保险在德国和日本是作为强制性保险存在的，解决了老年人的后顾之忧，在全球起到了模范性作用。由于我国经济水平比较落后，目前不能全部照搬国外的模式发展全民长期护理保险。随着老年人口比例加速上升，长期护理需求不断增加，长期护理保险理念不断深入人心，在适当时机将长期护理保险纳入社会保险范畴强制实施，是未来社会保障发展的趋势。

| 第十二章 |

补充性社会保险的未来发展

　　补充性社会保险，相对于社会保险而言，是指在社会保险之外，发挥社会保险作用的其他措施，包括企业年金、个人储蓄、商业人身保险等。限于篇幅，本章所言的补充性社会保险仅指企业年金。

　　企业年金在国外有不同的称谓，美国、加拿大、瑞典称其为"私人养老计划"，英国、德国、瑞士称其为"职业养老金计划"，日本称其为"企业年金制度"，法国称其为"补充退休金制度"，丹麦称其为"补充年金计划"，俄罗斯称其为"非国家养老金"制度等。我国曾使用补充性社会保险概念，2000年国务院印发的《关于完善城镇社会保障体系的试点方案》在企业补充养老保险的名称、税收政策、管理等政策方面有了较大的突破。该方案把企业补充养老保险更名为"企业年金"，但实际上补充养老保险的内涵比企业年金更大。企业年金，是指企业及其职工在依法参加基本养老保险的基础上，自愿建立的补充养老保险制度。[①] 虽然称谓不同，但它们的共性是，在国家的基本社会保险之外，发挥补充性作用的具有社会保障功能的制度。企业年金是我国多层次养老保险体系的重要组成部分。建立企业年金制度，有利于完善社会保障体系，提高职工退休后的生活水平，吸引人才，增强企业凝聚力和竞争力，支援国家经济建设，促进我国金融市场发展。

---

① 《企业年金试行办法》第2条。

第一节 外国补充性社会保险的发展状况

一 企业年金在国外的起源与发展

（一）企业年金在国外的起源

1776年，世界上第一个职业年金计划产生于美国，它旨在为独立战争中伤残的军人提供半额生活费用。1875年，第一个正式的企业年金计划由美国运通公司为其雇员建立，至今已有100多年的历史。目前全球160多个建立养老保险制度的国家中，大约有1/4建立了不同形式的企业年金制度。这些国家主要集中在欧美和澳洲，其中亚太经合组织国家占大多数，也最具代表性。西方发达国家1/4的老人、1/3以上的劳动年龄人口参加了企业年金计划。据OECD的统计数据，截至2009年底，经合组织34国企业年金总资产约为16.78万亿美元，相当于GDP的67.6%，可见其规模之巨。在OECD国家中，美国企业年金资产规模最大，为9.58万亿美元，相当于GDP的67.6%；其次为英国，其资产规模为1.59万亿美元，相当于GDP的73.0%；再次为日本，其资产规模为1.04万亿美元，相当于GDP的25.2%。除了这些企业年金资产绝对规模较大的国家外，一些国家的企业年金资产虽然绝对规模不大，但是占GDP的比重较高。例如，冰岛的企业年金资产规模绝对值仅有143.51亿美元，但是占GDP的比重却高达118.3%。瑞士的企业年金资产规模绝对值为4969.57亿美元，但是占GDP的比重高达101.2%。由此可见，这些国家的企业年金虽然绝对规模较小，但是企业年金市场仍极为发达。

国外企业年金的缴费水平存在差异。由于各国经济发展水平和社会制度不同，企业年金基金的投资水平和劳资双方的分担比例也各有不同。如在法国，最低和最高缴费率分别为工资的7%和16%左右，劳资双方分别负担40%和60%；瑞士为7%~18%，劳资双方分别负担50%；丹麦的缴费率最高为16%，劳资双方分别负担1/3和2/3；以色列的缴费率统一为16%，劳资双方分别负担31%和69%。其他各国情况比较复杂。

国外实行企业年金制度的国家，其覆盖范围差异很大。一般来说，覆盖范围的大小与制度的强制程度有关。凡是实行强制性企业年金制度的国家，覆盖范围就广，如澳大利亚、瑞士、丹麦等几乎覆盖了全部就业人口。实行自愿性企业年金制度的国家，如美国、英国、日本、德国、加拿大等大约只覆盖到就业人口的50%左右。另外，在实行自愿性企业年金制度的国家中，覆盖范围的大小还与企业、行业经济能力和个人工资收入水平，以及工会组织的力量和集体谈判制度发展情况有密切联系。因此，即使在经济发达的欧美国家，大多数低工资收入者，如小型企业的临时工、农业工人、移民工人、个体劳动者和其他非正规部门劳动者，也难以参加到企业年金计划中，而在经济情况一度恶化的俄罗斯，一些高收入的垄断行业，如银行、电信、石油、石化等行业，却陆续建立了"非国家养老金"。

（二）企业年金的发展趋势

企业年金属于补充性社会保险，同属于公民养老保障措施。政府为了降低其因社会保障支出而产生的财政负担，逐渐采取相应措施，扩大企业年金在公民养老保障方面的作用，降低社保比例，从而减轻政府财政负担，下面以英国为例，简要分析。

英国的职业年金计划起初产生于一些大的行业、企业，由于政府的鼓励性政策，目前绝大多数企业和个人参加了职业年金计划或个人养老计划。在5500万人口中，除16岁以下的人口外，有2800万人参加了养老保险计划，其中1/4的人选择了政府的收入关联养老金，1/2参加了职业年金计划，1/4参加了个人养老金计划。20世纪80年代中期以来，以1986年养老制度市场化改革为标志，英国政府开始尝试把以前承担的养老责任向社会的私人部门转移，具体做法是逐渐降低国家公共养老金的待遇水平，使养老金支出占GDP的比例逐步降低；与此同时，允许雇主机构设立"缴费确定型"的企业养老金计划，并引入个人养老金制度，大力发展私人部门养老金计划。因此，企业年金计划得到蓬勃发展，1989年职业养老金计划和个人养老金计划覆盖的工作人口开始超过"国家收入关联计划"，

5 年后覆盖的工作人口达到"国家收入关联计划"的 2 倍。目前正式登记注册的职业年金计划有 20 万个，基金总额达到 6000 亿英镑。

英国在 20 世纪 60~70 年代导入国家收入关联退休金制度。20 世纪 80~90 年代，英国保守党政府希望紧缩国家养老保障支出的负担，鼓励个人与国家解除养老保障的契约关系（基于欧洲传统的民主理论，在社会保障领域，国家与公民之间具有合同关系）。当时，雇主并没有提供企业年金的法定义务，英国保守党政府制定了一系列政策和法律鼓励雇主建立企业年金，帮助雇员与国家解除养老保障关系。最初的激励措施是逐渐将雇主和雇员的国家保险缴费转入企业年金。为安全实现个人解除与国家的养老保障权利义务关系，规定了一系列解约条款，最重要的一条是提供最低退休金的担保。最低退休金必须与国家收入关联退休金等值，也就是说，国家收入关联退休金的当前水平即个人与国家解约后的退休金最低标准。从 1995 年开始，国家收入关联退休金与解约后的企业年金相互替代。如果企业年金被停止，由与雇员有关的制度来代替，大多数人的退休金水平不低于国家收入关联退休金和企业年金，也有低于上述支付水平的情况。英国工党执政以后，在向全体公民发布的《养老金改革绿皮书》中，向全体年收入在 9000~20000 英镑水平的人提出建立"存托式退休金"的建议，给予一定的税收鼓励，以鼓励中高收入的人参与养老金投资市场。同时，该绿皮书还提出以"第二国家退休金"计划取代原国家收入关联退休金制度的建议。

对于国家收入关联年金，一项新的改革方案设计了三个选择。第一个选择是"保留在合约内"，雇主和雇员要承担缴纳全额国家保险费的义务，有权享受 1975 年开始实行的国家收入关联年金。第二个选择是"雇主提供年金制度"。根据 1975 年立法，一个"被批准"的雇主提供的企业年金可以获取"解约"的权利，即不再享受国家收入关联年金。在这种情况下，雇主必须保证所提供的"最低保障年金"至少与国家收入关联年金相同。对此，政府将给出一些税收优惠政策，如在缴费、基金的增值和企业年金的给付等方面享有一定的减税政策。第三个选择是 1985 年提出的。为了在人口结构转型中减轻国家基本年金和国家收入关联年金政策的财政压力，政府试图取消国家收入关联年金制度，同时建立法定（对合格计划具有税收优惠待遇）的缴费确定型企业年金制度。为配合这一方案的实施，政府放宽了"解约"的限制条件，允许实行缴费确定制度的企业积极选择"解约"，只要它们保证达到最低限度的投资回报率。

二 企业年金的类型

（一）根据法律规范的程度来划分，企业年金可分为自愿性和强制性两类

1. 自愿性企业年金

以美国、日本为代表，国家通过立法，制定基本规则和基本政策，企业自愿参加；企业一旦决定实行补充保险，必须按照既定的规则运作；具体实施方案、待遇水平、基金模式由企业制定或选择；雇员可以缴费，也可以不缴费。

2. 强制性企业年金

以澳大利亚、冰岛等国为代表，国家立法，强制实施，所有雇主都必须为其雇员投保；待遇水平、基金模式、筹资方法等完全由国家规定。

（二）根据待遇计发办法来划分，企业年金可分为缴费确定和待遇确定两种类型

1. 缴费确定型企业年金（DC型）

通过建立个人账户的方式，由企业和职工定期按一定比例缴纳保险费（其中职工个人少缴或不缴费），职工退休时的企业年金水平取决于资金积累规模及其投资收益。其基本特征是：（1）简便易行，透明度较高；（2）缴费水平可以根据企业经济状况作适当调整；（3）企业与职工缴纳的保险费免予征税，其投资收入予以减免税优惠；（4）职工个人承担有关投资风险，企业原则上不负担超过定期缴费以外的保险金给付义务。

2. 待遇确定型企业年金（DB型）

基本特征是：（1）通过确定一定的收入替代率，保障职工获得稳定的企业年金；（2）基金的积累规模和水平随工资增长幅度进行调整；（3）企

业承担因无法预测的社会经济变化引起的企业年金收入波动风险。

除上述划分方式之外，欧盟国家按企业年金制度的实施范围、实施方式和结构不同，将其划分为公司之企业年金计划、工业行业企业年金计划和全国性企业年金计划。（1）公司之企业年金计划。它是指主要由各公司发挥主导作用，主要为高素质工人和大企业员工建立的养老金制度。计划的制定、实施主要由企业自己作出，遵循政府的有关监督法规。公司之企业年金制度是英国、爱尔兰、德国私营经济中占统治地位的形式。丹麦和20世纪80年代后期的西班牙也存在不同程度的发展。西班牙立法规定充分发挥企业在企业年金计划中的重要作用。一般而言，这类计划是自愿性计划，仅覆盖部分私营经济劳动者，通常低于5%。（2）工业行业企业年金计划。它是指在工业部门各行业建立的企业年金计划。在荷兰这类企业年金计划发挥着重要作用。由雇主和雇员代表共同实施管理，通常对该行业内企业雇员强制实施。荷兰的工业行业养老保险基金覆盖40%以上的私营企业员工，此外还有公司基金式计划（占19%）、商业保险公司（3%）。丹麦早期企业年金也是按工业行业方式建立的。虽然经过长期的努力，但未能与政府协商解决建立收入关联企业年金问题，丹麦工会在20世纪90年代初开始谋求完全不同的策略，即工会与企业协商建立行业的企业年金计划。（3）全国性企业年金计划。欧美一些国家，建立其范围广泛的旨在为全国不同企业职工建立的企业年金计划。希腊IKATEAM全国企业年金计划主要是由政府建立起来的。而丹麦的ATP企业年金计划则是由政府、企业和工会三方负责管理的范围广泛的补充计划。芬兰建立了两个法定企业年金计划（LEL和TEL）为私营企业职工提供补充养老金，与其他国家的一个重大区别是它们由私营的金融机构实施管理。在欧盟国家中，法国和瑞典在判例法的基础上建立了全国性企业年金计划，ARRCO和AGIRC分别为私营企业员工和公共部门管理人员补充企业年金。瑞典分别建立起STP和ITP计划，为蓝领工人和白领职工提供补充企业年金。

三　国外企业年金的基本特征

国外企业年金主要有以下四个方面的基本特征。

第一，雇主承担主要缴费责任。各国企业年金制度都无一例外地要求雇主承担缴费的主要责任，同时大多数制度也鼓励个人适当缴费，如美国的401（k）计划。

第二，权利与义务相对应。无论在何种计划中，个人企业年金待遇资格的取得和待遇水平的高低，都与工作年限或缴费年限，以及个人工资水平或缴费水平密切联系。

第三，权利可以保持和转移。职工取得享受企业年金的资格后，有的规定职工流动或停止工作时，其权益可以保留，直到退休时再回来领取，如美国的待遇确定型计划。有的规定企业年金权益（个人账户）可以随同职工转移，如美国的各类缴费确定型计划。

第四，私人管理和市场化运作。各国的企业年金计划，无论是以企业为单位建立的，还是行业或部门建立的，都属于私营性质和私人行为，不属于政府行为。国家除立法和必要的监督外，并不出面组织，也不注入任何资金。企业年金基金基本上是通过市场化运作，实现保值增值。在传统待遇确定型企业年金方案中，一般以企业为单位建立基金，由年金董事会或理事会决定基金的投资方向等事宜；在典型的缴费确定型企业年金计划中，如美国、加拿大、瑞典等国家的"私人养老金计划"，则由个人决定本人企业年金账户资金的投资方向。

为实现养老保险基金投资的安全性、营利性、适度选择性、流动性原则，欧盟国家和一些拉美国家制定了较为严格的基金投资组合规定。基本分为两种类型。一类是美国、英国、加拿大等盎格鲁-撒克逊国家。这些国家对养老保险基金（主要是养老基金）的投资组合没有具体的数量限制，主要是遵循"谨慎人"原则选择投资工具。即强调养老保险基金的投资托管人有义务像对待自己的资产一样，谨慎地为养老保险基金选择一个最有效分散风险的组合。但"谨慎人"原则的重要制度条件需要较完善的资本市场体系和完善的相关法律作支撑。另一类是在欧洲大陆各国实行的数量限制监管，即资产组合中，股票、债券、银行存款和外国资产的比例分别不能超过一定比例。法国规定，补充养老保险的资产中必须有50%投资于政府债券，丹麦规定养老基金必须持有60%以上的国债，外国资产不能超过20%，房地产和股票等总计不能超过40%。

四 政府在企业年金制度中发挥的作用

世界各国政府对于企业年金发展一般都采取鼓励和支持的政策，主要体现在三个方面。

第一，给予税收优惠。多数国家在税法中设立专门条款予以保证，一般规定雇主和雇员缴费的一部分免税，基金投资运营收益也给予免税，但职工退休后领取企业年金需照章纳税。由于这种缴税已经被推迟了几十年，因而成为刺激企业年金发展的重要因素。

第二，法律政策规范。多数国家都制定了企业年金方面的专门法律规定或相关法律规定，从资金来源、基金经办、投资运营等方面进行比较明确的规范。

第三，进行必要的监管。主要包括两个方面：一是对责任各方执行法律政策的情况进行监督；二是对基金投资运营行为实施全程监督，尽最大可能规避投资风险，保证基金的安全，进而实现保值增值。

五 欧美企业年金计划的保障范围

区别于社会保障制度的较为广泛的保障范围，企业年金计划的覆盖面由于种种因素而要狭窄得多。即便在社会保障制度十分完善的一些工业化国家，企业年金计划的保障面除瑞典、瑞士、法国等少数几个国家达到80%~90%外，其他国家均在50%左右。有些国家如奥地利、意大利的保障面在10%以下。养老金计划保障面普遍小的主要原因在于，这些国家社会保障制度的保障面较高，并且在战后普遍实施高福利的社会政策，企业年金计划的发展受到不同程度的限制。不仅如此，企业年金计划的保障范围主要指向大中型企业、新兴发展产业及高薪阶层的职工，而一般小企业、服务行业及收入较低者大都未在保障之列。

值得注意的是，20世纪80年代中期以来，一些工业化国家为寻求解决社会保障制度由来已久的危机，开始注重大力发展企业年金计划并将其视为抑制社会保障支出过度膨胀、扩展社会保障空间和应付日趋严重的老龄化挑战的重要政策主张。在此背景下，企业年金计划的保障面有了较大幅度的扩展，其中法国、瑞士的扩展程度在20%以上，荷兰在9%以上。瑞士于1985年率先推行多层次的社会保障制度，强制实施企业年金计划（第二层次保障），使其作为国家老年保障总体计划的重要组成部分。

第二节　中国企业年金制度的实施

一　企业年金制度概述

（一）我国企业年金大体分为三个阶段

1. 研究阶段

1991年国务院发布的《关于企业职工养老保险制度改革的决定》，第一次提出要逐步建立基本养老保险与企业养老保险和职工个人储蓄性养老保险相结合的制度，将补充养老保险制度建成国家养老保险体系的三个重要支柱之一，首次表达了国家对企业补充养老保险所持的支持和鼓励态度，确立了补充养老保险的法律地位。1994年颁布的《劳动法》提出国家鼓励用人单位根据本单位实际情况为劳动者建立补充养老保险，明确了建立补充养老保险并非强制性的，建立与否根据实际情况决定。1995年国务院发布的《关于深化企业职工养老保险制度改革的通知》提出，企业按规定缴纳基本养老保险费后，可以在国家政策指导下，根据本单位经济效益情况，为职工建立补充养老保险。补充养老保险和个人储蓄性养老保险，由企业和个人自主选择经办机构。明确了举办补充养老保险的重要前提是必须参加国家基本养老保险，并且补充养老保险的经办机构由企业和个人自主选择。

2. 试点阶段

第一，1995年劳动部印发的《关于建立企业补充养老保险制度的意见》提出了包括企业补充养老保险的实施条件、决策程序、资金来源、制度模式以及经办机构等若干政策性意见，明确了我国企业补充养老保险为"缴费确定型"个人账户模式。第二，1997年国务院发布的《关于建立统一的企业职工养老保险制度改革的决定》提出要在国家政策指导下大力发展企业补充养老保险，同时发挥商业保险的补充作用，明确了我国企业补充养老保险和基本养老保险的关系，并第一次原则性地提出了要发挥商业保险的补充作用。第三，2000年国务院印发的《关于完善城镇社会保障体系的试点方案》在企业补充养老保险的名称、税收政策、管理等政策方面有了较大的突破。该方案把企业补充养老保险更名为"企业年金"。税收政策上明确了企业举办企业年金，其缴费在工资总额4%以内的部分可以从成本中列支。明确了企业年金试行市场化管理和运营的基本方向和原则。

3. 推行阶段

2004年，劳动和社会保障部颁布了《企业年金试行办法》并且会同银监会、证监会和保监会联合颁布了《企业年金基金管理试行办法》。两个试行办法确立了中国企业年金采取信托制的基本制度框架，对中国企业年金制度以及企业年金基金管理和投资作出了明确规定，是对2000年国务院制定的企业年金基本制度框架的进一步明确和拓展。2011年2月20日，新修订的《企业年金基金管理办法》审议通过，自2011年5月1日起施行。该办法主要对基金投资比例、治理结构、集合计划、监督检查等作了调整，进一步完善了我国企业年金制度。

（二）我国企业年金的发展现状

与发达国家相比，我国企业年金还处在起步阶段，但发展迅速，前景广阔。2006年全国有2.4万户企业建立了企业年金，缴费职工人数为964万人，企业年金基金累计结存910亿元。经过短短4年的时间，2010年全国已有3.71万户企业建立了企业年金，参加职工人数为1335万人，企业年金基金累计结存2809亿元，增速分别为54.6%、38.5%和208.7%。截至2014年底，我国参与建立企业年金的企业达73261个，参与企业年金员工2292.78万人，积累基金7688.95亿元。[1] 由此可见，我国企业年金发展

---

[1] 人力资源和社会保障部基金管理司：《2014年全国企业年金基金业务数据摘要》，2015年3月。

极为迅速，潜力巨大。总体来看，我国企业年金发展尚处于起步阶段，与建立完善的社会保障体系的要求远远不相适应。

（三）我国原来开展的企业补充养老保险的主要实践及其存在的问题

1. 我国此前实施的企业补充性养老保险的主要实践

1995年以来，多数省份按照劳动部《关于建立企业补充养老保险制度的意见》，开展了推进企业年金工作的试验。上海、福建、大连、深圳、厦门等省市还制定了本地区企业年金的专门规定，也有一些省市在基本养老保险文件中对企业年金作出相关规定。2002年9月，辽宁省印发了《辽宁省城镇企业职工企业年金试行办法》。这对于促进我国企业年金的发展起了推动作用。

各地区、各行业开展企业年金的具体做法不尽相同。主要表现如下。(1) 管理方式。多数情况是采用个人账户方式管理，也有一些企业或行业预先筹集了一笔资金，尚未计入个人账户。(2) 缴费方式。有的是由企业根据经济状况确定缴费水平，没有固定的缴费比例；有的单位按工资总额的一定比例缴费，多数规定最高比例为1.5个月的工作总额；有的按职务高低、工龄长短、贡献大小分为不同的缴费档次；有的按人均定额缴费，有的只为一部分人员缴费。多数方案要求个人同时缴费，也有不要求个人缴费或要求全部由个人缴费的。(3) 待遇计发方式。有的规定退休时一次性领取，有的规定退休时按月领取，多数情况是允许个人自愿选择灵活领取方式。(4) 费用列支渠道。按照财政部的有关规定，企业缴纳的企业年金资金只能从单位福利中列支。国务院完善社会保障体系试点方案规定，辽宁、吉林、黑龙江等列入国务院试点的地区，企业年金的企业缴费部分允许工资总额的4%从企业人工成本中提取。除此之外目前有部分省份允许单位缴费的一部分（一般为4%~5%）列入成本，在税前列支。但多数地区尚未明确资金的列支渠道。在实际执行过程中，企业年金列支渠道还包括企业自有资金、工资储备金等。从个人缴费的列支渠道看，一般是个人工资的一定比例，由企业代扣代缴。也有一些地方规定个人缴纳的基本养老保险费中超过社会平均工资300%的部分，可以返还计入企业年金个人账户。

2. 原来开展的企业补充养老保险存在的问题

（1）发展缓慢。企业年金工作起步较晚，又由于各地区、各企业经济状况和重视程度不同，其发展很不平衡。不少有条件的企业尚未建立企业年金，退休人员完全依赖国家基本养老保险，政府压力越来越大。现有企业年金进展主要集中在少数地区和行业，有些行业由于改制重组等原因，已经出现停滞、流失等现象。（2）操作不规范。有的企业名义上建立了企业年金，但并未将年金与企业其他资金分账管理，存在着劳资纠纷隐患，职工的权益无法得到保障。有的企业打着企业年金的名义，为少数人谋取私利，助长了腐败，又造成了国有或集体资产流失。有的经办机构操作不规范，存在一定的金融风险。在年金支付等方面，也存在不少问题。（3）底数不清。现有的统计范围，一般仅限于地方各级社保机构和行业社保机构管理的企业年金情况。由于底数不清，在一定程度上也影响到政府部门对企业年金现状的评估和决策。（4）监管不力。企业年金运作不规范和底数不清，主要是由于政府部门监管职能不明确，地方各级劳动保障部门由于力量不足，监管工作难以到位。

二 企业年金计划的建立

2004年颁布的《企业年金试行办法》（下文简称《试行办法》）在总结实践经验的基础上，就企业年金制度作了如下规定：建立企业年金的单位应具备的条件；建立企业年金的程序；企业年金的缴费方式和缴费额度限制；企业年金基金的构成及其企业年金基金的管理模式；企业年金待遇领取；企业年金运营管理；等等。

建立企业年金基金的单位应具备规定的条件。（1）依法参加基本养老保险并履行缴费义务。没有参保或欠费的企业，不能建立企业年金。（2）具有相应的经济负担能力。建立企业年金，不仅要自愿，而且要量力，不能超过自身的经济能力办事。（3）已建立集体协商机制。这是要求企业必须有民主制度，能够充分反映职工的意愿，不能少数人说了算。

（一）建立企业年金的程序

首先，企业与职工进行协商。《试行办法》第 4 条规定，"建立企业年金，应当由企业与工会或职工代表通过集体协商制定，并制定企业年金方案"。企业年金方案属于专项集体合同，应执行《集体合同规定》有关集体协商的程序规定。

1. 按照法定程序产生企业年金集体协商代表

对职工一方的集体协商代表的产生，《集体合同规定》第 20 条规定："职工一方的协商代表由本单位工会选派。未建立工会的，由本单位职工民主推荐，并经本单位半数以上职工同意。"同时规定："职工一方的首席代表由本单位工会主席担任。工会主席可以书面委托其他协商代表代理首席代表。工会主席空缺的，首席代表由工会主要负责人担任。未建立工会的，职工一方的首席代表从协商代表中民主推举产生。"对用人单位一方集体协商代表的产生，《集体合同规定》第 21 条规定："用人单位一方的协商代表，由用人单位法定代表人指派，首席代表由单位法定代表人担任或由其书面委托的其他管理人员担任。"

2. 进行企业年金事项集体协商的基本工作

集体协商工作主要包括以下几个方面：（1）在企业年金集体协商中，协商代表必须了解有关企业年金的法律、法规、规章等；（2）企业年金集体协商中，必须了解与企业年金有关的情况和资料，如企业的经济承受能力，收集职工和用人单位对企业年金所持的意见等；（3）在企业年金集体协商中，拟定企业年金有关议题，如建立时间、待遇水平、参加人员、受托人、基金管理方式等；（4）确定集体协商的时间、地点等事项；（5）共同确定一名非协商代表单位企业年金集体协商记录员。

3. 召开集体协商会议

《集体合同规定》要求，进行集体协商一般召开集体协商会议。企业年金集体协商会议由双方首席代表轮流主持，并按下列程序进行：（1）宣布议程和会议纪律；（2）一方首席代表提出协商的具体内容和要求，另一方首席代表就对方的要求作出回应；（3）协商双方就商谈事项发表各自意见，开展充分讨论；（4）双方首席代表归纳意见。达成一致的，应当形成集体合同草案或专项集体合同草案，由双方首席代表签字。

4. 拟定企业年金专项集体合同草案

对经集体协商达成一致意见的内容，应以专项集体合同的形式确定下来，形成企业年金方案草案。

5. 企业年金方案提交职工代表大会或职工大会讨论通过

《集体合同规定》第36条规定："经双方协商代表协商一致的集体合同草案或专项集体合同草案应当提交职工代表大会或者全体职工讨论。职工代表大会或者全体职工讨论集体合同草案或专项集体合同草案，应当有三分之二以上职工代表或者职工出席，且须经全体职工代表半数以上或者全体职工半数以上同意，集体合同草案或专项集体合同草案方获通过。"《试行办法》第4条规定："国有及国有控股企业的企业年金草案应当提交职工大会或职工代表大会讨论通过。"

6. 报劳动保障行政部门进行备案

《集体合同规定》第42条规定："集体合同或专项集体合同签订或变更后，应当自双方首席代表签字之日起10日内，由用人单位一方将文本一式三份报送劳动保障行政部门审查。劳动保障行政部门对报送的集体合同或专项集体合同应当办理登记手续。"劳动保障行政部门对企业年金方案的合法性审查主要包括以下四个方面。（1）要求订立企业年金方案的双方主体必须合法。按照《劳动法》、《集体合同规定》和《试行办法》的有关规定，企业年金方案是用人单位与本单位职工订立的有关补充养老保险的专项集体合同。企业年金方案的双方主体分别是用人单位和用人单位的职工。法律上对"双方主体"的要求，可以概括为两点：一是主体必须具有民事行为能力和民事权利能力；二是双方代表必须依法产生，能真正代表各自一方的意志。（2）企业年金方案的订立程序要合法。即当事人双方在企业年金方案的协商、起草、签字、登记等各环节上，都应符合法律的有关规定。（3）企业年金方案的内容要合法。即企业年金方案的各个条款必须符合我国各项法律、法规、规章和有关政策的要求。（4）企业年金方案的形式必须合法。企业年金方案应按照规定的形式，向劳动保障行政部门履行必要的备案手续。

《试行办法》规定，企业年金方案应当报送所在地区县以上地方人民政府劳动保障行政部门。中央所属大型企业企业年金方案，应当报送劳动保障部。具体操作中劳动保障部规定：中央企业由集团公司统一建立的企业年金方案报劳动保障部门备案，由子公司单独建立的报省级劳动保障行政部门备案；地方企业年金方案一般按照企业隶属关系或统筹层次到县以上劳动保障行政部门备案。企业年金方案是经企业与职工民主协商建立的专项集体合同，按规定必须报劳动保障行政部门备案。劳动保障行政部门主要审核企业年金方案是否符合《试行办法》的规定。若修改意见较大，涉及原则性变动的，企业应按要求再次提交职工代表大会或职工大会讨论通过，形成新的企业年金方案，再行备案程序。劳动保障行政部门在最后一次收到企业报送企业年金方案文本的15日内向企业出具"关于××企业年金方案备案的复函"，同意企业实施企业年金方案。在执行过程中，企业年金方案主体条款有调整的，企业应自变化发生之日起10日内重新履行备案程序。

（二）企业年金方案的完整内容

企业年金方案一般包括总则、总体条款和附则三部分，文本内容分章节逐条排序。

1. 企业年金方案总则的内容

（1）建立企业年金的目的。保障和提高企业职工退休后的生活水平，建立多支柱养老保障体系；调动企业职工的劳动积极性，建立人才长效机制，增强企业的凝聚力和创造力，促进企业健康持续发展。

（2）建立企业年金的依据。《中华人民共和国劳动法》、《中华人民共和国信托法》、《企业年金试行办法》、《企业年金基金管理办法》和《集体合同规定》。

（3）建立企业年金应当遵循的原则。坚持有利于企业发展的原则；充分体现效率兼顾公平的原则；企业自愿和民主协商的原则；适时调整的原则。

2. 企业年金方案主体条款的主要内容

（1）参加人员范围。①企业职工加入的条件。加入的程序尽量简化，企业如认为有必要，可让参加人填报申请表。对一部分接近退休年龄或已退休人员，企业应根据实际情况给予考虑。②参加人的权利和义务。应明确参加人对其企业年金个人账户信息有知情权。③参加人退出企业年金计划的条件和程序。

（2）资金筹集方式和缴费办法。①企业年金的资金来源。应明确单位和个人共同缴费。②企业缴费的方式、时间、提取比例，对不同参加人的分配比例等。③个人缴费的方式、时间和缴费比例等。④明确企业年金缴费上限要求。

（3）个人账户管理方式。①个人账户的开立。明确由账户管理机构开立个人账户和企业账户。②个人账户的维护与变更。③个人账户的转移。主要包括需要转移账户的情况、转移方式、无法转移的情况以及处理办法等。④个人账户的注销。列明账户注销的条件。⑤企业账户的处理。明确为归属权益产生的资金重新分配的原则。

（4）基金管理方式。①企业年金基金的组成。明确由企业缴费、职工个人缴费、企业年金基金投资运营收益组成。②基金管理。明确企业年金基金实行完全积累，采用个人账户方式进行管理；企业年金基金按照国家规定投资运营的收益计入企业年金；企业年金基金与企业、受托人、托管人、账户管理人、投资管理人的自有资产或其他资产分开管理，不能挪作他用。③基金分配。明确将企业缴费按照企业年金方案规定比例计算的数额计入职工企业年金个人账户；职工缴费额计入本人企业年金个人账户；企业年金基金投资运营收益，按净收益计入企业年金个人账户。

（5）待遇计发和支付办法。①支付条件。一般包括：达到国家规定的退休年龄并办理了退休手续；因病（残）丧失劳动能力办理病退或者提前退休；出国定居；在退休前死亡。②支付方式。应明确是由职工一次性领取、分期领取，还是由职工选择其他投资方式。③待遇计发办法。根据不同的支付方式，一般应明确相应的待遇计发办法。④受益人的指定和修改指定。一般应确定企业年金待遇的受益人及参加人死亡后待遇支付的受益人。

(6) 终止缴费的条件。①企业终止缴费的条件。主要包括：企业经营亏损；兼并、解散、破产等；本企业半数以上职工反对继续实施企业年金方案；企业年金方案被劳动保障部门或司法机关认定为无效。②职工个人终止缴费的条件。职工与企业终止、解除劳动合同的；职工自愿提出申请不参加企业年金制度的。③终止缴费后企业年金的处理。应明确各种终止企业年金缴费后的处理办法。

(7) 组织管理和监督方式。①企业年金方案设立的程序。一般由企业与工会或职工代表通过集体协商确定；报劳动保障行政部门备案审核。②建立信托管理关系。应明确本企业所归集的企业年金基金是全权委托给内部的企业年金理事会自行管理，还是选择外部的法人受托机构进行管理。③受托人与其他管理运营主体建立合同关系。应明确由受托人选择具备资格的托管人、账户管理人、投资管理人，并签订相应的委托合同。④管理费用支出。一般应明确企业年金基金管理运营的费用，按照合同规定确定。⑤检查监督机构。明确企业内部和外部的检查监管机构；企业年金方案的执行情况应接受劳动保障部门的指导和监督。⑥争议的处理。应明确因订立或者履行企业年金方案发生争议的，由企业与职工协商；协商不成的，由劳动争议仲裁机构进行仲裁。

3. 附则部分的内容

(1) 修改企业年金方案的条件。一般包括：企业根据赢利情况，适时调整企业缴费比例，但不得突破企业和职工缴费的上限规定；本企业半数以上职工提议进行企业年金方案的修改；企业年金方案的某些条款被劳动保障行政部门或司法机关认定为无效。

(2) 修改企业年金方案的程序。一般包括：企业与工会或职工代表通过集体协商制定；修改后的方案草案提交职代会或职工大会讨论通过；重新报劳动保障行政部门备案；书面通知有关方面。

(3) 企业年金方案中止的条件。一般与企业中止缴费的条件相同。出现与企业中止缴费相同的条件，由集体协商双方协商确定。

(4) 企业年金方案中止的程序。一般与企业中止缴费的条件相同。出现与企业中止缴费相同的条件，由集体协商双方协商确定。

(5) 企业年金中止的程序。应明确需报劳动保障行政部门备案，并以书面形式通知参加人、受托人。

(6) 企业年金方案实施的时间。一般规定为：自劳动保障行政部门出具的"关于企业年金方案备案的复函"发文的时间开始实施。

(三) 企业年金缴费

按照《试行办法》规定，企业年金基金由"企业缴费、职工个人缴费、企业年金基金投资运营收益"组成。因此，企业年金基金主要包括两个方面。(1) 企业和职工个人缴费。企业和职工个人都应当按照企业年金方案的规定，向企业年金基金缴纳企业年金费用。企业和企业职工个人缴纳的企业年金费用，都必须纳入企业年金基金管理，不得挪作他用。(2) 企业年金基金投资运营收益。《试行办法》规定："企业年金基金可以按照国家规定投资运营。企业年金基金投资运营收益并入企业年金基金。"

《试行办法》规定："企业缴费应当按照企业年金方案规定比例计算的数额计入职工企业年金个人账户；职工个人缴费额计入本人企业年金个人账户。"通常情况下，企业缴费由用人单位先确定企业年金的提取比例和费用总额，根据本企业人员构成情况，考虑职工责任轻重、贡献大小、工龄长短等因素，分档次确定系数，再按系数计算出每个人应得的份额，按照不同额度计入个人账户。这样，可以较好地体现激励作用。具体如何计入，应完全由企业与职工协商确定，并体现在企业年金方案中。所谓职工个人缴费额记入本人企业年金个人账户，是指职工个人缴纳的企业年金费用全部计入其企业年金个人账户。

国内外企业年金发展的经验表明，对用人单位和个人缴纳的企业年金应有最高限制。主要原因如下。(1) 控制人工成本增长过快。企业年金由用人单位和职工个人缴纳。对企业来说，企业年金缴费，不管是从成本费用中列支还是从企业税后利润、福利费等中列支，都是在其他人工成本之外又增加了一部分人工成本。人工成本增加会导致企业产品或服务的成本相应增加。为了消化这部分成本，企业或者通过提高产品或服务价格转移给消费者来承担，或者由企业自行承担。前一种办法使得企业产品或服务因价格过高而失去竞争力，最终导致企业难以为继。后一种办法将使得企业赢利能力有所下降，甚至导致亏损，最终也将导致企业难以为继。(2) 控制国家税收的减少。一般来说，各国对依法建立的企业年金制度都实行税收优惠。主要是企业缴纳的企业年金费用在企业成本中列支，国家税收将因企业成本的增加、利润的减少，而减少企业所得税的收入。个人缴纳的企业年金费用一般不作为个人所得税的计税基础，国家税收将因个人所得税税基的减少而下降。有些国家还规定，企业年金基金的投资运营享受某些税收优惠政策。企业年金水平过高，也将使国家对企业年金基金运营的优惠增加。(3) 对基本养老保险的补充性质决定。企业年金是对基本养老保险的补充，应与基本养老保险待遇水平相衔接，这一性质决定了企业年金缴费不能太高。因此，《试行办法》第8条规定："企业缴费每年不超过本企业上年度职工工资总额的十二分之一。企业和职工个人缴费合计一般不超过本企业上年度职工工资总额的六分之一。"这样，企业缴纳企业年金费用一般不超过企业上年度职工工资总额的8.33%，加上职工个人缴纳的企业年金费用，合计不超过本企业上年度职工工资总额的16.67%。也就是说，职工个人缴纳企业年金的费用可少于企业缴费，最多可以与企业缴费相同，但不能超过企业缴纳的企业年金费用。

税收优惠是我国发展企业年金的一个必要条件，如企业缴费的一定比例允许从成本中列支，就是国家鼓励政策的重要措施，对推动企业年金发展会有很大帮助。《试行办法》规定"企业缴费的列支渠道按国家有关规定执行"，包含了税收优惠政策问题。对于完善城镇社会保障体系试点的东北三省，企业年金的企业缴费在4%以内部分可以从成本中列支；对于按《国务院办公厅关于印发文化体制改革试点中支持文化产业发展和经营性文化事业单位转制为企业的两个规定的通知》（国办发〔2003〕105号）要求，进行文化体制改革试点的地区和单位，建立企业年金时也可以享受税收优惠政策；对于按《国家税务总局关于执行〈企业会计制度〉需要明确的有关所得税问题的通知》（国税发〔2003〕45号）有关规定精神，经省级人民政府批准的地区可以享受企业年金税收优惠政策；其他地区和企业按财政部《关于企业为职工购买保险有关财务处理问题的通知》（财企

〔2003〕61号）的规定，执行从应付福利费用中列支企业年金，但不得因此导致应付福利费发生赤字。2013年12月6日，财政部、人力资源和社会保障部及国家税务总局联合下发《关于企业年金职业年金个人所得税有关问题的通知》（财税〔2013〕103号），自2014年起实施企业年金、职业年金个人所得税递延纳税优惠政策。该通知规定，对单位和个人不超过规定标准的企业年金或职业年金缴费，准予在个人所得税前扣除；而对个人从企业年金或职业年金基金取得的投资收益免征个人所得税。

（四）企业年金待遇的领取

关于企业年金待遇领取方式，《试行办法》规定，"职工在达到国家规定的退休年龄时，可以从本人企业年金个人账户中一次或定期领取企业年金。职工未达到国家规定的退休年龄的，不能从个人账户中提前领取资金"。职工领取企业年金待遇的法定条件是达到国家规定的退休年龄。职工的企业年金待遇可以一次领取，也可以定期领取，具体领取办法可以由企业年金方案规定。但是职工未达到国家规定的退休年龄，不得从个人账户中提前提取资金，以防止职工提前领取企业年金待遇，达不到建立企业年金的目的。

对于职工或退休人员死亡的，其企业年金个人账户余额的处理，依据《试行办法》规定，"职工或退休人员死亡后，其企业年金个人账户余额由其指定的受益人或法定继承人一次性领取"。企业年金制度属于一种特定用途的信托制度。根据我国信托法的规定，信托目的不能实现的，信托终止。信托终止后，信托财产归属于信托文件规定的人；信托文件未规定的，按受益人或者其继承人、委托人或者继承人的顺序确定归属。因此，在企业年金信托中，受益人死亡后，其企业年金个人账户余额由其指定的受益人或法定继承人一次性领取。

对于职工变动工作单位、升学、参军、失业，其企业年金个人账户的处理，《试行办法》规定，"职工变动工作单位时，企业年金个人账户资金可以随同转移。职工升学、参军、失业期间或新就业单位没有实行企业年金制度的，其企业年金个人账户可由原管理机构继续管理"。根据这条规定，职工变动工作单位时，如果新就业的单位也设立了企业年金，其企业年金个人账户资金可以从原来就业单位的企业年金基金中，转移到新就业单位的企业年金基金中。原就业单位取消其企业年金个人账户，并在新就业单位建立该职工的企业年金个人账户。如果新就业的单位没有设立企业年金，则原来管理其企业年金的单位不能将其企业年金基金转移出去，也不能取消其企业年金个人账户，还应当继续管理其个人账户。同时，应考虑个人账户管理费的列支渠道问题。

三　企业年金运营

我国企业年金制度采取了缴费确定型模式，企业年金基金实行市场化管理运营，这对加强管理运营提出了更高的要求。企业年金的具体运作可以分为两个层次：第一层的法律关系，设立企业年金的企业和职工作为委托人，享受企业年金待遇的职工作为受益人，与经办企业年金事务和基金的受托人参照信托原则建立信托关系；第二层的法律关系，受托人依据《合同法》分别与个人账户管理机构、投资管理机构和基金托管机构建立委托代理关系。一个用人单位只能实施一个企业年金计划，委托一个受托机构，选择一个账户管理人，确定一家基金托管机构。但是选择的投资人可以不限于一家。企业情况变化，需要修改或调整企业年金方案时，可以通过一定的程序修改或调整，但不能在保留原有企业年金计划的同时，另行制订计划。

2004年2月，劳动保障部与中国银监会、证监会和保监会联合签署了《企业年金基金管理试行办法》（下文简称《试行办法》），2011年新修订的《企业年金基金管理办法》（下文简称《基金管理办法》）颁布。这是我国企业年金基金按照市场化原则管理运营的专门规章，也是我国企业年金法规建设的重要组成部分。按照《基金管理办法》的规定，企业年金管理运营主要由受托人、账户管理人、基金投资管理人和基金托管人四个责任主体来承担。《基金管理办法》规定："受托人、账户管理人、托管人、投资管理人开展企业年金基金管理相关业务，应当接受人力资源社会保障行政部门的监管。"根据国务院确定的人力资源和社会保障部的职能，人力资源和社会保障部负责制定有关企业年金制度的政策，并对企业年金制度的执行情况进行监督检查。

企业年金合同包括信托合同和委托合同。《试行办法》第18条规定："确定受托人应当签订书面合同。合同一方为企业，另一方为受托人。"这就是所谓的企业年金信托合同。《试行办法》第19条规定："受托人可以委托具有资格的企业年金账户管理机构作为账户管理人，负责管理企业年金账户；可以委托具有资格的投资运营机构作为投资管理人，负责企业年金基金的投资运营。受托人应当选择具有资格的商业银行或专业托管机构作为托管人，负责托管企业年金基金。受托人与账户管理人、投资管理人和托管人确定委托关系，应当签订书面合同。"这就是所谓的委托合同。不论是信托合同还是委托合同，按照《中华人民共和国合同法》的规定，在履行过程中发生争议的，当事人都可以依法提请仲裁或者诉讼。因此，《试行办法》规定："因履行企业年金合同发生争议的，当事人可以依法提请仲裁或者诉讼。"

企业年金方案是通过集体协商确定的。确定企业年金参加人员范围、资金筹集方式、职工企业年金个人账户管理方式、基金管理方式、企业年金待遇计发办法和支付方式、支付企业年金待遇的条件、组织管理和监督方式、终止缴费的条件等与企业年金有关的事项属于专项集体合同。集体合同不同于一般的民事合同，不适用《中华人民共和国合同法》的有关规定。《试行办法》第22条规定："因订立或履行企业年金方案发生争议的，按国家有关集体合同争议处理规定执行。"

对因订立企业年金方案发生的争议，应按照《集体合同规定》有关集体协商争议处理的方式来处理。《集体合同规定》第49条规定："集体协商过程中发生争议，双方当事人不能协商解决的，当事人一方或双方可以书面向劳动保障行政部门提出协调处理申请；未提出申请的，劳动保障行政部门认为必要时也可以进行协调处理。"对因履行企业年金方案发生的争议，应按照《集体合同规定》有关集体合同争议处理的方式来处理。《集体合同规定》第55条规定："因履行集体合同发生的争议，当事人协商解决不成的，可以依法向劳动争议仲裁委员会申请仲裁。"也就是说，对履行企业年金方案的争议，当事人双方可以协商解决，协商解决不成的，可以依法向劳动争议仲裁委员会申请仲裁。对劳动争议仲裁裁决不服的，还可以依法提起诉讼。

第三节　企业年金基金管理制度

　　企业年金基金管理，主要通过规定相关主体的经营条件、职责等方面得以实现。《企业年金基金管理办法》规定：设立企业年金的企业及其职工作为委托人与受托人、受托人与账户管理人、托管人和投资管理人，按照国家有关规定建立书面合同关系。因此，企业年金基金管理制度，主要体现在受托人、账户管理人、托管人和投资管理人的经营条件和职责等方面。

　　经企业年金基金管理机构资格认定专家评审委员会评审，并商中国银监会、中国证监会、中国保监会同意，劳动保障部第一批认定了37家企业年金及基金管理机构。其中，企业年金基金法人受托机构5家：华宝信托投资有限责任公司、中信信托投资有限责任公司、中诚信托投资有限责任公司、平安养老保险股份有限公司、太平养老保险股份有限公司。企业年金基金账户管理人11家：中国工商银行、交通银行股份有限公司、上海浦东发展银行、招商银行股份有限公司、中国光大银行、中信信托投资有限责任公司、华宝信托投资有限责任公司、新华人寿保险股份有限公司、中国人寿保险股份有限公司、中国太平洋人寿保险股份有限公司、泰康人寿保险股份有限公司。企业年金基金托管人6家：中国工商银行、中国建设银行股份有限公司、中国银行股份有限公司、交通银行股份有限公司、招商银行股份有限公司、中国光大银行。企业年金基金投资管理人15家：海富通基金管理有限公司、华夏基金管理有限公司、南方基金管理有限公司、易方达基金管理有限公司、嘉实基金管理有限公司、招商基金管理有限公司、富国基金管理有限公司、博时基金管理有限公司、银华基金管理有限公司、中国国际金融有限公司、中信证券股份有限公司、中国人寿资产管理有限公司、华泰资产管理有限公司、平安养老保险股份有限公司、太平养老保险股份有限公司。

一 受托人制度

《基金管理办法》第 14 条规定：本办法所称受托人，是指受托管理企业年金基金的符合国家规定的养老金管理公司等法人受托机构（以下简称"法人受托机构"）或者企业年金理事会。

（一）企业年金理事会

企业年金理事会是指在发起设立年金的企业内部设立，依托年金计划存在，由企业代表和职工代表等人员组成的特定自然人集合。企业年金理事会作为企业年金的受托人有三个特点：一是年金理事会须在内部设立并依托年金计划存在，其他企业的年金理事会，不得成为本企业年金受托人；二是年金理事会为特定信托目的存在，企业内其他性质的理事会也不得担任企业年金的受托人；三是年金理事会主要由企业内部职员构成，其中职工代表不得少于 1/3。在我国，受托人只能有两种形式，或者是自然人，或者是法人。由于企业年金理事会不可能登记注册成为法人信托机构，因此，不能成为法人。我国《信托法》第 31 条规定："同一信托的受托人有两个以上的，为共同受托人。"由于企业年金理事会成员在两人以上，只能作为共同受托人。《试行办法》第 17 条规定了企业年金理事会的基本职责："企业年金理事会除管理本企业的企业年金事务之外，不得从事其他任何形式的营业性活动。"根据这一规定，企业年金理事会的基本职责有三个方面。（1）企业年金理事会必须依法行事。企业年金理事会应当遵守我国《劳动法》、《信托法》、《合同法》、《证券投资基金法》、《企业年金试行办法》、《企业年金基金管理办法》和国家其他规定。（2）企业年金理事会不得从事其他任何形式的经营性活动。企业年金理事会是专门为管理企业年金而成立的，属于非经营性活动组织，因此，企业年金理事会不得从事其他任何形式的经营性活动。（3）企业年金理事会管理的企业年金基金仅限于本企业，不得受托管理其他企业的年金基金。对于其他企业来说，非本企业的企业年金理事会充当本企业的企业年金受托人，不符合《试行办法》的规定。《试行办法》规定企业年金理事会理事不得以任何形式收取费用。这也是为了防止企业年金理事会理事利用信托财产为自己谋取利益,降低理事的道德风险。

理事会章程是理事会依法设立、管理企业年金基金的基本制度,是规范理事会及其成员的组织与行为,保障理事会与企业年金委托人、受益人之间权利义务关系的具有法律约束力的文件,对理事会及其成员均具有约束力。理事会所应履行的基本职能包括:(1)选择、监督、评估、更换企业年金账户管理人、托管人、投资管理人以及中介服务机构;(2)制定企业年金基金投资策略;(3)编制企业年金基金管理和财务会计报告;(4)根据合同对企业年金基金管理进行监督;(5)根据合同收取企业和职工缴费,并向受益人支付企业年金待遇;(6)接受委托人、受益人查询,定期向委托人、收益人和有关监管部门提供企业年金基金管理报告,发生重大事件时,及时向委托人、受益人和有关监管部门报告;(7)按照国家规定保存与企业年金基金管理有关的记录至少15年;(8)国家规定和合同约定的其他职责。

理事会及成员的禁止行为:章程中须规定理事会及其成员的禁止行为,如理事会及其成员不得有损害年金基金委托人和受益人利益的行为。理事会在依法管理本企业年金事务的同时,不得从事其他任何形式的经营性活动。理事会应保证年金业务的独立性,不得将年金事务与公司其他业务混合进行。理事会理事应当诚实守信地开展工作,不得以任何形式收取费用。理事会理事应当无重大违法违规记录。

理事会的议事规则和工作程序需要在章程中明确。一般来说,理事会会议每年至少召开5次,由理事长召集。理事会会议应当在2/3以上的理事出席时方可举行。每名理事有一票表决权。理事会作出决议,必须经全体理事的2/3以上通过方可生效。会议记录由理事会保存,保存期限不得少于15年。

理事会对企业年金基金的经营管理。章程中对年金经营管理的规定应强调理事会内部管理制度的建设。对年金基金的经营管理主要包括两项工作:年金基金的投资决策管理和年金基金运营风险管理。理事会投资决策管理主要包括：(1) 确定年金基金管理目标和投资政策；(2) 确立资产类别，完成战略资产配置；(3) 决定投资管理的方式；(4) 选择投资管理人、托管人及账户管理人。理事会应加强投资决策程序的科学性和议事程序的公开透明，以防范理事会成员的道德风险。在选择年金基金各业务运作当事人时应采取招投标的公开方式。

理事会年金基金运营风险管理主要包括：(1) 定期或不定期对企业年金基金各业务运作当事人进行稽核监察；(2) 按照法规进行定期和不定期信息报告管理；(3) 定期对各个年金业务运作当事人进行年金运营管理绩效评估；(4) 进行必要的现场走访；(5) 建立重大事件报告制度；(6) 投诉和举报的处理。理事会应按相关法规和信托合同对各年金业务运作当事人进行信息管理，同时应向委托人、受益人、劳动保障主管部门履行信息报告的义务。在控制运营风险、评价管理绩效时可以引入独立第三方专业咨询机构参与工作，以保证管理的科学性和有效性。

理事会终止、解散和修订程序。理事会有下列情形之一的，应当终止并解散：(1) 职工代表大会决议变更企业年金基金受托方式，理事会无存在的必要；(2) 因公司合并或者分立而需要理事会终止或解散；(3) 理事会违反国家法律、行政法规、信托合同、企业年金计划方案，被劳动保障主管部门依法责令终止业务并解散。

理事会终止和解散，须以书面形式报请劳动保障主管部门批准并备案。理事会根据相关法律、行政法规及其章程的规定，可以修改其章程。修改章程涉及要求向劳动保障主管部门报备的事项，应予报备。修改后的章程须经人力资源和社会保障部核准后方为生效。

(二) 法人受托机构

法人受托机构是指充当信托活动受托人的法人机构。法人机构作为受托人有两种形式：一是信托机构形式的法人，即通常意义的信托投资公司；二是非信托机构形式的法人。其他法人机构能否充当受托人和在何种信托活动中可以充当受托人，应由相应的法律、行政法规作出规定。

受托人在企业年金制度中发挥着极其重要和关键的作用，管理着大量的企业年金基金，涉及众多企业职工的利益，事关整个社会的稳定，可以说是企业年金的核心。因此，《企业年金基金管理办法》规定，法人受托机构应当具备下列条件：（1）经国家金融监管部门批准，在中国境内注册的独立法人；（2）注册资本不少于5亿元人民币，且在任何时候都维持不少于5亿元人民币的净资产；（3）具有完善的法人治理结构；（4）取得企业年金基金从业资格的专职人员达到规定人数；（5）具有符合要求的营业场所、安全防范设施和与企业年金基金受托管理业务有关的其他设施；（6）具有完善的内部稽核监控制度和风险控制制度；（7）近3年没有重大违法违规行为；（8）国家规定的其他条件。

法人受托机构必须经国家金融监管部门批准。根据《企业年金基金管理办法》第22条第1项的规定，成为法人受托机构首先应经国家金融监管部门批准。这是因为，企业年金基金的受托业务，是一项金融业务。根据我国有关法律规定，只有金融机构才能开展金融业务，非金融机构不得从事金融业务。根据规定，中国银行业监督管理委员会负责统一监督管理全国银行、金融资产管理公司、信托投资公司及其他存款类金融机构。中国证券监督管理委员会依法对全国证券、期货市场实行统一监督管理，并履行相应职责。中国保险监督管理委员会统一监督管理全国保险市场，维护保险业的合法、稳健运行。法人受托机构、账户管理人、托管人、投资管理人开展企业年金基金管理相关业务，应当向人力资源和社会保障部提出申请。法人受托机构、账户管理人、投资管理人向人力资源和社会保障部提出申请前应当先经其业务监管部门同意，托管人向人力资源和社会保障部提出申请前应当先向其业务监管部门备案。因此，要成为法人受托机构，首先应经以上监管部门批准。一般认为，信托投资公司、基金管理公司、综合类证券公司、养老金管理公司等机构都属于金融机构，有条件的成为法人受托机构。另外，要成为法人受托机构，除应经国家金融监管部门批准外，还应在中国境内注册，受中国有关法律法规管辖，在中国境内注册的外国法人不能成为法人受托机构。

企业年金管理，属于特殊行业，对法人受托机构的注册资本应有严格规定，以保证法人受托机构维持较好的财务状况和信用状况，保护企业职工的利益。

根据《企业年金基金管理办法》的规定，企业年金受托人应当履行下列职责。(1) 选择、监督、更换账户管理人、托管人、投资管理人。(2) 制定企业年金基金战略资产配置策略。(3) 根据合同对企业年金基金管理进行监督。(4) 根据合同收取企业和职工缴费，向受益人支付企业年金待遇，并在合同中约定具体的履行方式。(5) 接受委托人查询，定期向委托人提交企业年金基金管理和财务会计报告。发生重大事件时，及时向委托人和有关监管部门报告；定期向有关监管部门提交开展企业年金基金受托管理业务情况的报告。(6) 按照国家规定保存与企业年金基金管理有关的记录自合同终止之日起至少 15 年。(7) 国家规定和合同约定的其他职责。

法人受托机构职责因法定情形而终止。《企业年金基金管理办法》第 25 条规定："有下列情形之一的，法人受托机构职责终止：(1) 违反与委托人合同约定的；(2) 利用企业年金基金财产为其谋取利益，或者为他人谋取不正当利益的；(3) 依法解散、被依法撤销、被依法宣告破产或者被依法接管的；(4) 被依法取消企业年金基金受托管理业务资格的；(5) 委托人有证据认为更换受托人符合受益人利益的；(6) 有关监管部门有充分理由和依据认为更换受托人符合受益人利益的；(7) 国家规定和合同约定的其他情形。"

我国《信托法》规定，受托人职责终止的，应当选任新的受托人。在企业年金基金受托人职责终止时，为了使信托事务能够继续得到处理，信托目的继续得以实现，应该选任新的受托人。《企业年金基金管理办法》第 26 条规定："受托人职责终止的，委托人应当在 45 日内委任新的受托人。"受托人发生变更后，新的受托人即担负起受托职责，接办受托管理业务。而从受托人职责终止到新的受托人产生，通常需要经过一段时间。为了保证受托管理业务资料的完整，避免因资料丢失、损毁，而使受托财产或受益人的利益受到损害，在这期间，企业年金基金信托的受托管理业务资料应有人妥善保管。新的受托人产生后，原受托人或者其继承人或者遗产管理人、监护人、清算人应当及时办理移交手续，向新的受托人移交托管业务，同时，新的受托人也应当及时接收业务，以保证受托管理尽快步入正常轨道。《企业年金基金管理办法》规定，受托人职责终止的，应当妥善保管企业年金基金受托管理资料，及时办理受托管理业务移交手续，新受托人应当及时接收。

由于企业年金基金信托是一项特殊信托，由会计事务所对受托管理进行审计非常必要。必要性体现在以下三个方面。（1）离任审计有助于监管部门和委托人全面、准确、真实地了解受托资产的状况和原受托人的受托管理行为，以便对是否解除受托人责任作出正确客观的决定。（2）离任审计有助于新受托人对年金财产有清楚的了解，便于新受托人接受受托管理业务。（3）有助于理清原受托人与新受托人的责任界限，保护新受托人的合法权益。因此，《企业年金基金管理办法》第18条规定：“受托人职责终止的，应当按照规定聘请会计师事务所对受托管理进行审计，将审计结果报委托人并报有关监管部门备案。”

二　账户管理人制度

（一）账户管理人设立条件

账户管理人，是指受托人委托，并根据受托人提供的计划规则为企业和职工建立账户、记录缴费与投资运营收益、计算待遇支付和提供信息查询等服务的专业机构。具体来说，账户管理人的主要职责可概括如下两个。一是个人账户管理。账户管理人应及时、准确地将缴费、支付额、投资运营收益等职工个人信息数据记录在职工档案及个人账户；安全、高效地完成职工增、减、变更以及个人账户的开设、转移、销户等日常管理工作。二是向企业及职工提供查询等服务。

企业年金账户管理人负责记录企业和职工有关的各类重要信息，对企业年金的正常运作和受益人权利的实现有重要作用。因此，要求担任账户管理人的机构必须具有很高的技术系统、具有专业资格的从业人员，能够保障服务质量管理水平、内部控制和风险管理制度和系统等。账户管理人应当具备以下条件：（1）经国家有关部门批准，在中国境内注册的独立法人；（2）注册资本不少于5亿元人民币，且在任何时候都维持不少于5亿元人民币的净资产；（3）具有完善的法人治理结构；（4）取得企业年金基金从业资格的专职人员达到规定人数；（5）具有相应的企业年金基金账户信息管理系统；（6）具有符合要求的营业场所、安全防范设施和与企业年金基金账户管理业务有关的其他设施；（7）具有完善的内部稽核监控制度和风险控制制度；（8）国家规定的其他条件。

（二）企业年金基金账户管理人职责及其终止

企业年金基金账户管理人主要负责与企业年金账户管理有关的工作。账户管理人应当履行下列职责。（1）建立企业年金基金企业账户和个人账户。（2）记录企业、职工缴费以及企业年金基金投资收益。（3）定期与托管人核对缴费数据以及企业年金基金账户财产变化状况，及时将核对结果提交受托人。（4）计算企业年金待遇。（5）向企业和受益人提供企业年金基金企业账户和个人账户信息查询服务；向受益人提供年度权益报告。（6）定期向受托人提交账户管理数据等信息以及企业年金基金账户管理报告；定期向有关监管部门提交开展企业年金基金账户管理业务情况的报告。（7）按照国家规定保存企业年金基金账户管理档案自合同终止之日起至少15年。（8）国家规定和合同约定的其他职责。

企业年金基金账户管理人在企业年金制度中发挥着极其重要的作用，管理着企业年金基金企业账户和个人账户，涉及众多企业职工的利益。当企业年金基金账户管理人违反了有关法律规定或者与受托人订立的委托代理合同的约定，或者失去行使受托人能力时，其职责应当终止，更换新的企业年金基金账户管理人。有下列情形之一的，账户管理人职责终止：（1）违反与受托人合同约定的；（2）利用企业年金基金财产为其谋取利益，或为他人谋取不正当利益的；（3）依法解散、被依法撤销、被依法宣告破产或被依法接管的；（4）被依法取消企业年金基金受托管理业务资格的；（5）受托人有充分理由和依据认为更换账户管理人符合受益人利益的；（6）有关监管部门有充分理由和依据认为换账户管理人符合受益人利益的；（7）国家规定和合同约定的其他情形。

根据《企业年金基金管理办法》的规定，受托人负责选择、监督、更换账户管理人。这既是受托人的权利，也是受托人的义务。因此，当原账户管理人的职责终止后，应当由受托人来选择新的账户管理人。本着受益人利益最大化的原则，受托人选择新的账户管理人需要履行一系列的程序来保证质量，因此需要一定的时间；同时，企业年金基金的运作具有连续性和不间断性。为了保证账户管理服务的质量，保障账户管理的正常运行，客观上要求账户管理人的选择过程不能无限期进行下去，而应当有一个时间限制。出于上述考虑，结合我国的实践情况，《企业年金基金管理办法》规定，账户管理人职责终止的，受托人应当在45日内确定新的账户管理人。

企业年金账户管理人发生变更后，新的企业年金账户管理人接受受托人的委托，承担企业年金账户管理职责，办理企业年金基金的账户管理业务。由于账户管理事务复杂，从原账户管理人的职责终止到移交全部账户管理业务给新的账户管理人，通常需要经过一段时间办理相应的手续。为了保证企业年金账户管理资料的完整，避免因资料丢失、毁损而使企业年金基金财产或者参与企业年金计划职工的利益受到损害，在这段时间内，仍然应由原账户管理人担负妥善保管企业年金基金账户管理资料的责任。新的账户管理人产生后，原账户管理人应当及时办理移交手续，向新的企业年金基金的账户管理人移交账户管理业务，同时，新的账户管理人也应当及时接手业务，以保证企业年金基金账户管理工作尽快步入正常轨道。因此，《企业年金基金管理办法》规定，账户管理人职责终止的，应当妥善保管企业年金基金账户管理资料，及时办理账户管理移交手续，新账户管理人应当及时接收。

根据《企业年金基金管理办法》规定，企业年金基金账户管理人担负着建立企业年金基金企业账户和个人账户，并按规定将企业和职工以及基金投资金收益计入个人账户，及时与托管人核对缴费数据，记录企业账户和个人账户财产变化状况等一系列的职责。企业年金基金账户管理人是否忠实履行其职能，直接关系到基金财产的安全和参与企业年金计划的职工利益的实现。企业年金基金账户管理人终止职责时，应当对其账户管理进行审计：一是可以让有关当事人了解账户管理人在任职期间账户管理职责的履行情况；二是可以及时发现账户管理人在履行职责中存在的问题，以及应当承担的责任;三是使新的企业年金基金账户管理人了解接收时基金财产的具体情况。为此,《企业年金基金管理办法》规定,账户管理人职责终止的,应当按照规定聘请会计师事务所对账户管理情况进行审计。考虑到受托人作为企业年金基金账户管理的委托方,应当了解其所委托的企业年金基金账户管理人管理企业年金账户的情况,有关监督管理部门作为企业年金管理的监督机关,也应当了解企业年金基金账户管理人管理企业年金账户的情况,因此,《企业年金基金管理办法》规定,审计报告要报受托人,并报有关监管部门备案。

三 托管人制度

(一) 企业年金基金托管人

托管人是指受受托人的委托管理企业年金基金财产的商业银行或专业机构。单个企业年金计划托管人由一家商业银行或专业托管机构担任。企业年金基金托管人是指接受受托人的委托,依据法律规定和有关合同的约定,为企业年金计划受益人的利益,对企业年金基金财产进行保管的商业银行或专业托管机构。

根据《企业年金基金管理办法》的规定,企业年金基金财产托管人对企业年金基金财产进行托管,为受托人提供安全保管资产、办理清算交割等业务。在基金业发展的初期,由于资产保管、投资运作等职责集于基金管理人一身,出现了多起不良管理人侵吞客户资产的恶性事件,严重影响了行业的发展和社会的稳定。有鉴于此,美国《1940年投资公司法》明确要求基金管理人要将基金资产委托给第三方进行管理,明确了托管的法律地位。托管人的引入,形成了托管人和管理人之间相互制约的机制,有效保护了投资者的利益。在养老基金发展的初期,并没有引入托管人制度,但是20世纪60年代末期和70年代初期美国发生了一系列雇主侵害公司员工养老金收益的事件,美国政府开始加强对养老基金的规范。1974年,美国通过了《雇员退休收入保障法案》,明确要求在企业年金的运作中,受托人要将基金资产交由独立的第三方进行保管。这一方案的通过,有效地保护了广大就业者的利益,大大促进了企业年金的发展。近年来,亚太经合组织国家在本国养老金体制改革的运作过程中，引入了托管人制度。我国在证券投资基金管理中也引入了托管人制度。《证券投资基金法》规定，基金托管人应安全保管基金财产，按照规定开设基金财产的资金账户和证券账户，对所托管的不同基金财产分别设置账户，确保基金财产的完整与独立，保存基金托管业务活动的记录、账册、报表和其他相关资料，按照基金合同的约定，根据基金管理人的投资指令，及时办理清算、交割事宜。根据《企业年金基金管理办法》的规定，企业年金基金财产托管人主要承担安全保管企业年金基金的财产，开立独立的账户管理基金财产，根据受托人的指令，向投资管理人分配基金资产，按照投资人的指令，及时办理清算、交割，进行会计核算和估值，对投资进行监督以及根据有关规定提供报告等职责。

从国外来看，基金托管服务一般是由商业银行提供的。商业银行是金融体系的核心，是社会信用中介，本身是存款机构，并承担着社会的支付和结算功能，因此，商业银行资本雄厚，专业管理力量强大，技术设施和内部风险控制制度健全，同时还具备完善的结算系统和支付系统。商业银行担任企业年金基金的托管人，有利于保护基金财产的安全。因此，《企业年金基金管理办法》规定，由商业银行担任企业年金基金财产托管人。单个企业年金计划的托管人只能由一家商业银行担任。由一家托管机构为单个企业年金基金提供服务，有利于统一托管操作，有效控制风险，保证企业年金基金财产的独立性和完整性。

（二）担任企业年金基金财产托管人应当具备的条件

企业年金基金财产托管人承担着企业年金基金财产保管的重要职责。为了保证托管人的质量，保证基金财产的安全，维护企业和职工的利益，维护金融市场的稳定和发展，对企业年金基金财产托管人明确规定其准入的资格条件，是十分必要的。托管人应当具备下列条件：（1）经国家金融监管部门批准，在中国境内注册的独立法人；（2）注册资本不少于50亿元人民币，且在任何时候都维持不少于50亿元人民币的净资产；（3）具有完善的法人治理结构；（4）设有专门的资产托管部门；（5）取得企业年金基金从业资格的专职人员达到规定人数；（6）具有保管企业年金基金财产的条件；（7）具有安全高效的清算、交割系统；（8）具有符合要求的营业场所、安全防范设施和与企业年金基金托管业务有关的其他设施；（9）具有完善的内部稽核监控制度和风险控制制度；（10）近3年没有重大违法违规行为；（11）国家规定的其他条件。

（三）企业年金基金财产托管人职责及其终止情形

《企业年金基金管理办法》规定，托管人应当履行下列职责：（1）安全保管企业年金基金财产；（2）以企业年金基金名义开设基金财产的资金账户和证券账户等；（3）对所托管的不同企业年金基金财产分别设置账户，确保基金财产的完整和独立；（4）根据受托人指令，向投资管理人分配企业年金基金财产；（5）及时办理清算、交割事宜；（6）负责企业年金基金会计核算和估值，复核、审查和确认投资管理人计算的基金财产净值；（7）根据受托人指令，向受益人发放企业年金待遇；（8）定期与账户管理人、投资管理人核对有关数据；（9）按照规定监督投资管理人的投资运作，并定期向受托人报告投资监督情况；（10）定期向受托人提交企业年金基金托管和财务会计报告，定期向有关监管部门提交开展企业年金基金托管业务情况的报告；（11）按照国家规定保存企业年金基金托管业务活动记录、账册、报表和其他相关资料自合同终止之日起至少15年；（12）国家规定和合同约定的其他职责。为了保障上述职责得以正确履行，《企业年金基金管理办法》禁止托管人有下列行为：（1）托管的企业年金基金财产与其固有财产混合管理；（2）托管的企业年金基金财产与托管的其他财产混合管理；（3）托管的不同企业年金计划、不同企业年金投资组合的企业年金基金财产混合管理；（4）侵占、挪用托管的企业年金基金财产；（5）国家规定和合同约定禁止的其他行为。

企业年金托管人在企业年金制度中发挥着极其重要的作用，决定着企业年金基金财产的安全和完整，涉及众多企业职工的利益。当企业年金基金托管人违反了有关法律规定或其与受托人订立的委托代理合同的约定，或失去企业年金基金托管的能力时，其职责应当终止，更换新的企业年金基金托管人。因此，《企业年金基金管理办法》规定有下列情形之一的，托管人职责终止：(1) 违反与受托人合同约定的；(2) 利用企业年金基金财产为其谋取利益，或为他人谋取不正当利益的；(3) 依法解散、被依法撤销、被依法宣告破产或被依法接管的；(4) 被依法取消企业年金基金托管业务的；(5) 受托人有证据认为更换托管人符合受益人利益的；(6) 有关监管部门有充分理由和依据认为更换托管人符合受益人利益的；(7) 国家规定和合同约定的其他情形。

根据《企业年金基金管理办法》的规定，受托人负责选择、监督、更换账户管理人、托管人、投资管理人以及中介服务机构。这既是受托人的权利，也是受托人的义务。因此，当原托管人的职责终止后，受托人应当选择新的托管人。本着受益人利益最大化的原则，受托人选择新的托管人需要履行一系列的程序来保证所选托管人的质量，这种选择需要一定的时间。同时，企业年金基金的保管具有连续性和不间断性，要求托管业务也必须保持连续性和不间断性。为了保证托管服务的质量，保障托管工作的正常进行，客观上要求新托管人的选择过程不能无限期进行下去，而应当有一个时间限制。因此，《企业年金基金管理办法》第37条第1款规定："托管人职责终止的，受托人应当在45日内确定新的托管人。"

由于托管事务复杂，从原托管人的职责终止到移交全部托管业务给新的托管人，通常需要经过一段时间，办理相应的手续。为了保证企业年金基金托管资料的完整，避免因资料丢失、损毁而使企业年金基金财产或者参与企业年金计划的职工的利益受到损害，在这段时间内，仍然应由原托管人担负妥善保管企业年金基金托管资料的责任。新的托管人产生后，原托管人应当及时办理移交手续，向新的企业年金基金托管人办理移交托管业务，同时，新的托管人也应当及时接手业务，以保证企业年金基金的托管工作尽快步入正常轨道。因此，《企业年金基金管理办法》第37条第2款规定："托管人职责终止的，应当妥善保管企业年金基金托管资料，在45日内办理完毕托管业务移交手续，新托管人应当接收并行使相应职责。"

根据《企业年金基金管理办法》的规定，企业年金基金托管人负担着企业年金基金托管的职责。企业年金基金托管人是否忠实履行其职责，直接关系到基金财产的安全,也关系到参与企业年金计划的职工利益的实现。企业年金基金托管人的职责终止时,应当对其托管情况进行审计:一是可以让有关当事人了解托管人在任职期间履行托管职责的情况;二是可以及时发现托管人在履行职责中存在的问题,以及应当承担的责任;三是使新的企业年金基金托管人了解接收托管业务时基金财产的具体情况。为此,托管人职责终止的,应当按照规定聘请会计师事务所对所托管进行审计。审计报告要报受托人,并报有关监管部门备案,以便于受托人和有关监管部门了解企业年金基金托管人托管企业年金基金财产的情况。

四 投资管理人制度

投资管理人是指接受受托人的委托,根据受托人制定的投资策略和战略资产配置,为企业年金计划受益人的利益,采取资产组合方式对企业年金基金财产进行投资管理的专业机构。在企业年金基金信托中,受托人与企业年金基金的投资管理人之间是委托代理关系,受托人可以依法委托投资管理人进行企业年金基金的投资管理事务。受托人要对投资管理人的投资行为承担法律责任。

《企业年金基金管理办法》规定,企业年金基金投资管理应当遵循谨慎、分散风险的原则,充分考虑企业年金基金财产的安全性和流动性,实行专业化管理。企业年金基金的投资管理业务是企业年金基金管理运作中非常重要的环节,关系到基金财产的保值增值,也关系到企业年金基金受益人所能取得的企业年金待遇的水平。因此,投资管理人应当有很高的投资管理水平,应由具备专业能力的机构担任。根据《企业年金基金管理办法》的规定,投资管理机构必须经相应的业务监管机构同意,再经由劳动保障部组织的专家评审委员会评审,取得资格后,才能进行投资管理事务。有权申请投资管理人资格的机构,目前主要包括基金管理公司、综合类证券公司、信托投资公司和保险资产管理公司等。

(一)投资管理人应当具备的条件

《企业年金基金管理办法》规定,投资管理人应当具备下列条件。

（1）经国家金融监管部门批准，在中国境内注册，具有受托投资管理、基金管理或者资产管理资格的独立法人。（2）具有证券资产管理业务的证券公司注册资本不少于 10 亿元人民币，且在任何时候都维持不少于 10 亿元人民币的净资产；养老金管理公司注册资本不少于 5 亿元人民币，且在任何时候都维持不少于 5 亿元人民币的净资产；信托公司注册资本不少于 3 亿元人民币，且在任何时候都维持不少于 3 亿元人民币的净资产；基金管理公司、保险资产管理公司、证券资产管理公司或者其他专业投资机构注册资本不少于 1 亿元人民币，且在任何时候都维持不少于 1 亿元人民币的净资产。（3）具有完善的法人治理结构。（4）取得企业年金基金从业资格的专职人员达到规定人数。（5）具有符合要求的营业场所、安全防范设施和与企业年金基金投资管理业务有关的其他设施。（6）具有完善的内部稽核监控制度和风险控制制度。（7）近 3 年没有重大违法违规行为。（8）国家规定的其他条件。

（二）企业年金基金投资管理人职责及其终止

根据《企业年金基金管理办法》的规定，投资管理人应当履行下列职责：（1）对企业年金基金财产进行投资；（2）及时与托管人核对企业年金基金会计核算和估值结果；（3）建立企业年金基金投资管理风险准备金；（4）定期向受托人提交企业年金基金投资管理报告，定期向有关监管部门提交开展企业年金基金投资管理业务情况的报告；（5）根据国家规定保存企业年金基金财产会计凭证、会计账簿、年度财务会计报告和投资记录自合同终止之日起至少 15 年；（6）国家规定和合同约定的其他职责。

根据《企业年金基金管理办法》的规定，有下列情形之一的，投资管理人应当及时向受托人报告：（1）企业年金基金单位净值大幅度波动的；（2）可能使企业年金基金财产受到重大影响的有关事项；（3）国家规定和合同约定的其他情形。

《企业年金基金管理办法》禁止投资管理人有下列行为：（1）将其固有财产或者他人财产混同于企业年金基金财产；（2）不公平对待企业年金基金财产与其管理的其他财产；（3）不公平对待其管理的不同企业年金基

金财产；(4) 侵占、挪用企业年金基金财产；(5) 承诺、变相承诺保本或者保证收益；(6) 利用所管理的其他资产为企业年金计划委托人、受益人或者相关管理人谋取不正当利益；(7) 国家规定和合同约定禁止的其他行为。

《企业年金基金管理办法》规定，有下列情况之一的，投资管理人职责终止：(1) 违反与受托人合同约定的；(2) 利用企业年金基金财产为其谋取利益，或者为他人谋取不正当利益的；(3) 依法解散、被依法撤销、被依法宣告破产或者被依法接管的；(4) 被依法取消企业年金基金投资管理业务资格的；(5) 受托人有证据认为更换投资管理人符合受益人利益的；(6) 有关监管部门有充分理由和依据认为更换投资管理人符合受益人利益的；(7) 国家规定和合同约定的其他情形。

企业年金基金投资管理人职责终止的，受托人应当按程序确定新的投资管理人。根据《企业年金基金管理办法》的规定，受托人负责选择、监督、更换投资管理人。投资管理人的职责终止后，应当由受托人来选择新的投资人。受托人选择新的投资人需要履行一系列的程序，以保证所选择的投资管理人的质量，因此，需要一定的时间。企业年金的运作具有连续性和不间断性，这就要求投资业务也必须保持连续性和不间断性。为了保证投资管理服务的质量，保障投资管理运作的正常进行，客观上要求投资管理人的选择过程不能无限期进行下去，而应当有一个时间限制。因此，《企业年金基金管理办法》规定，投资管理人职责终止的，受托人应当在45日内确定新的投资管理人。

企业年金基金投资管理人发生变更后，新的投资管理人接受受托人的委托，承担企业年金基金投资管理职责，办理企业年金基金的投资管理业务。由于投资管理事务复杂，从原投资管理人的职责终止到移交全部投资管理业务给新的投资管理人，通常需要经过一段时间，办理相应的手续。为了保证企业年金投资管理资料的完整，避免因资料丢失、损毁而使企业年金基金财产或者参与企业年金计划的职工的利益受到损害，在这段时间内，仍然应由原投资管理人担负妥善保管企业年金基金投资管理资料的责任。新的投资管理人产生后，原投资管理人应当及时办理移交手续，向新的企业年金基金投资管理人移交投资管理业务，同时，新的投资管理人也应当及时接收业务，以保证企业年金基金的投资管理工作尽快步入正常轨道。因此，《企业年金基金管理办法》规定，投资管理人职责终止的，应当妥善保管企业年金基金投资管理资料，及时办理投资业务移交手续，新投资管理人应当及时接收。

五 中介服务机构制度

中介服务机构是指为企业年金管理提供服务的投资顾问公司、信用评估公司、精算咨询公司、律师事务所、会计师事务所等专业机构。这些机构应合法设立，具有较高专业水准、良好的信誉和职业道德，同时在向企业年金基金提供服务的过程中做到：一是在维护受益人利益的前提下，竭诚为企业年金基金提供客观、公正的服务；二是真实、准确、完整地提供服务，禁止利用内幕消息、市场传言、虚假信息作为依据向他人提供服务行为；三是按照服务合同的约定，尽到必要的谨慎、勤勉义务。

中介服务机构经委托可以从事的业务，根据《企业年金基金管理办法》的规定，体现为以下几个方面。（1）为企业设计企业年金计划。在企业设计企业年金方案时，涉及法律、精算、选择受托人等事务。律师事务所、精算咨询公司等中介服务机构都可以经企业及其职工的委托，为制定企业年金计划的企业提供这些方面的服务。（2）为企业年金管理提供咨询，这方面可以提供的服务实际上是相当广泛的。例如，可以包括为受托人制定投资策略和进行战略资产配置提供咨询服务，为投资管理人进行企业年金基金投资管理提供服务等。（3）为受托人选择账户管理人、托管人、投资管理人提供咨询。受托人，尤其是企业年金理事会作为企业年金基金受托人，对金融市场上的服务提供商（如企业年金基金财产托管人、账户管理人和企业年金基金财产投资管理人等）等可能不大了解，为了尽可能选择服务质量高、信用好的金融服务提供商，受托人可以委托有关咨询公司提供选择企业年金基金财产托管人、账户管理人和企业年金基金财产投资管理人的咨询服务。（4）对企业年金管理绩效进行评估。这里包括对受托人管理企业年金基金的绩效进行评估，对投资管理人的投资管理绩效进行评估。(5) 对企业年金基金财务报告进行审计。《企业年金基金管理办法》规定，法人受托机构、企业年金基金托管人、企业年金基金账户管理人、企业年金基金投资管理人等终止责任时，或者提交年度财务会计报告时，都要经会计师事务所审计。(6) 国家规定和合同约定的其他业务。

《企业年金基金管理办法》规定，中介服务机构提供企业年金中介服务应当遵守相关职业准则，注册会计师应遵循《中国注册会计师职业道德基本准则》、《中国注册会计师独立审计准则》的规定，律师应遵循其所在地律师协会的执业准则等。

为保证评审过程的权威性、科学性、专业性、独立性和公平性，专家评审委员会应当由有关监督部门代表和经劳动保障部门选定的社会专业人士共同组成。评审专家专业范围包括社会保障、法律、金融、财务会计、公司治理、风险管理、信息技术等方面。

六　企业年金基金监管

企业年金监管在国外比较成熟。同美国其他行业相比，美国的企业年金业受到联邦一级政府更多、更严的监管和控制。由于管理企业年金计划的《税法》和《雇员退休收入保障法》都是联邦法律，因此，美国的企业年金计划基本上不受州级政府管制和管辖。联邦政府中主管养老金计划的部门共有三个：税务局、劳工部和退休津贴保障公司。美国税务局的主要作用是对企业年金计划是否符合《税收法》中对企业年金计划获得优税或延税的优待所满足的要求进行监督、监控。为了达到优税和延税的目的，一个企业年金计划必须要符合《税收法》规定的条件。美国税务局对每一个企业年金计划的计划书是否符合优税合格的要求都要进行审定；同时，还要对计划在实际运行中是否完全符合《税收法》提出的各项要求进行监视、实地抽查和审计。美国的劳工部主要负责对企业年金计划是否符合《保障法》中所提出的各项要求和规定，包括受托人的职责、职能和被禁止交易等进行监督和监控。按《保障法》规定，如果一个企业年金计划的受托人违反了其受托人的职责和职能或进行了被禁止的交易，那么美国劳工部部长就有权代表计划参与人或以劳工部部长本人的名义向该受托人提出起诉，向受托人索回因其违法行为对计划资产所造成的经济损失。

我国企业年金监管制度主要由以下部分构成。

第一，企业年金受托人、账户管理人、托管人和投资管理人应当向监管部门报告企业年金基金管理情况。根据《企业年金基金管理办法》规定，受托机构、账户管理人、托管人、投资管理人开展企业年金基金管理相关业务，应当接受劳动保障部门监管。账户管理人、托管人和投资管理人的业务监管部门按照各自职责对其经营活动进行监督。企业年金基金受托人、账户管理人、托管人和投资管理人应当向监管部门报告企业年金基金管理情况，同时，运营机构还应当向各自的监管部门，如中国银监会、中国证监会和中国保监会报告开展企业年金基金受托管理业务的有关情况。

第二，企业年金受托人、账户管理人、托管人和投资管理人须保证向有关监管部门所报送报告的内容真实、完整。企业年金受托人、账户管理人、托管人和投资管理人应当向监管部门报告企业年金基金管理情况，并对所报告的内容真实性、完整性负责。所谓真实性，是指基金财产管理报告内容必须反映真实情况，不得弄虚作假，不得有误导性；所谓完整性，是指基金信息报告的各项文件应当齐全，符合法定要求，内容应当完整，不得有遗漏。

受托人应当向委托人提交企业年金基金管理报告。《企业年金基金管理办法》规定，受托人应当在每季度结束后 30 日内向委托人提交季度企业年金基金管理报告，并应当在年度结束后 60 日内向委托人提交年度企业年金基金管理报告，其中年度企业年金基金财务会计报告须经会计师事务所审计。账户管理人应当向受托人提交企业年金基金管理报告。《企业年金基金管理办法》规定，账户管理人应当在每季度结束后 15 日内向受托人提交季度企业年金基金账户管理报告，并应当在年度结束后 45 日内向受托人提交年度企业年金基金账户管理报告。企业年金基金托管人应当向受托人提交企业年金基金管理报告。《企业年金基金管理办法》规定，托管人应当在每季度结束后 15 日内向受托人提交季度企业年金基金托管和财务会计报告，并应当在年度结束后 45 日内向受托人提交年度企业年金基金托管和财务会计报告，其中年度财务会计报告须经会计师事务所审计。企业年金基金投资管理人应当向受托人提交企业年金基金管理报告。《企业年金基金管理办法》规定，投资管理人应当在每季度结束后 15 日内向受托人提交经托管人确认的季度企业年金基金投资组合报告，并应当在年度结束后 45 日内向受托人提交经托管人确认的年度企业年金基金投资管理报告。

第三，政府监管部门分工协作。根据国务院部门的职责分工，劳动保障行政部门是企业年金的主要监管部门，受托人、账户管理人、托管人、投资管理人开展企业年金基金管理相关业务，应当接受劳动保障行政部门的监督。为保障企业年金基金受益人的合法权益，推动中国企业年金有序、规范发展，人力资源和社会保障部对企业年金基金运行实施严格监管，体现在对可能出现风险的事前避免、事中控制和事后补救措施。监管的内容如下。一是市场准入和资格认定。《企业年金基金管理办法》规定，法人受托机构、账户管理人、托管人、投资管理人开展企业年金基金管理相关业务应当向人力资源和社会保障部提出申请。二是制定企业年金经办机构从事企业管理活动的规则。《企业年金基金管理办法》明确规定了企业年金经办机构的职责、经办规定和应禁止的行为。三是监督企业年金基金运作情况。《企业年金基金管理办法》要求受托人、账户管理人、托管人、投资管理人应当将企业年金基金运作情况定期向人力资源和社会保障部报告，并有责任报告其他对基金财产有重大影响的事项。四是处罚违反本办法规定的当事人。《企业年金基金管理办法》规定，凡违反本办法规定的，由人力资源和社会保障部予以警告，责令限期改正；逾期不改的，可责令其停止企业年金基金管理相关业务。业务监管部门应当对受托人、账户管理人、托管人和投资管理人开展企业年金基金经营活动实施监管。

我国的金融行业实行银行、证券、保险分业经营分业监管的模式。为了加强对企业年金基金经办机构的监管，《企业年金基金管理办法》规定，受托人、托管人和投资管理人的业务监管部门按照各自职责对其经营活动进行监督。包括对企业年金基金管理行为以及与企业年金基金管理没有直接关系但可能对基金管理有重大影响的行为的监督，并及时通报人力资源和社会保障部。《企业年金基金管理办法》规定："凡违反本办法规定的，由人力资源和社会保障部予以警告，责令限期改正；逾期不改的，可责令其停止企业年金基金管理相关业务。"根据这条规定，实施行政处罚的主体是人力资源和社会保障部。

第四节 补充性社会保险在社会保险制度中的地位

一 社会保险保障功能的局限性

社会保险在保障参保人员面临年老、疾病、工伤、失业和生育风险时发挥了重要作用。由于社会保险一般是由政府出面组织运营管理、要求就业人员强制参保并且大多数国家的政府还负责社会保险的部分融资，因此，在应对就业人员面临年老、疾病等风险中仅仅依靠政府会存在诸多问题。首先，单一支柱的社会保险制度会在组织管理和融资上过度依赖政府，加重政府财政负担，不利于社会保险制度的可持续发展，抑制其保障功能的发挥。其次，单一支柱的社会保险制度不利于分散风险，不利于保障参保成员的利益。

（一）单一支柱的社会保险制度会加重政府财政负担

特别是随着人口老龄化的到来，政府的养老负担越来越重。据联合国统计数据，2010年全球人口约为68.96亿，其中65岁及以上人口约5.24亿，占总人口的7.6%。据预测，2050年世界老年人口占总人口的比例将上升到20%左右。按照世界卫生组织的规定，在一个国家或地区的总人口中，如果60岁以上的人口所占的比重超过10%，或65岁以上人口所占的比重超过7%，就属于老年型人口年龄结构，这一国家或地区就属于老年国家或地区。如果按照这个标准，中国在1999年底就进入了老龄化社会。2011年4月28日国家统计局公布第六次全国人口普查数据。这次普查中国60岁及以上人口占13.26%，比2000年上升2.93个百分点，其中65岁及以上人口占8.87%，比2000年人口普查上升1.91个百分点。由此可见中国老龄化进程逐步加快。

这种不断加剧的人口老龄化在世界各国是普遍存在的。如果一国的社会保险过于倚重国家，会加重政府财政负担，最终无法保证参保人员利益。以希腊主权债务危机为例，希腊这次爆发债务危机主要有两方面的原因。一是希腊政府本身无法控制的外部因素，诸如一段时间以来欧元大幅升值，欧元区货币政策和财政政策无法有效协调，欧洲中央银行货币政策一向较为保守，欧盟制度框架存在其他内在缺陷。二是希腊政府本身可以控制但没有处理好的内部因素，诸如过度慷慨的福利制度，僵化的劳动力市场，管理不善的财税制度。所有这些因素最终导致希腊财政赤字过高，爆发主权债务危机。由于希腊没有本国货币和缺乏独立的货币政策，采取紧缩性财政政策是应对危机的唯一政策手段。因此，对于希腊而言，大幅削减福利待遇，整合碎片化社保制度，提高社保支出的公平性，增强劳动力市场弹性，是减少财政赤字、应对危机的核心内容。同时，不进行社保改革，就无法从根本上解决财政问题。

希腊社保待遇非常慷慨。在养老金替代率方面，希腊公务员的替代率为109%，公共事业单位雇员的为98%，独立专业人士的为90%。总体而言，希腊养老金的平均替代率在80%左右。在退休年龄方面，"名义"退休年龄男性是65岁，女性60岁，但是希腊社保制度存在很多"例外"原则，"实际平均退休"年龄为61.4岁。在很多情况下，人们可以选择提前退休而且还可以领到全额养老金。

希腊1974年实现民主化时，西欧等国的福利制度已经非常完善，而希腊的福利制度相对落后、支出水平较低，因此希腊等南欧国家普遍出现了福利赶超现象。例如，1980年希腊社会保障支出占GDP的比重为10.2%，相当于德国的45.0%、法国的49.3%和英国的61.4%。2000年，希腊社会保障支出占GDP的比重为16%，相当于德国的73.2%、法国的68.8%和英国的99.8%。在福利水平与西欧发达国家差距逐步缩小的同时，希腊的经济发展水平与其差距却在逐步扩大。1980年，希腊人均GDP相当于德国的73.1%、法国的71.2%和英国的79.9%。2000年，希腊人均GDP相当于德国的65.0%、法国的65.9%和英国的64.1%。由此可见，希腊的福利赶超已经超越了其经济发展所能承受的范围。

碎片化的社保制度、慷慨的待遇水平和过度的福利赶超必然导致沉重的支出负担。2002 年希腊公共养老金支出占 GDP 的比重为 12.6%，比欧盟 15 国平均值高出 2.2 个百分点。据预测，2050 年该指标将上升到 24.80%，比欧盟 15 国平均值高出 11.5 个百分点。希腊养老金支出和财政之间的关系可以用两个"一半"来形容：养老金支出的一半来自财政补贴，而财政赤字的一半是养老金补贴导致的。2008 年，希腊财政对养老金的各项补贴总计为 151.70 亿欧元，占养老金支出的 52.19%，相当于 GDP 的 6.34%。在希腊政府财政赤字中，大约一半是由养老金支出引起的。由此可见，希腊的养老金支出负担沉重，是导致财政赤字居高不下的主要原因。希腊的例子充分说明社会保险的保障功能不能过分依赖政府，否则会加重政府财政负担，最终无法实现社会保险的保障功能，损害参保人员的利益。

（二）单一支柱的社会保险制度不利于分散风险

以养老保险为例，日益严重的人口老龄化使得养老保障制度不堪重负，世界各国纷纷掀起了养老保障制度改革的浪潮。世界银行在《21 世纪的老年收入保障》一书中提出了社会保障体系改革的五种模式：参数式改革、完全市场化改革、名义账户制改革、公共预筹积累制改革和多支柱改革。其中，多支柱改革就是多管齐下，建立相互衔接而侧重点又有所不同的多个保障支柱，全面应对老龄风险，提供多层次、全方位的保障服务。从本质上讲，社会保险体系是应对风险的一种制度安排。由于人们面临不同类型的风险，诸如终生贫困风险、流动性约束风险、个人短视风险、政治风险以及长寿风险，因此需要建立多支柱的社会保障体系以分别应对不同类型的风险。一方面多支柱改革能够扩大社会保障制度的覆盖面，使尽可能多的人群获得不同形式的保障；另一方面多支柱改革能够在保障养老金待遇充足性的同时实现可负担、可持续的目标，促进社会保障制度的稳健发展。而大力发展企业年金等补充保险是完善多支柱养老保障制度的重要内容。

2005 年，以 Robert Holzamann 和 Richard Hinz 为代表的世界银行养老金改革团队发表了题为《21 世纪的老年收入保障——养老金制度改革国际比较》的报告，该报告是对 1994 年世界银行"三支柱"模式运行 10 多年来的一个概括和总结，并完整地提出了"五支柱"养老金制度。

（1）非缴费型的"零支柱"或基本支柱，是指提供最低保障水平的非缴费型制度，以全民养老金或者社会养老金的形式提供。该支柱主要用于应对终身贫困和流动性约束的风险，这就防范了必须参与正规经济部门，并通过劳动工资来积累微薄的个人储蓄的风险，从而更有效地为终身贫困者以及那些到了老年时没有资格领取正式养老金的非正规或正规部门的工人提供基本生活保障。该支柱旨在消除老年贫困，是任何完备的退休养老制度的重要组成部分。

（2）缴费型的"第一支柱"，是指与不同工资收入水平相关联，旨在发挥某种收入替代水平的缴费型制度，它最显著的特征是通过代际转移筹资来为老年人提供最低水平的长寿保险。该支柱主要应对个人短视的风险、低收入的风险（即使在经济部门中由于寿命预期不确定性和金融市场而导致的计划目标不当的风险），但这种典型的现收现付制容易受到老龄化和政治风险的影响。

（3）强制性的"第二支柱"，是指强制性的个人储蓄账户式的制度，在其设计中应有明确的收入替代目标，并且积累资金的管理和投资应该是以市场为基础的，但建立形式可以各有不同。该支柱主要应对短视风险，而且设计合理与运行有效的第二支柱可以使个人免受政治风险的影响。但如果强制性地将其年金化，它们就会面临金融市场波动和较高交易费用的风险及长寿风险。

（4）自愿性的"第三支柱"，是由个人和雇主发起的养老保障制度，性质上比较灵活，个人可自主决定是否参加以及缴费多少，可以采取多种形式，如完全个人缴费型、雇主资助型、缴费确定型（DC）或待遇确定型（DB）。该支柱可以补偿其他支柱设计的僵化缺陷，也可以鼓励个人和企业为了更高的待遇或为了提前退休而进行储蓄，但它可能产生由私人管理资产所导致的财务风险和代理风险。

（5）非正规保障的"第四支柱"，是附加的非正式养老保障形式，是指向老年人提供的非正式的家庭内部或者代际的资金或非资金支持的制度，包括医疗和住房方面的资助。

其中，自愿性的"第三支柱"主要指的是企业年金，企业年金和其他支柱的配合能够有效地应对个人短视风险、低收入风险、老龄化风险、政治风险、财务风险和代理风险。因此，补充社会保险和其他支柱共同构筑了多支柱、多层次的社会保险大厦，各个支柱之间既彼此分工又相互配合，能够有效分散参保者面临的诸多风险，为参保者提供较高水平的收入替代，实现卓有成效的退休保障。

二　发展补充性社会保险的意义

建立企业年金制度，对于完善养老保险体系、促进金融市场的发展等都具有重要的意义。具体而言，发展企业年金市场的经济意义主要体现在五个方面：一是完善多支柱养老保障体系；二是促进劳动力市场发育，完善我国社会主义市场经济体系；三是提高企业竞争力；四是促进金融深化，完善我国金融体系；五是促进社会长期投资，促进经济的长期发展。

（一）有利于完善多支柱养老保障体系

20世纪以来，由于经济水平的发展、营养状况的改善、医疗服务水平的提高、老年保障制度的建立，各国人口的平均寿命都有了明显的提高。但是，由于人口出生率的降低，世界各国人口老龄化的趋势日益明显，特别是发达国家都先后进入了老年国或老龄化社会的行列，人口老龄化已经成为各国所共同面临的问题。

在发达国家，各国都已经建立了相对完善的养老保障体制。但是，随着人口老龄化趋势的加剧，各国财政面临的压力越来越大，养老金债务缺口越来越大。各国为了减轻国家财政压力，采取了多种改革措施，其中最为重要的就是由国家的单一养老金体制转变为"三支柱"的养老体系。作为第三支柱的企业年金制度在各国养老体制中的地位越来越重要。

我国是一个人口众多的发展中国家，经济迅速发展，人民生活水平和医疗水平迅速提高，人口寿命不断延长，导致我国老龄化程度不断提高，退休人口数量不断增加，60 岁以上人口占全部人口的比例从 9% 上升到 18% 仅需 33 年，远远短于世界平均水平。人口的迅速老龄化给我国经济和社会发展带来了严峻的挑战，建立完善的养老保障体系成为完善我国社会保障体系的一个重要组成部分，是全面建设小康社会的重要环节，也是构建和谐社会的重要制度保障。

由于人口老龄化程度的提高、社会主义市场经济体制的建立、城镇化进程加快以及养老保障基金债务压力的不断提高，我国养老保障制度的改革也在不断深入。1991 年、1997 年、2000 年国务院相继颁布了《国务院关于企业职工养老保险制度改革的决定》、《国务院关于建立统一的企业职工基本养老保险制度的决定》、《国务院关于深化企业职工养老保险制度改革的通知》等一系列的改革文件。

1991 年《国务院关于企业职工养老保险制度改革的决定》明确提出"逐步建立起基本养老保险与企业补充养老保险和职工储蓄性养老保险相结合的制度"，从此，包含"社会基本养老保障、企业补充养老保险和个人储蓄性养老保险"在内的"三支柱"养老保障体系开始逐步建立。经过十多年的发展，我国的养老保障体系建设取得了长足的发展，社会基本养老保障覆盖面逐步扩大，城镇就业人口参保比例不断提高。

但由于我国人口基数大，社会保障体制建立的时间还很短，因此，社会基本养老保障体系仍面临很多困难。为了弥补社会基本养老保障基金的不足，国家采用财政补贴的方式对社会基本养老保障基金进行补充。以 2003 年为例，基本养老基金收入 3680 亿元中，中央财政补贴 474 亿元，地方财政补贴 530 亿元，不仅给国家和地方财政造成了比较严重的负担，而且并未从根本上解决社会基本养老保险基金不足的问题。

为从根本上解决社会基本养老保障基金的不足，借鉴国际养老保障体制改革的成功经验，我国正尝试养老保障体制从单一的公共养老金制度向以"社会基本养老保障、企业年金和个人储蓄性养老保险"为"三支柱"的养老保障体系的转变。逐步降低基本养老保障替代率，降低的部分就需要由企业年金和个人储蓄性养老保险进行补充。我国养老保障体制改革的目标是要将基本养老保障替代率由目前的85%逐步下降到58.5%。1998年我国基本养老保险的替代率大约为74.1%，此后持续下降，目前实际的替代率已经下降到不足50%。因此，下降部分应该由企业年金和个人储蓄性养老保险进行补充，因此有必要大力发展企业年金和其他补充性养老保险。

目前，基本养老保险体系已经比较完善，重要的是降低基本养老保险的替代率，减轻政府的财政负担，个人养老保险体系也开始迅速发展，相对而言企业年金市场的发展还比较落后。因此，要实现养老保障体系的改革，实现从"一支柱"向"三支柱"的养老保障体系的转变，企业年金市场的发展是重中之重。

（二）有利于推动劳动力市场发展

企业年金制度的建立和企业年金市场的发育，是对传统的企业福利制度的根本性改革，是一种新型的企业薪酬福利制度安排。而且企业年金计划作为员工福利计划的重要组成部分，和国有企业经理人员的年薪制、员工持股计划、管理层拥有期权计划等其他薪酬福利制度一起构成一个完整的薪酬福利体系，它是现代企业制度下的重要制度安排，对于发挥国有企业职工的积极性和创造性、培养和留住人才、提高国有企业竞争力具有特别重要的意义。

在企业设计、建立企业年金计划时可以在考虑公平的基础上，追求效率原则，从而形成有效的激励机制、公平合理的分配制度。企业在设计企业年金计划时首先需要考虑员工退休后的基本保障需求，以保证退休金满足员工的基本生活需要；同时，企业年金计划设计中需要考虑人力资源管理需求，形成有效的激励机制，从而在设计企业年金计划时，企业可以充分运用企业年金的灵活性特点，打破传统的薪酬福利的"平均主义"原则，采取"按劳取酬，奖优罚劣"的原则，对于不同服务年限、不同职级、不同岗位、不同贡献的员工提供不同的保障计划，实现养老金的保障程度与员工的服务年限、职级高低、岗位技术含量、贡献大小相联系，从而建立差异化的企业年金制度，可在单位内部形成一种激励氛围，充分调动员工的工作积极性，发挥自身的最大潜力，为企业的发展多作贡献。

（三）有利于提高企业竞争力

在计划经济条件下，国有企业普遍承担着十分沉重的社会功能和社会负担。在国有企业里，企业员工的养老负担一般都由企业承担，随着企业员工年龄结构的老龄化，国有企业的养老负担越来越重。1995 年，我国提出建立社会统筹和个人账户相结合的多层次的养老保险制度，并规定职工按不低于个人缴费工资基数 3% 的比例缴费，以后一般每两年提高 1 个百分点，最终达到个人账户养老保险费的 8%。个体工商户本人、私营企业主等非工薪收入者，可以按当地上一年度职工月平均工资作为缴费的基数，并由个人按 20% 左右的费率缴费，其中 4% 左右进入社会统筹基金，16% 左右进入个人账户。企业按职工工资总额的一定比例缴纳基本养老保险费，基本养老保险个人账户按职工工资收入 16% 左右的费率记入。2000 年 12 月国务院公布的《关于完善城镇社会保障体系的试点方案》对养老保险缴费率作了新的规定，企业依法缴纳的基本养老保险费不得超过企业工资总额的 20%，全部纳入社会统筹基金，不再划入个人账户，并以省为单位进行调剂。

2005 年 12 月，《国务院关于完善企业职工基本养老保险制度的决定》颁布，文件决定从 2006 年 1 月 1 日起，个人账户的规模统一由本人缴费工资的 11% 调整为 8%，全部由个人缴费形成，单位缴费不再划入个人账户。城镇个体工商户和灵活就业人员参加基本养老保险的缴费基数为当地上年度在岗职工平均工资，缴费比例为 20%，其中 8% 记入个人账户，退休后按企业职工基本养老金计发办法计发基本养老金。

根据国家的相关规定，对于大部分省市而言，企业负担的基本养老保险缴费率一般为 20%，个人负担的缴费率为 8%，合计为 28%。以北京市 2004 年社会保险的缴费结构为例，[①] 城镇基本养老保险雇主缴费率为 20%，雇员缴费率为 8%，合计 28%；医疗保险雇主缴费率为 10%，个人

[①] 根据中国社会科学院经济所 2009 年的调查，某市的社会保险缴费率为 43.5%，该调查结果同样具有代表性，具体参见朱玲《降费率，促就业》，《中国投资》2009 年第 10 期。

为 2%（另加 3 元大额医疗缴费），合计 12%；失业保险雇主缴费率为 1.5%，雇员为 0.5%，合计 2%；工伤保险雇主缴费为 0.4%。这样，我国基本社会保险制度中，雇主缴费率为 31.9%，雇员缴费率为 10.5%，合计缴费率为 42.4%。

虽然上面提供的社会保险缴费率是某一地区的调查数据，但是根据我国的相关规定，该缴费结构具有典型性。我国社会保险制度缴费率偏高，特别是城镇基本养老保险缴费率偏高。即使从横向上和发达国家相比，我国基本养老保险 28% 的缴费率也是偏高的。根据 OECD 提供的数据，该组织 30 个国家 2007 年养老保险的平均缴费率（雇员和雇主合计缴费）为 21%，2007 年缴费率超过中国的国家仅有 5 个：捷克（32.5%）、意大利（32.7%）、荷兰（31.1%）、波兰（35%）和西班牙（28.3%）。2007 年的数据和 1994 年相比，缴费率提高的国家有 9 个：加拿大、捷克、芬兰、法国、德国、意大利、韩国、波兰、瑞士。其中缴费率超过中国并且缴费率提高的国家仅有捷克、意大利和波兰 3 国。缴费率降低的国家有 6 个：匈牙利、日本、荷兰、斯洛伐克、西班牙、瑞典。其他 7 个国家的缴费率没有变化。平均而言，OECD 国家 2007 年缴费率比 1994 年增加了 1 个百分点。总之，中国社会保障计划缴费率过高，基本养老保险缴费率高于 OECD 发达国家的平均值。

为了减轻国有企业负担，提高国有企业的市场活力，政府一方面大力推进企业补充养老保险和补充医疗保险体系的改革，并鼓励企业通过商业化行为和社会化行为来减轻自身负担。另一方面，政府鼓励企业探索建立新型的人力资源管理体系和新型的企业薪酬福利制度，提高劳动者的劳动积极性和劳动生产率，提高企业的竞争力。建立企业年金制度，有利于将国企承担的企业员工的养老负担剥离出来，实行社会化管理和商业化运作，确保企业将精力专注于市场经营。

(四) 有利于推动金融深化改革，完善金融体系

目前，我国金融市场投机性较强，导致市场波动较大，市场的系统性风险较高。企业年金基金进入资本市场，其投资决策往往会直接影响资产

的价格，导致资产收益率的上升或下降。显而易见，企业年金基金对资本市场的投资，可大大提高资本的流动性，由此活跃证券二级市场，并因此提高投资者在一级市场上购买各种新发行股票、债券的积极性，刺激一级市场上证券发行的扩大，从而改变一、二级市场结构，促进两者协调发展。与此同时，企业年金基金管理人根据情况适当调整资产组合，以期在风险的一定条件下实现收益的最大化，这在客观上有利于改善资本市场中各种资产的结构比例（如股票与债券比例、政府债券与企业债券比例等），使其在动态调整中趋于合理。另外，企业年金基金还可以创立或加入投资基金、不动产信托投资公司等，促进资本市场的组织结构更加完善。

我国企业年金市场的发展，将为金融市场注入大规模的长期资金。大量长期资金的进入，将有利于我国金融市场的结构调整，完善金融市场的结构，促进金融市场的长期健康发展。

事实上，应养老保险基金参与资本市场运营之需，各种投资管理机构、保险公司、投资银行、商业银行等金融中介机构也要有相应发展，甚至基于竞争压力而促使其更大地发展，这无疑对创造一个竞争有序、运作效率不断提高的资本市场是至关重要的。

（五）有利于分流银行储蓄，促进社会长期投资

区分金融市场的一个重要标准，就是考察金融交易行为和金融合约期限的长短，通常情况下货币市场的金融合约具有短期性，而资本市场的金融合约具有长期性。金融学和货币经济学的基本理论表明，金融合约的期限长短直接与金融风险联系在一起的，在签订长期金融合约的条件下，资金的使用方可以进行长期性投资，享受经济增长的成果，获得较高的投资收益。

国外发达国家以企业年金资产为主的养老金资产规模越来越大，占家庭金融资产的比重越来越高，大都进行长期性投资。截至 2010 年底，美国家庭金融资产约为 47.6 万亿美元，其中以企业年金为主要内容的养老金资产大约为 17.5 万亿美元，约占家庭金融总资产的 37%，达到历史最高水平。从历史上看，美国退休资产占家庭金融总资产的比例不断上升。在

1974 年，该比例仅为 11%；到了 20 世纪 80 年代初期，该比例已经超过 20%，到了 90 年代该比例超过 30%，目前稳定在 35% 以上。可以预计，随着美国金融市场的稳定发展、人口老龄化的趋势越发明显，人们对养老问题更加重视，美国养老金资产占家庭金融资产的比重还会进一步上升，很快将会突破 40%。

自第二次世界大战以后，英国养老金资产占个人总资产的比重也呈现出不断上升的趋势。1954 年，英国国家基本养老金资产占个人总资产的 18.6%，职业养老金资产占总资产的 4.6%，两项养老金资产总计占个人总资产的 23.2%。1994 年，养老金资产的种类丰富了，而且所占比重也增加了，国家基本养老金资产占比为 19.4%，国家收入关联养老金计划资产占比为 5.6%，职业养老金资产占比为 20.5%，个人养老金资产占比为 3.9%，养老金资产总计占个人资产的比重为 49.4%，其中职业养老金资产占比增长最快。

而我国居民的家庭金融资产往往以银行储蓄存款为主。居民的银行储蓄存款在很大程度上具有短期货币市场的特征，银行最主要的功能是提供短期的金融合约，融通短期的资金供求关系。同时，银行作为短期资产管理人，在进行长期性借贷和长期性投资方面不具有优势，因此，银行的利润来源主要是短期的存贷款利差。但是长期以来，由于我国金融体系的银行化、金融资产的储蓄化、金融市场的短期化，导致银行储蓄存款扮演了多种角色、承担了多种金融功能。从金融合约的期限性来看，银行既承担了短期的融资功能，又承担了动员长期金融资源的功能。从全社会融资方式来看，以银行贷款为主的间接融资方式在金融资源配置上占据了极为重要的地位和极大的分量，挤占了资本市场为代表的直接融资方式的发展空间。从全社会金融资源配置的结果来看，出现了 5 大尖锐的问题：一是直接融资方式发展严重滞后，影响了金融市场的整体效率；二是长期投资项目融资困难，全社会长期性投资不足，影响了长期经济增长；三是由银行来管理长期投资，而银行本身在管理长期资金运用风险方面又没有优势，导致银行经营管理难度加大，积累了大量的不良资产；四是由银行来统一吸纳长短存款，银行利用管理存款的垄断地位，制定了非常不利于长期储蓄存款的利率水平；五是由于金融资源的杠杆——利率不能够市场化，出现了非正式的地下金融市场，影响了金融秩序。

由于长期以来居民消费习惯的影响，我国居民储蓄存款不断增加，使大量资金集中在银行领域，难以转化为社会投资，一定程度上制约了我国经济的长期发展。

有关调查表明：从居民储蓄动机来看，以养老、教育、防病等为目的的储蓄比例超过40%，而且这一趋势还有逐渐上升的势头。很显然，如果能够有效地解决人们的养老保障问题，将能够把大量的用于养老保障的居民储蓄资产从银行中分离出来，并且通过资本市场将这些长期性资金用于长期投资，那么，影响我国金融资源配置低效率的问题也就可以得到有效解决。

实际上，企业年金与长期寿险业务都属于契约性、长期储蓄性养老保险业务，完全可以替代和分离出银行存款用于养老的长期储蓄资产，达到有效、成功分流银行长期储蓄资产的目的。而且由于企业年金资产管理的专业化、基金化、信托化特点，完全可以通过众多的、合格的机构投资人来发展资本市场。这样，长期储蓄资产与长期投资进行匹配，就可以提高金融资源的配置效率。

因此，在我国发展企业年金，能够有效地解决人们的养老保障需求，从而将人们的消费潜力有效释放，促进社会的长期投资，为经济的长期健康发展提供有效的资金支持。

| 第十三章 |

个人储蓄性保险的未来发展

20世纪80年代以后，很多国家都谋求对退休金制度进行改革，改革的措施之一，就是在维持社会养老保险制度的同时，加大个人储蓄养老的比重。中国在1995年开始确立社会统筹与个人账户相结合的基本养老保险制度，在香港地区2000年实施的强制性公积金制度中，也可以看到个人储蓄性保险的影子。因此，尽管个人储蓄性养老在当今世界不具有普遍性，但由此确立的自我负责的精神与基金制已成为世界各国关注的一个焦点。实行养老保险和个人储蓄性养老相结合，有利于缓和代际矛盾。目前，除新加坡、智利等实行完全储蓄性养老金制度外，在很多发达国家如美国、日本、德国和一些东南亚、拉丁美洲国家都实行了基本养老保险与个人储蓄性保险相结合的制度。

第一节 个人储蓄性保险在社会保险中的地位

一 个人储蓄性保险的概念

1. 完全型个人储蓄性保险

完全型个人储蓄性保险是由国家强制建立个人公积金账户，由劳动者于在职期间与其雇主共同缴纳养老保险费，劳动者在退休后完全从个人账户领取养老金，国家不再以任何形式支付养老金。这一模式主要建立在前英国殖民地的一些国家，其中新加坡最具代表性。其主要特点是，强调自我保障，个人账户的基金在劳动者退休后可以一次性连本带息领取，也可以分期分批领取。政府设立公积金局及相应的机构负责对个人账户资金进行统一管理和投资运营,是一种完全积累的筹资模式。在新加坡,每个个人账户由三部分组成:一是普通账户;二是医疗账户;三是特殊账户。后两个账户一般不动,公积金局的相应机构可以运作,雇员则可用普通账户购买证券或委托投资基金操作,自担风险。与新加坡不同,智利等一些南美洲国家对个人账户实行的是完全私有化管理,即将个人账户交由自负盈亏的私营养老保险公司运营,同时规定了最大化回报率,并实行养老金最低保险制度。智利的这一做法于20世纪80年代推出后,被拉美一些国家所仿效。完全型个人储蓄性保险制度发展至今,已成为面向国民提供养老、医疗、住房保障等多项内容的综合性保险制度,但养老保险仍然是其核心内容。这种以储蓄基金为主体的养老保障制度,"节省了大量的财政开支,抑制了消费膨胀,增加了社会积累,有利于增强国家的经济实力,有利于企业开展平等竞争和调动职工的生产积极性"。[①] 从实践中看,这一制度不仅解决了新加坡的养老难题,而且对其社会经济稳定发展提供了重要的保证,被认为是东南亚乃至世界范围内养老保险制度成功运行的典范。完全型个人储蓄性养老保险模式的最大特点是强调效率,它有一个明显的缺陷是,忽视社会公平,很难体现社会保险的保障功能。

2. 补充型个人储蓄性保险

补充型个人储蓄性保险是由劳动者个人根据其收入单独或与雇主共同参加的一种养老保险形式,是社会基本养老保险的补充。补充型个人储蓄性保险由国家举办,不同于商业性个人储蓄。从实践中看,有的国家可以由劳动者单独参加,有的国家是由雇主和劳动者共同参加,经办机构可以是国家举办,也可以由国家委托私人举办。[②] 从我国的情况看,是由劳动者个人自愿参加,自愿选择经办机构。具体办法是,劳动者根据自己的收入情况,按规定缴纳个人储蓄性保险费,记入当地社会保险机构在银行开设的养老保险个人账户,并按不低于或高于同期城乡居民储蓄存款利率计息,所得利息记入个人账户,本息一并归劳动者个人所有。劳动者达到法

---

① 冯竹:《国外养老模式——国家、企业、个人扮演的不同角色》,《新天地》2007年第2期。
② 本章所述"个人储蓄性保险",仅指国家举办或委托私人机构经营的具有储蓄性质的社会保险,不包括商业机构以营利为目的举办的商业性储蓄保险。

定退休年龄经批准退休后，个人账户的储蓄性养老保险金将一次总付或分次支付给本人。劳动者跨地区流动，个人账户的储蓄性养老保险金随之转移，如果其未到退休年龄就已死亡，记入个人账户的储蓄性养老保险金由其指定人或法定继承人继承。实行补充型个人储蓄性保险的目的，在于扩大保险经费来源，多渠道筹集保险基金。该制度的实施，有利于消除保险费完全由国家"包下来"的观念，增强劳动者的自我保障意识和参与社会保险的主动性，提高其退休后的生活水平。

二 个人储蓄性保险在社会保险中的地位

个人储蓄性保险主要是一种社会养老保险，因此要考察个人储蓄性保险在社会保险中的地位和作用，首先要了解世界各国社会养老保险的类型和模式。目前，全世界实行社会保险的国家有160余个，其中建立社会养老保障制度的有130多个。从这些国家的情况来看，养老保险的资金来源主要有四种类型：一是由企业、个人和国家三者负担；二是由个人和企业负担；三是由国家和企业负担，个人不负担任何费用；四是主要由国家负担。从实践中看，这四种模式各有利弊，但目前运行最好的是第一、第二种模式，而这两种模式都与个人储蓄性保险有关，或者说都建立了个人储蓄性保险制度。

目前，采用第一种模式的主要是德、法、美、日、韩等工业化国家，巴西和墨西哥等市场经济发达国家也实行这种模式。其主要特征是：社会保险具有一定的强制性，以自我保险为主、国家资助为辅，公民个人和企业缴纳基本养老保险金，并可以自主缴纳个人储蓄性养老保险金，劳动者退休后，由政府福利机构或社会养老保险机构依法拨款和发放。这种模式强调养老保险是个人的事，国家只给予部分资助，其实施范围主要是劳动者，但是，劳动者缴费多少与退休后的养老金水平无关，养老待遇水平主要取决于本人在职时的工资水平和国家规定的养老金替代率水平，此外还取决于企业年金和个人储蓄性保险水平。在这种模式中，个人储蓄性保险只是多层次养老保险体系的一个组成部分，对基本养老保险起补充作用。实行个人储蓄性保险与保险待遇挂钩，体现了社会保险的公平原则和贡献原则，可以提高企业和劳动者参与的积极性。采用第二种模式的主要是新加坡、智利和东南亚、拉美一些国家。这是一种完全积累型的社会养老保险模式，个人储蓄具有国家强制性，并在养老保险体系中起支柱性作用。1955年7月，新加坡开始为受薪人员设立个人养老储蓄基金，这是一种强制性的储蓄计划，其主要目的是：为劳动者提供足够的储蓄，以便在其退休后或者丧失工作能力时有所依靠。这是一种独特的、有效的养老保障制度，得到了其国民和社会的普遍认可。采用第三种模式的主要是苏联、东欧一些前社会主义国家、蒙古、朝鲜等国。其最大特点是：一切保险费用由国家和企业负担，个人不缴纳任何费用。这是一种以生产资料公有制为基础的社会养老保障制度，随着各国政治、经济制度的变化和市场经济的发展，已越来越不适应现实的要求，因此各国都在探索改革的途径，引进激励机制，逐步实行个人和单位缴费制度。采用第四种模式的主要是瑞典、英国、加拿大、澳大利亚、新西兰等福利国家。其主要特点是：雇员不需缴纳保险税，雇主则需缴纳47%的工资税，政府再将税收用于国民的基本养老保险等。在第三、第四种模式中，有一些其他的补充养老保险方式如部分职务补贴和附加养老金等，但从社会保障角度看，个人储蓄并不是一种社会保险或者制度化的社会保险途径。

第二节 外国个人储蓄性保险的发展

一 外国个人储蓄性保险的理论发展

1. 养老保险个人责任论

这种理论认为，养老保险不同于一般公共产品，它是一种具有一定私人性质的公共产品，其"公共性"为政府责任提供了依据，其"私人性"则内在地要求以个人责任的方式解决社会成员的养老问题，而这种"私人性"也使个人储蓄保险成为可能。在福利经济学和公共政策的一般理论分析中，养老保险被理所当然地作为一种准公共产品，并以此为依据，论述政府介入养老领域的合理性和必然性。这种分析客观上强调和突出了养老保险中的政府责任，弱化甚至否认了个人责任与市场机制在养老保险领域的基础作用，这与养老保险在本质上所具有的私人特征是不相符的。根据经济学家莫迪利亚尼等人的理论，一个理性的消费者，追求的是生命周期内一生效用的最大化，由此产生的消费行为会导致个人收入和储蓄在一生中的"驼形分布"，即收入最高的时候储蓄达到最高水平。之后，他的收入的储蓄部分将在其生命余年中按均匀的速度进行消费，即消费的平滑（consumption smoothing）。这种"消费的平滑"本质上是收入的延迟支付或延迟消费，在其实现方式上可以采用个人或市场的形式如个人养老计划或商业保险，也可以通过制度化养老安排来表现，如基金制的个人账户养老计划。当个人以"储蓄性保险"的方式，在生命周期内实现消费的平滑时，就是一种个人生命周期内的再分配，这种生命周期内的再分配具有明显的"个人保险"性质，体现出来的是个人理性与个人责任，即由个体的社会成员以保险形式通过收入延迟支付解决自己的年老风险，保证老年期的基本生活。

根据上述理论，我国学者刘玮将养老保险作为一种纯公共产品或服务，并依据公共产品理论进行分析，得出如下结论：（1）养老保险本身并非不具有竞争性，而是有明显的竞争特征和稀缺性质；（2）养老保险不具有公共产品所指的非排他性，其所具有的"非排他性"并非公共产品理论所定义的技术原因或经济原因，而是源于"某种社会公民权利"，具有政治的或社会的人为主观目的。由此，他推断说，养老保险并非灯塔类的公共产品，甚至不同于一般意义上的准公共物品，其本身具有明显的"私人特征"，养老保险之所以被普遍认为是一种准公共物品，完全是基于社会的和主观目的的原因。[①] 艾斯平－安德森（Esping-Andersen）在《福利资本主义的三个世界》一书中，对非商品化的完全政府责任论提出了批评。他说："当一种服务是作为权利的结果而可以获得或当一个人可以不依赖于市场而维持其生计时，非商品化便出现了。"借用艾斯平的观点，从作用机制的角度分析，解决年老风险可以有不同的机制——市场机制和政府

---

① 刘玮：《个人责任：养老保险的一种理论分析》，《云南社会科学》2006 年第 3 期。

机制,分别对应于个人责任和政府责任。对养老保险而言,既然存在解决风险的两种机制,使用何种方式、如何在两者之间合理选择或组合以使社会福利最大化,就值得人们理性思考。他认为,当市场机制解决养老保险更具优势时,应倾向于市场和个人责任,反之则倾向于非商品化和政府责任。在艾斯平看来,福利国家和社会主义国家的养老保险模式具有显著的"非商品化"特征,个人责任被减到最小甚至被忽略,其根源在于以笼统意义的社会福利完全取代了养老保险的个人责任,扭曲了养老保险的"个人保险"本质,必然走向穷途。①

2. 现收现付制对个人储蓄的影响

养老保险制度与经济增长的关系一直是西方学术界讨论的热点话题,且至今尚无定论。20 世纪 70 年代始,伴随着福利危机的出现,很多学者对社会保险的"现收现付"制度提出了批评,这些批评主要围绕两条线进行:一是认为这一制度管理不善、投资收益率低、搭便车、扭曲劳动力市场,在人口老龄化情况下财务不可持续;二是批评现收现付制度对经济的负外部性,其代表人物是马丁·费尔德斯坦(Martin Feldstein)。费尔德斯坦以 20 世纪 70 年代以前的美国为研究对象,开创性地提出现收现付制对储蓄产生了"挤出效应",并阻碍了经济增长。他主张放弃现收现付制度,实施强制性个人储蓄账户制度,以增加储蓄。但是,巴罗(Barro)等在世代交叠模型下考虑了利他主义的存在,认为通过代际转移,现收现付的养老保险制度可以不对当期消费、总需求及储蓄发生影响,即现收现付的养老保险制度对经济增长的影响是"中性"的。另有一些学者认为社会保障制度可以刺激储蓄,从而有利于经济发展。总之,学者各执一词,莫衷一是。

(1)社会保障对个人储蓄的"挤出效应"。费尔德斯坦认为,社会保障通过两个相反的力量影响个人储蓄。一个力量是,人们既然可以从公共养老金计划中获得收益,就可以减少为了退休期的消费而在工作时储蓄的需要,这叫"资产替代效应";另一个力量是,社会保障可能诱使人们提

---

① 刘玮:《个人责任:养老保险的一种理论分析》,《云南社会科学》2006 年第 3 期。

前退休，这意味着工作期的缩短和退休期的延长，因此反过来要求人们有较高的储蓄率，这叫"退休效应"。个人储蓄的净效应取决于这两个方向相反的效应的力量对比：如果资产替代效应大于退休效应，个人储蓄就要减少；如果退休效应强于资产替代效应，则个人储蓄可以增加。费尔德斯坦引入生命周期模型（Extended Life-cycle Model）概念，利用美国 1929～1971 年（不包括 1941～1946 年）的时间序列资料分析社会保障总给付，进而研究社会保障对储蓄的影响。他发现，社会保障使私人储蓄降低了 30%～50%，几乎所有的估计值都意味着，在没有社会保障的条件下，私人储蓄至少比现在高 50 甚至到 100。[1] 费尔德斯坦的研究带动了学术界对社会保障对储蓄影响的实证分析，此后许多学者涉足该领域，虽都以生命周期模型为依据，但具体的研究方法却有不同。弗里德曼认为，将社会养老金看作一种资产，对储蓄具有资产替代效应，从而降低了私人储蓄，因为社会保障制度的存在降低了私人储蓄的必要性。[2] 金（King）和迪克斯－密罗（Dicks-Mireaux）将私人储蓄率作为被解释变量，通过对 1977 年 1 万多个加拿大家庭的调查数据所作的研究认为，养老金资产的增加会降低家庭的金融资产。胡巴德（Hubbard）利用美国养老金政策总统委员会的调查数据，分析了社会保障养老金和私人养老金对非养老金财富的影响，其结论是：社会保障养老金和私人养老金的增加确实减少了个人非养老金财富。阿达拉休（Attanasio）和罗韦德（Rohwedder）构建了一个储蓄率模型，利用 1974～1987 年的英国家庭支出调查（U. K. Family Expenditure Survey，FES）的微观数据研究了养老金对私人储蓄的影响，最后发现，支持了社会保障降低储蓄的结论。[3] 此后，穆纳尔（Munnell）、帕里奇奥（Pellechio）和科特里科夫（Kotlikoff）的研究也都论证了挤出效应的存在。

但是，雷默（Leimer）和勒索尼（Lesony）认为，费尔德斯坦对那些

---

[1] Martin Feldstein, "Social Security, Induced Retirement, and Aggregate Capital Accumulation", *Journal of Political Economy*, 1974, 182 (5): 905–926.

[2] Friedman, M. A., *Theory of the Consumption Function*, Princeton, N. J.: Princeton University Press, 1957, P. 123.

[3] 张翠珍：《中国社会养老保险对城镇居民储蓄的影响》，中国社会保障论坛首届年会论文。

有资格成为社会保障收益享有者人数的估计及其模型计算程序有一定的缺陷：①给定制度内人口的就业现状，没有随确定收益的条件概率的变化作出调整；②忽略了女性参加工作的比例的重大变化；③没有包括当前领取福利金的女性。① 对此，费尔德斯坦反驳说，即使修改了那个计算程序上的错误，在 1972 年以前，美国社会保障对于个人储蓄的负面影响也在 44 左右，对私人储蓄的影响在 34 左右。② 1995 年，他用新的时间序列方法估计 1974 年的文章的结论，在其基础上加上 21 年的数据，并修正了最初的社会保障财富变量，得出的最终结论是：每 1 美元社会保障财富减少 2 ~ 3 美分私人储蓄，而参数值意味着社会保障计划现在总共减少私人储蓄 60。③ 伯热曼（Perelman）和列格（Liege）对比利时的时间序列数据（1954 ~ 1977 年）进行了类似研究，也支持了费尔德斯坦的结论：社会保障对私人储蓄有抑制作用。④

（2）社会保障对个人储蓄的"中性效应"。巴罗认为，社会保障有可能为个人的代际转移支付所补偿，这可能会抵消一部分挤出效应。进一步地，他假设不同的人都具有相同的偏好、工作能力、禀赋、税负以及社会保障缴费率，这样退休年龄就不会因为社会保障制度的引入而受到影响。他认为，在这种情况下，如果存在遗产动机，社会保障对于个人储蓄的挤出效应应该是零。⑤ 米切尔·达拜（Michael Darby）认为，生命周期储蓄理论对于私人储蓄行为仅仅能提供部分的解释。他引入费尔德斯坦的社会保障财富变量，扩展了其早期应用的持久收入消费函数。不过，他最后的结论是，社会保障对个人储蓄的影响应该比费尔德斯坦所估计的要小。⑥

---

① Dean R. Leimer, Selig D. Lesnoy, "*Social Security and Private Saving: New Time-series Evidence*", *Journal of Political Economy*, 1982, 90 (3): 606 - 629.

② Martin Feldstein, "Social Security and Private Saving: Peply", *Journal of Political Economy*, 1982, 90 (3): 630 - 642.

③ Martin Feldstein, "*Social Security and Saving: New Time-series Evidence*", NBER Working Paper, 1995.

④ 张翠珍：《中国社会养老保险对城镇居民储蓄的影响》，中国社会保障论坛首届年会论文。

⑤ Barro Robert J., "Are Government Bonds Net Wealth", *Journal of Political Economy*, 1974, 82 (6): 1095 - 1117.

⑥ Darby, Michael R., *The Effects of Social Security on Income and the Capital Stock*, Washington: American Enterprise Institute, 1979.

另有一些学者以居民总消费为被解释变量构建计量模型，如雷默和勒索尼、伯热曼和列格等。雷默和勒索尼指出，费尔德斯坦所使用的计算程序有错误，他们利用同样的模型，却得到了不同的结论：社会保障对储蓄的影响在统计上不显著。柯斯克拉（Koskela）和韦伦（Viren）使用 16 个 OECD 国家 1960~1977 年的数据进行分析，发现社会保障对家庭储蓄率几乎没有影响。戴亚姆德（Diamond）认为，并不是所有的社会保障都会对储蓄产生挤出效应，理查德森（Richardson）等则认为，社会保障的减少将会导致私人储蓄的增加，但同时会使消费者蒙受很大的福利损失。1994 年，斯雷特（Slate）经过长期跟踪研究提出，社会保障计划对私人储蓄没有显著的影响。挤出效应的实质在于，公共养老金计划向个人提供了在退休之后有一定养老金收入索取权的制度化保证，这就使得个人有条件减少他在工作期间为了退休之后的生活而积累的一部分个人储蓄。这意味着个人储蓄的目的只是在于把工作时的收入转移到退休之后消费之用，也就是说，个人不存在任何代际的财富转移行为。如果这个条件不成立，则所谓的挤出效应就不能成立。① 此外，科皮特斯（Kopits）和高特（Gotur）等所作的另外一些研究，也以社会保障对个人储蓄不具有正面的激励作用等对费尔德斯坦的挤出效应假说进行了不同程度的否定。不仅如此，一些学者从费尔德斯坦的"退休效应"出发，提出社会保障制度的存在可能刺激储蓄的观点。② 比如，卡甘（Cagan）运用"认知效应"（recognition effect）对之进行研究，认为参加强制性养老金计划使人认识到储蓄对老年生活的重要性，因此参加养老金计划具有教育效应。也就是说，养老金计划的存在改变了一个人工作期间的消费函数。世界银行认为，现收现付的养老制度在发展中国家对储蓄的负效应可能很小，而完全积累制可能会增加居民储蓄。

上述争论表明，对于挤出效应假说能否成立，还存在诸多不同看法，

---

① 柏杰：《养老保险制度安排对经济增长和帕累托有效性的影响》，《经济科学》2000 年第 1 期。
② Feldstein, M., "Social Security, Induced Retirement, and Aggregate Capital Accumulation", *Journal of Political Economy*, 1974, 82 (51), p. 908.

但有一点可以肯定,两种思路的目标是一致的,即建立个人账户积累制,人口老龄化问题、效率损失问题,甚至经济增长缓慢问题都比较容易解决。这些研究由于假定人口外生,而且只关注现收现付制对储蓄和物质资本积累的影响,所用的经验计量方法也比较简单,并没有考虑内生经济增长以及养老保险制度对生育率的影响。而且,它有一个基本的假设前提是,个人对其未来一生的消费是有计划和有理性的。现实中很少有这样典型的情形,由于社会保障体系不可能对所有人都是公平的,它只是针对某些处于特定水平的个体,社会保障与私人储蓄之间的回报率包括个人对风险的承受程度,都可能不同。因为养老保险制度通常会影响父母对子女的需求,而且人口增长也是影响人均收入增长的一个重要因素。西方早期的研究认为,社会保障与个人储蓄之间有很强的负相关,后期的研究结论则复杂不一。实际上,即便社会保障支出会减少储蓄,公共部门仍有可能会弥补这项减少从而中和其影响。因此,要将养老金的基金制和现收现付制分开讨论。

3. 基金制对个人储蓄的影响

基金制的老年保障计划,要求人们事先积累一定的储蓄额。事实上,由于研究方法不同,选用的指标不同,加上各国经济状况不同,基金制对个人储蓄的影响也没有一个明确的结论。目前,西方有很多实证的文献研究社会保险基金与储蓄的关系,但得出的结果并不一致,而且似乎比现收现付制与储蓄的关系更为复杂。

(1)不确定性的观点。戴维斯(Davis)在利用生命周期理论分析养老基金对个人生命期储蓄的影响时,提出以下四点看法。①由于养老金承诺的非流动性和未来收益的不确定性,尤其是在通货膨胀的压力下,个人储蓄不会随着养老金收益的增加而一对一增加。②流动性约束的存在限制了个人自由借债的能力,这意味着个人在一生中需要较高借入的那些时间内,并不能按照整个生命期的消费计划进行消费,这样强制储蓄就不会因为借债也不会因为减少个人自愿储蓄而减少。③在一个增长的经济中,工人可能希望提前退休,这也会使他增加工作期的储蓄。④如果从当前消费转向未来消费的替代效应超过了可以减少储蓄的收入效应，那么税收方面的优惠政策也会为提高个人的总储蓄而提供激励。① 他认为，对于基金制养老金计划，假定个人的生命期收入和生命期的消费倾向一定，则这种强制储蓄可能减少个人的自愿储蓄。因为强制性储蓄和自愿储蓄之间同样具有替代效应，但它对总的个人生命期储蓄有何影响，则取决于强制性储蓄和自愿储蓄之间边际替代率的大小。如果边际替代率是1，则强制储蓄对个人的生命期储蓄就不会有影响；如果边际替代率不等于1，则强制储蓄将会减少个人自愿储蓄。他在分析了12个OECD国家、智利和新加坡的养老金基金以后，没有发现养老金基金对于个人储蓄的规律性影响。在此基础上，他得出结论说，基金制养老金计划对个人储蓄的影响应依各个经济的具体状况而定。②

（2）两种相互对立的观点。萨谬尔森在其1958年发表的论述养老问题的著名论文中提出，倘若经济中不存在资本存量，实行现收现付的养老模式是最优政策选择。但实际经济中确实存在资本存量，这使得一个国家可以通过基金的形式购买退休人员的收入。从长远来看，基金制的运行成本要低于现收现付制的运行成本，即在收益水平相同的条件下，基金制所需要的储蓄额小于现收现付制所需要的税收额。③ 世界银行通过美国职业年金方案、澳大利亚的职业年金方案和智利、新加坡的例证，认为基金制有增加居民储蓄、促成资本形成的潜力，即在基金制体系中，来自保险费的累进的储蓄可以转化为现实的资本，在现收现付制度下就不可能做到这些。而且，个人账户可以克服人口老龄化给制度带来的财务问题。由于资本市场的长期收益率高于工资增长率，现收现付制很难取得优势。④ 温迪（Venti）和怀斯（Wise）认为，年金对储蓄有正的效应。他们根据不同来源

---

① Davis, E. Philip, *Pension Funds-retirement-income Security, and Capital Markets a International Perspective*, Clarendon Press, Oxford, 1995. 转引自王瑞芳《中国养老制度变迁对城镇居民储蓄的影响》，《西北农林科技大学学报》2008年第4期。
② 李绍光：《养老金制度与资本市场》，中国发展出版社，1998，第99页。
③ 柏杰：《养老保险制度安排对经济增长和帕累托有效性的影响》，《经济科学》2000年第1期。
④ 李珍：《社会保障理论》，中国劳动社会保障出版社，2001，第123页。

的数据证明，即使在计划执行的开始，个人退休账户的大部分带来了新的净储蓄，而且并未伴随其他资产储蓄大规模下降。波特巴（Poterba）等认为，美国在 20 世纪 80 年代初引入的两个储蓄计划——个人储蓄账户（IRAs）和 401（k）计划，增加了个人的净储蓄。但是，穆纳尔（Munnell）、迪克斯－密罗和金（King）的研究表明，年金与储蓄之间存在很大的抵消，伯恩海默（Bernheim）和斯科尔兹（Scholz）也发现年金和储蓄之间不相关或负相关。萨姆威克（Samwick）则认为，年金对储蓄只有很小的负的抵消。温迪和怀斯通过对某群体的跨时期跟踪比较，发现未实行个人储蓄账户和实行个人储蓄账户后，非个人账户的储蓄仅有很小的减少。与此同时，肯尼克尔（Kennickell）和桑登（Sunden）根据消费者财政调查（Survey of Consumer Finances，SCF）的数据，认为规定受益型的职业年金计划对非养老金的储蓄有负的效应，而规定缴费型的职业年金计划，如 401（k）计划，对非养老金储蓄的影响效果是微不足道的，而且对非养老金的储蓄也没有多大影响。①

4. 对个人账户理论的分析

主张个人账户制的理论认为，它可以克服现收现付制的问题，并将个人账户的作用表述为三个方面：（1）因为多缴多得，可以避免逃税（费）现象，提升覆盖率；（2）可以增加储蓄，产生对资本市场和经济增长的积极作用；（3）个人账户是个人收入在一生中的平滑制度，因此老年收入的保障不受人口结构变动的影响。不仅如此，个人账户具有更高的效率，可以避免效率的损失。② 从实践中看，新加坡的个人账户模式取得了一定的成功。1980 年，智利建立的个人账户模式虽然在市场化管理上取得了一定成就，但在社会公平、管理成本以及覆盖率下降等方面是受到批评的。瑞典的数据表明，个人账户制度下越来越多的人选择在 65 岁法定退休年龄到达之前提取养老金，这或许是制度设计者没有预料到的。20 世纪 60 年代，一批增长经济学家提出"资本积累的黄金律"，认为经济增长应当在消费

---

① 柏杰：《养老保险制度安排对经济增长和帕累托有效性的影响》，《经济科学》2000 年第 1 期。
② 潘莉：《社会保障与经济增长相关性的理论分析》，《社会保障制度》2005 年第 6 期。

和储蓄之间保持平衡，即并非储蓄越多越有利于经济增长。应该承认，在基金制保障体系下，政府投资养老保险的承诺可信度更高，基金及账目公开义务是约束政府严格预算的一条途径，而且由于保险基金存在，总的私人和公共储蓄承担着较少的、被减低的风险。① 但是，现收现付的优势不应该被忽视，个人账户的优势也不应被人为夸大。

实际上，社会养老保险有一个重要功能是互助共济和分散风险，以达到为全体退休人口提供收入保护的社会目标。实践证明，代际转移支付制度有明显的不同收入人群间的再分配功能，对缓解老年贫穷起到了重要作用。尽管一些国家的设计不完善，有的甚至起到反再分配的作用，但那不是社会保险的本质特点，完善的制度措施是可以做到保护低收入人群的。因此，在推荐"三支柱方案"时，世界银行反复强调各国需权衡养老保险的目标是公平还是储蓄。从智利和一些南美洲国家的情况看，社会养老保险私有化思想和政策明显地轻视了现收现付制度的再分配作用。而且，在个人账户制度下可能产生的贫困问题没有受到足够关注，比如对个人而言，其养老基金在数十年积累过程中始终面临投资收益波动的问题和风险，这些都没有引起足够的重视。在个人账户制理论的研究中，通常用资本市场的长期平均收益率来论证个人账户制度的效率，这一方法掩盖了波动，而实际上个人的养老积累对波动是非常敏感的。② 现收现付制不仅能在一定程度上体现公平，而且具有基金管理风险小、保值增值的压力小、制度简单明了等优点，这些都被忽视了。从中国的情况看，1995 年确立基金制加个人账户制度时的指导思想是公平与效率相结合，即公共年金部分体现公平而个人账户部分体现效率。但个人账户十多年的实践并没有证明它比基金制更有效率。对比 1997 年中国建立个人账户制度前后的情况，可以发现，由于一直空账运行，中国养老保险的覆盖率、提前退休等情况，是由中国的经济状况、企业的赢利水平、就业的压力和社会保障政策实施的力度决定的，与个人账户制度没有明显关联。

---

① 潘莉：《社会保障与经济增长相关性的理论分析》，《社会保障制度》2005 年第 6 期。
② 李珍：《社会养老保险私有化反思》，《中国社会》2010 年第 1 期。

二 国外个人储蓄性保险的制度实践

1. 强制储蓄型模式

强制储蓄型主要有新加坡模式和智利模式两种。两者的共同之处是，国家依据法律规定，推行强制储蓄性保险，而且实行完全积累制。不同之处在于，新加坡的国民养老基金完全由政府运营和管理，而智利和一些南美洲国家的养老金实行市场化和私营管理，只有基本养老保险金或最低养老保险金由政府管理。

（1）新加坡模式。新加坡的强制储蓄型保险的法律依据是1953年的《公积金法令》，该制度最初只是一个简单的、强制性养老储蓄计划，其保障对象是受雇于同一雇主、时间在1个月以上的雇员，不包括临时工及独立劳动者，保障的范围仅涉及公积金会员退休或因伤残丧失工作能力后的基本生活。目前，新加坡的公积金计划分为三个部分。①最低存款计划。这是一种基本保障，是公积金制度建立初期养老储蓄计划的补充，旨在保障会员的养老金存款，以应付退休后的持久生活。②公积金补充计划。仅限于新加坡公民和永久居民，目的是协助养老金不足的会员填补退休账户上的存款。③家庭保障计划。这是为会员及其家属在会员终身残疾或死亡时能继续保有住屋或获得赔偿的一项养老保障措施，其目的是使会员能购买建屋发展局的房屋或私人住宅，保障会员"老有所居"或以不动产抵押贷款及出售产业补充养老金。此外，新加坡政府还有一个公共辅助养老金计划，其对象是贫困的老年人，提供的养老金数额约为社会平均收入的12%。①

新加坡的养老公积金由雇主和雇员共同缴纳。公积金实施之初缴费率为雇员月薪的10%，其中，雇主和雇员各负担5%。随着经济的发展，公积金缴费率逐渐提高。在行政管理上，由中央公积金局统一负责，这是隶属于劳工部的一个独立的、半官方性质的机构。公积金的具体运营则由新加坡政府投资公司负责。公积金会员可动用80%的公积金存款或普通账

---

① 许飞琼：《新加坡：首创完全积累型养老公积金》，《法制日报》2010年10月20日。

户。根据规定，55 岁以下会员的个人账户分普通账户、医疗账户和特别账户三种。普通账户的储蓄可用于住房、保险、获准的投资和教育支出；医疗账户用于住院费支出和获准情况下的医疗项目支出；特殊账户中的储蓄用于养老和紧急支出。55 岁以后，个人账户变更为退休账户和医疗账户两个，成员在公积金计划账户内的数额达到最低规定后，可提取部分积蓄中的余额投资于股票、基金、黄金、政府债券、储蓄人寿保险等，以实现资产的保值增值。① 在退休金领取方面，个人账户的资金在雇员退休后可一次性连本带息领取，也可分期分批领取。如果退休者死亡，公积金账户内的余额将转给其受益人，即作为遗产继承。此外，年资愈长，所得养老金愈高，因执行职务伤残而致退休者，待遇更为优厚，不仅按规定给予养老金或恩俸金，还可按规定标准给予津贴。

新加坡的养老公积金制度的主要特点如下。①建立在劳资分责的基础之上，强调个人自我负责的精神。②实行高度集中管理，由中央公积金局统一管理。③兼顾国民的其他保障性需求，成为一项以养老保障为核心的综合性保障制度。④在降低政府社会福利开支的同时，为公共设施建设和资本市场发展提供了大量资金，使新加坡在经济高速发展的同时避免了高通胀率。由于该计划的强制储蓄性解决了老年生活的收入均等问题，而且年轻人不必担心负担老年人，在一定程度上避免了老龄化问题的困扰。②诚然，新加坡公积金制度也有不足之处。首先，以个人为责任和义务主体，基金主要来源于会员的工资收入，社会互济性差。其次，不具有再分配功能。每个公民只享有自己账户上积累起来的养老金，基金不能实现个人账户之间的横向流动和年轻人、老人之间的代际转移。再次，养老基金操作缺乏透明度。除了公共辅助养老金计划外，支撑全国养老保险体系的只有中央公积金局，基金操作缺乏透明度和公开性。但无论如何，在国际上，新加坡养老保障公积金制度已经成为政府主导型养老保障制度的有益范例。③

---

① 陈喜强：《中国与新加坡养老保险制度的分析》，《社会保障制度》2004 年第 2 期。
② 李珍、罗莹：《新加坡与智利养老保险制度比较》，《保险职业学院学报》1996 年第 4 期。
③ 许飞琼：《新加坡：首创完全积累型养老公积金》，《法制日报》2010 年 10 月 20 日。

(2) 智利模式。1981年，智利彻底放弃了现收现付制度，建立了强制性个人账户制度。1981年，智利政府决定对现收现付式养老保险制度进行改革，在国内建立了一定数量的养老保险基金管理公司，负责经营管理全国养老保险业务，出现了显著的效果。一是养老保险基金投资实际收益率较高，从1981年7月至1994年实际收益率在3.6%和29.7%之间波动，该期间的平均年收益率是14%，大大高于同时期政府统一管理养老金的新加坡（3.0%）和马来西亚（4.6%）。二是养老金积累总额较高，截至1996年8月，智利养老基金积累额已达273.09亿美元，相当于国内生产总值的40%，21世纪初，智利养老基金总额将与其国内年生产总值持平。①

2. 自愿储蓄型模式

自愿储蓄型模式主要存在于国家、雇主和雇员三者负担保险费用的养老保障体系之中，而且是在基本养老保险之外，是基本养老保险的一种补充形式。目前，世界上几乎所有的建立了社会养老保险制度的国家都规定了基本养老保险的强制性，因此，只有基本养老保险之外的补充养老保险和商业保险才采取自愿储蓄或自愿参加的形式。

（1）美国。美国的养老保险模式是政府、个人和企业三方参与，强调权利与义务对称、强制保险与自愿保险结合，其养老保障金主要有四种形式：政府退休金、基本养老金、福利养老金和储蓄养老金。其中，政府退休金只向各级政府退休人员提供，他们约占美国65岁以上老年人口的8%，数额较为丰厚，领取者大致可维持退休前的生活水准。基本养老金由政府向剩下的92%的65岁以上的老人提供，其发放标准是：如果退休者退休前的收入在平均水平以上，退休后每月领取的基本养老金约为原收入的42%，可维持中低生活水平。福利养老金是大企业的雇主向雇员提供的，完全由雇主出资。储蓄养老金是中小企业雇主向雇员提供的，其原则是自愿参加，资金由雇主和雇员各出一半。② 在四种形式的养老金中，基本养老金是最重要的保障项目。这一制度以政府为主体，国家立法，公营

---

① 曹信邦：《建立我养老保险基金管理公司的研究》，《税务与经济》2001年第3期。
② 张颖：《谁来拯救全球养老金危机？延迟退休能解燃眉之急》，《国际金融报》2004年9月15日。另参阅吕学静《可供借鉴的外国养老保险模式》，《金融&科技》2007年7月刊。

管理。具体运行中,由社会保障署制定政策,发社会保障号码,保管入保成员档案,负责保险费率和养老金的收支和预测。同时,由财政部税收局负责保险税的收缴,转入社会保障信托基金,专款专用,并按通知给退休人员发养老金支票。这种模式使审核权与财务发放权得以分离,有利于互相制约,避免贪污腐败。美国的基本养老金来源于社会保障税,其税率为雇员工资额的15.3%,其中雇员和雇主各缴纳7.65%,私营业主和农民则要缴纳其收入的15.3%,因为他们既是雇主,又是雇员。美国的福利养老金是一种补充养老保险,由大企业自愿建立,旨在为其职工提供一定程度的退休收入保障,是一种用以吸引人才和保证忠实服务的机制。美国的储蓄养老金也是一种个人储蓄计划,主要是为小企业和个体劳动者设置,以自愿为原则,鼓励个人储蓄保险,提高退休的自我保障能力。

(2)德国。德国政策法规、养老保险金的构成:德国养老保险金的来源,主要是投保者及其所在的企业缴纳的保险金,小部分来自政府提供的财政补贴。德国养老保险实行"多缴费,多受益"的原则,即在职时缴纳保险费越多,退休后领取养老金越多。因此,影响养老金数额有两个重要因素:工资高低和投保时间的长短。也就是说,工资越高、投保时间越长,所作的贡献越大,退休时领取的养老金也就越多。1992年改革后,德国养老金的支取较以前灵活,除了允许提前支取外,还允许部分支取。但支取养老金越少,其本人被允许参加工作的程度越大,目的是鼓励人们延长工作时间,少领取养老金。

(3)日本。日本的养老保险制度是社会保障制度的核心,其养老金主要有三方面内容:退休金、伤病养老金和家属抚恤金。在现行的养老保险体系中,既有政府承办的公共养老金,也有企业主办的企业养老金,还有个人自行投保的个人养老金。公共养老金根据加入者的职业分为厚生养老金、国民养老金和共济养老金。厚生养老金建立于1942年,与国民养老金一起构成日本公共养老保险制度的重要组成部分。它以日本政府为保险人,主要适用于长年雇佣从业人员5人以上的事务所和法人事务所。国民养老金设立于1959年4月,主要适用对象是农民、自营者及其他公共年金未包括的人员。1986年4月，日本将国民养老金改为向全体国民支付的基础养老金，被保险人包括三类：①20岁以上60岁以下的自营业者；②厚生养老金保险的被保人；③厚生养老金保险被保险人扶养的20岁以上60岁以下的配偶。国民养老金的来源是政府的基础养老金拨款和被保险人的保险费及其收入。共济养老金是以国家公务员、地方公务员、私立学校教职员和农林渔业团体职员等工资收入者为参加对象的共济组合养老金。[①]根据法律规定，日本的养老基金必须全部委托给大藏省基金运用部，纳入国家财政投融资计划统一管理使用。

（4）瑞士。瑞士的社会养老保险由三大部分组成，即联邦社会保险、职业互助金和个人保险储金。联邦社会保险亦称公共保险，即政府直接经营的全体成员必须参加的一种强制性社会保险，其责任主体是联邦政府、雇主、雇员和州政府。根据规定，所有的就业者必须按同一比例向联邦政府缴纳保险金，因此高收入者和低收入者缴纳的数额相差悬殊。但在领取养老金时，所有的投保人得到的数额相等。由于这一制度带有明显的再分配和劫富济贫性质，保证了社会稳定。联邦社会保险的收支方式为现收现付式，在收不抵支时，由联邦政府用财政收入（约20%）来抵补。职业互助金是联邦社会保险的补充，这是所有雇主与雇员都必须遵守的一种强制性社会保险，其功能是保证工薪人员在老、死、残等情况下，还能维持比基本生活更高一些的生活水平。职业互助金发放的对象是雇员，保险金则由雇主和雇员共同承担，雇主按规定的百分比（目前为6%）从雇员的工资中扣除，同时再替雇员交上同样数额的资金，一并交到指定的保险机构。职业互助金实际上是一种养老、死亡和伤残补充保险。个人保险储金是根据个人的经济能力和意愿采取的自愿的、非强制性的保险措施，是联邦社会保险和职业互助金的补充，其目的是提升个人退休以后的生活水平和质量。瑞士的社会养老保险模式具有鲜明的特色：一是强化个人责任，将个人作为保险的最大主体；二是多方集资，多层次保障。

---

① 钟添生：《社会养老保障体系的国际比较及其启迪》，《经济研究导刊》2008年第17期。

第三节　中国个人储蓄性保险的建立和发展

一　中国个人储蓄性保险的现状与问题

1. 中国个人储蓄性保险的发展历程

1991 年，国务院《关于企业职工养老保险制度改革的决定》指出："随着经济的发展，逐步建立起基本养老保险与企业补充养老保险和职工个人储蓄性养老保险相结合的制度。"该决定首创建立个人储蓄性社会养老保险的先河。1995 年，国务院《关于深化企业职工养老保险制度改革的通知》规定，国家在建立基本养老保险制度、保障离退休人员基本生活的同时，鼓励建立企业补充养老保险和个人储蓄性养老保险制度，并提出企业补充养老保险和个人储蓄性养老保险由企业和个人自主选择经办机构。《劳动法》第 75 条规定："国家鼓励用人单位根据本单位实际情况为劳动者建立补充保险。国家提倡劳动者个人进行储蓄性保险。"《企业职工养老保险基金管理规定》第 8 条明确提出："个人储蓄性养老保险由职工个人自愿参加。"此后，国务院 2000 年《关于印发完善城镇社会保障体系试点方案的通知》和 2005 年《关于完善企业职工基本养老保险制度的决定》也先后明确了建立个人储蓄性社会养老保险的目标。到 21 世纪头十年，个人储蓄性保险制度已基本建立，有关内容不断细化，有力地促进了养老保险制度的发展。

目前，中国的养老保险制度根据不同经济条件下的不同要求分为三个层次：（1）基本养老保险，即由国家统一立法，强制实施。该制度适用于城镇所有企业，其费用由国家、用人单位和个人三方负担，并由政府专设的非营利性机构经办，实行现收现付、略有结余、留有部分积累的原则。这一层次的待遇水平一般不是很高。（2）企业补充保险，是在基本养老保险基础上，由企业根据自身经济能力和条件，为本企业职工建立的一种追加的养老保险。该项保险通常实行半强制式，企业可选择社会保险机构，也可选择商业保险机构，但必须按规定记入职工个人账户，所存款项及利息归个人所有。（3）个人储蓄性养老保险，即在国家政策鼓励和指导下，职工在职时自愿实行储蓄，到退休时全部归个人支取、使用。根据相关政策法令，个人参加储蓄性保险不是一种强制性社会保险，劳动者可以根据自身收入情况自行决定是否参加。至于投保多少和在哪家保险机构投保，也完全由劳动者个人决定，任何单位不得干涉。实际上，企业补充保险和个人储蓄性保险都是基本养老保险的补充形式，是我国多层次社会养老保险制度的重要组成部分，既体现了社会保险保障职工基本生活的目的，又能兼顾不同企业和个人的经济状况和要求，因此既能体现公平，又能兼顾效率。

2. 中国个人储蓄性保险存在的主要问题

一直以来，我国劳动与社会保障部门都在鼓励职工参加个人储蓄性养老保险，但由于职工工资收入有限，对个人储蓄性养老保险缺乏了解，而且国内 CPI 和恩格尔系数持续走高，尽管很多地方已经启动了该项保险，但参保的人数并不多。不仅如此，从个人储蓄性保险不断完善的过程和制度设计来看，还存在一些亟待解决的重要问题，这些问题在一定程度上制约和限制了个人储蓄性保险的进一步发展。

（1）由社会保险经办机构管理个人储蓄性保险账户，既不符合基金性质的要求，也难以避免代理风险。根据有关规定，劳动者缴纳的个人储蓄性保险费，将记入当地社会保险机构在银行开设的养老保险个人账户，由保险机构按不低于或高于同期城乡居民储蓄存款利率计息，在劳动者达到法定退休年龄经批准退休后，养老保险金将一次总付或分次支付给本人。从理论上看，个人储蓄性养老保险金是企业职工工资收入的一部分，它的支出是职工的一种自主行为，因此其积累的基金从性质上来说应该是完全个人所有的产权性质，与国家福利没有关系。也就是说，个人储蓄性养老金没有国家和社会的投入，不是国家和社会福利的组成部分，而是完全性质的私有财产。但是，在对个人储蓄性保险金的管理和使用上，职工没有应有的话语权。在实践中，这些资金怎么使用完全由当地的社会保险经办机构掌握，有的甚至将其与国家举办的强制性个人账户"一并管理"，模糊了职工基本养老保险个人账户与个人储蓄性保险账户的界限，不利于分清私有财产和社会福利，有损个人储蓄性保险基金的完整性。这与很多国家的做法有很大的不同。在新加坡，尽管退休之前养老账户里的钱不能提取，但允许会员在政府推荐的项目范围内自主进行投资，即会员可动用80%的公积金存款或普通账户中的余额投资于股票、基金、黄金、政府债券、储蓄人寿保险等，或购买一些大型国营机构私营化后所出售的股票，长期持有政府控股上市公司的蓝筹股票，单独或合伙用公积金储蓄投资写字楼、商店、工厂和仓库等非住宅房地产，以实现资产的保值增值。① 在中国，完全由政府部门掌握个人储蓄性保险的"钱袋子"，在治理结构不完善的情况下，很可能造成基金挪用或违规投资，产生代理风险。2006年上海社保大案正是由于缺乏权力制衡的治理结构，从而导致行政权力对社保基金的违规操作。

（2）在个人储蓄性保险政策法规中，没有关于个人储蓄性保险资金安全最后责任人的规定，这是很大的问题。1997年，中国正式确立"社会统筹与个人账户相结合"的社会养老保险制度，对这种新型的养老保险制度，不论在理论上或政策制定中如何争论，在实践中，其执行者实际上是默许了现收现付统筹账户基金负担"转制成本"的职责，由此导致统筹账户对个人账户的透支。因此，这种模式被一些学者称为"统账结合、混账管理、空账运行"的模式。② 目前，个人储蓄账户和企业年金也像一个巨大的"黑匣子"，这笔资金在做什么、怎么运作，完全由政府部门说了算，当事人根本不知情。事实上，一些地方的个人储蓄账户同样是空账运行，对当事人的养老保险权益构成了极大的潜在威胁。1969年美国斯图特贝克汽车制造厂关闭、2001年美国安然事件等事例表明，即便在具备成熟的资本市场、审慎的监管、严格的市场准入条件下，个人储蓄性保险金和企业年金资产仍难以避免遭受各类风险而引起重大损失。在我国，社会保险政策法规没有涉及个人储蓄性保险资金安全的最后负责人问题，以及在何种情况下引起的损失应由谁来承担。由于参保人在领取之前没有投资权等自主权益，在法律法规未明晰责任的情况下，如果个人储蓄性保险金遭受重

---

① 李满：《新加坡：存钱有方，赚钱有道》，《经济日报》2007年11月28日。
② 陈喜强：《中国与新加坡养老保险制度的分析》，《社会保障制度》2004年第2期。

大损失，作为私有性质的基金，最后的风险只能由参加人集体承担。[1]

（3）对个人储蓄性保险运行的管理方式和管理绩效的分析和研究不足。实际上，仅仅分析外部因素而忽视对组织系统内部的分析是难以全面看到整个组织系统的运行效率的。有学者提出，中国社会养老保险管理面临许多问题，根源之一是没有系统地理解治理结构与组织的关系，即它仍处于一种组织治理结构的无序状态，没有充分运用组织的系统协同能力，如部门设置随意、职能边界不清、业务流程不畅、责权关系重叠等，使部门之间缺乏系统协调，难以达到理想的组织目标。不仅如此，中国社会养老保险的管理组织大多数不是战略导向型结构，组织管理的理念淡漠，不能按照有效性整体实施架构，形成基于战略的组织治理结构，无法按照战略目标和未来发展方向形成稳定的核心业务和有效的管理模式。因此，一旦环境发生变化，缺乏内在自我更新能力的治理结构将无法适时进行调整和变革，最终导致整个组织管理的低效甚至失效。[2] 就个人储蓄性保险基金而言，参加人只能得到不低于或略高于银行同期存款的利息，这是典型的低效率的表现。因为运营管理部门可以直接进行投资，与银行借贷给投资人再行投资有明显的不同。在新加坡，个人公积金尽管不能提前支取，但会员可以使用其绝大部分进行自主投资。在智利，个人储蓄性保险金很多是委托私人机构从事投资运营，其投资回报率远远高于银行存款利息。如果个人储蓄性保险收益仅仅是银行同期存款利息，则该项保险既无价值，也无必要。实践中，还有一些地方存在强制员工参加储蓄性保险的现象。据报道，孙某在一家食品厂工作，该厂在没有和他协商的情况下，擅自从其工资中每月扣除30元作为参加储蓄性保险的费用。孙某得知此事后，表示不想参加储蓄性保险，要求该厂退还所扣的工资。后来，在当地劳动与社会保障部门的干预下，该厂认识到强迫职工参加储蓄性保险是违规的，并退还了孙某被扣发的工资。[3] 类似的报道在媒体上并不鲜见，它

---

[1] 尹莉娟：《企业年金制度与我国基本养老保险个人账户关联性研究》，中国养老金网，2009年8月3日。
[2] 陈喜强：《中国与新加坡养老保险制度的分析》，《社会保障制度》2004年第2期。
[3] 巴东卫等：《用人单位不得强迫职工参加储蓄性保险》，《大连日报》2010年12月6日。

反映了我国个人储蓄性保险在缴纳、运营和管理中的混乱现象，缺乏制度化的组织保证。

二 中国个人储蓄性保险的未来发展

1. 世界银行推荐的社会养老保险模式

世界银行认为，一个国家的养老金体系应包括再分配、储蓄和保险三项功能，并通过筹资方式、管理模式各不相同的多个支柱来提供。世界银行建议第一支柱是公共管理的非供款养老金计划，并提出了该支柱的三种形式（财富审查型的社会救助养老金、最低养老金担保和等额养老金）。第一支柱的功能是收入再分配，第二、第三支柱的功能是储蓄。三个支柱都具有保险功能。1994年，世界银行在其政策报告《防止老龄化危机》中，建议降低现收现付制度的权重，建立现收现付制度、强制性个人储蓄制度和自愿性个人储蓄制度三支柱养老保险制度。对于现收现付模式特别是公共现收现付模式，世界银行归纳出如下几个缺点：（1）难以抵御人口老龄化带来的危机，即不能在人口老龄化高峰到来时满足老年人巨大的养老金支出需要；（2）相当高且日益增长的工薪税可能增加失业；（3）为抵制缴纳不公平的税（费），工人逃逸到非正规部门就业，而这些部门的生产率不高；（4）提前退休普遍，造成熟练劳动力供给减少，特别是养老基金收入减少，支出增加；（5）公共资源配置失当，即有限的税收用于补贴养老金支出而不是用于教育、保健或基础设施；（6）失去了增加长期储蓄的机会，很多国家长期储蓄额都不足；（7）由于政治势力的压力和富有阶层往往寿命更长等原因，养老基金等社会财富反而向高收入阶层转移，而不是更多地转向低收入阶层；（8）庞大而不断增长的隐性债务连同对养老基金管理的不善，导致很多国家基金出现困难，难以为继。世界银行专家还指出，这些问题无论是在发达国家还是在发展中国家都普遍存在，只是各国的表现程度有所差别。对于基金积累模式，世界银行认为有如下优点：（1）有助于抵御人口老龄化带来的危机，增加养老保险制度的财务可持续性；（2）待遇与缴费挂钩，减少职工向非正规部门逃逸，即减少劳动力市场扭曲；（3）防止提前退休，延长退休年龄；（4）使成本显性化，防止国家因盲目许愿而导致的被动；(5) 防止无意造成财富向老一辈的富人转移；(6) 有助于增加长期国民储蓄；(7) 养老金进行竞争性营运管理，公开、透明，有助于降低管理成本和基金保值增值，并促进金融市场的发展。

目前，世界银行力推的三支柱养老保险模式如下。(1) 强制性基本养老金。目的是保障退休人员的最低生活标准，以减少老年贫困的现象与程度。该保险的筹资方式主要是强制性由企业和员工缴纳工资税，每年工资税的一部分发放给退休人士，余下的部分则用于投资一些低风险的项目。强制性基本养老金由政府管理，相应的投资运营可由私人金融机构负责。(2) 强制性企业补充养老金。目的是补充基本养老金的不足。该保险的筹资方式是强制性由雇主和雇员分摊缴款，资金由私营机构管理，政府只起监控作用。(3) 个人自愿储蓄加私人保险。这一模式对非正规部门就业的员工以及个体劳动者尤为重要，其筹资方式是个人自愿储蓄，私人保险。世界银行认为，上述任何单一模式都存在弊端和不足，只有把三种模式有机结合起来，才能最终形成较为完善、成熟的养老保障体系。对于第三种模式，世界银行认为其优点是不影响劳动力市场的流动性，其缺点是个人行为对市场信息的反应一般不对称，容易导致投资选择失误，特别是经济衰退时，投保者的风险增大。基于现收现付制的不足和基金积累制的优点，世界银行在后来的改革实践中并没有过多地关注非供款的第一支柱，仅将第一支柱当作一种公共养老金计划，甚至包括了收入相关型的养老金计划。在实践中，很多发展中国家都把精力放在了供款型的第二支柱上，有些国家还同时降低了现收现付制度的权重，在社会养老保险中引入了强制性个人账户制度，如中国、阿根廷、墨西哥等十几个国家。在一些经济发达的高收入国家，受世界银行建议的影响较小，但也有少数国家放弃了公共年金制度，建立了个人账户制度，如瑞典。

2. 建立具有中国特色的多层次养老保险体制

多层次养老保险模式是综合各种养老保险形式形成的养老保险制度。分析各种养老保险形式的优点和局限性，是实现多层次养老保险模式正常运转的基础，尤其是将考虑问题的视野联系到经济影响的诸多方面时，有利于制定正确的发展策略。

（1）国家举办的以现收现付为基础、以收入再分配为特征的养老保险制度有很多优点。这是很多发达国家和一些发展中国家盛行的养老保险制度，其优点是通过国家强制力，在保障的普遍性方面优于自愿的商业保险和个人储蓄性保险，有助于克服商业保险中客观存在的逆向选择。在提供保险保障的可靠性方面，它通过建立反通货膨胀的指数调节机制，比其他模式更有效，并可借助国家财政支持，确保被保险人的最基本收入。而且，这一养老保险形式具有明显的收入再分配与调剂功能，有利于实现社会公平目标。

（2）以基金制为基础、以强制储蓄为特征的养老保险形式也有一定的优越性。这种保险形式有利于克服人们普遍存在的在退休储蓄问题上的短视，可以有效处置老年经济风险问题。实行商业经营性管理，有助于提高经营效率和实现投资效益的最优化目标，而且可以促进资本形成，促进金融市场发展和刺激经常增长。在基金制基础上建立企业补充养老保险，可以促进企业自身的发展，有利于提高劳动生产率，减轻国家养老保障的负担。

（3）个人储蓄性养老保险有助于提供补充性退休收入，也可以为尚未纳入社会保险计划的劳动群体提供一定程度的老年经济保障，而且易于实施和管理。

但"寸有所长，尺有所短"，各种保险形式也有其自身不可避免的缺点，比如：现收现付制容易限制资本积累与合理分配，抑制劳动力市场供求，并且加重老年保障制度的财务负担和政府因管理不善而导致社会资源的浪费；基金积累制及企业补充养老保险不具备收入再分配职能，不利于抵御通货膨胀对养老保险金的不利影响，如果经营不善则直接影响保险金支付能力；个人储蓄性保险容易使人们高估收入贴现率而低估未来消费的需要，从而使自愿储蓄受到抑制；等等。

可见，各种养老保险形式都具有独特优点，又有程度不同的局限性。面对日益复杂的老年经济保障问题，应将各种养老保险形式综合在国家养老保障的总体构想中，使之相互取长补短，实现养老保障的帕累托效应。

这是建立我国多层次养老保险体系的关键环节，也是理论和实践中需要解决的重要决策基础。

3. 做实个人账户，进行市场化运营

个人账户资金是完全私有产权性质，在目前我国统账管理、"混账"使用的情况下，产权往往被打破。由于大量个人账户资金被用于统筹支付缺口，做实个人账户表明国家将承担个人账户基金的风险。随着个人账户逐渐做实并市场化运营，在建立有效的监管和权力制衡机制的基础上，明确个人账户资金最终安全责任是不可回避的问题。目前，我国社会保险政策中没有这方面的规定。从国际上的经验看，很多国家如日本、荷兰、瑞典、美国都设有公共养老金担保机构，如美国的养老金担保公司（PBGC）。针对个人账户"空账"问题，学界提出了将"统筹账户"与"个人账户"分账管理的解决思路。从目前来看，研究中国社会养老保险管理问题的文献主要集中在保障覆盖面窄、基金来源不足、企业负担较重、保障功能低下等问题上。由于养老保险分账管理已提上日程，对养老保险个人账户实账化管理研究渐成理论界和实务界研究的热点问题。从现有文献看，研究的重点集中在如何做实个人账户、个人账户基金如何管理和运营、个人账户基金的投资策略与保值增值等问题。实际上，做实个人账户并进行市场化运营势在必行。从我国养老保险三支柱的发展情况看，人口红利依然存在，适龄劳动力在总人口中仍占很大比例，就业形势严峻。尽管中国人有储蓄习惯，但由于收入水平有限，加上 CPI 持续走高，通过提高储蓄性保险总量以增加养老金供给的可能性不大。从企业年金发展的经验看，将个人账户资金和储蓄性保险金投资于资本市场不仅可以避免通货膨胀的侵蚀，而且能够获得较好收益。我国企业年金从 2006 年 5 月入市到现在，投资回报率达到 9%，为个人账户进入资本市场提供了范本。[①] 因此，在目前基础养老金替代率较低的情况下，逐步做实个人账户并进行市场化运营是保障基金安全性、抵御通货膨胀、顺利度过老龄化危机的关键所在。

---

① 尹莉娟：《企业年金制度与我国基本养老保险个人账户关联性研究》，中国养老金网，2009 年 8 月 3 日。

4. 创新社会保险基金组织管理模式

现代政府的一个重要特征是，为社会提供公共产品，不再直接干预经济活动。社会养老保险虽具有公共产品的某些特征，但不同时具备不可分割性、非竞争性和排他性，因此不是纯粹的公共产品。有鉴于此，养老保险基金不需要也不应该完全由政府垄断经营，而是可以授权一些特定的私营机构如养老基金管理公司来经营管理。事实上，政府部门在基金的管理和运营中不一定比私营机构更有道德或更有效率，智利在这方面提供了成功的借鉴。因此，我们可以借鉴智利社会养老保险改革的经验，将现行统账结合的基本养老保险制度调整为强制储蓄型的养老保险个人账户计划，并辅之以基于财产和收入状况调查的社会救助计划。其方法是，将企业和个人缴费完全记入个人账户，个人账户积累的基金由私营养老基金管理公司按市场化的原则管理运作，政府对其市场准入与退出、市场行为、风险控制等进行严格的监管。职工退休后，养老金待遇完全来自个人账户积累及投资收益，对个人账户积累不足的低收入群体，由政府实施社会救助计划，为其提供基本的退休收入保障。① 当然，基金能否安全营运并保值增值，仅仅靠养老基金管理公司的运作是远远不够的，还取决于金融市场、法律监管体系等诸多因素，比如储蓄能否有效地转化为投资是重要因素之一。因此，政府需要运用政策和法律手段，营造基金运营的经济和法律环境。

对于养老保险制度对经济增长的影响，目前有两种研究思路：一种是以储蓄作为中间变量，考察现收现付制和基金制对储蓄的影响；另一种是不考虑储蓄这一变量，仅仅基于经济增长的"黄金律"理论。所谓"黄金律"增长，是指在一个封闭型经济中，只要资本收益的递减保持在一定水平之上，经济的稳定增长与储蓄率无关。已有研究表明，现收现付制或基金制中任何单独的一种制度安排都不能保证实现"黄金律"所需的条件，② 因此，在设计社会保险基金管理模式时，可以不用过多考虑对经济增长的

---

① 吴道锦：《浅谈中国养老保险制度的改革方向》，经济学家网，2010年6月11日。
② 柏杰：《养老保险制度安排对经济增长和帕累托有效性的影响》，《经济科学》2000年第1期。

影响。在组织管理模式和监管模式方面，有学者提出可以设计基于市场化调节的组织管理模式和监管模式，也有学者从非营利组织的角度提出建立与企业法人治理结构相对应的"非营利法人治理"结构的设想，这些都值得进一步研究。在筹资模式和发放形式上，我国现行制度尚不规范，覆盖面窄，统筹范围小，社会化程度低，负担不公平，不利于国家对社会经济的宏观调控。如果这种情况继续下去，无法实现个人账户的积累和转制成本的合理消化，更无法应对未来人口老龄化问题，因此应增加养老保险金积累的比重，同时可将个人储蓄性保险与企业补充养老保险挂钩，以促进和提高职工参与的积极性。总之，未来社会保险理论研究的领域将更为宽泛，呈现出跨学科、多元化的特点，研究也将更加专业和深入。特别是在对外开放和经济全球化的背景下，保险理论研究应注意学习和吸收国外的研究成果，并结合我国历史文化和现实国情进行创新，这样对我国社会保险事业将会有更高的指导价值。①

---

① 周道许：《保险理论研究的历史沿革与最新发展》，《金融与保险》2006 年第 12 期。

| 第十四章 |

社会保险的统一立法与完善

2010年10月28日第十一届全国人民代表大会常务委员会第十七次会议通过《中华人民共和国社会保险法》（以下简称《社会保险法》），自2011年7月1日起施行。自1951年制定《中华人民共和国劳动保险条例》以来，我国的社会保险法律制度历经60余年的发展，形成了具有中国特色的社会保险制度。这一制度的建立、发展和完善，对于保障劳动者在年老、疾病、丧失劳动能力等情况下获得物质帮助的权利，让全体公民共享改革发展成果，具有重要的作用。

第一节 我国社会保险制度的主要问题

在《社会保险法》出台之前，随着我国经济社会的发展，我国原有的社会保险制度出现了一些不适应发展需要的新情况、新问题，在一定程度上阻碍了劳动者合法权利的实现。

一 立法对社会保险权的确认和保障不足

我国《宪法》第45条第1款规定，中华人民共和国公民在年老、疾病或者丧失劳动能力的情况下，有从国家和社会获得物质帮助的权利。国家发展为公民享受这些权利所需要的社会保险、社会救济和医疗卫生事业。可见，社会保险权已经作为一项基本权利为宪法所确认。社会保险制度的建立，是为了保障和实现公民在年老、疾病或者丧失劳动能力的情况下，从国家和社会获得物质帮助，让每个公民都过上有尊严的生活。所以，衡量一个制度的好坏，首要的标准是看这个制度对于权利的确认和实现程度如何。

一项权利要获得充分的保护和救济，首先必须要获得宪法和法律的确认。如果一项权利仅仅停留在道德权利的层面而没有转化为宪法权利或法律权利，那么其所对应的义务主体的义务履行将缺少强制力；当该权利受到侵犯时，也无法向国家机关特别是司法机关寻求救济。因此，社会保险权要获得充分的保护和救济，必须得到宪法和法律的确认。在我国，虽然宪法确认了社会保险权，但在《社会保险法》出台之前，尚没有社会保险的相关法律。尽管我国已经制定了大量涉及社会保险的政策、法规、规章以及其他规范性文件，但社会保险立法仍然表现出几个明显的不足。

第一，立法层次低，缺少对社会保险制度的法律确认。我国社会保险制度运行所依据的大都是行政法规、地方性法规、部门规章等法律以外的规范性文件和政策，如工伤保险领域依据的是国务院颁布的《工伤保险条例》；失业保险领域依据的是国务院颁布的《失业保险条例》；而在养老保险领域，依据的是国务院出台的政策文件。这种通过法律以外的规范性文件和政策实施社会保险制度的方式，存在以下问题。(1) 法规、规章本身的效力层级低，规范力差，政策变动快，使得建立在此基础上的社会保险制度往往处于不确定之中，无法对社会保险权形成有效的保护。(2) 由于社会保险立法层次低，形成了立法主体混乱，多头立法，造成规范性文件之间不协调甚至相互冲突。(3) 通过法规、规章甚至更低层次的规范性文件实施社会保险制度有违《立法法》的规定。根据《立法法》第 8 条第（八）项规定，涉及基本经济制度的事项只能由法律进行规范。一国的社会保险制度涉及社会资源的重新配置，应当属于一国基本经济制度的范畴，因此对于社会保险制度的规范只能由法律作出，其他法规、规章等都无权在没有法律规范的前提下创设和规范社会保险制度。(4) 立法体系结构残缺，法规和规章等对于社会保险内容的规定大都原则性强，操作性差，也缺少对行政机关实施社会保险制度的程序性要求和相应的救济机制。

第二，社会保险立法中大多都避免使用权利语言，且往往带有强烈的行政主导色彩。纵观我国当时的社会保险立法，都没有明确将获得社会保险援助作为一项权利加以确认。

第三，《社会保险法》出台前，在诸如医疗、教育等领域尚无统一的中央立法，只有地方性法规和政策规定，而医疗和教育两个领域中的花费恰恰是导致我国现阶段家庭贫困的最主要原因。① 我国宪法规定了公民有获得医疗救助的权利和受教育的权利，但在法律和行政法规的层面，获得医疗救助和教育救助的权利并没有得到确认，只是在一些部委的文件和地方性政策中，才有关于医疗救助和教育救助措施的个别规定。这些地域性的、非规范性的措施，难以让因贫困而无法进行医治和无法继续学业的人获得充分的保障。在我国正在进行医疗制度改革、教育制度改革的大背景下，如何使这些社会最贫困者享受到改革的成果，是社会保险立法中重点关注的问题。

第四，在行政法规、部门规章中，只注重实体制度，而忽略了程序性权利。既然社会保险权是一项权利，对社会保险权的取消或者剥夺就必须遵循法定的程序。社会保险权又是与权利人息息相关的一项权利，一旦被剥夺，往往意味着权利人可能陷入贫困，甚至无法维持必要的生存。所以，对社会保险利益的减少或终止，应当事先告知当事人并给予当事人必要的申诉辩解或听证的机会，这一点在美国的相关案例中体现得特别明显。在我国涉及社会保险的立法中，往往只规定了社会保险基金的缴纳、社会保险待遇的享受等，对于因社会保险给付产生争议的解决程序没有规定。在我国当前越来越重视行政程序的价值和作用的背景下，有必要在社会保险立法中体现对权利保障的程序性内容。

---

① 零点调查与指标数据 2006 年初合作完成的《2005 年中国居民生活质量指数研究报告》显示，供孩子读书和家里有病人被城乡贫困人群认为是导致自身贫困的最重要的两个原因。调查显示，在 2004 年 10 月至 2005 年 10 月，在有孩子就学的农村家庭中，子女教育花费占家庭收入的比重平均达到 32.6%，在城市和小城镇家庭中，子女教育花费占家庭收入的比重也分别达到了 25.9% 和 23.3%。而国务院发展研究中心的数据也表明，目前在我国，一旦得了大病，平均花销在 7000 多块钱，而不少农村家庭全年的纯收入也不过几千元，可以说一场大病就会让一个家庭陷入困境。参见凌子、韩浩《教育医疗成致贫主因，城市人自认贫困比例最高》，南方网（http://www.southcn.com）2006 年 2 月 14 日。

二 城乡二元的社会保险制度已不适应统筹城乡发展的需要

我国的社会保险制度是建立在以户籍制度为核心的城乡分割的二元社会基础上的，必然被打上城乡有别的烙印，具体表现为城市和农村二元的社会保险制度。我国宪法规定的公民获得国家物质帮助的权利是针对每一个中华人民共和国公民的，但在实际的制度设计中，却出现了城市居民和农村村民在权利的享有上两种不同的制度安排。1949年以后，由于城市居民大部分被"单位"所容纳，社会保险制度在城市是企业劳动者以劳动保险为核心的社会保障体系。这个时期，所谓的劳动保险涉及伤残、疾病、生育、年老、死亡等项目以及职工供养直系亲属的有关待遇，由单位负责全部费用的缴纳。在农村，则实行以农业劳动者家庭保障为主、社会（国家与集体）救济为辅的社会保障制度。在这种制度下，农业劳动者与城市企业劳动者不同，没有达到一定年龄退休并领取退休金的制度，只要其尚具备一定的劳动能力，生产集体就仍需为他们安排力所能及的农活，并提供一定的报酬。只有当其完全丧失劳动能力后，才退出生产劳动，回到家庭，由家庭中具有生产劳动能力的成员负责其基本的生活需要。对于一些没有劳动能力又无依无靠的老人、残疾人和孤儿，则由生产集体实行五保供养，即保吃、保穿、保医、保住、保葬（儿童保教）。① 这样，实际上就形成了城乡二元的社会保险制度。

改革开放后，随着以市场为导向的经济体制改革的不断深化，二元社会结构出现了弱化和松动的迹象，二元化的社会保险制度也随之进行了一些调整。但是，就整体而言，城市和农村二元分化的社会保险模式仍然没有根本改变。在城市，由于经济体制改革的不断深入，很多不适应现代市场经济竞争的企业破产倒闭，造成了大量的企业职工变为下岗失业人员。由于我国一直实行单位负责职工一切社会保障的制度，社会保险制度不健全，职工一旦下岗失业往往就失去所有保障而陷入贫困。在这种情况下，国务院于1999年颁布了《失业保险条例》，在城市建立失业保险制度。在

---

① 李迎生：《社会保障与社会结构转型》，中国人民大学出版社，2001，第60~65页。

农村,家庭联产承包责任制的实行使原来的集体经营方式迅速瓦解,农户承包集体所有的土地,成为相对独立的生产经营者。农民劳动所得除了按照承包协议完成国家和集体的各项义务外,其余归己,不再经过集体统一分配。毋庸讳言,这一变革调动了农民生产的积极性,解放和促进了农村生产力的发展,使很多农民走上了脱贫致富的道路。但是联产承包责任制的实施却使原来的农村生产集体对村民的生活保障功能大大减弱。由于农村集体经济内部积累功能被削弱,公积金(用于再生产)和公益金(用于社会保险与公益事业)难以保证按时足额提取,再加上农村基层干部权威的衰退,农村生产集体甚至难以实现计划经济时代集体保障的功能。在很多农村,即使"五保户"、贫困户等特殊对象需要生活援助也难以实现,更不用说普通的生活贫困的村民了。① 2009 年,国务院颁布《关于开展新型农村社会养老保险试点的指导意见》,积极探索在农村开展新型农村社会养老保险,但对于大多数生活贫困的农民以及进入城市谋求职业的农村剩余劳动力而言,他们的生活仍然缺乏最基本的保障。

由此可见,虽然我国宪法规定每个公民享有平等的获得国家救助的权利,但现实的制度设计却使社会保险权由一项公民权利异化为一项身份权利——只有城市居民享有的权利。这种与我国宪法规定的平等保护原则根本抵触的二元社会保险制度让权利变成了特权,不但有违宪法的基本原则,而且与社会保险制度的建立初衷大相径庭。要在我国真正实现社会保险权的平等保护,必须对这种二元的社会保险制度进行彻底的改革。

三 社会保险运行机制不健全

首先,社会保险资金来源渠道偏窄,无法满足社会保险制度持续发展的需要。长期以来,我国没有专门的社会保险资金积累,在建立和完善社会保险制度时,已经面临相当程度的老龄化问题,已退休或者即将退休的劳动者的养老、医疗基本依靠企业和在职职工承担,导致费率过高、企业负担过重、社会保险费征缴困难等问题。另外,体制转轨遗留下来的问题

---

① 李迎生:《社会保障与社会结构转型》,中国人民大学出版社,2001,第 95~96 页。

十分突出,搬迁、关闭、破产和改制企业职工未能完全被妥善安置,有的困难企业长期欠缴社会保险费,部分劳动者工伤待遇落实难,有的被征地农民的社会保险资金没有依法落实,等等。这些问题都不同程度地影响社会的和谐稳定。

其次,社会保险基金管理服务能力较弱,影响了社会保险制度的运行。一直以来,虽然社会保险账户上资金数额大,但支付额也大,加上国内资本市场不完善、投资渠道单一、实体投资风险大、运营监管手段落后、防范金融风险能力弱等,相关政策法规将社会保险基金投资运营渠道限定在存银行、买国债等,缺乏保值增值途径。同时,社会保险基金管理不规范、监督体系不健全的问题也比较普遍。在基金的监督上,还主要停留在监督社会保险费是否及时缴入财政专户、社会保险经办机构收到核拨的社会保险基金后是否及时足额发放保险待遇等方面。随着社会保险工作范围、内容、对象和方式的不断变化,社会保险管理、经办和服务日益显示出能力弱、信息化程度低等问题,不能很好地适应劳动者和用人单位的需要。

四 法律救济机制不健全

有权利即有救济,无救济即无权利。社会保险权需要用人单位和有关行政机关履行相应的义务,当这些义务没有履行或者有其他侵害劳动者权益的行为发生时,需要有相应的救济机制来保障劳动者的社会保险权。

在社会保险发展历史中,很多国家都建立了专门处理社会保险纠纷的机构,使社会保险争议能够得到便捷、高效、合理的解决,以有效保障公民的社会保险权。例如,英国的社会保障上诉裁判所是众多行政裁判所中专门负责社会保障领域内的纠纷解决的机构。早在1908年,英国就通过《老年退休金法》建立了地方养老金委员会。1911年,又通过《国民健康保险法》规定,公民可以向专门的裁判员法庭提起有关失业保险的申诉,并且对其决定可以向首席裁判员申诉。1998年,英国通过《社会保障法》设立了社会保障上诉裁判所,受理社会保障方面的纠纷。美国建立了社会保障申诉委员会,受理申请人的申请。对于行政机关作出的社会保障方面的决定,社会保障申诉委员会经过审查,可以作出推翻、发还、修正、确认四种决定。法国处理社会保险纠纷的机构是社会保障调解委员会,该委员会设在负责社会保障事务的行政机关内部,负责调解社会保障方面的纠纷,并在经行政长官认可后,作出有关决定。对于该委员会的决定不服,申请人还可以向社会保障法庭提起诉讼。在我国,法规和规章没有建立专门处理社会保险纠纷的机构,也没有规定处理社会保险纠纷的程序,导致"社会保险纠纷究竟应当通过何种途径解决"存在很多争议。一种意见认为,社会保险纠纷应当作为劳动争议案件处理;另一种意见认为,社会保险纠纷应当通过行政途径解决。没有法律统一规定,导致社会保险纠纷在认识上存在分歧,在实践中处理标准也不统一,致使劳动者的社会保险权益无法得到有效保障。

第二节 《社会保险法》的制定及其主要内容

社会保险制度是完善社会主义市场经济体制、构建社会主义和谐社会和建设小康社会的重要支柱性制度。一直以来,我国制定了一系列的法规和政策,对推动社会保险工作发挥了重要作用。随着我国社会主义市场经济体制的日趋完善,由于原有社会保险法律制度存在前述的种种问题,阻碍了我国社会的可持续发展,社会各界对制定《社会保险法》的呼声越来越高,社会保险立法也多次被提上全国人大常委会的立法日程。

一 《社会保险法》的制定过程

根据八届全国人大常委会的立法规划,原劳动部从1993年即开始起草《社会保险法(草案)》,并于1995年将草案报国务院。1998年后,根据九届全国人大常委会的立法规划,原劳动和社会保障部第二次组织起草《社会保险法(草案)》,并于2001年再次将草案报国务院。但是,由于当时社会保险制度改革还在急剧变革之中,有关方面对社会保险制度的发展方向、基本模式等还未形成较为统一的认识,尤其是农村居民和城镇居民的社会保险制度建设还未提上议事日程,因此这两次报国务院审议的《社会保险法（草案）》，都未能形成共识，也未能提请全国人大常委会审议。2005年，十届全国人大常委会第三次将社会保险法纳入立法规划，并明确要求，社会保险法作为我国社会主义市场经济法律体系的支架性法律，应当在2010年前完成。为此，原劳动和社会保障部第三次组织起草《社会保险法（草案）》，并于2006年报国务院。2007年11月，国务院常务会议讨论通过了《社会保险法（草案）》，并决定提请全国人大常委会审议。

2007年12月，十届全国人大常委会第三十一次会议对《社会保险法（草案）》进行初次审议。之后，全国人大常委会法制工作委员会会同有关部门，结合审议意见，对草案进行了修改。2008年12月，十一届全国人大常委会第六次会议对草案进行第二次审议。会后，全国人大常委会通过中国人大网和新华社、人民日报等国内主要媒体向全社会公开《社会保险法（草案）》，公开征求意见。全国人大常委会法制工作委员会对公开征集的意见进行分类分析，并对重点问题进行深入调研论证，结合社会保险工作的最新进展，综合各方面的意见和建议对草案再次进行修改。2009年12月，十一届全国人大常委会第十二次会议对《社会保险法（草案）》进行第三次审议。其后，全国人大常委会法制工作委员会根据常委会组成人员的意见和其他意见，又对草案再次进行修改。2010年10月28日，十一届全国人大常委会第十七次会议对草案进行了第四次审议，并表决通过了《社会保险法》。

二 《社会保险法》的主要内容

《社会保险法》从动议起草到颁布施行，历时整整18年，可谓慎之又慎。这是我国制定的第一部社会保险法，标志着我国社会保险领域有了统一的成文法律。该法共12章98条，主要规定了以下主要内容。

1. 确立了我国社会保险体系的基本框架

根据《社会保险法》的规定，我国的社会保险包括基本养老保险、基本医疗保险、工伤保险、失业保险、生育保险等。其中，基本养老保险包括职工基本养老保险、新型农村社会养老保险和城镇居民社会养老保险。《社会保险法》将我国境内所有用人单位和个人都纳入社会保险制度的覆盖范围。一是基本养老保险制度和基本医疗保险制度覆盖了我国城乡全体居民。企事业单位职工应当参加职工基本养老保险和职工基本医疗保险，无雇工的个体工商户、未在用人单位参加基本养老保险的非全日制从业人员以及其他灵活就业人员可以参加职工基本养老保险和职工基本医疗保险，农村居民参加新型农村社会养老保险和新型农村合作医疗，城镇居民参加城镇居民社会养老保险和城镇居民基本医疗保险，公务员应当参加职工基本医疗保险，其养老保险办法由国务院规定。二是工伤保险制度和失业保险制度覆盖了所有在企业、事业单位就业的职工。主要考虑是，工伤和失业都是职业人群所面临的风险，未就业的人群，不存在工伤和失业问题，因此工伤保险和失业保险仅针对企事业单位职工。三是生育保险覆盖了所有的职工及其未就业的配偶。职工应当参加生育保险，由用人单位按照国家规定缴纳生育保险费，职工不缴纳生育保险费。职工未就业的配偶按照国家规定享受生育医疗费用待遇，所需资金从生育保险基金中支付。四是被征收农村集体所有的土地的农民，应当按照国务院规定参加相应的社会保险制度。五是外国人在中国境内就业的，参照《社会保险法》的规定参加社会保险。

2. 规定了用人单位、个人的权利义务和政府的责任

（1）用人单位的权利和义务。用人单位的权利主要是：有权向社会保险经办机构查询、核对其缴费记录，要求社会保险经办机构提供社会保险咨询等相关服务。用人单位的义务主要有：依法缴纳社会保险费，依法办理社会保险登记，依法申报和代扣代缴社会保险费，等等。

（2）个人的权利和义务。个人的权利主要有：一是依法享受社会保险待遇；二是有权监督本单位为其缴费的情况；三是有权查询缴费记录、个人权益记录，要求社会保险经办机构提供社会保险咨询等相关服务。个人的主要义务：一是依法缴纳社会保险费；二是依法申请办理社会保险登记。

（3）政府在社会保险中的责任。主要包括：一是县级以上人民政府对社会保险事业给予必要的经费支持，国家通过税收优惠政策支持社会保险事业；二是国有企事业单位职工参加基本养老保险前的视同缴费年限期间应当缴纳的基本养老保险费由政府承担，基本养老保险基金出现支付不足时，政府给予补贴；三是县级以上人民政府在社会保险基金出现支付不足时，给予补贴；四是国家设立全国社会保障基金，由中央财政预算拨款以及国务院批准的其他方式筹集的资金构成，用于社会保障支出的补充、调剂。

3. 规定了各项社会保险项目

（1）基本养老保险。职工参加基本养老保险，由用人单位和职工共同缴纳基本养老保险费。无雇工的个体工商户、未在用人单位参加基本养老保险的非全日制从业人员以及其他灵活就业人员参加基本养老保险，由个人缴纳基本养老保险费。公务员和参照《公务员法》管理的工作人员养老保险的办法由国务院规定。基本养老保险基金由用人单位和个人缴费以及政府补贴等组成。参加基本养老保险的个人，达到法定退休年龄时累计缴费满15年的，按月领取基本养老金。参加新型农村社会养老保险的农村居民，符合国家规定条件的，按月领取新型农村社会养老保险待遇。为解决原有制度中缴费不足15年的人不能享受基本养老待遇的问题，《社会保险法》专门规定，参加基本养老保险的个人，达到法定退休年龄时累计缴费不足15年的，可以缴费至满15年，按月领取基本养老金；也可以转入新型农村社会养老保险或者城镇居民社会养老保险，按照国务院规定享受相应的养老保险待遇。

（2）基本医疗保险。职工参加职工基本医疗保险，由用人单位和职工共同缴纳基本医疗保险费。灵活就业人员由个人缴纳基本医疗保险费。城镇居民基本医疗保险实行个人缴费和政府补贴相结合的制度。由于目前基本医疗保险待遇项目等都是由各省根据国务院授权规定的，地区之间差异较大，因此《社会保险法》没有对医疗保险待遇项目作出具体规定。为缓解个人垫付大量医疗费的问题，《社会保险法》规定，参保人员医疗费用中应当由基本医疗保险基金支付的部分，由社会保险经办机构与医疗机构、药品经营单位直接结算。

（3）工伤保险。职工参加工伤保险，由用人单位缴纳工伤保险费，职工不缴纳工伤保险费。社会保险经办机构根据用人单位使用工伤保险基金、工伤发生率和所属行业费率档次等情况，确定用人单位缴费费率。职工因工作原因受到事故伤害或者患职业病，且经工伤认定的，享受工伤保险待遇；其中，经鉴定丧失劳动能力的，享受伤残待遇。

（4）失业保险。职工参加失业保险，由用人单位和职工共同缴纳失业保险费。失业保险金的领取条件是：失业前用人单位和本人已经缴纳失业保险费满1年的；非因本人意愿中断就业的；已经进行失业登记，并有求职要求的。失业保险金的标准，由省、自治区、直辖市人民政府确定，不得低于城市居民最低生活保障标准。

（5）生育保险。职工参加生育保险，由用人单位按照国家规定缴纳生育保险费，职工不缴纳生育保险费。生育保险待遇包括生育医疗费用和生育津贴。

4. 规定了社会保险费强制征缴制度

用人单位应当自行申报、按时足额缴纳社会保险费，非因不可抗力等法定事由不得缓缴、减免。职工应当缴纳的社会保险费由用人单位代扣代缴。用人单位未按时足额缴纳社会保险费的，由社会保险费征收机构责令其限期缴纳或者补足。逾期仍未缴纳或者补足社会保险费的，社会保险费征收机构可以向银行和其他金融机构查询其存款账户；并可以申请县级以上有关行政部门作出划拨社会保险费的决定，书面通知其开户银行或者其他金融机构划拨社会保险费。用人单位账户余额少于应当缴纳的社会保险费的，社会保险费征收机构可以要求该用人单位提供担保，签订延期缴费协议。用人单位未足额缴纳社会保险费且未提供担保的，社会保险费征收机构可以申请人民法院扣押、查封、拍卖其价值相当于应当缴纳社会保险费的财产，以拍卖所得抵缴社会保险费。

5. 规定了社会保险基金管理制度

（1）规定了社会保险基金的管理原则。一是分别建账，分账核算。各项社会保险基金按照社会保险险种分别建账，分账核算，执行国家统一的会计制度。二是预算平衡。社会保险基金通过预算实现收支平衡。县级以上人民政府在社会保险基金出现支付不足时，给予补贴。三是专款专用，不得挪用。社会保险基金不得违规投资运营，不得用于平衡其他政府预算，不得用于兴建、改建办公场所和支付人员经费、运行费用、管理费用，或者违反法律、行政法规规定挪作他用。四是在保证安全的前提下投资运营。社会保险基金在保证安全的前提下，按照国务院规定投资运营，实现保值增值。

（2）明确了提高社会保险基金统筹层次的方向。基本养老保险基金逐步实行全国统筹，其他社会保险基金逐步实行省级统筹，具体时间、步骤由国务院规定。

（3）规定了全国社会保障基金的建立和管理运营。国家设立全国社会保障基金，由中央财政预算拨款以及国务院批准的其他方式筹集的资金构成，用于社会保障支出的补充、调剂。全国社会保障基金由全国社会保障基金管理运营机构负责管理运营，在保证安全的前提下实现保值增值。

6. 明确了社会保险经办机构的设置和职能

（1）规定了社会保险经办机构设置的原则。统筹地区设立社会保险经办机构。社会保险经办机构根据工作需要，经所在地的社会保险行政部门和机构编制管理机关批准，可以在本统筹地区设立分支机构和服务网点。

（2）规定了社会保险经办机构的管理制度。社会保险经办机构应当建立健全业务、财务、安全和风险管理制度。

（3）规定了社会保险经办机构的职责。主要是：按照规定征缴社会保险费，按时足额支付社会保险待遇，建立社会保险档案，免费向用人单位和个人提供查询、核对和咨询服务，定期向个人寄送权益记录，等等。

7. 建立了社会保险关系转移接续制度

（1）建立了基本养老保险关系转移接续制度。个人跨统筹地区就业的，其基本养老保险关系随本人转移，缴费年限累计计算。个人达到法定退休年龄时，基本养老金分段计算、统一支付。

（2）建立了基本医疗保险关系转移接续制度。个人跨统筹地区就业的，其基本医疗保险关系随本人转移，缴费年限累计计算。

（3）建立了失业保险关系转移接续制度。职工跨统筹地区就业的，其失业保险关系随本人转移，缴费年限累计计算。

8. 规定了社会保险监督和救济制度

（1）明确了各级人大常委会的监督职责。各级人大常委会听取和审议本级人民政府对社会保险基金的收支、管理、投资运营以及监督检查情况的专项工作报告，组织对本法实施情况的执法检查等，依法行使监督职权。

（2）明确了社会保险行政部门的监督职责。县级以上人民政府社会保险行政部门应当加强对用人单位和个人遵守社会保险法律、法规情况的监督检查。社会保险行政部门对社会保险基金的收支、管理和投资运营情况进行监督检查，发现存在问题的，应当提出整改建议，依法作出处理决定或者向有关行政部门提出处理建议。社会保险基金检查结果应当定期向社会公布。

（3）规定了社会保险监督委员会的设立、组成和主要职责。统筹地区人民政府成立由用人单位代表、参保人员代表以及工会代表、专家等组成的社会保险监督委员会。该委员会的主要职责是：掌握、分析社会保险基金的收支、管理和投资运营情况；对社会保险工作提出咨询意见和建议，实施社会监督；聘请会计师事务所对社会保险基金的收支、管理和投资运营情况进行年度审计和专项审计；对监督中发现的问题有权提出改正建议和依法处理建议。

（4）规定了社会保险救济机制。用人单位或者个人认为社会保险费征收机构的行为侵害自己合法权益的，可以依法申请行政复议或者提起行政诉讼。用人单位或者个人对社会保险经办机构不依法办理社会保险登记、核定社会保险费、支付社会保险待遇、办理社会保险转移接续手续或者侵害其他社会保险权益的行为，可以依法申请行政复议或者提起行政诉讼。个人与所在用人单位发生社会保险争议的，可以依法申请调解、仲裁，提起诉讼。用人单位侵害个人社会保险权益的，个人也可以要求社会保险行政部门或社会保险费征收机构依法处理。

9. 规定了违反《社会保险法》的法律责任

（1）用人单位的法律责任。用人单位不办理社会保险登记的，由社会保险行政部门责令限期改正；逾期不改正的，对用人单位处应缴社会保险费数额1倍以上3倍以下的罚款，对其直接负责的主管人员和其他直接责任人员处 500 元以上 3000 元以下的罚款；用人单位拒不出具终止或者解除劳动关系证明的，依照《劳动合同法》的规定处理。用人单位未按时足额缴纳社会保险费的，由社会保险费征收机构责令限期缴纳或者补足，并自欠缴之日起，按日加收万分之五的滞纳金；逾期仍不缴纳的，由有关行政部门处欠缴数额 1 倍以上 3 倍以下的罚款。

（2）社会保险经办机构的法律责任。社会保险经办机构以及医疗机构、药品经营单位等以欺诈、伪造证明材料或者其他手段骗取社会保险基金支出的，由社会保险行政部门责令退回骗取的社会保险金，处骗取金额 2 倍以上 5 倍以下的罚款；属于社会保险服务机构的，解除服务协议；直接负责的主管人员和其他直接责任人员有执业资格的，依法吊销其执业资格。社会保险经办机构及其工作人员有下列行为的，由社会保险行政部门责令改正，给社会保险基金、用人单位或者个人造成损失的，依法承担赔偿责任，对直接负责的主管人员和其他直接责任人员依法给予处分：①未履行社会保险法定职责；②未将社会保险基金存入财政专户；③克扣或者拒不按时支付社会保险待遇；④丢失或者篡改缴费记录、享受社会保险待遇记录等社会保险数据、个人权益记录；⑤违反社会保险法律、法规的其他行为的。

（3）社会保险费征收机构的法律责任。社会保险费征收机构擅自更改社会保险费缴费基数、费率，导致少收或者多收社会保险费的，由有关行政部门责令追缴应当缴纳的社会保险费或者退还不应当缴纳的社会保险费，对直接负责的主管人员和其他直接责任人员依法给予处分。

（4）针对其他一些违法情形的规定。主要有：以欺诈、伪造证明材料或者其他手段骗取社会保险待遇的，由社会保险行政部门责令退回骗取的社会保险金，处骗取金额 2 倍以上 5 倍以下的罚款；隐匿、转移、侵占、挪用社会保险基金或者违规投资运营的，由社会保险行政部门、财政部门、审计机关责令追回，有违法所得的，没收违法所得，对直接负责的主管人员和其他直接责任人员依法给予处分；国家工作人员在社会保险管理、监督工作中滥用职权、玩忽职守、徇私舞弊的，依法给予处分。

第三节　我国社会保险法的发展完善

一　我国社会保险法立法模式评析

社会保险制度是社会保障制度的核心组成部分，一个国家社会保险法律体系的建立与该国社会保障法律体系密切相关。我国学者郑功成将国外的社会保障立法模式归纳为以下四种。一是单一立法模式。是指国家按照高度集约的原则制定一部高度综合的社会保障法律，规范各种主要的社会保障事务，其典型代表是美国，该国的社会保障事务主要由《社会保障法》来规范的。二是母子法模式。是指国家制定一部社会保障基本法或社会保障法典，作为社会保障和社会保险体系的最高原则规范，在基本法之下再制定各项专门的社会保障法律分别规范相关的社会保障事务。三是平行立法模式。是指国家根据社会保障子系统及其项目的需要，同时制定相互平行、相互协调的多部社会保障法律，分别规范某一类社会保障事务，如分别制定《社会保险法》、《社会福利法》、《社会救助法》等。该立法模式的典型代表是日本。四是专门立法与混合立法并行模式。是指国家既制定有关社会保障的专门法律，又将另一些社会保障事务纳入其他部门法律体系中加以规范。事实上，由于社会保障事务繁杂，很难用几部专门的法律囊括，所以无论采取哪种立法模式，总存在混合立法的模式，如即使制定了统一的军人社会保险法，也往往在国防法、兵役法中规范相关的社会保险内容。[①]

通过考察上述四种立法模式可知，单一立法模式虽然有利于社会保障法律制度的统一，但由于社会保障涉及的内容繁杂多样，用一部法律很难完整详尽地规范所有需要规范的内容，往往还需要有其他相应法律的配合。母子法模式虽然可以使社会保障的各个分支在统一的社会保障法之下分别加以规范，但一方面，由于各个分支都有专门的立法，作为统一的社

---

① 参见郑功成《社会保障学——理念、制度、实践与思辨》，商务印书馆，2000，第397~398页。

会保障法的内容往往会因流于宽泛而失去作为统一立法的意义，另一方面，在一国立法体制中，作为统一立法的社会保障法与作为分支立法的各个子系统的立法效力因为立法主体都是立法机关而不会有高低之分，而且由于后法优于前法的原则，社会保障子系统的专门法律制定后，以前制定的统一的社会保障法的相关内容会失去效力。所以，母子立法模式在实践中往往会流于形式。从我国现在的社会立法情况来看，我国社会保障立法模式采取的是平行立法为主，同时以混合立法为补充的模式。在制定《社会保险法》后，《社会救助法》等社会保障方面的法律也正在制定过程当中。

具体到社会保险法领域，我国社会保险立法没有采取分别将工伤保险、失业保险、医疗保险、养老保险等方面的法规、政策上升为相应个别立法的模式，而是将所有这些社会保险制度总体立法，制定了统一的《社会保险法》。采取统一立法模式，有利于避免个别立法造成的不同法律之间的矛盾和冲突，也有利于节约立法资源。通过统一立法，集中规定社会保险制度的基本原则、体系框架、征缴经办、监督救济等方面的内容，有利于整个社会保险法律制度的完整和统一，有利于社会保险制度的有效运行和公民权利的保障。

二 《社会保险法》内容评析

《社会保险法》是中国特色社会主义法律体系中起支架作用的重要法律，它的颁布实施，对加快建设覆盖城乡居民的社会保障体系，保障人民群众共享改革发展成果，促进社会主义和谐社会建设，具有十分重要的意义。《社会保险法》体现了以下几个基本的法治原则。

（1）权利的一体保护原则。我国原有的二元社会保障制度实际上无法真正保障广大农村居民享有社会保险权利，违背了基本权利的平等保护原则。《社会保险法》打破了城乡二元立法模式，制定统一的适用于全体公民的法律。每一个公民都有参加社会保险、享受社会保险待遇的权利，这也是社会保障方面立法体现的最基本原则。《社会保险法》在解决城乡社会保险二元结构、实现社会保险权一体保护方面有很多规定，主要体现在以下几个方面。第一，把城乡各类用人单位和居民都纳入社会保险的适用范围。第二，把新型农村社会养老保险制度和城镇居民社会养老保险制度正式纳入法律框架，纳入基本养老保险的调整范围，并且还预留了新型农村社会养老保险制度与城镇居民社会养老保险制度合并实施的发展空间。第三，把新型农村合作医疗制度和城镇居民基本医疗保险制度纳入基本医疗保险的调整范围。第四，规定进城务工的农村居民和其他职工一样，依照该法参加社会保险。第五，明确规定被征地农民的社会保险问题。由此可见，《社会保险法》对城乡居民的社会保险模式大体上是一致的，在资金来源、筹资方式、待遇标准方面也正朝着一个一致的方向努力。当然，由于我国地区差别、城乡差异的存在，不同地区、城市和农村之间生活水平会存在差别，各个地方在制定具体的社会保险法实施细则时可以考虑这些差异，并对这些差异在具体的法规、规章中有所反映。

（2）权利的确认和保障原则。《社会保险法》从根本上说，是对宪法规定的公民基本权利的具体体现和落实，而不是行政机关对社会和公民的管理和控制。《社会保险法》在立法中体现了对公民社会保险权的确认和保障，突出了参保人员的合法权利，在保险制度的设计和实施方面，始终以保护参保人的权利、以提供政府服务为重点，很多具体制度的设计都是要保护参保人的权利。例如，在保险待遇支付问题上，该法以被保障者利益最大化为主要出发点，作出了一系列在现阶段最有利于实现个人利益的制度设计。根据《社会保险法》规定，参加基本养老保险的个人，达到法定退休年龄时累计缴费不足15年的，可以缴费至满15年，按月领取基本养老金。这一规定消除了那些原本无缘享受基本养老保险待遇人员的最大法律障碍，使他们能获领正常的养老金。

（3）权利救济原则。没有救济的权利就像没有牙齿的老虎，只能吓人却不能咬人。如果法律仅仅确认一项权利，却不规定相应的救济手段，一旦该权利受到侵害，也无法获得救济和赔偿，该权利最终也将无法实现。在社会保险立法中，一方面需要对社会保险权进行确认，另一方面更需要规定相应的权利救济手段，在权利受到侵害时，予以充分的救济。《社会保险法》对社会保险争议规定了行政复议或者行政诉讼、劳动争议处理

（调解、仲裁和诉讼）、劳动保障监察等几种处理程序，这对于社会保险权受到侵害时获得及时有效的法律救济，具有重要的作用。

三 《社会保险法》的发展完善

《社会保险法》制定和实施后，为进一步细化《社会保险法》设计的相关制度，国务院、人力资源和社会保障部先后出台了诸多社会保险重要规定，包括《实施〈中华人民共和国社会保险法〉若干规定》、《在中国境内就业的外国人参加社会保险暂行办法》、《社会保险基金先行支付暂行办法》，尤其是《国务院关于建立统一的城乡居民基本养老保险制度的意见》和《国务院关于机关事业单位工作人员养老保险制度改革的决定》，前者将新型农村社会养老保险和城镇居民社会养老保险两项制度合并成统一的城乡居民养老保险制度，后者将公务员和参照《公务员法》规定管理的工作人员的养老保险纳入《社会保险法》的调整范围，真正实现了"城乡统一"、"官民统一"，真正实现社会保障权的平等保护。这无疑是我国社会保障立法的一大进步。但由于一些客观因素的制约，① 我国《社会保险法》还存在一些需要发展完善的地方。

1. 减少授权条款，增加《社会保险法》的普遍适用性

《社会保险法》中有很多授权性条款，如涉及公务员养老保险办法、个人跨统筹地区就业的养老金支付、新型农村合作医疗管理办法、社会保险费征收办法、社会保险基金统筹时间步骤管理办法等，都授权国务院另行规定。国务院及有关部门也陆续出台了诸多行政法规和部门规章，对于社会保险制度的完善起了积极作用，但毕竟这些授权很多都是社会保险制度发展的阶段性选择，潜在的问题是授权的条款太多，必然会造成社会保险制度因各地法规政策的不统一导致地区差异大，带来保险转续更加困难

---

① 这些制约因素是：第一，社会保险制度正在快速发展和变化的过程中，新的机制正在建立，有的制度正在探索，所以很难用法律的形式固定化；第二，我国幅员辽阔，社会保险制度的形成和发展历史又比较短，所以本着发挥中央和地方两个积极性的原则，国家立法在确定大原则的基础上要给国务院和地方一些空间；第三，现在社保制度不断发展完善，有一些阶段性、过渡性的措施很难用立法的形式固定下来，我们要给改革和发展留下空间。

的问题。

2. 加强对社会保险权的程序保障

从行政法的角度看，社会保险权的实现有赖于社会保险机关给付义务的履行，这实际上涉及行政许可和行政给付两类具体行政权力的行使。行政权力的行使必须受到法律程序的制约，这是法治的基本要求。正如美国联邦法院大法官威廉·道格拉斯所言："权利法案的大多数规定都是程序性条款，这一事实绝不是无意义的。正是程序决定了法治与恣意的人治之间的基本区别。"① 在《社会保险法》中，绝大多数是关于实体内容的规定，对于社会保险登记、核定社会保险费、支付保险待遇、办理社会保险转移接续等方面的程序性规定比较少，必然导致公民在具体权利实现过程中容易受到权力滥用的侵害。因此，应当通过法律程序对社会保险领域中行政权力的行使进行规范和制约。具体而言，《社会保险法》应当规定社会保险行政机关办理社会保险登记的程序；在减少、撤销或提前终止社会保险待遇给付时，应当事先告知并给予其听证的机会。这些程序性的规定，一方面是行政机关依法行政、防止权力滥用的要求，另一方面也是保障社会保险权的具体表现。

3. 完善对社会保险权的救济机制

一国权利保障的水平，很大程度上取决于权利救济的水平，而权利救济水平又取决于权利救济机制是否完善。我国现有体制下，涉及社会保险权益方面的争议首先是通过行政复议的方式解决。通过行政复议，可以方便快捷地解决纠纷，保护社会保险权人的利益。但是，行政复议制度存在独立性不强、司法性不足等缺陷，制约了社会保险权人获得公正有效的行政救济。因此，有必要借鉴法治发达国家行政救济的经验，完善我国的社会保险权行政救济体制。具体构想如下。在县级以上政府民政部门内设立社会保险申诉委员会，成员由民政部门的工作人员、专家学者以及社会保险组织代表7~15人组成，民政部门负责人任主任委员。个人对社会保险经办机构的决定不服，可以要求该经办机构复审，主持复审的人不能是原

---

① 参见季卫东《法治秩序的建构》，中国政法大学出版社，1999，第3页。

来作出决定的官员；对复审结果不服，可以向社会保险申诉委员会申诉，委员会实行合议制，采取公开听证的方式审理社会保险纠纷。对于社会保险申诉委员会作出的决定，社会保险经办机构必须遵守并履行。如果社会保险经办机构不履行，当事人可以申请法院强制执行。对社会保险申诉委员会作出的决定不服，个人可以向法院提起行政诉讼。

这样的制度设计，相较于现行的行政复议制度，有以下优点。一是独立性强，社会保险申诉委员会的人员由民政部门工作人员、专家学者和社会保险组织代表组成，在一定程度上摆脱了行政机关的干预，可以独立对社会纠纷作出裁决。二是引入司法程序，强调公开听证程序，增加程序的公开性和公正性，有利于申诉委员会作出公正裁决。三是减轻了司法机关的负担。对经相对独立的社会保险申诉委员会通过准司法程序作出的裁决，法院应当给予充分的尊重。这种情况下，法院可以更多地侧重对法律问题的审理。由于社会保险申诉委员会解决了大量的社会纠纷，也能够大大减轻法院的诉累。

人员分工

第一章　余少祥（中国社会科学院法学研究所副研究员）
第二章　支振锋（中国社会科学院法学研究所副研究员）
　　　　闫　冬（北京外国语大学法学院副教授）
第三章　陈松林（江苏大学法学院副教授）
第四章　刘翠霄（中国社会科学院法学研究所研究员）
第五章　董文勇（中国社会科学院法学研究所副研究员）
第六章　张丽宾（人力资源和社会保障部研究所研究员）
　　　　郑玄波（人力资源和社会保障部办公厅副主任）
第七章　谢增毅（中国社会科学院法学研究所研究员）
第八章　李西霞（中国社会科学院法学研究所副研究员）
第九章　杨晓锋（石油大学人文学院副教授）
第十章　李　裕（中央政策研究室处长，经济学博士）
第十一章　余少祥（中国社会科学院法学研究所副研究员）
第十二章　李青武（对外经济贸易大学副教授）
　　　　　孙守纪（对外经济贸易大学副教授）
第十三章　余少祥（中国社会科学院法学研究所副研究员）
第十四章　陈国刚（全国人大法工委处长，法学博士）
全书统稿　王家福（中国社会科学院学部委员，终身研究员）